国家出版基金项目

中国煤矿生态技术与管理

煤炭资源型城市转型发展

李效顺　卞正富　张　建　蒋冬梅◎编　著

沈　镭　胡友彪◎主　审

中国矿业大学出版社

·徐州·

内 容 提 要

煤炭资源型城市在为我国资源供给和能源消费做出巨大贡献的同时,也面临经济发展滞后、社会矛盾加剧、生态环境恶化等经济社会生态问题。因此,为贯彻新发展理念,实现高质量发展,煤炭资源型城市亟须探索绿色转型发展之路。本书系统介绍了我国煤炭资源型城市转型现状特征和发展困境,揭示了资源型城市转型发展的驱动机制,对其绿色转型潜力、转型能力、转型阻力、转型效率进行测度评价,借鉴国内外资源型城市转型经验,提出了成长型、成熟型、衰退型、再生型等资源型城市差异化的转型路径,期望为煤炭资源型城市转型与高质量发展提供经验借鉴和决策参考。

图书在版编目(C I P)数据

煤炭资源型城市转型发展 / 李效顺等编著. —徐州:
中国矿业大学出版社,2023.12
ISBN 978 - 7 - 5646 - 4356 - 0

Ⅰ.①煤… Ⅱ.①李… Ⅲ.①煤炭工业－工业城市－
产业结构调整－研究－中国 Ⅳ.①F426.21②F299.2

中国版本图书馆 CIP 数据核字(2019)第 036221 号

书 名	煤炭资源型城市转型发展
编 著 者	李效顺 卞正富 张 建 蒋冬梅
责任编辑	史凤萍 李 敬 潘利梅
出版发行	中国矿业大学出版社有限责任公司
	(江苏省徐州市解放南路 邮编 221008)
营销热线	(0516)83885370 83884103
出版服务	(0516)83995789 83884920
网 址	http://www.cumtp.com E-mail:cumtpvip@cumtp.com
印 刷	苏州市古得堡数码印刷有限公司
开 本	787 mm×1092 mm 1/16 **印张** 19.25 **字数** 480 千字
版次印次	2023 年 12 月第 1 版 2023 年 12 月第 1 次印刷
定 价	148.00 元

(图书出现印装质量问题,本社负责调换)

《中国煤矿生态技术与管理》
丛书编委会

丛书总负责人：卞正富

分册负责人：

《井工煤矿土地复垦与生态重建技术》	卞正富
《露天煤矿土地复垦与生态重建技术》	白中科
《煤矿水资源保护与污染防治技术》	冯启言
《煤矿区大气污染防控技术》	王丽萍
《煤矿固体废物利用技术与管理》	李树志
《煤矿区生态环境监测技术》	汪云甲
《绿色矿山建设技术与管理》	郭文兵
《西部煤矿区环境影响与生态修复》	雷少刚
《煤矿区生态恢复力建设与管理》	张绍良
《矿山生态环境保护政策与法律法规》	胡友彪
《关闭矿山土地建设利用关键技术》	郭广礼
《煤炭资源型城市转型发展》	李效顺

丛书序言

中国传统文化的内核中蕴藏着丰富的生态文明思想。儒家主张"天人合一"，强调人对于"天"也就是大自然要有敬畏之心。孔子最早提出"天何言哉？四时行焉，百物生焉，天何言哉？"（《论语·阳货》），"君子有三畏：畏天命，畏大人，畏圣人之言。"（《论语·季氏》）。他对于"天"表现出一种极强的敬畏之情，在君子的"三畏"中，"天命"就是自然的规律，位居第一。道家主张无为而治，不是说无所作为，而是要求节制欲念，不做违背自然规律的事。佛家主张众生平等，体现了对生命的尊重，因此要珍惜生命、关切自然，做到人与环境和谐共生。

中国共产党在为中国人民谋幸福、为中华民族谋复兴的现代化进程中，从中华民族永续发展和构建人类命运共同体高度，持续推进生态文明建设，不断强化"绿水青山就是金山银山"的思想理念，生态文明法律体系与生态文明制度体系得到逐步健全与完善，绿色低碳的现代化之路正在铺就。党的十七大报告中提出"建设生态文明，基本形成节约能源资源和保护生态环境的产业结构、增长方式、消费模式"，这是党中央首次明确提出建设生态文明，绿色发展理念和实践进一步丰富。这个阶段，围绕转变经济发展方式，以提高资源利用效率为核心，以节能、节水、节地、资源综合利用和发展循环经济为重点，国家持续完善有利于资源能源节约和保护生态环境的法律和政策，完善环境污染监管制度，建立健全生态环保价格机制和生态补偿机制。2015年9月，中共中央、国务院印发了《生态文明体制改革总体方案》，提出了建立健全自然资源资产产权制度、国土空间开发保护制度、空间规划体系、资源总量管理和全面节约制度、资源有偿使用和生态补偿制度、环境治理体系、环境治理和生态保护市场体系、生态文明绩效评价考核和责任追究制度等八项制度，成为生态文明体制建设的"四梁八柱"。党的十八大以来，习近平生态文明思想确立，"绿水青山就是金山银山"的理念使得绿色发展进程前所未有地加快。党中央把生态文明建设作为统筹推进"五位一体"总体布局和协调推进"四个全面"战略布局的重要内容，提出创新、协调、绿色、开放、共享的新发展理念，污染治理力度之大、制度出台频度之密、监管执法尺度之严、环境质量改善速度之快前所未有。

面对资源约束趋紧、环境污染严重、生态系统退化加剧的严峻形势，生态文明建设成为关系人民福祉、关乎民族未来的一项长远大计，也是一项复杂庞大的系统工程。我们必须树立尊重自然、顺应自然、保护自然，发展和保护相统一，"绿水青山就是金山银山""山水林田湖草沙是生命共同体"的生态文明理念,站在推进国家生态环境治理体系和治理能力现代化的高度,推动生态文明建设。

国家出版基金项目"中国煤矿生态技术与管理"系列丛书,正是在上述背景下获得立项支持的。

我国是世界上最早开发和利用煤炭资源的国家。煤炭的开发与利用,有力地推动了社会发展和进步,极大地便利和丰富了人民的生活。中国 2 500 年前的《山海经》,最早记载了煤并称之为"石湟"。从辽宁沈阳发掘的新乐遗址内发现多种煤雕制品,证实了中国先民早在 6 000~7 000 年前的新石器时代,已认识和利用了煤炭。到了周代(公元前 1122 年)煤炭开采已有了相当发展,并开始了地下采煤。彼时采矿业就有了很完善的组织,采矿管理机构中还有"中士""下士""府""史""胥""徒"等技术管理职责的分工,这既说明了当时社会阶层的分化与劳动分工,也反映出矿业有相当大的发展。西汉(公元前 206—公元 25 年)时期,开始采煤炼铁。隋唐至元代,煤炭开发更为普遍,利用更加广泛,冶金、陶瓷行业均以煤炭为燃料,唐代开始用煤炼焦,至宋代,炼焦技术已臻成熟。宋朝苏轼在徐州任知州时,为解决居民炊爨取暖问题,积极组织人力,四处查找煤炭。经过一年的不懈努力,在元丰元年十二月(1079 年初)于徐州西南的白土镇,发现了储量可观、品质优良的煤矿。为此,苏东坡激动万分,挥笔写下了传诵千古的《石炭歌》:"君不见前年雨雪行人断,城中居民风裂骭。湿薪半束抱衾裯,日暮敲门无处换。岂料山中有遗宝,磊落如磐万车炭。流膏迸液无人知,阵阵腥风自吹散。根苗一发浩无际,万人鼓舞千人看。投泥泼水愈光明,烁玉流金见精悍。南山栗林渐可息,北山顽矿何劳锻。为君铸作百炼刀,要斩长鲸为万段。"《石炭歌》成为一篇弥足珍贵的煤炭开采利用历史文献。元朝都城大都(今北京)的西山地区,成为最大的煤炭生产基地。据《元一统志》记载:"石炭煤,出宛平县西十五里大谷(峪)山,有黑煤三十余洞。又西南五十里桃花沟,有白煤十余洞""水火炭,出宛平县西北二百里斋堂村,有炭窑一所"。由于煤窑较多,元朝政府不得不在西山设官吏加以管理。为便于煤炭买卖,还在大都内的修文坊前设煤市,并设有煤场。明朝煤炭业在河南、河北、山东、山西、陕西、江西、安徽、四川、云南等省有不同程度的发展。据宋应星所著的《天工开物》记载:"煤炭普天皆生,以供锻炼金石之用",宋应星还详细记述了在冶铁中所用的煤的品种、使用方法、操作工艺等。清朝从清初到道光年间对煤炭生产比较重视,并对煤炭开发采取了扶持措施,至乾隆年间(1736—1795 年),出现了我国古代煤炭开发史上的一个高潮。17 世纪以前,我国的煤炭开发利用技术与管理一直领先于其他国家。由于工业化较晚,17 世纪以后,我国煤炭开发与利用技术开始落后于西方国家。

中国正式建成的第一个近代煤矿是台湾基隆煤矿,1878 年建成投产出煤,1895 年台湾沦陷时关闭,最高年产为 1881 年的 54 000 t,当年每工工效为 0.18 t。据统计,1875—1895 年,我国先后共开办了 16 个煤矿。1895—1936 年,外国资本在中国开办的煤矿就有 32 个,其产量占全国煤炭产量总数的 1/2～2/3。在同一时期,中国民族资本亦先后开办了几十个新式煤矿,到 1936 年,中国年产 5 万 t 以上的近代煤矿共有 61 个,其中年产达到 60 万 t 以上的煤矿有 10 个(开滦、抚顺、中兴、中福、鲁大、井陉、本溪、西安、萍乡、六河沟煤矿)。1936 年,全国产煤 3 934 万 t,其中新式煤矿产量 2 960 万 t,劳动效率平均每工为 0.3 t 左右。1933 年,煤矿工人已经发展到 27 万人,占当时全国工人总数的 33.5% 左右。1912—1948 年间,原煤产量累计为 10.27 亿 t[①]。这期间,政府制定了矿业法,企业制定了若干管理章程,使管理工作略有所循,尤其明显进步的是,逐步开展了全国范围的煤田地质调查工作,初步搞清了中国煤田分布与煤炭储量。

我国煤炭产量从 1949 年的 3 243 万 t 增长到 2021 年的 41.3 亿 t,1949—2021 年累计采出煤炭 937.8 亿 t,世界占比从 2.37% 增长到 51.61%(据中国煤炭工业协会与 IEA 数据综合分析)。原煤全员工效从 1949 年的 0.118 t/工(大同煤矿的数据)提高到 2018 年全国平均 8.2 t/工,2018 年同煤集团达到 88 t/工;百万吨死亡人数从 1949 年的 22.54 下降到 2021 年的 0.044;原煤入选率从 1953 年的 8.5% 上升到 2020 年的 74.1%;土地复垦率从 1991 年的 6% 上升到 2021 年的 57.5%;煤矸石综合利用处置率从 1978 年的 27.0% 提高到 2020 年的 72.2%。从 2014 年黄陵矿业集团有限责任公司黄陵一矿建成全国第一个智能化示范工作面算起,截至 2021 年年底,全国智能化采掘工作面已达 687 个,其中智能化采煤工作面 431 个、智能化掘进工作面 256 个,已有 26 种煤矿机器人在煤矿现场实现了不同程度的应用。从生产效率、百万吨死亡人数、生态环保(原煤入选率、土地复垦率以及煤矸石综合利用处置率)、智能化开采水平等视角,我国煤炭工业大致经历了以下四个阶段。第一阶段,从中华人民共和国成立到改革开放初期,我国煤炭开采经历了从人工、半机械化向机械化再向综合机械化采煤迈进的阶段。中华人民共和国成立初期,以采煤方法和采煤装备的科技进步为标志,我国先后引进了苏联和波兰的采煤机,煤矿支护材料开始由原木支架升级为钢支架,但还没有液压支架。而同期西方国家已开始进行综合机械化采煤。1970 年 11 月,大同矿务局煤峪口煤矿进行了综合机械化开采试验,这是我国第一个综采工作面。这次试验为将综合机械化开采确定为煤炭工业开采技术的发展方向提供了坚实依据。从中华人民共和国成立到改革开放初期,除了 1949 年、1950 年、1959 年、1962 年的百万吨死亡人数超过 10 以外,其余年份均在 10 以内。第二阶段,从改革开放到进入 21 世纪前后,我国煤炭工业主要以高产高效矿井建设为标志。1985 年,全国有 7 个使用国产综采成套设备

[①] 《中国煤炭工业统计资料汇编(1949—2009)》,煤炭工业出版社,2011 年。

的综采队,创年产原煤 100 万 t 以上的纪录,达到当时的国际先进水平。1999 年,综合机械化采煤产量占国有重点煤矿煤炭产量的 51.7%,较综合机械化开采发展初期的 1975 年提高了 26 倍。这一时期开创了综采放顶煤开采工艺。1995 年,山东兖州矿务局兴隆庄煤矿的综采放顶煤工作面达到年产 300 万 t 的好成绩;2000 年,兖州矿务局东滩煤矿综采放顶煤工作面创出年产 512 万 t 的纪录;2002 年,兖矿集团兴隆庄煤矿采用"十五"攻关技术装备将综采放顶煤工作面的月产和年产再创新高,达到年产 680 万 t。同时,兖矿集团开发了综采放顶煤成套设备和技术。这一时期,百万吨死亡人数从 1978 年的 9.44 下降到 2001 年的 5.07,下降幅度不大。第三阶段,煤炭黄金十年时期(2002—2011 年),我国煤炭工业进入高产高效矿井建设与安全形势持续好转时期。煤矿机械化程度持续提高,煤矿全员工效从 21 世纪初的不到 2.0 t/工上升到 5.0 t/工以上,百万吨死亡人数从 2002 年的 4.64 下降到 2012 年的 0.374。第四阶段,党的十八大以来,煤炭工业进入高质量发展阶段。一方面,在"绿水青山就是金山银山"理念的指引下,除了仍然重视高产高效与安全生产,煤矿生态环境保护得到前所未有的重视,大型国有企业将生态环保纳入生产全过程,主动履行生态修复的义务。另一方面,随着人工智能时代的到来,智能开采、智能矿山建设得到重视和发展。2016 年以来,在落实国务院印发的《关于煤炭行业化解过剩产能实现脱困发展的意见》方面,全国合计去除9.8 亿 t 产能,其中 7.2 亿 t(占 73.5%)位于中东部省区,主要为"十二五"期间形成的无效、落后、枯竭产能。在淘汰中东部落后产能的同时,增加了晋陕蒙优质产能,因而对全国总产量的影响较为有限。

虽然说近年来煤矿生态环境保护得到了前所未有的重视,但我国的煤矿环境保护工作或煤矿生态技术与管理工作和全国环境保护工作一样,都是从 1973 年开始的。我国的工业化虽晚,但我国对环保事业的重视则是较早的,几乎与世界发达工业化国家同步。1973 年 8 月 5—20 日,在周恩来总理的指导下,国务院在北京召开了第一次全国环境保护会议,取得了三个主要成果①:一是做出了环境问题"现在就抓,为时不晚"的结论;二是确定了我国第一个环境保护工作方针,即"全面规划、合理布局、综合利用、化害为利、依靠群众、大家动手、保护环境、造福人民";三是审议通过了我国第一部环境保护的法规性文件——《关于保护和改善环境的若干规定》,该法规经国务院批转执行,我国的环境保护工作至此走上制度化、法治化的轨道。全国环境保护工作首先从"三废"治理开始,煤矿是"三废"排放较为突出的行业。1973 年起,部分矿务局开始了以"三废"治理为主的环境保护工作。"五五"后期,设专人管理此项工作,实施了一些零散工程。"六五"期间,开始有组织、有计划地开展煤矿环境保护工作。"五五"到"六五"煤矿环保

---

① 《中国环境保护行政二十年》,中国环境科学出版社,1994 年。

工作起步期间,取得的标志性进展表现在[①]:① 组织保障方面,1983 年 1 月,煤炭工业部成立了环境保护领导小组和环境保护办公室,并在平顶山召开了煤炭工业系统第一次环境保护工作会议,到 1985 年年底,全国统配煤矿基本形成了由煤炭部、省区煤炭管理局(公司)、矿务局三级环保管理体系。② 科研机构与科学研究方面,在中国矿业大学研究生部环境工程研究室的基础上建立了煤炭部环境监测总站,在太原成立了山西煤管局环境监测中心站,也是山西省煤矿环境保护研究所,在杭州将煤炭科学研究院杭州研究所确定为以环保科研为主的部直属研究所。"六五"期间的煤炭环保科技成效包括:江苏煤矿设计院研制的大型矿用酸性水处理机试运行成功后得到推广应用;汾西矿务局和煤炭科学研究院北京煤化学研究所共同研究的煤矸石山灭火技术通过评议;煤炭科学研究院唐山分院承担的煤矿造地复田研究项目在淮北矿区获得成功。③ 人才培养方面,1985 年中国矿业大学开设环境工程专业,第一届招收本科生 30 人,还招收17 名环保专业研究生和 1 名土地复垦方向的研究生。"六五"期间先后举办 8 期短训班,培训环境监测、管理、评价等方面急需人才 300 余名。到 1985 年,全国煤炭系统已经形成一支 2 500 余人的环保骨干队伍。④ 政策与制度建设方面,第一次全国煤炭系统环境保护工作会议确立了"六五"期间环境保护重点工作,认真贯彻"三同时"方针,煤炭部先后颁布了《关于煤矿环保涉及工作的若干规定》《关于认真执行基建项目环境保护工程与主体工程实行"三同时"的通知》,并起草了关于煤矿建设项目环境影响报告书和初步设计环保内容、深度的规定等规范性文件。"六五"期间,为应对煤矿塌陷土地日益增多、矿社(农)矛盾日益突出的形势,煤炭部还积极组织起草了关于《加强造地复田工作的规定》,后来上升为国务院颁布的《土地复垦规定》。⑤ 环境保护预防与治理工作成效方面,建设煤炭部、有关省、矿务局监测站 33 处;矿井水排放量 14.2 亿 m³,达标率 76.8%;煤矸石年排放量 1 亿 t,利用率 27%;治理自然发火矸石山 73 座,占自燃矸石山总数的 31.5%;完成环境预评价的矿山和选煤厂 20 多处,新建项目环境污染得到有效控制。

回顾我国煤炭开采与利用的历史,特别是中华人民共和国成立后煤炭工业发展历程和煤矿环保事业起步阶段的成就,旨在出版本丛书过程中,传承我国优秀文化传统,发扬前人探索新型工业化道路不畏艰辛的精神,不忘"开发矿业、造福人类"的初心,在新时代做好煤矿生态技术与管理科技攻关及科学普及工作,让我国从矿业大国走向矿业强国,服务中华民族伟大复兴事业。

针对中国煤矿开采技术发展现状和煤矿生态环境管理存在的问题,本丛书包括十二部著作,分别是:井工煤矿土地复垦与生态重建技术、露天煤矿土地复垦与生态重

---

① 《当代中国的煤炭工业》,中国社会科学出版社,1988 年。

建技术、煤矿水资源保护与污染防治技术、煤矿区大气污染防控技术、煤矿固体废物利用技术与管理、煤矿区生态环境监测技术、绿色矿山建设技术与管理、西部煤矿区环境影响与生态修复、煤矿区生态恢复力建设与管理、矿山生态环境保护政策与法律法规、关闭矿山土地建设利用关键技术、中国煤炭资源型城市转型发展。

丛书编撰邀请了中国矿业大学、中国地质大学（北京）、河南理工大学、安徽理工大学、中煤科工集团等单位的专家担任主编，得到了中煤科工集团唐山研究院原院长崔继宪研究员，安徽理工大学校长、中国工程院袁亮院士，中国地质大学校长、中国工程院孙友宏院士，河南理工大学党委书记邹友峰教授等的支持以及崔继宪等审稿专家的帮助和指导。在此对国家出版基金表示特别的感谢，对上述单位的领导和审稿专家的支持和帮助一并表示衷心的感谢！

丛书既有编撰者及其团队的研究成果，也吸纳了本领域国内外众多研究者和相关生产、科研单位先进的研究成果，虽然在参考文献中尽可能做了标注，难免挂一漏万，在此，对被引用成果的所有作者及其所在单位表示最崇高的敬意和由衷的感谢。

卞正富

2023 年 6 月

本 书 前 言

　　资源型城市是依托本地矿产、森林等自然资源开采、加工发展起来的特殊类型城市区域。长期以来,资源型城市为我国能源消费、资源供给贡献了巨大力量,为我国经济社会发展作出了突出贡献。然而,资源型城市也面临资源枯竭、生态环境破坏、产业结构单一等问题,严重制约了城市高质量发展。习近平总书记指出,资源枯竭地区经济转型发展是一篇大文章,实践证明这篇文章完全可以做好,关键是要贯彻新发展理念,坚定不移走生产发展、生活富裕、生态良好的文明发展道路。① 因此,研究资源型城市转型发展特征,揭示转型发展规律,提出资源型城市绿色转型与高质量发展的政策建议,具有重要的学术与政策意义。

　　我国资源型城市有262座,大多数为在煤炭资源勘探、开发利用基础上,由矿工和为矿工服务的人员不断集中发展起来的。煤炭资源型城市对中国社会经济发展贡献突出,但其固有的短板凸显了多重矛盾,如煤炭资源枯竭与产业经济发展需求增长的矛盾、产业结构单一和综合经济发展的矛盾、环境质量下降和城市人居环境改善的矛盾、下岗职工数量增加和满足人民日益增长的美好生活需要的矛盾,严重制约煤炭资源型城市的高质量发展。因此,煤炭资源型城市转型发展已引起社会的普遍关注。新形势下,党和国家提出了一系列方针政策,党的十六大、十七大等明确指出,要支持以煤炭开采为主的城市和地区发展接续产业,推进资源型城市走科技含量高、经济效益好、资源消耗低、环境污染少、人力资源优势得到充分发挥的新型工业化道路,加快建设资源节约型、环境友好型社会;党的十九大指出要"实施区域协调发展战略""支持资源型地区经济转型发展"。由此可见,煤炭资源型城市转型发展是国家建设"两型"社会(资源节约型社会、环境友好型社会)的需要,也是生态文明建设的关键所在。新时代背景下探索煤炭资源型城市转型发展路径,对促进我国生态文明建设、实现人与自然和谐发展具有重要的理论和现实意义。

　　根据转型发展的相关理论和实践,结合中国煤炭资源型城市自身的实际特点,探索适合中国城市的转型发展道路十分必要。本书在梳理国内外煤炭资源型城市研究现状和分析相关理论的基础上,首先对煤炭资源型城市的历史演变和现状困境进行了剖析,

---

　　① 《习近平在江苏徐州市考察时强调 深入学习贯彻党的十九大精神 紧扣时代要求推动改革发展》,《人民日报》2017年12月14日。

对其转型发展的驱动机制进行了定性和定量分析,并对煤炭城市绿色转型和可持续发展的概念、理论、模式和发展阶段的相关理论进行了梳理;在此基础上,分别从成长型、成熟型、衰退型、再生型四种不同的煤炭资源型城市入手,对煤炭资源型城市绿色转型潜力、转型能力、转型阻力、转型效率进行测度评价,探索其转型路径,并以典型城市榆林、济宁、阜新、徐州为对象开展实证研究和案例分析;最后,从国外成功转型的煤炭资源型城市入手,概括国外成功的转型经验和转型模式,期望可以为亟须转型的煤炭资源型城市提供经验借鉴和决策参考。本书主要得到以下四点研究结论:

(1)现状特征研究揭示,长期以来,煤炭资源型城市发展注重经济指标提升,城市偏重单要素开发,煤炭资源型城市发展中面临着大量问题,如经济增长缓慢、社会矛盾突出、生态环境恶化、空间结构失衡等。煤炭资源型城市转型发展中,又面临产业结构固化、转型技术落后、制度保障缺乏、管理体系滞后等诸多难题。

(2)驱动因素探究显示,技术创新、制度创新、资本积累水平、经济外向度、环境保护力度和经济发展水平是煤炭资源型城市的驱动因素,传统守旧观念、失业人口再就业、产业结构单一、资源产业周期是煤炭资源型城市的抑制因素。城市经济发展对煤炭城市转型的影响较大,同时,煤炭能源对经济增长具有正向作用,但是作为一种不可再生资源,它难以持久地发挥正向作用。

(3)分类评价表明:成长型煤炭资源型城市绿色发展潜力总体保持在一个较为均衡的水平,各个城市差距不大;成熟型煤炭资源型城市绿色转型发展整体状况良好,其中济宁市的综合评价指数最高;束缚衰退型煤炭资源型城市绿色转型的首要因素是经济规模不够庞大,其次是城市企业经营状况的不善和科研投入的不足;再生型资源型城市绿色转型效率较高,有部分城市 DEA 模型评价处于有效状态,其中转型效率最高的城市是唐山市和徐州市。

(4)经验借鉴认为,欧盟模式是政府主导、统一规划的管理模式,美国、加拿大、澳大利亚三个国家在煤炭资源型城市转型上呈现的是市场主导、政府扶持的模式,日本在煤炭资源型城市转型过程中呈现的是政策指导、社会协同的模式。不同煤炭资源型城市转型模式下,各国有针对性地采取了差异化的策略。研究认为,我国应该走政府主导、市场补充、社会协同的绿色、高质量转型模式。

最后,本书从宏观布局和微观设计两个层面提出政策建议。宏观布局层面,要以融合发展为抓手,推进城乡融合发展多方面共通互补;以共享发展为契机,合理分配转型发展资源与成果;以创新发展为根本,促进资源型城市产业升级优化;以和谐发展为保障,统筹生态文明建设协调发展;以绿色发展为指引,多措并举推进绿色转型顺利实现。微观设计层面,要加强产业政策、财政政策、人才政策等机制设计,保障煤炭资源型城市转型发展。

　　本书广泛吸纳了国内外众多研究人员的卓越成果,并在注释与参考文献部分尽可能详尽地予以标注。然而,鉴于学术领域的广泛性与复杂性,尽管我们秉持着严谨认真的态度,仍可能存在个别疏漏。在此,我们诚恳地向那些成果被引用却未被准确标注的研究人员致以深深的歉意。同时,衷心感谢每一位为学术发展贡献智慧的同仁,是你们的研究为本书奠定了坚实基础。在本书的资料收集和整理、书稿检查和校正过程中,和伟康、宋姝妍、李帆、谢晓彤、于昊辰、尹登玉、洪江涛、王状、张琦、成筱溪、夏嘉南、苏学武、张斌等博士和硕士研究生付出了许多辛劳,在此表示感谢。感谢中国科学院地理科学与资源研究所资源利用与环境修复重点实验室副主任沈镭研究员和安徽理工大学地球与环境学院院长胡友彪教授对书稿提出的宝贵意见。限于学识水平,书中不当之处在所难免,真诚希望查阅本书的读者批评指正,改进意见请您发送至邮箱:lxsh@cumt.edu.cn。

编著者

2023 年 9 月

目　录

第一章 绪 论

第一节 煤炭资源型城市的研究背景及意义

一、研究背景

放眼全球,各国煤炭资源刚需仍旧强劲。据《世界能源统计年鉴 2023》统计,2022 年全球煤炭消费占全球能源消费总量的 26.8%。英国石油公司(BP 公司)预测 2040 年全球煤炭需求量将达 36 亿 t 油当量。世界银行发布的资料显示,自 20 世纪以来人类消耗了 1 420 亿 t 石油资源、2 650 亿 t 煤炭资源、380 亿 t 钢铁资源。这些庞大的资源消耗量导致 CO_2 排放量急速上涨,CO_2 浓度突破 400 ppm(百万分率),并且该数据仍在持续攀升,严重威胁了人类生存环境的生态平衡。国际环境组织预测,到 2050 年左右,世界经济规模将要高于现在的 3～4 倍;而以碳为基础的能源资源(煤炭、石油、天然气)在 21 世纪中叶占全球能源资源的比重会超过 85%,届时人类将面临更为巨大的环保压力。随着《联合国气候变化框架公约》《京都议定书》《哥本哈根协议》的接连出台,转型成为世界各国可持续发展的必然路径,其中资源型城市转型成为重中之重(图 1-1、图 1-2)。

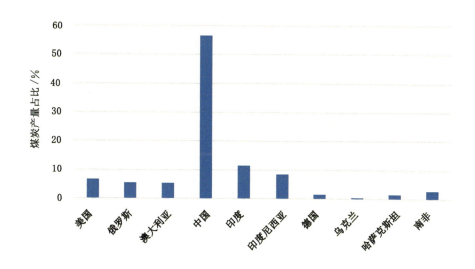

图 1-1 2022 年世界主要产煤国家煤炭产量占比(《世界能源统计年鉴 2023》)

我国资源型城市数量多、分布广,历史贡献巨大、战略地位突出。20 世纪 50 年代以来,

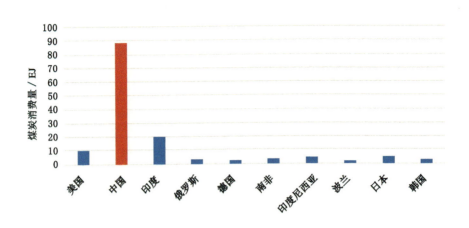

图 1-2　2022 年世界主要煤炭国家煤炭消费量

国家为实现社会主义经济快速发展,大力支持发展资源产业。在此背景下,全国先后建起多座规模不一的资源型城市。中华人民共和国成立以来至 2013 年,资源型城市累计生产原煤 529 亿 t、原油 55 亿 t、铁矿石 58 亿 t、木材 20 亿 m^3;"一五"时期 156 个国家重点建设项目中有 53 个布局在资源型城市,占总投资额的近 50%,这些城市充分发挥了对生产要素的聚集和扩散作用,带动了区域经济的发展,奠定了我国现代工业体系的基础,为我国工业化、城镇化建设作出了重大的贡献。其中资源型城市分布在我国的 30 个省(直辖市、自治区),在推动我国经济发展中扮演着重要的角色,如图 1-3 所示。

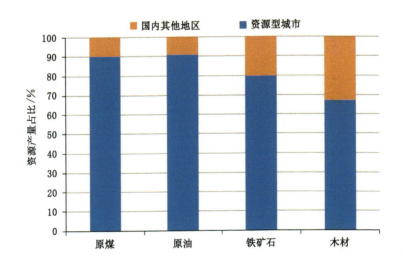

图 1-3　中华人民共和国成立以来至 2013 年资源型城市资源产量占全国比例

　　长期以来,各类资源中煤炭能源作为中国城市社会经济发展的空间载体和廉价动力,在国民经济发展过程中具有举足轻重的作用。然而,煤炭资源型城市可持续发展面临严峻挑战,加快转型发展任务十分艰巨。煤炭资源枯竭城市历史遗留问题依然严重,截至 2013 年,煤炭资源型城市尚有近 7 000 万 m² 棚户区需要改造,约 14 万 hm² 沉陷区需要治理,失业矿工人数达 60 多万,低保人数超过 180 万,500 亿 t 的"三下"压煤(一般是指建筑物下、铁路下和水体下的煤炭)开采埋下的安全隐患难以估量。与此同时,煤炭资源富集地区新矛盾不断涌现,可持续发展压力较大,部分地区开采强度过大,资源综合利用水平低,生态环境破坏严重,新的地质灾害隐患不断出现,高耗能、高污染、高排放项目低水平重复建设,接续替代产业发展滞后。资源开发、征地拆迁等引发的利益分配矛盾较多,维稳压力大。资源开发与城镇建设、经济社会发展、生态环境保护之间不平衡、不协调的矛盾突出。因此,加快煤炭资源型城市转型迫在眉睫。

对于煤炭资源型城市发展而言,一方面,由于传统的产业发展或经济结构高度依赖于能源资源,对应的产业结构通常是以能源开采或者初加工为主导,其面对当前的经济环境和经济发展模式存在明显缺陷。另一方面,由于煤炭资源型城市经济发展以及城市发展本身具有典型的周期性,其发展过程既面临一般城市发展的普遍问题,又具有资源型城市自身经济发展的周期性、复杂性等特征。通常来说,煤炭资源型城市转型需要产业结构转型升级,构建科学合理的经济发展模式与体系;也需要突破资源诅咒的困局,破解错综复杂的资源依赖发展模式,实现经济的可持续发展。2013 年,国务院出台的《全国资源型城市可持续发展规划(2013—2020 年)》将资源型城市发展分为成长型、成熟型、衰退型和再生型四种类型,并且对于每一种类型的资源型城市的发展给出了方向性的指导。该规划指出,按照不同类型的城市,我国具体的资源型城市的发展方向为:规范成长型城市有序发展,推动成熟型城市跨越发展,支持衰退型城市转型发展,引导再生型城市创新发展。2021 年,国家发展改革委、财政部、自然资源部印发《推进资源型地区高质量发展"十四五"实施方案》,该实施方案中强调引导资源型地区创新发展,促进资源型地区协调发展,推动资源型地区绿色发展,加快资源型地区开放发展,支持资源型地区共享发展,并提出到 2025 年,实现资源型地区资源能源安全保障能力大幅提升与经济发展潜力充分发挥的目标。

因此,本书以煤炭资源型城市为主要研究对象,以促进城市绿色转型发展、提升城市综合能力为首要目标,测度成长型煤炭资源型城市转型潜力、评估成熟型煤炭资源型城市转型能力、测算衰退型煤炭资源型城市转型阻力、评价再生型煤炭资源型城市转型效率,探索不同类型煤炭资源型城市转型模式,以期为煤炭及其他资源型城市高质量转型发展提供定量参考和决策依据。

二、研究意义

探索煤炭资源型城市的绿色转型模式,评价煤炭资源型城市的绿色转型效果,是为煤炭资源型城市制定转型策略的重要前提。目前,我国经济发展正在进入新的增长模式,在生态文明建设背景下如何有效助推煤炭资源型城市转型发展,如何制定有效的政策保障,具有鲜明的时代意义。本书的理论意义与实践意义主要表现如下:

(一)理论意义

在生态文明建设提升至国家战略以及高质量发展理念引领下,如何促进煤炭资源型城市绿色转型,特别是关于不同类型煤炭资源型城市转型能力评价尚显薄弱,在理论与实践中出现了一定的脱节现象。因此,本书的理论意义主要在于:

(1) 改进了柯布-道格拉斯生产函数(Cobb-Douglas production function,简称 C-D 生产函数),计量了经济增长与土地、资本和煤炭能源的关系,为煤炭资源型城市转型机制研究提供了新思路,丰富了煤炭资源型城市转型机理的研究方法。

(2) 按成长型、成熟型、衰退型、再生型将煤炭资源型城市划分为四种类型,针对不同类型城市采用不同评价模型,为煤炭资源型城市转型研究提供了一种新的思路,提供了煤炭资源型城市转型发展研究的理论借鉴。

(3) 借鉴国外资源型城市转型发展经验,并立足我国煤炭资源型城市转型发展的个性化特征,进一步完善我国关于煤炭资源型城市转型发展的理论体系,使我国的煤炭资源型城市转型发展理论与转型发展实践同步发展。

(二)实践意义

煤炭资源型城市在新的经济环境和经济背景下面临较大挑战:一方面由于经济的持续增长,我国能源资源的需求越来越多,煤炭资源型城市纷纷出台相关政策促使相关企业产业链延伸,导致其环境压力持续增大;另一方面,煤炭资源型城市原有的产业结构和经济体系比较单一,科学技术转化能力比较单薄,许多城市在进行转型升级过程中竞争力不足。因此,如何积极研究、探索出一条科学、合理的资源型城市转型发展道路,探索更加合理的宏观调控策略具有鲜明的实践意义。本书的实践意义主要有以下几点:

(1) 从城市转型能力视角出发,挖掘煤炭资源型城市现实概况和转型困境,探究转型驱动机制,为相关决策提供参考。

(2) 从煤炭资源型城市类型角度出发,测度成长型煤炭资源型城市转型潜力、评估成熟型煤炭资源型城市转型能力、测算衰退型煤炭资源型城市转型阻力、评价再生型煤炭资源型城市转型效率,探索不同类型城市转型的模式和路径,从而提出相关策略与建议。

(3) 通过对榆林(成长型)、济宁(成熟型)、阜新(衰退型)、徐州(再生型)四个典型案例研究,为解决煤炭资源型城市面临的矿竭城衰的困境,寻找绿色、高质量的转型路径提供参考。

第二节　概念界定与转型发展

一、概念界定及特征分析

(一)相关概念

1. 城市

城市是社会生产力发展到一定阶段的产物,具体表现为人口和经济在一定地域空间上的集聚。这种集聚反映了人们对城市文明的价值向往,同时也反映了城市作为平台和载体的功能价值与意义。因此,关于对城市的概念界定,更多侧重于其功能意义与价值,可以按照城市职能对城市类型进行划分,具体如表 1-1 所示。

表 1-1　城市职能类型

地域主导作用	城市职能类型	
以行政职能为主的综合性城市	行政中心城市	全国性中心城市、区域性中心城市、地方性中心城市
以交通职能为主的城市	综合交通枢纽城市	水陆空综合运输枢纽城市、水陆运输枢纽城市、陆空运输枢纽城市
	部门交通性城市	铁路枢纽城市、港口城市
	口岸城市	水运口岸城市、空运口岸城市、陆运口岸城市
以工业职能为主的城市	重型工业城市	煤炭城市、石油工业城市、冶金工业城市、电力工业城市、化学工业城市、建材工业城市
	轻型工业城市	机械(含电子)工业城市、食品工业城市、纺织工业城市、森林工业城市、皮革工业城市、造纸工业城市、其他类型轻工业城市
以流通职能为主的城市	贸易中心城市	地方贸易中心城市、对外贸易中心城市、旅游城市

2. 资源型城市

基于城市职能类型分类可以看出,资源型城市显然是那些职能单一的工业城市。资源型城市的定义目前在学术界还没有统一的认识,尚未形成定论。可利用的资源主要包括矿物和能源两类,如金属矿、石油、煤炭以及林木等资源。这些资源的共同特点就是不可再生或者再生时间过长。在功能属性上,资源型城市严重依赖资源和资源的空间地理区位,在建立之初依赖于国家行政与制度安排。对于资源城市可以从多角度分析,首先是功能学角度,由于承担着资源输出功能,不得不输出大量本地的资源。其次是发生学角度,资源与城市发展紧密相关。一部分属于在资源开采之前就已经存在了城市的形态,如白山、邯郸等资源型城市;另一部分是在资源开采的基础上逐渐产生了城市的雏形,如攀枝花、松原、辽源等资源型城市。最后是演进角度,城市的发展一般都要经历"资源型产业兴起—资源型产业主导—资源型产业衰退—资源型城市转型、转移或转向"这一演变过程。因此,资源型城市是依赖自然资源发展的,产业结构以资源产业为支柱,主要包含森工型城市和矿业城市。

学术界对资源型城市的界定标准也存在不同,主要是通过指数的形式进行界定,具体包括以下几种:

(1)城市产业化集中系数:某一产业在该城市集中的程度,是该产业的规模相对全国规模的比率。当系数超过 1 时,就表明这个城市该产业的集中化和专业化程度已经超过全国平均水平,便可视其为该城市的主导产业。如果该产业是资源产业,那么该城市就是资源型城市。

(2)财政收入依存度:反映城市财政收入对某一产业的依赖程度,是资源型产业提供的财政收入占城市财政收入的比重。

(3)就业依存度:反映就业对某一产业的依赖程度。其指标包括:资源开采和加工业的职工及其家属人数占城市人口的比重,资源开采和加工业的就业人数占城市全部就业人数的比重等。

(4)产值依存度:反映城市经济对某一产业的依赖程度,是工业增加值占地区生产总值的比重,与资源开采和加工业产值占工业总产值比重、资源开采和加工业的增加值占地区生产总值的比重综合考虑。

（二）资源型城市分布特征

1. 数量大、人口多、幅员广

中国资源型城市数量大，共有 262 个资源型城市；人口多，涵盖城乡人口规模巨大，涉及城乡人口 4.99 亿，占全国人口总数的 36.8%；幅员广，涉及 28 个省（直辖市、自治区）、126 个地级行政区、62 个县级市、58 个县、16 个市辖区（开发区、管理区），涵盖国土面积 391 万 km^2，约占全国国土面积的 41%。中国资源型城市分布具体情况如表 1-2 所示。

表 1-2　中国 262 个资源型城市的省域分布

省（直辖市、自治区）	数量	城市
河北	14	张家口、承德、唐山、邢台、邯郸、鹿泉、任丘、青龙、易县、涞源、曲阳、井陉矿区、下花园区、鹰手营子矿区
山西	13	大同、阳泉、长治、晋城、朔州、忻州、晋中、临汾、运城、吕梁、古交、霍州、孝义
内蒙古	9	包头、乌海、赤峰、呼伦贝尔、鄂尔多斯、霍林郭勒、阿尔山、锡林浩特、石拐
辽宁	15	阜新、抚顺、本溪、鞍山、盘锦、葫芦岛、北票、调兵山、凤城、大石桥、宽甸自治县、义县、弓长岭区、南票、杨家杖子
吉林	11	松原、吉林、辽源、通化、白山、延边自治州、九台、舒兰、敦化、汪清、二道江
黑龙江	11	黑河、大庆、伊春、鹤岗、双鸭山、七台河、鸡西、牡丹江、大兴安岭、尚志、五大连池
江苏	3	徐州、宿迁、贾汪区
浙江	3	湖州、武义、青田
安徽	11	宿州、淮北、亳州、淮南、滁州、马鞍山、铜陵、池州、宣城、巢湖、颍上
福建	6	南平、三明、龙岩、龙海、平潭、东山
江西	11	景德镇、新余、萍乡、赣州、宜春、瑞昌、贵溪、德兴、星子县、大余县、万年县
山东	14	东营、淄博、临沂、枣庄、济宁、泰安、莱芜、龙口、莱州、招远、平度、新泰、昌乐、淄川
河南	15	三门峡、洛阳、焦作、鹤壁、濮阳、平顶山、南阳、登封、新密、巩义、荥阳、灵宝、永城、禹州、安阳
湖北	10	鄂州、黄石、钟祥、应城、大冶、松滋、宜都、潜江、保康县、神农架林区
湖南	14	衡阳、郴州、邵阳、娄底、浏阳、临湘、常宁、耒阳、资兴、冷水江、涟源、宁乡县、桃江县、花垣县
广东	4	韶关、云浮、高要、连平县
广西	10	百色、河池、贺州、岑溪、合山、隆安县、龙胜各族自治县、藤县、象州县、平桂管理区
海南	5	东方、昌江黎族自治县、琼中黎族苗族自治县、陵水黎族自治县、乐东黎族自治县
重庆	9	铜梁县、荣昌县、垫江县、城口县、奉节县、云阳县、秀山土家族自治县、南川区、万盛经济开发区
四川	13	广元、南充、广安、自贡、泸州、攀枝花、达州、雅安、阿坝藏族羌族自治州、凉山彝族自治州、绵竹、华蓥、兴文县
贵州	11	六盘水、安顺、毕节、黔南布依族苗族自治州、黔西南布依族苗族自治州、清镇、开阳县、修文县、遵义县、松桃苗族自治县、万山区

表 1-2(续)

省(直辖市、自治区)	数量	城市
云南	17	曲靖、保山、昭通、丽江、普洱、临沧、楚雄彝族自治州、安宁、个旧、开远、晋宁县、易门县、新平彝族傣族自治县、兰坪白族普米族自治县、香格里拉县、马关县、东川区
西藏	1	曲松县
陕西	9	延安、铜川、渭南、咸阳、宝鸡、榆林、潼关县、略阳县、洛南县
甘肃	10	金昌、白银、武威、张掖、庆阳、平凉、陇南、玉门、玛曲县、红古区
青海	2	海西蒙古族藏族自治州、大通回族土族自治县
宁夏	3	石嘴山、灵武、中宁县
新疆	8	克拉玛依、巴音郭楞蒙古自治州、阿勒泰地区、和田、哈密、阜康、拜城县、鄯善县

2. 空间结构分散,类型多样

中国资源型城市共有 262 个,其中东部地区 59 个,中部地区 83 个,西部地区 83 个,东北地区 37 个。东北和中西部地区合计 203 个,约占全国资源型城市总数的 77%。

(1)按照产业内容及是否具有可再生能力,资源型城市可以划分为:森工型城市(18 个)、矿业城市(包括煤炭、石油、有色金属、黑色金属等)(244 个)。

石油、煤炭、有色及黑色金属等资源能源的不可再生性与森工类资源的缓慢再生性得以突出表现。森林资源是可再生资源,与矿业城市有着本质区别,这意味着适合矿业城市的发展思路、政策规定并不一定完全符合森工型城市的发展需求,"一刀切"的限伐政策、林业技术创新、林业产权制度等都是森工型城市独有的特征。

(2)按照产业生命周期,资源型城市可以划分为:成长型城市(31 个)、成熟型城市(141 个)、衰退型城市(67 个)、再生型城市(23 个)。成熟型和衰退型城市共 208 个,约占全国资源型城市总数的 79%。

① 成长型城市。该类城市当前的资源保障潜力极大,经济社会发展动力强大,同时也是当前我国主要的能源供应和储备基地。要规范当前资源开发环境,逐步形成一批重要的战略发展基地;提升开发企业的准入门槛,同时合理地控制资源开发强度;把企业环境治理恢复成本内部化;提升资源开采加工能力;加快工业化的发展和布局,通过科学的规划推动资源开发和城市发展之间的关系,促进新型工业化和城镇化协调有序发展。

② 成熟型城市。该类城市当前处于稳定发展的时期,资源的保障能力较强,同时经济和社会发展水平也都较高,这也是当前中国能源安全发展的核心区域。应保障当前能源开发和利用的效率,不断提升产业技术水平,加速培育出一大批资源深加工的产业群。另外,还需不断加快产业结构的调整,从而能够尽快形成接续性产业。城市的发展应兼顾生态环境保护问题,努力做好矿山地质环境保护和矿区土地复垦工作。保障和改善民生,不断提高公共服务能力,提高城镇化发展的质量。

③ 衰退型城市。该类城市当前处于经济发展困难期,民生问题突出,同时出现生态环境恶劣等一系列严峻发展问题,应着力调整城市内部二元结构,化解城市发展过程中诸多遗留问题;解决矿工再就业问题,推动城市棚户区改造,加大对废弃矿坑等一些地质灾害区域的综合整治。通过政府的支持,推动接替性产业不断发展,加强城市可持续发

展的能力。

④再生型城市。该类城市已经开始摆脱对资源的依赖,整个经济社会迎来良性发展的趋势,这也是资源型城市发展转变经济发展方式的必经渠道。在后期的发展过程中,这种城市将不断提升经济发展水平,对传统产业进行升级改造,同时培育出一批战略性新兴产业,加大对民生的投入,保证公共服务建设。在发展和改变的过程中还需要进一步地提升城市形象和品位,形成新兴中心城市。

按产业生命周期对资源型城市进行划分的意义在于:一是明确了各类城市目前所处的发展阶段,它们有着不同的发展方向,可以选择不同的发展模式,或转变或转向或转移,与此相对应,国家政策支持侧重点也不同;二是表明各类城市,特别是新兴的资源型城市应遵循产业生命周期规律,事前进行科学规划,推进产业多元化,避免"一业独大",以实现可持续发展。例如,再生型城市基本摆脱了资源依赖,经济社会开始步入良性发展轨道,是资源型城市转变经济发展方式的先行区。

3.生态环境污染严重,社会问题突出

由于资源大规模开采,资源型城市在为国家经济建设提供了宝贵的发展动力的同时,生态环境也受到了严重污染和破坏。以采掘业、石油化工、冶金业等为主要工业的资源型城市,工业"三废"的超标排放、因开采形成的大面积地表沉降等对城市生态环境造成了极大破坏和污染,有些甚至对人类生存造成了巨大威胁。造成资源型城市如此严重的环境污染和生态破坏,除了生产的本身特点之外,还与早期的"先生产、后治理"等片面思想有关。

按照资源型城市的一般发展规律,随着资源的枯竭,传统的资源型企业在市场竞争中逐渐被淘汰,下岗人员增加,就业矛盾突出,人民生活水平普遍偏低。另外,资源型城市通常存在基础设施落后、交通不畅、投资环境差等问题,这些问题已经严重阻碍了城市社会经济的发展。

4、具有外部依赖性

资源型城市代表的是"完全的"基于"出口的"工业化形式,无论这种"出口"是面向国内的其他中心地区,还是面向国际市场。因此,资源型城市的发展受到外在的全球、国内、大区域力量的影响。这种影响体现在产品市场、跨国、国家中央开发企业的运作调控、财税政策等方面。同时,由于资源型城市多处于远离经济中心的偏远地区,其自身的自然环境、原有经济基础、社会基础及人力资本十分薄弱,多样化的道路选择受到制约,如果没有来自区外力量的支持,城市内生能力的培养、本地居民的职业转换将难以取得突破性进展。

二、煤炭资源型城市的划分原则、分布情况和转型方向

(一)煤炭资源型城市的划分原则

煤炭资源型城市,顾名思义,就是以煤炭采选业为主导产业的城市,是对资源型城市按照资源类型分类的一种。这种城市因煤而兴,从城市的建立到城市的发展都主要依赖煤炭资源,几乎均以煤炭的采选业为主。这种城市的发展和建设既遵循普通城市的发展规律,同时由于城市兴起和发展的特殊资源条件和特殊历史背景,煤炭资源型城市又存在鲜明的个性。

(二)煤炭资源城市的分布情况

目前学术界比较认同的划分标准是以煤炭产业增加值占城市国民生产总值10%以

上和煤炭产业从业职工占全部从业职工 15％以上为标准界定煤炭资源型城市。而典型煤炭资源型城市是指采掘业产值占工业总产值 20％以上，其从业人员比例与一般煤炭资源型城市一致。同时参考《中国煤矿城市经济转型研究》（李成军著，中国市场出版社2005 年版）成果可知，我国存在煤炭资源型城市 90 个，其中典型煤炭资源型城市 73 个，具体如表 1-3 所示，主要分布在内蒙古、山西、陕西、新疆等省（自治区），其次是贵州、宁夏、安徽、云南、河南、山东、黑龙江等省（自治区）。全国煤炭资源型城市总体呈现中部集中、北多南少、西富东贫的基本特征。

表 1-3 我国煤炭城市分布

省（自治区）	数量	城市
河北	4	唐山*、邯郸*、邢台*、张家口
山西	12	大同*、朔州*、阳泉*、长治*、晋城*、太原*、古交*、霍州*、孝义*、介休*、高平*、吕梁
内蒙古	5	乌海*、赤峰*、霍林郭勒*、满洲里*、鄂尔多斯*
辽宁	5	抚顺*、阜新*、调兵山*、北票*、本溪
吉林	4	辽源*、白山*、珲春*、舒兰*
黑龙江	4	鹤岗*、七台河*、双鸭山*、鸡西*
江苏	1	徐州*
安徽	2	淮北*、淮南*
福建	2	龙岩、邵武
江西	4	萍乡*、乐平*、高安*、丰城*
山东	10	济宁*、枣庄*、兖州、邹城*、肥城*、新泰*、滕州*、淄博、临沂、龙口
河南	10	平顶山*、焦作*、鹤壁*、义马*、汝州*、新密*、登封*、禹州*、永城*、荥阳
湖北	1	荆门
湖南	5	娄底*、涟源*、耒阳*、资兴*、郴州*
广西	3	合山*、南宁、百色
四川	5	达州*、广元*、华蓥*、绵竹*、宜宾
贵州	3	六盘水*、安顺、毕节*
云南	2	宣威*、开远*
陕西	3	铜川*、榆林*、韩城*
宁夏	2	石嘴山*、灵武*
新疆	3	和田*、哈密*、乌鲁木齐

注：*为典型煤炭城市。

（三）煤炭资源型城市转型方向

城市转型与发展是世界各国、各个地区都要面对的课题，但是不同的地区、城市的产业基础不同，从而面对的产业转型和升级的机遇也不同。资源型城市由于其兴起和发展有着独特的优势与特点，因此在经济转型发展过程中有着自身独有的规律与特征。与普通城市转型相比，资源型城市由于产业结构单一、产业体系不完善、单一产业过分依赖等特征，导致其以产业衰落、生态破坏为基础实施城市产业的转型与升级。煤炭资源型城市转型发展的实质就是将煤炭资源型产业向其他产业转型,从而避免因发展单一产业带来的社会、环境、资源和经济问题。煤炭资源型城市转型的内容包括经济、生态、环境、资源、劳动力素质等多方面的转型,其中经济转型是主要方面,主要包括产业结构调整、经济体制变革、经济增长方式转型等内容。煤炭资源型城市应该进行经济体制和管理体制创新、科技和人才创新,改变过去过分依靠不可再生能源资源为主导产业的产业布局,大力提高初级加工资源产品的附加值,选择适合该城市转型发展的接续产业,以推动城市的转型。

三、煤炭资源型城市类型划分

我国有大量的煤炭资源型城市,空间分布广泛,可以从多个方面对煤炭资源型城市进行分类,结果如表 1-4 所示。

表 1-4　全国煤炭资源型城市分类

分类依据	类别
形成时期	古代型、近代型、当代型、新兴型
发展阶段	开发建设期、成长稳定期、衰退期
城市规模	特大型、大型、中型、小型
资源依存度	高度依存型、中度依存型、低度依存型
生产方式	无依托型、有依托型
可持续发展能力与资源状况	成长型、成熟型、衰退型、再生型

第一,按照城市形成时期,可分成古代型、近代型、当代型和新兴型。古代型煤炭资源型城市历史悠久,从目前掌握的资料来看,地处山东淄博的颜神镇应该是中国古代最早的煤炭资源型城镇。近代型如唐山、焦作等。当代型是我国工业化时期以来兴起的大量矿业城市,如阜新、抚顺等。新兴型是指改革开放后兴起的煤炭资源型城市,如介休、调兵山等。

第二,按照城市的发展阶段,可分为三类:开发建设期、成长稳定期、衰退期。开发建设期表示城市处于发展初期,处于城市生命周期的起步阶段,处于资源开发初期。这类城市的特点是自然资源丰富,可开采煤炭资源储量充足,城市的发展潜力也比较大。成长稳定期表示城市资源开发处于稳定开采阶段,处于城市生命周期的成熟阶段,资源供应充足,经济效益良好。这类城市的特点是自然资源储量较丰富,煤炭资源的保障相对比较充足,城市发展潜力现阶段趋于饱和。衰退期表示城市处于资源开采后期,处于城市生命周期的衰退阶段,资源逐渐枯竭,资源可开采量不足,经济效益下降。这类城市的特征是煤炭资源的储量相对匮乏,资源的供应保障不充足,城市发展潜力不足,城市整体的经济发展水平和发展速度出现严重的问题。开发建设期一般为 5~10 年;成长稳定期一般为 50~70 年,少数可达百年;衰退期一般为 10~20 年。

第三,按照城市规模,可分为特大型城市、大型城市、中型城市和小型城市。特大型城市是指人口数量超过 100 万的城市,如唐山、抚顺等;大型城市是指人口数量介于 50 万~100 万的城市,如淮南等;中型城市是指人口数量在 20 万~50 万之间的城市,如铜陵等;小型城市是指人口规模不到 20 万的小城市,如玉门、满洲里等。另外,我国还存在煤炭资源型城镇,要求人口规模为 10 万以下,对应城区功能、城镇功能相对独立。

第四,按照城市对资源的依存度,可划分为高度依存型、中度依存型和低度依存型。

第五,按照城市生产方式,可以划分为无依托型和有依托型。无依托型煤炭资源型城市的产生和发展主要依托于煤炭资源的采掘,在煤炭资源没有进行开采之前该城市并不存在。有依托型煤炭资源型城市是在煤炭资源开采之前就已经有城市的存在,城市的兴衰成败都是由采掘业的发展导致的。比如我国著名的煤炭资源型城市大同就属于有依托型煤炭资源型城市。

第六,按照城市的可持续发展能力与资源状况,可以划分为成长型、成熟型、衰退型和再生型。

(1)成长型煤炭资源型城市:煤炭资源保障程度较高、发展问题少的城市,处在成长阶段。成长型煤炭资源型城市一般都具有以下特征:① 高资源保障能力,处于资源开发的上升阶段,资源储量巨大,可开采年限很长;② 快速经济增长能力,经济发展迅速,带动城市经济规模成倍增长。成长型煤炭资源型城市一般也具有资源开发秩序不规范、经济发展不均衡等显著问题。

(2)成熟型煤炭资源型城市:煤炭资源保障程度略有下降,积累了一定的发展问题。成熟型煤炭资源型城市一般具备如下特性:① 资源开采已达高峰且多年稳产,具有成熟的资源开采、运输及深加工体系;② 城市发展较成熟,各类城市建设水平相对较高。成熟型煤炭资源型城市由于开采期较长,生态环境破坏问题突出,资源开发、征地拆迁等引发的利益分配矛盾较多。

(3)衰退型煤炭资源型城市:煤炭资源保障程度很低,问题积累较多。衰退型煤炭资源型城市一般具备如下特性:① 资源开采趋近枯竭,已经有部分矿山闭矿;② 城市发展内生动力薄弱,经济、社会和生态等多方面发展趋于衰落。受资源性经济发展滞缓影响,衰退型煤炭资源型城市普遍存在矿工生活条件恶化、大批失业等问题,棚户区破落、社会保障欠账多、地质灾害隐患大等历史遗留问题突出。

(4)再生型煤炭资源型城市:煤炭资源开采几近枯竭之后,城市煤炭资源保障程度很低,但是城市转型发展较好,各种问题都得到解决。再生型煤炭资源型城市一般具备如下特性:① 资源开采活动已经经历一个较长的历史时期,绝大部分矿山开采活动趋于停止;② 城市发展基本摆脱了资源依赖,经济社会开始步入良性发展轨道。再生型煤炭资源型城市的产业结构转型特征明显,城市经济发展的支柱已经转变为非资源性产业,因资源开采造成的经济、社会、生态等历史问题已经基本得到解决。

四、煤炭资源型城市转型发展相关理论

煤炭资源型城市产业结构的形成和演化与非资源型城市一样,遵循一般城市经济发展的共性规律,同时,煤炭资源型城市又因为主要围绕煤炭资源开展,煤炭资源属于非可再生资源,不同城市之间存在着资源开发强度的差异,因此又表现出具有独特性的形成和演化阶段。煤炭资源型城市的转型发展需要遵循一定的理论基础,经分析,煤炭资源型城市转型发展涉及的理论主要包括可持续发展理论、外部性理论、产业经济学理论、区域经济学理论、生命周期理论、资源诅咒理论、比较优势理论等。

(一)可持续发展理论

可持续发展的内涵可从"可持续性"和"发展"两个方面展开,可持续性是指"继持下去"

和"保持继续提高"。对于资源与环境而言,可持续性具有特殊的含义,主要是指保持资源的生产使用性和完整的资源基础,也就是说可持续发展的含义是维持代际公平,即当代人对自然资源的利用和对环境的影响应不影响后代人的生产与生活。随着经济全球化的发展,世界各国无一例外,都面临着日益增长的能源需求和日趋恶化的环境状况的双重矛盾,发展中国家更是如此。既要保持经济的较快增长速度,又要设法解决能源的供给问题,同时还要考虑环境的承载力影响,实现三者的协调。因此,建立一种科学的可持续的能源、环境发展体系成为各国面临的主要问题,也成为各国的必然选择。

"可持续发展"的定义主要围绕"代际公平"展开,有两个相互联系的基本点:其一,要满足当代人的社会福利基本需求;其二,要确保人类赖以生存的生态资源系统能满足未来几代人的社会福利基本需求。因此,代际公平引申的相关含义及概念成为可持续发展的主要内容和相对应的原则,主要包含以下三个方面:

(1)公平性原则:既要实现当代人相互之间的公平,又要实现代际公平。需求的满足不能限于一部分人,要使当代人和未来几代人的需求都得到满足,在满足当代人际间的需求的同时,也要满足代际间的需求,实现共同的公平,实现资源的分配与利用的公平。

(2)持续性原则:资源的使用必须实现可持续,必须要在可持续的基础上使用资源和环境,人类的经济社会发展必须以不超越资源与环境的承载能力为前提条件。

(3)共同性原则:世界各国都应该以实现可持续发展作为全球发展总目标,要从整体性原则出发,世界各国联合起来一起行动,同时也要关注各国发展,兼顾局部与整体。

结合煤炭工业可持续发展相关理论研究,煤炭资源型城市可持续发展主要是指包括经济发展、社会发展、生态环境保护、资源开发利用在内的煤炭资源型城市各方面发展的相互协调。煤炭资源型城市的可持续发展必须在运用市场机制、依靠科技进步及寻求可替代资源的基础上,向社会提供洁净燃料、原料及电力,并调控煤炭资源的最佳耗竭率,实现煤炭资源的开发利用既能满足当代人的需要,又不对后代人满足其需要的能力构成危害。该概念充分结合了可持续发展定义和我国煤炭城市的特点与长远发展目标。具体而言,煤炭资源型城市的可持续发展还应当包括以下五个方面的内容:经济系统稳定持续发展、人口社会系统稳定发展、生态环境保持正常状态、资源系统可持续利用、科技进步。

(二)外部性理论

外部性同时也称为外部效应或外部经济,其概念涉及多个方面,从不同角度分析外部性会产生不同的结果。19世纪末,关于外部性的相关问题就开始逐步进入研究视野,在此后的一个多世纪里,关于外部性的相关研究不断深入,同时外部性问题也一直是经济学中最复杂、最重要的问题之一。关于外部性概念的界定,不同的学者有不同的看法,关于外部性种类的界定,主要可从以下视角划分:从经济学的角度,划分为生产和消费的外部性;从外部性产生的时空视角,可分为代内外部性和代际外部性;从产生外部性的前提条件视角,可分为竞争条件下的外部性与垄断条件下的外部性;从外部性的稳定性视角,可分为稳定的外部性与不稳定的外部性;从外部性的方向性视角,可分为单向的外部性和交互的外部性;从外部性的根源视角,可分为制度外部性与科技外部性;从和帕累托的相关性视角,可分为帕累托相关的外部性和帕累托不相关的外部性;从竞争性和排他性视角,可分为公共外部性和私人外部性。

煤炭资源型城市转型发展过程中,也存在大量的外部性现象,其产生原因和非煤炭资源型城市出现外部性的原因基本一致,主要包括:产权界定不明确、缺乏签约权、合约存在等。大多数研究人员认为,出现外部不经济的主要原因是没有明确界定稀缺资源的产权,如果产权可以明确界定,外部不经济问题就会得到解决。没有经过明确的制度或条约进行划分的产权是外部性产生的根源,如果产权是清晰的,就可以通过产权交易行为消除外部性。由于外部性而产生的额外收益或损失,可以通过协商和交易予以消除。外部性的存在会影响人们日常的工作、学习和生活,同时,也会降低资源配置效率。

煤炭资源型城市外部社会成本与私人成本发生偏离是导致外部性出现的根本原因,这种偏离在一定程度上会造成资源配置效率降低。当存在外部性时,社会成本大于私人成本的总和,这时的社会成本不仅包括私人成本,也包括因生产行为或消费行为而造成的外部成本。此时的社会成本与私人成本总和不再相等,二者出现偏差,其具体表达关系式为:社会成本=私人成本±外部成本。此时,社会成本和私人成本之间的大小关系主要依据外部成本的正负进行确定。当一项经济活动是正的外部成本(负外部性)时,社会成本大于私人成本,此时的私人行为会给社会带来多余的成本;当一项经济活动是负的外部成本(正外部性)时,社会成本小于私人成本,此时的私人行为会给社会带来额外的利益。外部性的存在也可以利用边际分析法进行分析,当存在外部性时,边际社会成本和边际私人成本不再相等,此时的表达式为:边际社会成本=边际私人成本±边际外部成本。当一项经济活动是正的外部成本(负外部性)时,边际社会成本大于边际私人成本;当一项经济活动是负的外部成本(正外部性)时,边际社会成本小于边际私人成本。当存在外部性时,私人边际成本与社会边际成本或者私人边际收益与社会边际收益之间会出现不相等的情况,即使厂商在利润最大化原则下进行决策,也会出现市场失灵,即无法实现社会资源的最优配置。外部性在日常生活中普遍存在,因此市场失灵现象无处不在,资源配置失当现象难以避免。

煤炭资源型城市转型发展过程中要多加关注外部性理论,注重发挥自身的外部经济,减少外部不经济,正确合理选择合适产业,发挥资源型城市本身的优势及外来发展的优势,扩大煤炭资源型城市转型发展的绩效和长时间的合理有效性。当出现外部性问题时,积极运用解决外部性的途径对其进行干预,保证有效率的市场均衡的结果。只有解决外部性问题,才可以有效地提升资源配置的效率。解决外部性问题的途径有多种:第一种方案相对来说成本较低,是征税或补贴;第二种方案是行政或法律干预,政府可以对产生经济、环境负外部性的企业发布禁令,或颁布标准消除外部性;第三种方案为产权交易,科斯认为在产权明晰的前提下,如果交易成本很小甚至为零,那么市场均衡的结果总是有效率的,不会产生所谓外部性问题。

(三)产业经济学理论

煤炭资源型城市的产业经济学理论分析包括产业结构组成、产业结构特征、产业生命周期规律等内容。作为应用经济学的重要分支,产业经济学为解决现实经济问题提供了重要的理论依据。产业经济学的研究内容主要包括与产业相关的产业组织、产业结构、产业发展、产业布局和产业政策等,产业经济学会进一步探讨产业内部以及产业之间的关系、产业内企业组织结构变化规律、产业发展规律、产业集聚等内容,并依据分析探讨的相关内容为产业的发展提供相应的政策建议。

煤炭资源型城市产业转型与产业生命周期理论、产业结构优化理论、主导产业选择理论等产业经济学理论密切相关。

（1）产业生命周期理论认为产业发展演进过程可以用生命周期来进行特征表征，即将产业的出现到产业的退出所经历的时期看作产业的生命周期。依据产业的发展历程，可以将产业周期大致划分为四个阶段：开发期、成长期、成熟期和衰退期。四个时期的产业分别具有不同的特征。开发期是指某一类产品的概念刚刚形成的阶段；成长期是指产品市场份额相对较为稳定的阶段；成熟期是指形成相对较为成熟标准化的生产流程的阶段；衰退期是指同质商品日渐增多，产品出现类似甚至相同，产品缺乏创新的阶段。其中对于煤炭资源型城市转型发展来讲，产业转型更多针对的是处于衰退期的产业，进入衰退期的产业面临着其对区域经济增长的作用以及在产业结构中的地位在不断下降的现状，这部分产业必须进行转型发展。通常，针对处于衰退期的产业采取两方面措施进行转型：一是改造衰退产业，利用技术等手段对衰退期产业进行改造；二是转移衰退产业资源，使衰退产业逐渐退出。两方面的措施对煤炭资源型城市具有相同的特点，基本围绕做好煤炭产业链延伸和产业更替方面。产业生命周期理论可以对煤炭资源型城市产业发展阶段进行合理判断，进而利用煤炭资源型城市本身的条件及情况，对其产业的进一步发展提供有效及时的引导与管理。

生产者可以利用产业生命周期理论把握市场发展规律，定位产业发展趋势及发展方向，并通过技术创新、市场拓展等手段克服生产销售过程中的障碍，顺应产业变化的周期性规律，不断发掘市场机遇，向引领行业发展的标准化企业看齐，明确自身发展所处阶段，把握发展趋势，在自身效益最大化和发展最优化的基础上，实现全社会经济和社会价值的提升。

（2）产业结构优化理论主要针对产业结构不断演进的过程，产业结构的优化会使整个社会的产出效率保持在较高水平。科学技术的发展以及市场需求的不断变化，会进一步导致产业之间出现非均衡增长的现象，进而导致各产业数量比例发生变动，当变动的规模达到一定程度时，就会出现新主导产业取代旧主导产业的现象，此时也就出现了产业的兴衰变化，在这个过程中，也就出现了产业结构的不断优化。产业结构的优化，最终呈现为产业结构的升级，也就是相对而言产业结构的日渐合理化、高级化和高效化发展。煤炭资源型城市产业转型发展与产业结构优化理论有较强的联系，产业结构优化理论将指导煤炭资源型城市产业转型，也将实现煤炭资源型城市产业结构的进一步优化。

（3）在煤炭资源型城市转型发展和产业结构演进升级过程中，如何选择主导产业、怎样选择主导产业以及选择什么类型的主导产业，都是煤炭资源型城市转型发展的关键问题。主导产业的选择对经济发展具有重要的影响，引起了许多经济学家的关注，也有众多研究者针对主导产业的选择开展了相对应的研究，罗斯托基准、赫希曼基准、筱原基准、动态比较费用标准、市场需求标准、技术进步标准和比较优势标准等都是重要的选择判断依据。煤炭资源型城市的主导产业是煤炭产业，煤炭在煤炭资源型城市经济发展中发挥着引导与带动的作用，煤炭资源型城市也逐步形成了以煤炭为中心的城市产业体系发展方向和模式。针对煤炭资源型城市的转型发展，其中选择哪一个产业作为新型主导产业是煤炭资源型城市转型发展的核心。煤炭资源型城市的转型发展具有共性，但在实际操作过程中，由于各城市在自然条件、自然资源、经济基础、城市功能、煤炭产业生命阶段、区位条件、产业转换能力、科技创新水平、劳动力素质、生态环境、人才集聚、体制创新力等方面存在较大的差异，因此不同煤炭资源型城市转型过程中所选择的方向和模式均存在很大差异。

煤炭资源型城市的煤炭资源供给问题是引发产业间非均衡增长的主要原因,当煤炭资源型城市处于衰竭期时,煤炭资源也逐步趋向枯竭,此时城市就需要选择新的主导产业来替代原有产业,进而实现城市的转型和产业结构的升级。产业结构优化理论有助于煤炭资源型城市产业结构优化与升级,煤炭资源型城市转型发展期间也需要选择合适的转型发展机制与产业,运用产业结构优化理论进一步对产业结构进行优化,保证煤炭资源型城市转型发展的长期有效性和合理规划。

（四）区域经济学理论

产业发展必须借助一定的区域作为空间依托,因而产业问题也可以落实为区域发展方面的问题,产业转型大都针对特定城市、特定区域开展,因此,关于产业转型的研究可以看作区域发展问题的研究。区域是包含了人口、资源、经济、环境等要素的结合体,是基于描述、分析、管理、计划或制定政策等目的,并作为一个应用性整体加以考察的地区。区域经济增长的同时会出现一系列的问题,主要包括人口增长以及流动、自然资源开发、流域开发、区域经济发展平衡、城乡不平衡、资本的空间配置等问题。因此,区域经济学理论将指导煤炭资源型城市产业转型过程中的相对应区域协调发展的问题。

区域经济学主要研究如何建立一个完整的地区区域经济体系,如何按照地域分工与合作的原则来组织系统内各区域的产业发展与布局,进而使区域整体可以在分工协作的基础上最大限度地发挥优势。区域经济学的主要理论内容包括区位理论、梯度推移理论、区域发展的辐射理论、区域非均衡增长理论,这些区域经济学理论能够在一定程度上指导煤炭资源型城市产业转型。不同区域发展具有不同的问题,依据区域问题的不同,可以结合问题的具体类型对区域进行划分,例如就落后区域和萧条区域而言,两种区域产业结构不同,存在的主要问题不同,因而城市产业转型与升级的重心就应当有所不同。煤炭资源型城市产业转型必须从区域角度加以分析考虑,在参考其他类似区域产业转型做法的同时,考虑区域的类型、特征等要素,结合区域自身的实际情况进行相对应的城市产业的转型发展研究。同时,区域产业布局理论和区域发展不均衡理论还具有一项重要的作用和功能,就是可以用来解释煤炭资源型城市产业布局以及相应战略的制定问题,进而用来分析识别导致煤炭资源型城市发展陷入困境的具体因素。

煤炭资源型城市的转型发展必须以区域经济学理论为指导,必须结合区域产业布局理论对区域产业的合理布局进行优化,必须结合区域发展不均衡理论对产业的协调发展进行合理优化,必须从多角度入手,争取区域的协调发展,在此基础上以产业发展为主要导向,以产业问题为主要需要解决的问题,进行煤炭资源型城市的产业发展转型研究,最大程度地合理优化产业结构,全面保证产业的合理转型与发展。

（五）生命周期理论

生命周期理论是产业经济学理论的重要组成部分,对煤炭资源型城市的转型发展也发挥着重要的作用。由于煤炭资源本身具有的特性,煤炭资源型城市发展过程必将经历开发、成长、成熟、衰退的周期性发展阶段,煤炭资源型城市产业也必将出现周期性的发展变化。西方学者鲁卡斯（Lucas）和阿什曼（Aschmann）等提出了煤炭资源型城市生命周期理论;我国学者结合我国煤炭资源型城市发展的实际特征,在其基础上继承和发展了煤炭资源型城市生命周期理论,将煤炭资源型城市发展历程分为成长期、成熟期、衰退期3个阶段

(图1-4),结合一定的指标从煤炭资源产业产值比重、煤炭采掘业从业人员比重以及工业发展综合指数等3个角度分析判断煤炭资源型城市发展阶段,并对各生命周期阶段产业结构特征进行相对应的分析。

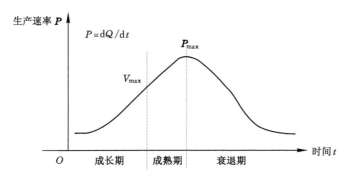

图1-4   煤炭资源型城市发展阶段

1. 成长期

从煤炭资源型城市开始开采煤炭资源到最大的煤炭生产速率增长率(V_{max})时点的阶段,是煤炭资源型城市及其产业的成长期。结合煤炭资源型城市的发展规律,此阶段一般有20年左右的历程。在此阶段中,煤炭产业逐渐聚积一定规模、具有专门技术水平的从业人员,同时此时的煤炭资源型城市的煤炭产业对区域乃至全国经济发展都具有一定的影响和作用力,也形成了专门化的生产技术及装备设施。

2. 成熟期

从最大的煤炭生产速率增长率(V_{max})时点到最大的煤炭生产速率(P_{max})时点的阶段,是煤炭资源型城市及其产业的成熟期。结合煤炭资源型城市的发展规律,此阶段一般有20~50年的建设历史。本阶段煤炭产业的特征表现为:煤炭产业逐步扩张,相关技术和管理日益完善,煤炭产量逐步趋于稳定,煤炭采掘业逐步成为城市经济发展的主导产业。

3. 衰退期

从最大的煤炭生产速率(P_{max})时点到可采煤炭资源存量剩余量较低的时间段,是煤炭资源型城市及其产业的衰退期。结合煤炭资源型城市的发展规律,此阶段一般拥有50年以上的开发建设历史。在这个阶段,受到可采储量的影响,采掘难度逐渐加大、成本逐渐增加,煤炭产业竞争力逐渐下降,开始逐步由兴盛走向衰退,产业的主导地位急剧下降。此后煤炭资源型城市要进入转型发展期,开始寻找新的主导产业取代旧的煤炭资源产业,使新的产业引领城市经济的发展,城市职能逐步发生改变。各生命周期阶段所经历的时间也和城市自身的特征有较强的关联性,具体与煤炭资源储量和开发强度有一定的关系。

煤炭资源型城市生命周期理论对煤炭资源型城市产业结构调整具有指导性作用。因煤炭资源储量的制约,煤炭资源型城市的产业结构必须进行调整,产业结构调整、推动转型发展的最佳时间是成熟期。结合中国的具体国情和城市发展的主要情况,很多煤炭资源型城市错失了最佳的转型时机,因此需要借助外部力量(包括国家出台的相关政策,政府改善的城市环境,人才、资金、技术等必备要素的引进等)来加快产业的转型。当然,这种情况也给正处于成长期和成熟期的煤炭资源型城市提出预警,使其适当选择最佳的转型产业,提前做好产业转型的准备。

煤炭资源型城市转型发展过程中,必须结合自身所处的生命周期进行合理的判断,正确认识到自身的转型发展时期,确定合理的转型发展最佳时间,合理布置自身的结构,正确推动产业结构的转型,优化产业结构。因此,生命周期理论是推动煤炭资源型城市发展的关键性理论,是掌握和判断煤炭资源型城市所处阶段的关键性理论。只有真正判断清楚所处的阶段,转型成功的概率才更大,才可以保证煤炭资源型城市的优化发展。

(六)资源诅咒理论

早期学者研究认为资源禀赋对经济发展具有显著的促进作用,资源、能源等原材料对经济活动的重要性不言而喻。1980 年后,荷兰经济受"通胀"影响,同时出现制成品出口下降、收入增长率低以及失业率增加等问题,索洛的外生经济增长理论遭到了学者质疑,并产生了一系列新的经济内生增长理论。研究发现,资源相对丰富的国家未达到心理预期上的经济增长率,学者们开始重新审视资源在经济发展中的作用。奥蒂(Auty)认为,资源自然禀赋对于某些国家的经济增长是一种不利条件和限制,从而引出了资源诅咒的概念。资源诅咒相关的研究结论可归纳为三种类型,即资源诅咒的存在、不存在以及有条件存在理论。王嘉懿等采用计量模型对中国中部 36 个地级资源型城市进行分析,证明了资源诅咒效应的存在。帕皮拉基斯(Papyrakis)等通过分析自然资源与经济增长之间的作用关系的实证研究表明,资源诅咒现象的存在是合理的。孙东琪等则认为,中国在整个国家层面上没有资源诅咒现象。资源诅咒现象的存在是具有条件的,只有某些或某些类型的自然资源受此理论影响。

(七)比较优势理论

比较优势理论最早由大卫·李嘉图提出,经过近百年的发展,得到不断完善与发展,其中不少学者将比较优势理论用于分析资源型城市的转型发展问题。总体来说,比较优势理论通过保罗·克鲁格曼等学者集合自然地理相关理论创建了新的国际贸易理论,成功运用于世界贸易相关问题的分析,经过经济学家萨谬尔森等相关学者的发展与完善,形成了著名的要素价格理论、静态经济优势理论、动态经济优势理论等。学者雷布津斯基通过对经济问题的系统分析,认为不同资源要素的变化决定着地区或者企业的资源拥有与配置的权力,影响着整体产业的转型与变化,从而形成著名的动态经济学理论。根据动态比较优势理论的相关观点,由于不同地区的自然资源不一致,其竞争优势也在发生着显著的变化,从而进一步影响地区产业和资源的结构,与之相对应的产业资源、市场供给要素都发生变化。不同经济要素与自然要素对于经济增长的影响往往是动态变化的,其供给与需求共同决定了一个地区的产业结构和经济变化,当要素供给处于优势地位时,将推动该地区的经济增长。

第三节 国内外研究综述

资源型城市的转型是近年来国内外学者比较关注的世界性难题。本节梳理了国内外对于资源型城市转型的研究进展,在总结评价的基础上希望对进一步推进我国煤炭资源型城市转型的研究提供启示。

一、国外资源型城市研究综述

19世纪下半叶,西方国家受工业革命和资本主义殖民活动的影响,以美国、英国、加拿大、澳大利亚为主的发达资本主义国家快速兴起以采掘业和加工业为主导产业的资源型城市或者社区(陈妍等,2017)。自然资源成为各个国家和地区迅速发展的重要生产因素,但是在第二次世界大战和石油危机后,资源的消耗量加大,学术界越来越关注资源型城市的转型发展。20世纪末,国外政府机构和各领域的学者对资源型城市如何转型和可持续发展展开了重要论述,为资源型城市问题解决提供了重要依据。鉴于此,本书从以下几方面对资源型城市转型研究进行了梳理和总结。

(一)国外资源型城市的初步研究阶段

20世纪30年代初期到70年代中期,是资源型城市研究的初始阶段,研究的主要焦点集中于资源型城市的特征、城市发展阶段等方面,研究的主要依据是行为地理学理论、区域发展理论和城市规划学理论等。

国外对于资源型城市的研究起源于20世纪30年代,在相关文献中出现的与资源型城市相关的词有mining towns、resource towns和tesource-dependent towns等。1921年,英国学者奥鲁斯(Auroussean)首次提出mining town的概念,随后地理学家和社会学家都针对资源型城市展开了系统的描述分析。加拿大著名地理学家伊内斯(Innis)的著作《加拿大的毛皮交易》(1930)和《加拿大的原材料生产问题》(1933)开启资源型城市研究的先河,他研究了能源与社会结构的关系,认为资源型城市的社会结构是围绕着资源物质、周围的社会关系和文化符号进行组织的。1962年,加拿大学者罗宾逊(Robinson)在《加拿大资源富集边缘区的新兴城市》中对加拿大资源型城市进行了全面的评估,从地理区域、人口规模、经济效率水平与发展速度的关系等多个方面系统研究了资源型城市的特征。沃伦(Warren)对资源型城市的社会互动问题进行了研究。他认为,社会互动是加拿大资源型城市规划的核心,通过城市发展规划把特殊的社会成分融进城市中,以实现资源型社区的社会互动。20世纪60年代,一批学者对资源型城市展开了一系列理论研究,卢卡斯(Lucas)、马什(Mmarsh)、Warren等较为系统地对资源型城市的基本内涵、特征以及与其他地区经济发展关系等问题进行了研究,为后期研究奠定了一定的理论基础。

在资源型城市发展阶段的研究方面,产业周期性是资源型城市区别于其他城市的显著特征。1929年,赫瓦特(Hewardt)提出了矿业城市阶段发展理论,并且根据矿业资源的加工利用程度,将城市的发展划分为5个阶段。1971年,美国学者胡贝特(Hubet)依据资源开采生命周期,提出资源城市生命周期呈"铃"形;Lucas提出了矿业城市发展四阶段理论,他认为矿业城市的发展通常包含建设、雇佣、过渡和成熟四大阶段。塞门斯(Siemens)在《加拿大资源边缘区的单一企业社区》(1976)中提倡通过规划提高资源型城市人民的生活质量。

(二)国外资源型城市规范研究阶段

20世纪70年代末期以后,相关研究从个体研究转向群体研究,从实证研究转向规范研究,主要以资本积累与国际化理论和依附理论为研究依据。早期的相关研究成果开始受到质疑,资本积累、国际化理论与依附理论被引入研究中,布莱德伯里等学者以此来解释资源型城市兴起与衰落过程中表现出来的社会经济表征。

在资源型城市转型的研究方面,20 世纪 80 年代末,国外学者开始重点关注资源型城市的经济转型对城市、社区、居民带来的广泛影响。然多(Randall)(1966)以加拿大煤炭资源型城市为案例,主要针对资源型城市的劳动力市场,以及对资源的高度依赖性进行研究,摆脱了对单一产业的传统研究认识,分析了资源产业的劳动力比重,在此基础上提出了资源型城市转型效果的重要评价手段,即主导产业的劳动力市场的结构和专业化水平。布拉德伯里(Bradbury)(1998)围绕如何解决城市面临的资源枯竭问题给出解决方法:地方购买方针进行转变、政府部门进行财政支援、城市区域进行发展规划并建立城市预警体制机制等。董(Dong)(2007)认为资源依赖型城市在转型方面面临严重的经济、社会与环境问题,有必要在产业转型过程中进行战略创新,改变传统的经济增长方式。洛马克(Lomakina)(2015)以加拿大为例,认为开发资源型产业的潜力是资源型城市实现持续发展的策略之一。张(Zhang)(2022)认为资源型城市既要不断加大创新力度,提高资源利用效率,又要积极推动区域资源型产业协调合作,实现绿色可持续发展。

在资源型城市产业综合发展的研究方面,Bradbury(1979)与其他持相同观点的学者将依附理论与煤炭资源型城市的经济发展实际状况相结合,分析了当时资源型城市的经济与社会特征。Bradbury 对于资源型城市的研究涉及范围较广,不但研究了城市产业发展的生命周期、城市发展的经济和社会政策,还研究了资源型城市与其他类型城市的联系。海特(Hayter)(1990)的研究揭示了加拿大矿业型城镇的发展历程出现的两个劳动力市场分割的状况,一个是适用于福特主义时期的劳动力市场,另一个是适应专业化生产时期的劳动力市场,阐释了矿业型城市的生产方式、劳资关系等对社会、经济、政治的影响。其他学者还应用国际化理论和依附理论对资源型城市开展研究。一方面针对资源型城市、跨国公司、政府等资源型经济各要素之间的相互关系,指出资源型城市的高度资源依赖特性使其处于脆弱的经济状态中,而垂直一体化的跨国公司则处于控制地位,为追求资本积累的最大化而进行跨国经营运作和资源分配。另一方面,延续了 Innis 对资源型城市与中心地区"核心-边缘"关系的认识,并认为资源型地区或城市与其服务的中心地区存在较强的依赖,甚至是一种剥削关系。在经济活动过程中,资源流入中心地区,资本积累、产品附加值都在中心地区得到实现,而造成了资源型地区就业规模小、产品深加工能力弱、经济运行结构失衡等问题。波特斯(Porteons)和纽顿(Newton)(1987)的研究也发现了类似的问题,即资源产地和大都市区的"中心-外围"关系和剥削关系,而跨国公司在其中起着至关重要的作用。但也有学者对此表示出疑问,费齐力格(Ofairoheallaigh)指出在资源型城市开发过程中,除了跨国公司、地方政府外,还存在一个地方利益集团,它们之间往往是一种利益争夺和妥协的关系,而资源产地与其他地区之间也不存在剥削关系。简言之,Ofairoheallaigh 对依附理论中高度垂直一体化和水平多样化的跨国公司的作用提出了新的见解。

(三)国外资源型城市可持续发展研究阶段

20 世纪末期可持续发展理论逐渐形成和完善,21 世纪以来可持续发展成为资源型城市研究的主要方向,学者们致力于寻求资源开发、地区发展、社区建设和环境保护等各方面协调、可持续的资源型城市发展路径和理论模式。在传统的经济产业、劳动力市场、社区建设等研究内容之外,对自然环境的保护、文化多样性的尊重、边缘地区资源产地的关注、女性权利的维护、资源开发活动综合影响的评价、发展中国家资源型经济的阐释等成为这一时期研究的新课题。主要的理论基础包括制度经济学、环境经济学、发展社会学、可持续发展理论等。

Stedman Richard(1992)指出,虽然关于美国农村地区资源依赖与社会福利的研究较多,但多数理论都把资源依赖作为一个整体的现象和特征,而不是根据具体的资源基础(如林业、渔业或采矿业)的特征,以及相关采掘、加工过程的特征进行分析。进而指出要预测某资源依赖对福利的影响,应该对多个资源行业进行比较,而不是限于某一行业的领域之内;因为即使在一个行业内,资源依赖对于福利的影响也是多变的、不确定的。例如,对采矿业依赖和福利之间关系的评价受到地区、历史时段、具体矿物,甚至是福利的衡量指标等多种因素的影响。巴恩斯(Barnes)和Hayter(2001)等对Innis所提出的大宗商品理论和资源型城市飓风式的开发模式进行了论述,并以加拿大不列颠哥伦比亚省的林业小城阿尔伯尼港为例开展实例验证,指出大宗商品理论强调制度调整、资本积累、周期性的不稳定和危机、依附等内容,可视为一种政治经济学的分析方法,但与马克思主义又有不同,并阐明大宗商品理论对于加拿大资源型经济发展仍有指导意义。洛基·斯图尔特(Lockie Stewart)(2006)针对澳大利亚昆士兰州中部的Coppabella煤矿分别于2002年和2006年从以下方面开展了资源型经济社会影响评价研究:人口变化、社会公共服务设施、住房、休闲娱乐设施、犯罪、社区参与和社区融合、交通模式、社区认同、就业数量变化、商业机会与限制、地方政府机构规划与管治能力、给当地原住民带来的机会等。莫里斯(Morris)(2009)在传统大宗商品理论的基础上构建了一个简洁的资源型经济增长模型,以解释资源型经济中的增长和发展机制。王(Wang)(2020)认为对于矿业城市承载力的综合评价有助于城市的可持续发展,提出基于理想解-秩和比相似度排序偏好的R型聚类分析方法。德拉甘(Dragan)(2023)认为后矿业城市再工业化的经济转型过程会伴随着符合可持续发展原则、公正转型原则的脱碳需求,提出并采用功能和空间方法,重点关注棕地的投资潜力。

国外相关领域学者还针对资源型城市和社区中女性的权利、工作条件、心理健康问题进行了专门研究,指出在工矿区"男性主义"的经济发展模式、社会组织方式下,女性大多处于从属地位,在经济上和家庭生活中都处于不平等地位;而且在经济转型期,她们的就业情况更容易受到冲击,远离家人和朋友,在社区中又缺乏足够的交流机会和社会活动资源,这些地区的女性的心理健康通常会受到一定的影响。但研究也表明,整体情况在逐渐改善。此外,资源型城市劳动力市场动态变化、居民身心健康、城镇规划建设、工作通勤等传统研究主题在这一阶段也得到了持续关注。

二、国内资源型城市研究综述

与发达国家相比,我国资源型城市发展与转型研究起步较晚,由于经济社会发展需求较为迫切,资源型城市在建设初期仅仅追求产品急速扩张,近年来其可持续发展问题才逐渐得到关注。我国学者对资源型城市及其转型的研究主要集中在资源型城市的转型效果评价、资源型城市可持续发展研究等几个领域。

(一)资源型城市转型效果评价研究

20世纪90年代至今,资源型城市纷纷遇到劳动力剩余、资源枯竭和城市发展速度变慢等难题,因此,可持续发展成为全球经济社会发展共同关注的命题,资源型城市的转型与发展前景备受关注。近年来,国内许多学者从不同层面对资源型城市转型的效果和效率进行评价。薛凌(2008)、史英杰(2008)、张晨(2010)等针对资源型城市如何实现转型并发展成为现代化城市这一世界性难题进行了探究,通过构建包含资源子系统、经济子系统、科技与社会子系统和环境子系统四个方面的评价指标体系,对资源型城市转型能力进行了评价,认为进行产业转型是防止资源型城市衰退的必然路径。李立(2010)、沈瑾(2011)明确我国资源枯竭型地区的现状和存在的问题,认为资源型城市经济结构的转型必然带来城市空间的重组,城市的空间发展与优化是资源型城市可持续发展的重要方面。杨波(2013)、姜国新(2020)通过对城市系统和产业系统进行分析,构建了一个人口、资源、环境、经济和社会共同构成的高度开放系统,分析了支撑力系统、压力系统、推力系统及制约力系统如何共同推进资源型城市的发展和演化,探讨了资源型城市转型系统的反馈回路及其相互耦合作用。王莉等(2014)、吉千惠等(2015)构建了资源型城市转型效率评价指标体系,并运用DEA模型对煤炭资源型城市转型效率变化情况进行了传统评价与对抗型交叉评价。崔凯(2017)从经济、产业、社会、生态四个层面构建评价指标体系,采用层次分析法对煤炭城市转型效果进行综合评价,利用多元线性回归方法分析了煤炭资源型城市转型的制约因素。陈妍等(2018)借助协调发展相关理论,构建综合评价资源型城市社会、经济和环境转型的指标体系,系统测算各要素对资源型城市协调转型的作用。黄寰等(2020)研究发现环境规制随着成长型、成熟型、再生型和衰退型城市类型不断变化、不断加大,且与产业结构合理化、高度化呈倒U形曲线关系。仇方道等(2022)以全要素生产率为表征,研究了资源型城市农业转型成效空间错位特征,指出区位劣势和工业资源匮乏是制约该类区域农业转型成效提升的障碍因素,如何提高该类区域农业转型成效问题应引起政府重视。程恋军等(2023)在采用三阶段DEA模型对资源型城市产业转型效率进行比较的基础上,运用探索性空间自相关方法对资源型城市转型的集聚现象进行分析。

(二)资源型城市可持续发展研究

资源型城市的可持续发展研究是最近几年的研究热点,国内学者从基本内涵、现有困境、制约因素、对策措施等方面对此展开了研究。宋彩平等(2006)利用系统动力学模型,揭示了伊春城市发展过程中人口、资源、经济之间的相互关系,提出了可持续发展的对策和措施。王兆君等(2009)对资源型城市的可持续发展制度的约束和内涵进行阐述,发现了资源型城市可持续发展的制度障碍,认为可持续发展的制度体系是从城市管理职能、政府行政制度、产业制度、产权制度、管理体制和社会保障制度等方面构建的。王树义等(2012)对于资源枯竭型城市的产生原因和陷入的困境进行深入分析,认为应该从政策扶持和立法角度对资源型城市的可持续发展提出对策建议。宋广军(2017)对伊春的森林资源、经济社会发展情况进行分析,从生态效益、经济效益和社会效益3个方面构建伊春林区可持续经营评价指标体系,评估其可持续管理并分析可持续发展的制约因素。周宏浩等(2019)利用全局主成分分析、耦合协调模型和面板VAR模型对中国不同类型的资源型城市经济发展和环境质量的耦合关系及交互响应机制进行综合测度。当前,由于煤炭资源的大量开采,煤炭资源型城市发展面临严重的环境问题,生态脆弱性研究为城市持续发展、生态文明建设和区域协调发展提供了新思路(唐倩等,2020)。郑婷婷等(2021)从数字化转型出发,详述了数字化转型破解资源型城市路径依赖的作用机理,从制定规划、发展模式及数字人才培养等方面提出了促进资源型城市数字化转型的建议。崔木花等(2022)运用改进熵权TOPSIS法对影响煤炭资源型城市转型的主要障碍因子予以诊断,认为煤炭资源型城市应加大绿色科技创新力度,逐步降低单位工业产值电耗和能耗及工业污染排放,加快推动煤电化等传统产业转型升级。陈美景等(2023)构建黄河流域资源型城市生态系统服务价值评估方法,通过分析不同资源型城市的生态系统服务价值变化情况,为资源型城市绿色转型提供借鉴。

三、煤炭资源型城市发展文献总结与分析

（一）国外基本文献资料总体分析

以"煤炭城市转型"为主题检索国外相关领域研究成果,从发表时间看,相关文献发表数量整体处于增加态势。具体来看,自 2000 年以来文献数量逐年稳定上升,2020 年—2023 年发文数量依次为 498 篇、452 篇、578 篇、530 篇,发文量虽有升有降,但总体上呈上升趋势(图 1-5)。

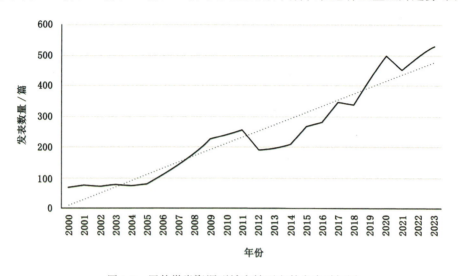

图 1-5　国外煤炭资源型城市转型文献发表时间图

从发表期刊进行分析,发表数量前三的期刊分别是:*Science of the Total Environment*、*Atmospheric Environment*、*Environment Sciences*(图 1-6)。

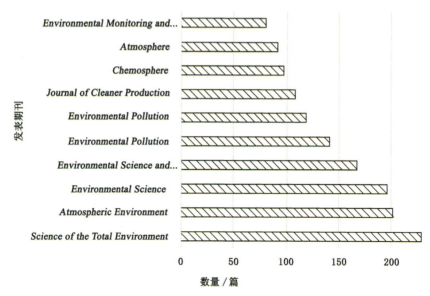

图 1-6　国外煤炭资源型城市转型发表期刊图

（二）国内基本文献资料总体分析

以"煤炭资源型城市转型发展"为主题检索国内相关领域研究成果，从发表时间来看，相关文献数量演变从时间序列上可以分为两个时间阶段：2000—2008 年国内文献数量增长趋势平缓，2009 年起相关文献数量增长趋势显著，说明相关讨论迅速升温（图 1-7）。

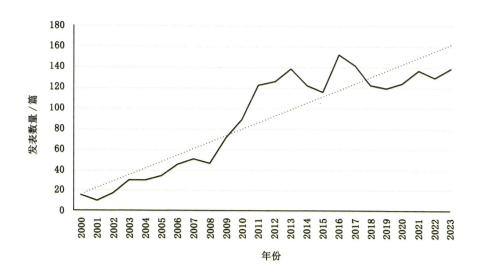

图 1-7　国内煤炭资源型城市转型文献发表时间图

从发表期刊进行分析，发表数量前三的期刊分别是：《煤炭经济研究》《中国煤炭工业》《中国煤炭》（图 1-8）。

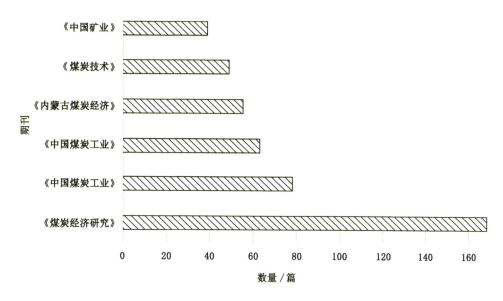

图 1-8　国内煤炭资源型城市转型发表期刊图

（三）国内外对资源型城市研究的差异

通过对相关文献资料进行梳理可以发现,就有关资源型城市的概念界定和研究范畴而言,国内外虽然表现大体一致,但还是有一定的差别存在。国内对于资源型城市的内涵解读多综合性地围绕"资源"的不可持续性展开系统论述,而国外多围绕单一的资源经济、资源生态、资源产业在社会经济活动中存在的风险进行分析,继而展开对资源不可持续性的进一步探究,因此国外资源型城市的研究涉及的层面较多。

在资源型城市的特征方面,与国内资源型城市相比,国外资源型城市的从业工人流动性较强,经常在多个城市之间迁移以寻找更合适的工作;而国内资源型企业的从业工人则具有典型的固化特征,类似于终身制。此外,从城市规模上来看,国外资源型城市的城市规模总体上小于我国资源型城市,城市人口多为几千人至两三万人之间,规模较小,这主要是由于不同国情特征所造成的,但在进行研究理论与发展经验借鉴时,也应将这一差别纳入考虑范畴。

在研究领域方面,国外资源型城市的研究理论基础多与经济学相关,有着从宏观视角将资源型区域纳入国际贸易和经济活动中进行研究的传统。我国资源型城市的研究则多产生于区域发展和区域规划过程中,表现出明显的问题导向性特点,从其产生之时起就更注重于解决具体的经济区划、产业布局、城市规划等问题。此外,国外资源型城市研究中对各种社会问题的关注较多,如劳动力市场动态变化、社区建设与社区发展、心理健康、女性权利等方面,而国内的研究多以"经济""发展""转型"等作为研究主题。

在研究手段和研究方法方面,对资源型城市的研究多立足于解决城市发展和转型中的现实困境,更好地服务于城市发展,所以国内外资源型城市的研究都比较重视研究方法的选取;研究进展方面,国外在关于资源型城市面临困境的主要原因进行阐述时依据"依附理论""剥夺理论"等,对于国家和资源型地区、资源型输出国家和不同发展层次国家之间的政治、经济体制的关系研究也相对较为丰富;而国内就这一领域开展的相关研究较少,虽然有些学者也通过研究分析说明了经济体制不同是造成差异的原因,但仅仅停留在理论分析这一层面,缺少具体的案例证明。

第四节　研究方法及技术路线

一、研究方法

（一）文献分析法

本研究采用文献分析法对相关研究文献进行归纳整理和总结,对煤炭资源型城市转型发展相关理论、国内外煤炭资源型城市发展现状、国内外煤炭资源型城市转型发展经验进行归纳整理,对相关研究进行梳理、归纳整合,为具体的分析提供一定的借鉴和参考。

（二）理论与实证相结合的分析方法

本研究采用理论研究与实证分析相结合的研究方法。理论研究方面主要是对煤炭资源型城市转型发展驱动机制、产业结构演替和空间形态耦合关系、转型成效与发展潜力、转型的主导产业路径选择等进行分析。实证分析方面主要是在理论分析的基础上,深入研究特定区域煤炭资源型城市转型发展的具体相关数据的测算。

（三）定性和定量相结合的分析方法

本研究采用定性和定量结合的研究方法。定性分析主要是从理论层面上分析煤炭资源型城市转型发展驱动机理、产业结构演替、形态扩展和空间结构重构、发展现状、转型绩效以及转型经验借鉴和转型实际决策机制。定量分析主要是在上述定性分析的基础上,对相应分析内容进行定量测算,从而使研究结果更加具有针对性和可信度。

（四）对比或比较的方法

煤炭资源型城市转型是所有煤炭资源型城市发展中都将面临的过程,目前国内外已有较多成功的案例。要研究和借鉴这些成功的案例,首先要纵向分析各煤炭资源型城市转型过程,并对其转型机制进行一定的掌握,其次要横向对比不同煤炭资源型城市的相同和相异性,从而揭示煤炭资源型城市转型发展的特殊性,并对未来煤炭资源型城市发展趋势进行预测。通过对比或比较的方法,更好地借鉴国内外煤炭资源型城市转型的经验,对系统总结整理城市转型发展经验具有帮助作用。

（五）调研和统计相结合的方法

本书采用统计分析的方法总结我国煤炭资源型城市的基本情况与发展特征,主要从各省市统计年鉴、《国民经济和社会发展统计公报》以及各种专业渠道搜集与整理相关数据,来保证数据的真实性与可靠性,从而为本书提供可靠的研究基础。

二、技术路线

按照总体把握、重点突破和总结归纳的研究思路,整个研究过程分为以下五步。

第一步,依据国内外煤炭城市研究现状进行资料积累,并在概念界定、文献分析、数据收集和理论梳理的基础上做好研究准备。

第二步,从定性的角度分析煤炭城市的演变历史、发展现状与转型困境,从定量的角度测算煤炭城市转型的驱动机制、驱动因素及煤炭消费和经济发展的关系。

第三步,基于绿色转型和可持续发展理论,分别从成长型、成熟型、衰退型和再生型四种煤炭资源型城市类型入手,测算转型潜力、转型能力、转型阻力和转型效率,从路径设计、路径选择、路径优化、路径总结四个层面概括分析不同类型的煤炭资源型城市的转型路径与模式,选取典型城市进行实证研究和案例分析。

第四步,在总结概括我国煤炭资源型城市转型模式的基础上,对国外煤炭资源型城市转型的成功经验模式进行概括总结,希望可以为我国亟待转型的煤炭资源型城市提供模式参考和经验选择。

第五步,基于以上分析,从"宏观布局、微观设计"两个层面研究煤炭资源型城市转型政策建议,以建立新时代煤炭资源型城市转型保障机制,实现高质量转型。

本书研究的技术路线图,如图1-9所示。

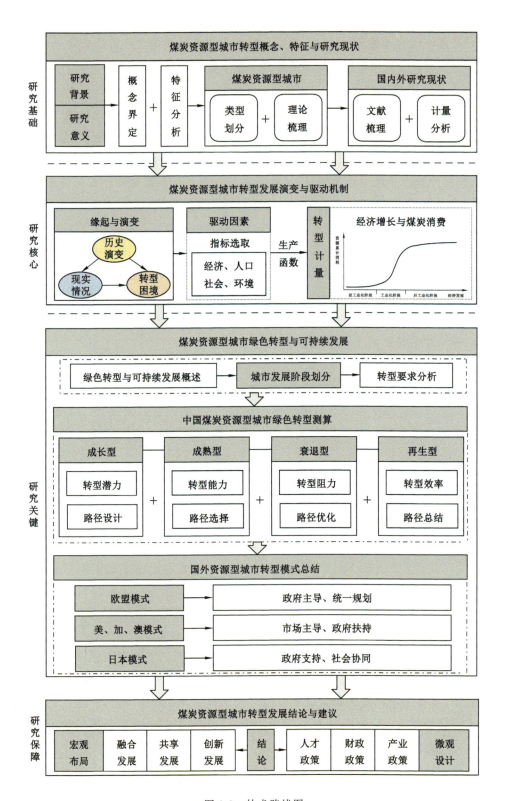

图 1-9　技术路线图

第五节　研究内容及章节安排

一、分析框架与研究内容

本书主要按照以下五部分展开研究,具体分析框架如图 1-10 所示。

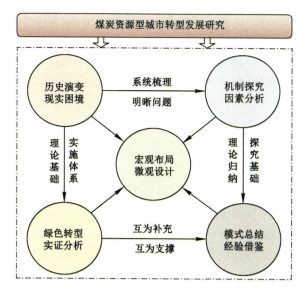

图 1-10　分析框架图

(1)厘清煤炭资源型城市的起源和演变,明确我国煤炭资源型城市的现实概况,指出城市转型的现实困境。

(2)梳理煤炭资源型城市转型的驱动机理和抑制机理,分析煤炭资源型城市转型的驱动因素,计量经济增长和煤炭消费的关系。

(3)在绿色转型和可持续发展理论分析的基础上,测度成长型煤炭资源型城市转型潜力、评估成熟型煤炭资源型城市转型能力、测算衰退型煤炭资源型城市转型阻力、评价再生型煤炭资源型城市转型效率,选取典型城市进行实证分析。

(4)在国内分析的基础上,梳理国外煤炭资源型城市成功转型经验,总结转型模式,为我国煤炭资源型城市转型提供经验借鉴。

(5)基于国内实证分析和国外模式总结,从宏观布局和微观设计两个层面构建我国煤炭资源型城市转型保障机制,实现煤炭资源型城市高质量转型。

结合我国煤炭资源型城市发展现状及面临的困境,可从煤炭资源型城市转型发展的角度探索新的发展思路。资源型城市的发展及其可持续性取决于自然资源。国外专家曾提出"资源循环"的概念,即一个不可避免的资源开发与崩溃的长期格局之间的关系,即使这些资源循环或动态变化自身是工业化过程塑造的。自然资源可以分成可更新的流动的资源和不可更新的固定的资源,其中不可更新资源随着开采将被永久地耗尽,开采的时间是有限的,受制于资源的存量规模和开采的速度,尽管技术的变革可能会延长开采时间,但无法消除。从资源型城市的生命周期看,资源型产业主导的城市,其衰落是不可避免的,除非在资源枯竭、资源型产业完全衰落之前实现经济的转型,这是其实现可持续发展的唯一选择。资源型城市特征使得资源型城市不得不面临转型以及转型道路难以选择的问题。因此,本书结合煤炭资源型城市转型发展的需求进行相关研究,主要研究内容包括以下几点:

（一）煤炭资源型城市历史演变与转型困境研究

了解煤炭资源型城市的发展演变历史对于分析煤炭资源型城市的现状具有关键意义。在这一章首先对煤炭资源型城市的起源和演变历史进行详细分析,明确煤炭资源型城市的发展历史。接下来对现阶段煤炭资源型城市的经济、社会、生态、空间形态概况进行介绍,不同的现实情况需要采取不同的政策来面对。最后,基于对城市社会概况的了解,对煤炭资源型城市转型的技术、制度、管理困境进行剖析,明确城市转型的具体困境,从而为后文因地制宜采取对策提供基础。

（二）煤炭资源型城市转型发展驱动机制研究

煤炭资源型城市转型发展驱动机制研究是分析煤炭资源型城市转型发展的基础,拟按照"机理分析—因素剖析—计量分析"的研究思路,研究以下内容:① 从驱动机理和抑制机理两个方面分析煤炭资源型城市转型影响机理,主要的驱动机理有技术创新、制度创新、资本积累水平、经济外向度、环境保护力度、经济发展水平,主要的抑制机理有传统守旧观念制约、失业人口再就业问题、产业结构单一、资源产业生命周期。② 从经济层面、人口层面、社会层面、环境层面分析典型煤炭资源型城市转型驱动因素,运用因子分析的方法,确定各驱动因素发挥的影响作用强度大小。③ 在分析驱动因素的基础上,对煤炭资源型城市的经济转型进行计量分析,在计算经济增长与煤炭消费的关系后进行实证分析。研究发现,煤炭消费对于经济增长在一段时间内有正向作用,但是随着时间的推进,最终煤炭消费会对经济增长产生负面影响。

（三）煤炭资源型城市绿色转型与可持续发展研究

正确理解绿色转型的概念对于识别煤炭资源型城市绿色转型成效具有关键作用,首先从绿色转型、可持续发展两方面对煤炭资源型城市相关概念进行概述,然后进一步阐述了绿色转型与可持续发展的机制与内涵,并简要概述了绿色转型与可持续发展的模式与路径。从产业、生态、人力和社会四方面梳理煤炭资源型城市绿色转型与可持续发展措施,充分认识到资源型城市绿色转型在不同层面上的要求及差异。最后在自然资源生命周期理论的分析框架下阐释煤炭资源型城市绿色转型生命周期划分理论,提出成长型、成熟型、衰退型和再生型煤炭资源型城市绿色转型要求。

（四）成长型煤炭资源型城市转型潜力测度与路径设计研究

成长期是煤炭资源型城市进行自身经济实力的积累、循序渐进推进城市绿色转型的关键时期,评价成长型煤炭资源型城市绿色转型潜力并进行成长型煤炭资源型城市转型路径的相关研究,对于推进城市绿色转型循序渐进发展、规划城市未来转型方向都具有重要意义。本部分按照"潜力评估—路径设计—典例分析"三个方面进行成长型煤炭资源型城市绿色转型的研究。首先围绕城市绿色转型潜力构建相关指标,并对 9 个成长型煤炭资源型城市的绿色转型潜力评价,接着提出成长型煤炭资源型城市的转型路径,最后选择转型潜力综合评价值最大的榆林市进行典型案例分析,提出促进城市绿色转型的建议。

（五）成熟型煤炭资源型城市绿色转型能力评估与路径选择研究

成熟期是煤炭资源型城市转型发展的最佳时期,评价成熟期煤炭资源型城市的绿色转型能力并完善相关路径,有利于实现城市经济、社会和生态结构的全面升级。本部分按照"能力评估—路径选择—案例分析"的研究思路展开研究。首先构建城市绿色转型发展能力评价指标体系,对成熟型煤炭资源型城市转型能力进行测度;然后从绿色经济、绿色社会和绿色生态方面提出成熟型煤炭资源型城市绿色转型路径;最后以转型效果较好的济宁市为例,为其他城市的转型提供典型经验。

（六）衰退型煤炭资源型城市绿色转型阻力测算与路径优化研究

衰退型煤炭资源型城市绿色转型阻力测算与路径优化是针对衰退型这一阶段的专项研究,是探究煤炭资源型城市绿色转型发展的具体环节之一。拟按照"阻力测算—路径优化—案例分析"的研究思路,研究以下内容:① 从经济、社会、环境、企业、政府五大方面考察全国各地级衰退型煤炭资源型城市绿色转型现状阻力,运用熵值法和障碍度模型选取相关指标体系测算各城市阻力值,对各城市绿色转型的相关阻力因素进行排名并识别出主要阻力。② 在分析阻力因素的基础上,从煤炭产业退出、主导产业培育、生态环境治理三大角度探讨衰退型煤炭资源型城市绿色转型优化路径。③ 以衰退型煤炭资源型城市典型城市阜新市为例,分析阜新市转型发展过程中的成就与问题,并从阜新市绿色转型成效中提炼相关经验启示。

（七）再生型煤炭资源型城市绿色转型效率评价与模式总结研究

再生型煤炭资源型城市是我国煤炭资源型城市成功转型的代表,从绿色转型效率的角度出发,分析其转型成效具有重要的示范作用,有利于对其他类型的城市转型提供经验借鉴。本部分按照"效率评价—模式总结—案例分析"的研究思路展开研究。首先对 14 个资源型城市的生态效率进行计算,对这些再生型城市的绿色转型效率进行排名;然后对再生型煤炭资源型城市的转型模式进行总结,为其他城市转型提供借鉴;最后选取再生型煤炭资源型城市转型成功的典型城市徐州市进行分析,概括出更具可行性的转型经验。

二、章节安排与研究思路

本书共分为十章。

第一章为绪论,主要包括研究背景与研究意义、相关概念介绍、国内外相关研究概述和研究方法、技术路线、研究内容等。

第二章为煤炭资源型城市历史演变与转型困境研究,主要内容为煤炭城市的起源和发展演变过程,煤炭城市的经济、社会、生态和空间形态的概况,煤炭城市的技术、制度和管理困境。

第三章为煤炭资源型城市转型发展驱动机制研究,主要包括煤炭资源型城市转型影响机理分析、煤炭资源型城市转型驱动因素分析和煤炭资源型城市经济转型计量分析。

第四章为煤炭资源型城市绿色转型与可持续发展研究,主要介绍了绿色转型与可持续发展概念、理论和模式,煤炭资源型城市绿色转型与可持续发展的措施,煤炭资源型城市发展阶段划分与绿色转型的关系。

第五章到第八章为本书的核心章节,主要分成长型、成熟型、衰退型和再生型四种类型对煤炭资源型城市进行划分,分别从转型潜力、转型能力、转型阻力和转型效率四个层面对选取的煤炭资源型城市进行绿色测算和排名,最后分四种类型选取典型的代表城市进行案例分析。

第九章为国外煤炭资源型城市转型模式与经验借鉴,列举了国外典型的成功转型的煤炭资源型城市及其转型模式。从这些典型城市入手,希望可以归纳总结出成功的转型经验,供其他亟须转型的煤炭资源型城市参考。

第十章为研究结论与政策建议。

因此,本书研究内容主要分为以下四个部分共计十章,即问题分析与理论探讨(第一、二、三、四章)、定量分析与实证研究(第五、六、七、八章)、模式总结与经验借鉴(第九章)和全书总结(第十章)四个部分(见表 1-5)。

表 1-5　本书结构与主要内容

部分	章节	主要内容与思路
第一部分:问题分析与理论探讨	第一章　绪论	介绍本书的研究背景及意义、相关概念、国内外研究现状和采用的研究方法和技术路线
	第二章　煤炭资源型城市历史演变与转型困境	梳理煤炭资源型城市的起源和演变历程、现实概况和转型困境
	第三章　煤炭资源型城市转型发展驱动机制	从驱动机理和抑制机理两方面分析煤炭资源型城市的转型机制和驱动因素,计量经济增长与煤炭消费的关系
	第四章　煤炭资源型城市绿色转型与可持续发展	概述绿色转型与可持续发展的概念与内涵,分析煤炭资源型城市绿色转型与可持续发展的措施,剖析煤炭资源型城市发展阶段与绿色转型的关系
第二部分:定量分析与实证研究	第五章　成长型煤炭资源型城市绿色转型潜力测度与路径设计	在理论分析的基础上,构建潜力评价指标体系,对成长型煤炭资源型城市的转型潜力进行测度,设计成长型煤炭资源型城市绿色转型的路径,选取成长型煤炭资源型城市的代表,分析成长型煤炭资源型城市的绿色转型经验
	第六章　成熟型煤炭资源型城市绿色转型能力评估与路径选择	在理论分析的基础上,构建能力评价指标体系,对成熟型煤炭资源型城市的转型能力进行评估,选择成熟型煤炭资源型城市绿色转型的路径,选取成熟型煤炭资源型城市的代表,分析成熟型煤炭资源型城市的绿色转型经验
	第七章　衰退型煤炭资源型城市绿色转型阻力测算与路径优化	在理论分析的基础上,构建阻力评价指标体系,对衰退型煤炭资源型城市的转型阻力进行测算,优化衰退型煤炭资源型城市绿色转型的路径,选取衰退型煤炭资源型城市的代表,分析衰退型煤炭资源型城市转型教训
	第八章　再生型资源型城市绿色转型效率评价与模式总结	在理论分析的基础上,构建效率评价指标体系,对再生型资源型城市的转型效率进行测算,总结再生型资源型城市绿色转型的模式,选取再生型资源型城市的代表,分析再生型资源型城市转型经验
第三部分:经验借鉴与模式总结	第九章　国外煤炭资源型城市转型模式与经验借鉴	借鉴国外煤炭资源型城市转型经验,供其他需要转型的城市参考
第四部分:全书总结	第十章　研究结论与政策建议	主要结论提炼和政策创新

第六节 本章小结

本章主要围绕煤炭资源型城市概念界定、特征分析、国内外相关研究进展、本书的研究框架与研究思路等内容展开,确定了本研究的必要性,为后续研究奠定基础。主要研究结论如下:

(1)从世界范围来看,全球能源的刚性需求和能源产业的发展现状导致煤炭资源仍旧是全球主要能源;从我国发展来看,煤炭消费占比为 63.72%,是典型的煤炭大国,使得煤炭资源型城市转型成为关乎国计民生和国家能源安全的大事。

(2)煤炭资源型城市以煤炭采选业为主导产业,按其可持续发展能力与资源状况可以分为成长型、成熟型、衰退型、再生型。国外比较关注煤炭资源型城市的发展过程,国内近年来侧重煤炭资源型城市转型效果评价和可持续发展研究。

(3)本章设计了本书整体研究框架,在厘清煤炭资源型城市的起源和演变历程的基础上,梳理煤炭资源型城市转型的驱动机理和抑制机理,进而测度成长型煤炭资源型城市转型潜力、评估成熟型煤炭资源型城市转型能力、测算衰退型煤炭资源型城市转型阻力、评价再生型煤炭资源型城市转型效率,最后通过模式总结和实证分析,从宏观布局和微观设计两个层面构建我国煤炭资源型城市转型保障机制。

第二章　煤炭资源型城市历史演变与转型困境

在明确煤炭资源型城市高质量发展转型研究的研究意义、研究现状和研究计划的前提下,系统梳理煤炭资源型城市历史演变与高质量发展转型困境是进行后续研究的基础。本章在总结前人对煤炭资源型城市历史研究的基础上,结合煤炭资源型城市经济、社会、生态等多方面现实概况,指出煤炭资源型城市高质量发展转型所面临的技术、制度、管理等多方面的困境,为煤炭资源型城市高质量发展转型研究提供历史和现实依据。

第一节　煤炭资源型城市的起源与演变

一、煤炭资源型城市起源

煤炭资源型城市并非一蹴而就,城市因煤兴起,市民因煤集聚,从历史发展过程来看,煤炭资源型城市大多经历了由"煤窑"到"煤矿"进而发展为"矿区"最后形成"城市"的转变。追本溯源,"煤窑"和"煤矿"阶段则是一个煤炭资源型城市的初始阶段。

那么煤窑和煤矿有何异同?就共性而言,煤窑和煤矿相同的是都是开采煤炭的场所,两者都有凿井、开拓、掘进、采煤、支护、运输、通风、排水、提升等生产工序。对于不同点来说,一言以蔽之,中国古代开采煤炭的场所统称为煤窑为宜,煤矿则是进入近代后采用机器生产煤炭的产物(薛毅,2014)。按照历史发展的过程,煤窑的产生早于煤矿,煤窑产生于中国古代,煤矿则大多为近现代的说法;就生产方式来说,煤窑多以手工的方式进行开采,煤矿则是采用了大量的机械设备进行开采;就生产规模而言,煤窑主要是私人小规模开采,煤矿则大多为大规模的开发。

由此可见,中国的煤炭资源型城市最早起源于煤窑。中国古代的煤窑属于手工业,在运输条件比较落后的时代,煤炭的大规模长途运输几乎不可能,所以古代煤窑多为分散的小规模生产,无法成为一个地区的主导产业。同时,古代开采条件落后,只能开采表面的裸露煤层,深埋于地下的煤炭得不到利用。在农业社会,农民仍以农业经营为主,煤炭生产仅仅作为副业依附于农业发展,古代的煤窑很少全年开工,通常在农闲的秋冬季节开工,农忙时则以务农为主。从需求角度来看,古代煤炭仅作为木材的替代品,由于木材供应量大,煤炭大多仅为民间自行开采。所以,需求量不足、开采技术落后、运输条件差等条件,决定了古代煤窑只能小规模开采。在称谓上,煤窑在古代还有很多其他的叫法。根据史料记载,中国古代采煤场所的称谓主要有炭洞、煤洞、煤硐、煤砃、煤槽、炭槽、煤窿、煤窝、炭窠等。就区域分布而言,中国古代的产煤地区主要在北方。

(一)煤炭资源型城市的源头:古代煤窑

1.煤窑的分布

中国的煤炭资源主要分布在西部和北部,秦岭-淮河以北地区的煤炭蕴藏量约占全国的

75％以上。按照传统的说法，煤炭是植物遗体在覆盖地层下压实、转化而成的固体有机可燃沉积岩，蕴于地层之间。我国的煤炭资源成煤期多，类型复杂，分布广泛，但很不平衡。煤炭蕴藏总体上的特点是"北方多、南方少，西部地区多、东部地区少"，主要分布在北部和中西部地区。从预测的结果来看，根据我国大地构造的特点，可将全国聚煤区分为 6 个，即华北石炭-二叠纪聚煤区、华南二叠纪聚煤区、西北侏罗纪聚煤区、东北侏罗纪聚煤区、西藏-滇南中生代及第三纪聚煤区、台湾第三纪聚煤区。在全国 6 个聚煤区中，华北煤炭储量占39.5％，西北占32.5％，东北占 21.3％，华南占 6.6％，滇藏和台湾只占 0.1％。秦岭、大别山以北地区的煤炭储量约占全国总储量的 90.7％，其中山西、陕西、内蒙古 3 个省（自治区）的储量占全国总储量的 65％。上述煤炭赋存的地理特点和蕴藏量等无疑对后来煤窑的位置以及近代以来煤矿的分布和矿区及煤炭资源型城市的区位有着直接的关联。（薛毅，2014）

对于产地来说，《山海经》最早对煤炭及其产地进行过记载。书中写道"女床之山……其阴多石涅""女几之山，其上多石涅""风雨之山，其下多石涅"。据考证，女床之山、女几之山、风雨之山，分别在今之陕西岐山，四川双流、什邡和四川通江、南江、巴中一带。（张明理，1988）

依照朝代顺序，综合《中国地方志煤炭史料选辑》（煤炭工业出版社 1990 年版）、《中国古代煤炭开发史》（煤炭工业出版社 1986 年版）、中国古代地方志等历史文献，记载有赋存或开采煤炭的地区主要有：

汉代有今陕西、河南、辽宁、河北、四川、新疆、甘肃等地。

南北朝有今山西等地。

唐代有今山东、山西、辽宁、江苏等地。

宋代有今河北、山西、陕西、河南、山东、北京、辽宁、江西等地。

元代有今北京、山西、陕西、山东、内蒙古、河南等地。

明代有今江苏、山东、四川、宁夏、北京等地。

清代有今内蒙古、辽宁、吉林、浙江、安徽、福建、江西、湖北、湖南、广东、广西、贵州、云南、西藏、甘肃、青海、新疆、台湾等地。

依照数量多少的顺序，根据《中国地方志煤炭史料选辑》的不完全统计，各地方历史文献中记载产煤的府县有：四川（87 个）、山西（79 个）、陕西（59 个）、湖南（59 个）、河北（58 个）、江西（53 个）、河南（45 个）、湖北（36 个）、安徽（36 个）、山东（34 个）、内蒙古（34 个）、云南（34 个）、贵州（33 个）、辽宁（31 个）、新疆（29 个）、甘肃（29 个）、浙江（29 个）、吉林（28 个）、广东（27 个）、黑龙江（25 个）、广西（20 个）、江苏（16 个）、福建（16 个）、台湾（11 个）、宁夏（11 个）、北京（11 个）、青海（6 个）、天津（1 个）等，共计 937 个府县。

2. 煤窑的开采方式

在探矿方面，史料早有记载。比如"穴山而入曰槽、曰硐""檀硐内分路攻采谓之尖子"。采煤一般是从煤的露头发现煤炭。"矿有引线，亦曰矿苗，亦曰矿脉，其为臧否，老干厂者能辨之。"（中国煤炭志编委会，1996）。"明清时，北京地区的窑主开拓窑巷时，多采用以步丈量距离、用手罗盘定向和在现场目估等方法进行测绘，并能勾绘出示意地形图。"（中国煤炭志编委会，1999）。还有通过在地面查矿苗、辨土色，寻找煤层露头。有歌谣为证："龙王看雨云，煤师看煤苗。打窑碰上黑线，早晚得把煤见。打窑遇见青石青，四六隔下透煤层。一坐煤为王，地上煤蒿是煤苗苗，看了煤蒿知煤多少。来到煤头先别忙，敲帮问顶看看梁。坑下水鸡叫,谨防大水冒,煤窑一座路千条"(薛世孝,2019)。歌谣中的"四六"是指四尺六寸的地方就要露出煤层了;"座煤为王"是指人坐着的高度的煤层煤质最好。河南焦作曾有民间歌谣"地上圪针黑,地下煤层厚"(薛世孝,2019)。圪针是焦作的方言,一般指枝梗上带刺的植物,可见民间曾用地面植物的颜色探寻煤炭资源。

在凿井开采上,由于古代生产工具、技术和设备相对落后,一般进行较浅的开采。在古代,煤井有自上而下的直井,也有横向的平硐。有关直井,唐代李善曾记载"邺西高陵西伯阳城西,有石墨井,井深八丈"(中国煤炭志编委会,1999),在河南鹤壁发现的宋元时期古煤井为"圆形竖井,直径2.5 m,井筒深46 m左右……从该煤井的井下布置来看,最长的巷道为100 m左右"。关于平硐,明代李时珍在《本草纲目》第9卷中曾有记载:"石炭,南北诸山产处亦多,昔人不用,故识之者少。今则人以伐薪炊爨,锻炼铁石,大为民利。土人皆凿山为穴,横入十余丈取之。"这里的"横入"应为平硐采煤。关于采掘工作面,古代也有记载。据山西《河曲县志》记载,"窑初入甚浅,后乃渐深,极深可至数里。结伴而入,分坎而伐"。这里的"分坎而伐"是指在井下开设了若干个采煤工作面。清代时的山西,称采掘工作面为"膛""崖口""窝""掌子面"等;采煤称为"攻煤""凿煤""砍煤"等。在古代,云南煤井内的巷道称为"窝路"。"窝路平进曰平推;稍斜曰牛吃水;斜行曰陡腿;直下曰钓井。"为防止巷道垮塌,巷道用木头支护,"名曰架厢。间二尺余,支木四曰一厢。硐之远近,以厢计"。(中国煤炭志编委会,1999)

随着生产力水平的提高,煤窑的规模逐渐扩大,管理逐渐完善。新疆沙湾县博尔通古乡曾在1954年挖出一古煤窑小洞,深十余米,内有"大明"字样的煤矿账簿一本、矿用油灯一盏,说明新疆煤炭开采不仅继续发展,而且有简单的经营管理(中国煤炭志编委会,1997)。到了清代,煤井的深度明显延长。据清代乾隆年间编纂的《白水县志》记载:"煤炭,凿井三四百尺取之,足供炊爨。"雍正年间编纂的《井陉县志》记载:"炭井入地二三十丈不等。"乾隆年间编纂的《丰润县志》记载当地的"煤井穴土三四十丈"。

古代煤窑的开采方式根据煤矿条件有所不同。采煤的工作地点分别称为据进头、膛子、煤窝头、茬口、掌子等,采煤的工具主要有凿、锤、镐、钎、镢等。明代李时珍在《本草纲目》金石部附有一张采煤图,画中人一手扶钎,一手抡锤,凿打煤层,即为当时的槽落煤法。采煤方法主要是巷道采煤法(又称坑道采煤法)和冒落采煤法(俗称"放大棚")。在煤层和中厚煤层中多采用巷道采煤法,即煤井延伸到可采煤层后,沿煤层走向和倾向挖掘纵横交错的煤层巷道,完全采用捆进出煤,为了防止顶板塌落、延长煤窑的使用期限,巷道采煤法一般不回采,靠巷道之间的方形煤柱自然支撑顶板。冒落采煤法一般在煤层较厚和煤层倾角较大时采用。这种方法一般是沿煤层底板挖掘煤层走向平巷,掘至一定长度后,沿煤层倾向挖掘上山巷道,然后采用冒落方法采煤,冒落的高度以见到顶板矸石层为限。第一个棚口做封堵处理后后退10~20 m挖掘第二个棚口,以此循环往复。这两种方法的煤炭回收率一般在20%~30%,并且很不安全。明清时期,山西大同的"土窑一向就是先把煤层底部掏空(即掏槽),古称'刨根',为保证安全,在槽前留尺许煤柱,古称'马腿'支撑,待底槽掏成后,砍倒'马腿',使煤凭自重坠落。若煤硬不坠,则在上凿小孔,插入铁镢,以锤打落"。这种采煤方法自古代沿用到近代,具有一定的普遍性(中国煤炭志编委会,1999)。当时的煤炭生产全部采用的是手工方式:采煤靠人工用铁镐等用具刨,运输靠人背和拉筐,提升用辘轳,排水用人挑或戽斗汲水。当时采煤的排水,井巷若是平硐,水可自然外流。如果是向下倾斜的斜井或直上直下的煤井,则要用水车或水桶排水。1869 年,一个英国人到直隶开平助察煤窑后曾写道:在这些煤窑里,有时五分之二的雇佣工人从事把各坑道的水担到主井,然后盛入水桶,由辘轳提出地面的工作(孙毓棠,1957)。由此可见,排水在采煤过程中需要占用相当多的人工。蒂姆·赖特认为,在古代煤窑遇到排水问题,"中国更多地使用人力而较少地使用畜力和水力的方法来解决。从矿井里排水是工作面加深的主要限制,当浅层煤被挖完后,中国和欧洲的开矿者都比较喜欢用打进山坡的横坑的办法来采煤。在这种情况下水能够一直流出来,不需要专门的机器来从矿井中提煤和人。在 18 世纪晚期,英国观察者在广东还看到直接朝着河的方向开的这种矿"(赖特,1991)。在 19 世纪末的安徽宁国采煤场所,"本地人唯用竹器抽水,其长竟至一丈,以一二人抽。此项抽水器具,每一矿用五副至十副者,系由矿底以至矿面,层层抽泻,日夜不停"。(汪敬虞,1957)

煤窑的通风,主要有自然通风和人工通风两类。自然通风主要有三种方法:一是在矿井巷道一侧凿砌通风道,通风道出口垒砌高于巷道口,利用空气温差压力,形成矿井巷道进风、通风道排风。也有用荆笆卷成筒,外涂黄泥,顺井巷一侧铺往井下作为通风道的。二是随矿井巷道的开凿延伸,在巷道上方适当位置开辟通风井,形成两个井筒,巷道进风,通风井排风。或开设两个井筒,一个用于回风,一个用于进风。三是在井口设置炉火燃烧,利用空气温差,形成矿井空气对流(中国煤炭志编委会,1999)。人工通风主要是用人工风车扇风,用风筒送风。风筒的材料有苇席、荆笆、粗布等,将这些材料卷成筒状,外涂黄泥,一端扎在风车扇风口,节节相连,一端通往井下采煤工作面。山东《博山县志》中有这样的记载:"凿井必两,行隧必双,令气交通,以达其阳。"就是说凿井一定要同时开凿两个井筒,掘进巷道一定要有两个巷道,这样才能使空气对流,保证安全生产。在 19 世纪末的安徽宁国煤矿,"若矿中煤气不能透出,亦有妨于工作,本地人唯在窿旁另掘一洞,即以乡间所用风箱扇进空气以改之"(汪敬虞,1957)。

古代煤炭的运输主要依靠水运、畜力和人力来实现,并形成比较固定的运道和流向,水运的通道有辽河、松花江、滦河、蓟运河、黄河、长江、淮河、运河、涡河、颍河、卫河、唐河、白河、汉江等河道。

古代煤窑的照明主要采用松木条、松脂、麻束、油灯、火香等明火照明。盛油的器皿有碗、盘、罐、壶等,盛具的材料有铜、铁、瓷、陶等。灯内一般用棉花搓条为捻。油灯主要有便携式、固定式两种。

3.煤窑的管理制度

在组织方式上,中国古代煤窑常见的是份子井。份子井是一种简单、原始的开采经营方式,就资金来源来看,开采资金由民间自发筹措,用以购买鹤嘴镐、辘轳、麻绳、条筐等,其资金无定额,开采过程无详细计划。就劳动力来看,劳工大多是民众自发组织,也存在少量的雇佣工人,人们把煤炭开采当作副业,仍然以从事农业、手工业为主,所以煤炭开采时间大多集中在农闲时候。开采后的煤炭除自用外,也有出售的情况。

在人员分工上,据清代乾隆年间《博山县志》第 4 卷记载,当地与采煤业相关的主要有 4 种人:① 山场主,即土地所有者,由他向官府缴纳土地赋税;② 攻主,即输钱出份者,也可称其为股东或资产持有者;③ 井头、洞头、账房,分别掌管凿井、采掘、财务等大权;④ 徒,即采煤工人。"其主事者必曰井头;率徒下攻者曰洞头;收发钱财者曰账房;此三人者,权莫大焉。输钱出份者谓之攻主……而洞头则一文不费,公私十倍坐获"。

古代煤窑的管理制度主要包括：① 官卖制度。从北宋开始，为了保障供应和增加国库收入，统治者开始实行煤炭官卖制度，即由煤窑所在地的官府统一收购和统一销售煤炭。《宋史·职官志》记载，北宋时期官府管理煤炭的基层机构分别称为"务"和"场"。"务"是负责对煤窑征税和监管的机构，"场"则主要掌管"受纳出卖石炭"。② 锅伙制度。锅伙是当时在煤窑从事苦力劳动的人吃饭住宿的地方。据徐继畲《松龛先生全集》卷首《堂叔直隶清河道东堂公家传》记载，锅伙"垒石为高墙，加以棘刺，人不能越，工钱悉抵两餐，无所余。有倔强或欲逃者，以巨梃毙之压巨石下，山水涨，尸骨冲入桑干河，泯无迹。又有水宫锅伙，窑洞有水，驱入淘之，夏月阴寒浸骨，死者相枕藉，生还者十无二三，尤为惨毒"。其制度残忍可见一斑。③ 人圈制度。顾名思义，就是把人圈养起来当作牲口使唤，不顾人的死活，这是一种对窑工非人的管理制度。在古代的河南密县、山西孝义、山东峰县、湖南耒阳都出现过这种制度。④ 大班窑制度。大班窑制度也是一种封建剥削制度。大班窑就是把一年分为三班，农历正月初五到五月初五为一班，五月十五到八月十五为一班，八月二十三到腊月二十三为一班。一班工人下井要连续干 100 多天才能上井，每天工作时间长达十七八个小时。⑤ 采煤执照制度。采煤执照制度是始于明代末年的一种煤窑管理制度。采煤执照又称窑照、煤照、印票、龙票、煤窑证等，是获准采煤的官方凭证。民间人士若要开办煤窑，首先要向煤窑所在地的官府申领采煤执照，否则就是违法，官府查明要按律治罪。

（二）煤炭资源型城市的奠基：近现代煤矿

中国是率先进行煤炭开采和利用的国家，然而生产力发展缓慢导致中国古代均以小规模的煤窑进行煤炭开采，大规模的煤矿则到了鸦片战争以后才出现。近代煤矿的标志主要有两个：一是在提升、排水、通风等煤炭生产的主要环节采用以蒸汽机为动力的机械；二是在生产和管理等方面或多或少地采用了资本主义的经营管理方式。煤矿规模升级，城市发展资源经济，以矿兴市，就业机会增加，人口大量涌入，为煤炭资源型城市的形成奠定了基础。所以，大规模的煤矿是煤炭资源型城市形成的基石。中国近现代煤矿大致经历了如下阶段。

1. 国家资本创办煤矿阶段（1860—1895 年）

第一次鸦片战争后，中国的大门被打开，航运成为外国与中国贸易的重要交通方式，同时，中国内陆开始修建铁路。煤炭作为重要的燃料，需求量骤增。除此之外，外国人在通商口岸经营的制造业、加工业、公用事业等，也对煤炭有相当的需求。1843—1875 年，外国资本在中国经营的近代企业有 50 个（孙毓棠，1957），1846 年英国的兵船就在台湾基隆寻找煤炭（严中平，2012），并向清政府提出了开办煤矿的要求。第二次鸦片战争后，外国在华设立的通商口岸从原来的 5 处增至 16 处，其所需用的煤炭也同步增加。但是这一时期，晚清政府的矿业政策明确规定不允许外国在华开采矿产资源。

19 世纪 60 年代初，中国兴起洋务运动。1867 年，曾国藩向清政府建议："挖煤一事，借外国开挖之器，兴中国永远之利，似尚可试办。"经过洋务派的频繁上奏请求开办煤矿，晚清政府的矿业政策逐渐开始发生变化。1874 年，清政府一改此前"悉听民间开采"煤炭资源的管理政策，进行官办、官督商办煤矿制度。从此以后，洋务派在中国兴起了开办煤矿的第一个高潮。据统计，1875 年至 1894 年甲午战争前夕，洋务派先后开办了 15 处新式煤矿，其中官办煤矿6 处、官督商办煤矿 9 处。1875 年兴建的基隆煤矿是中国第一座新式煤矿，1876 年兴建的开平煤矿是中国近代煤矿中规模最大、成效最显著的煤矿。

这一时期的煤矿,虽然体制仍旧存在很多问题,生产效益低下,但是满足了区域燃料的需求,并且带动了工业的发展,人们依赖煤矿修建铁路、建造房屋、发展贸易,逐渐人口聚集,荒野变为城镇,并且对区域的经济、社会和文化发展产生了深远的影响。所以,近现代煤矿的开办无论是对中国煤炭行业的发展,还是对煤炭资源型城市的形成,都起到了奠基作用。

2. 外资、中外合资煤矿发展阶段(1896—1936 年)

甲午战争以后,煤炭资源的开采性质出现了根本改变。《马关条约》签订后,西方列强可以在中国开矿设厂,西方各国对中国的煤矿进行了激烈的争夺。煤炭资源不仅作为能源消耗为国内外所利用,更作为珍贵资源被国外所掠夺。同时国内兴起"实业救国"的浪潮,中国人开设的煤矿数量逐渐增多,但是外资和中外合资煤矿仍占绝大多数。

第一次世界大战期间及结束后的一段时间,中国民族资本经营的煤矿也有较大的发展,开办了华东、长兴、北票、正丰、长城、柳江、怡立、中和、大通、淮南等煤矿,使民族资本的煤矿年产量在 1918 年占到了全国煤炭总产量的 24%。据黄著勋《中国矿产》记载,1921 年,中国产煤最多的煤矿依次为开滦(4 320 274 t)、抚顺(2 955 426 t)、淄博(913 000 t)、萍乡(700 000 t)、中兴(659 764 t)、中福(648 161 t)、井陉(577 991 t)、本溪湖(314 674 t)、临城(275 851 t)、六河沟(250 000 t)、中原(245 290 t)、保晋(209 735 t)等。

1936 年是整个中国近代史上煤炭产量最高的年份。这一年全国年产 5 万 t 以上的新式煤矿 61 个,其中年产 60 万 t 以上的有抚顺、开滦、淄博、中福、中兴、井陉、本溪湖等煤矿。(薛毅,2014)

3. 资源侵略与自我发展阶段(1937—1949 年)

日本在"九一八"事变后先后成立了"南满洲铁道株式会社"(简称"满铁")和"满洲炭矿株式会社",意图控制东北的煤矿。1937 年日伪将株式会社改组为"满洲重工业开发株式会社"(简称"满业"),"满铁"与"满业"成为日本控制中国东北煤矿的两大巨头。1938 年,日本侵略者又成立了"华北开发""华中振兴"两大会社,掠夺沦陷区的煤炭资源。

抗日战争期间,国民政府颁布《战时领办煤矿办法》,鼓励开发抗战后方地区的煤矿。主管工业的机构资源委员会(简称资委会)兴办了一批煤矿。除了资源委员会兴办煤矿之外,国民政府其他部门单位及各级地方政府也陆续兴建煤矿。例如,金城银行成立了湘江煤矿公司和成都燃料公司灌县煤矿;孔祥熙的中国兴业公司在重庆北碚接办了三才生煤矿公司;宋子文的中国建设银公司设立了中湘煤矿公司;云南省政府设立昆华煤矿公司;中国银行与广西省政府共同组建了迁江合山煤矿公司等。抗日战争胜利后,国民政府经济部门接收了此前被日本侵占的大部分煤矿,包括辽宁抚顺、阜新、西安(今辽源)、北票、本溪,山西大同,山东淄博,河北井陉,湖南湘潭,江西高坑,四川威远,云南宜良等。1946 年,国民政府成立了煤业总局,对下属煤矿企业进行公司化管理,成立了阜新煤矿有限公司、北票煤矿公司、井陉煤矿有限公司、西安煤矿有限公司、贵州煤矿公司、淮南矿路公司、湘永煤矿公司等。应该说,公司化是煤炭工业发展的方向,它对于促进煤炭工业资本集中、扩大生产规模、提高生产效率起到了推动作用。

在中国共产党领导的解放区,人民政府先是从战败的日本侵略者手中接收了一批煤矿,后来又伴随着解放战争的逐步胜利,陆续在国民党统治地区接管了大批属于国家资本的煤矿。从 1946 年到 1949 年 10 月,解放区约生产煤炭 2 000 万 t。从 1948 年开始,随着解放战争的进展,国民党军队节节败退,国民党统治地区的煤矿相继被中国共产党领导的政权接管,开滦等外资煤矿则实行代管。据不完全统计,各地人民政府从旧中国共接收了约40个煤矿企业、200处矿井和少数几个露天矿,这就是旧中国遗留下来的煤矿的主要部分。

4. 新中国整顿与开发煤矿阶段(1949—1978年)

新中国成立后,国家接收大型煤矿、整顿小煤窑。中央人民政府在燃料工业部下设煤矿管理总局,1949年11月,燃料工业部召开全国第一次煤矿工作会议,确定1950年全国国营煤矿"以全面恢复为主,部分新建则以东北为重点"的工作方针。从1953年开始,国家开始实施国民经济第一个五年计划,集中主要力量发展重工业,进行以苏联帮助建设设计的156个建设项目为中心、由694个大中型建设项目组成的工业建设。156个建设项目中煤炭工业方面占了25项。1958年,中国开始实施国民经济第二个五年计划。这一时期国家计划开发山西晋城、朔县,江苏徐州,东北南票、舒兰,山东莱芜,内蒙古包头,新疆乌鲁木齐,江西丰城,贵州水城10个新矿区。从1961年开始,中共中央决定对国民经济实行"调整、巩固、充实、提高"的方针。到1962年,全国停建矿井456处,原煤产量为2.1亿t。从1964年开始,煤炭工业部先后试办了3个大型煤炭企业,即华东煤炭工业公司、贺兰山煤炭工业公司、渭北煤炭工业公司,尝试改革煤炭企业管理体制。1958—1965年,开工建设了河北邯郸和邢台、山西晋城和霍县、黑龙江七台河、山东肥城、安徽淮北等40个新矿区,新建并投产矿井423处。这些新建煤矿所在地后来大部分发展成为煤炭资源型城市。截至1966年,直属煤炭工业部的矿务局已有72家。

从1964年开始,中国开始了大规模的"三线建设",煤炭工业部于1964年8月建立了内地建设领导小组煤炭工业的"大三线",包括西南、西北十多个矿区。即贵州的六枝、盘县、水城,四川的渡口、芙蓉、松藻、华蓥山,云南的田坝,陕西的铜川、蒲白、澄合、韩城、镇巴、黄陵,甘肃的靖远、华亭,宁夏的石炭井、石嘴山和内蒙古的乌达等。有的是新区,有的是半新区(张明理,1988)。1970年2月,全国计划会议提出要扭转"北煤南运"局面。这一构想对这一时期的煤矿建设和煤炭资源型城市建设产生了重要的影响。在扭转"北煤南运"的会战中,共在江南的湖北、湖南、江西等9省建成295座矿井。1973年,国家主管部门组建了淮南、淮北、兖州、邯郸4个煤炭建设指挥部(基建局)。同年,中国人民解放军基建工程兵组建4个支队,分别负责铁法、平顶山、古交、开滦、枣庄霍林河等地的煤矿建设工作。

5. 黄金发展时期(1978年以后)

1978年12月,中共中央召开十一届三中全会,全国各地大力发展煤炭工业生产。1982年以后,为实现煤炭"一番保两番"的战略目标,改革开放不断推进,煤炭工业又有了新的发展。此后一段时间,煤炭工业的发展实施了"稳住东部、战略西移"的布局。1981—1985年,全国新建煤矿311座,建成投产273处。全国建成了潞安、晋城、邢台、兖州、大同、铁法等一批现代化矿务局和煤矿。从20世纪80年代初期开始,民间资本开始进入煤炭工业,大、中、小煤矿一起搞,国家、集体、个体煤矿一起上。

20世纪80年代中期,中国的煤炭工业实施了引进外资战略。1984年4月29日,由阿曼德·哈默领导的美国西方石油公司投资建设的平朔安太堡露天煤矿的最终协议在北京人民大会堂签署。此后又利用日本政府和世界银行提供的贷款在兖州、淄博、枣庄、永城、潞安、霍州新建了煤矿,以补偿贸易方式与罗马尼亚政府合作建设了一些煤矿。

1988年3月,第六届全国人民代表大会第一次会议决定撤销煤炭工业部,成立能源部,组建中国统配煤矿总公司。1989年12月,国家能源局在发布的《煤炭工业技术政策》中规定：井下开采年产量 30 万 t 以下（含 30 万 t）和露天开采年产 100 万 t 以下的煤矿称为小型煤矿。1993 年，第八届全国人民代表大会第一次会议决定恢复煤炭工业部，并撤销中国统配煤矿总公司。1998 年 3 月举行的第九届全国人民代表大会第一次会议又决定撤销煤炭工业部，改组为国家煤炭工业局，由国家经济贸易委员会管理。这一年，国务院改革煤炭管理体制，下放原煤炭工业部直接管理的国有重点煤矿，推行政企分开。2001 年 2 月 17 日，国家经济贸易委员会宣布成立国家安全生产监督管理局，国家煤炭工业局随之撤销。2003 年，国家安全生产监督管理局（国家煤矿安全监察局）从国家经贸委独立出来，成为国务院直属国家局（副部级）机构，负责全国安全生产综合监督管理和煤矿安全监察。2005 年，国家安全生产监督管理局升格为国家安全生产监督管理总局，为国务院直属机构（正部级），国家煤矿安全监察局成为由国家安全生产监督管理总局实行部门管理的国家局（副部级）。2006 年，《国务院办公厅关于加强煤炭行业管理有关问题的意见》下发，将原属国家发展改革委履行的五项行业管理职能，划至国家安全生产监督管理总局及其下属的国家煤矿安全监察局行使。2008 年，国家能源局（副部级）成立，整合了煤炭、电力、石油、天然气等部分管理功能归国家发展改革委管理。2010 年，国家能源委员会成立，主要职责是负责研究拟订国家能源发展战略，审议能源安全和能源发展中的重大问题，统筹协调国内能源开发和能源国际合作的重大事项。2018 年，撤销国家安全生产监督管理总局，组建应急管理部，国家煤炭安全监察局由应急管理部管理。

20 世纪 90 年代中期，国家有关部门根据生产规模的大小，将煤矿企业按年产原煤数量分为特大型（1 000 万 t 及以上）、大型（300 万～1 000 万 t，其中 500 万～1 000 万 t 为一档，300 万～500 万 t 为二档）、中型（90 万～300 万 t，其中 120 万～300 万 t 为一档，90 万～120 万 t 为二档）、小型矿（90 万 t 以下）。到 20 世纪末，中国的煤矿已数以万计，包括中央直属统配、地方统配、非统配地方国营、集体、个体、中外合作经营六大类型。

进入 21 世纪，中国的煤炭工业实施大集团、大公司战略，以推进市场化改革、资源整合、安全整治、建设大基地和大集团为主，转变发展方式，着力构建新型煤炭工业体系。2003 年，神华集团神东矿区成为中国第一个亿吨级现代化大型煤炭生产基地，矿井技术水平、全员工效等均高于美国、澳大利亚等国家井工矿水平。到了 2006 年，中国已建成或正在建设的神东、陕北、黄陇（含华亭）、晋北、晋中、晋东、鲁西、两淮、冀中、河南、云贵、蒙东（东北）、宁东 13 个大型煤炭基地，包含 98 个矿区；有 27 家煤炭企业进入全国 500 强，26 家煤炭企业上市；年产 1 000 万 t 原煤的企业有 32 家，年产 5 000 万 t 原煤的企业有 10 家。与此同时，以资源、资产为纽带，通过强强联合和兼并、重组中小型煤矿，发展大型煤炭企业集团。截至 2007 年年底，全国已经建成年生产能力 120 万 t 以上的大型煤矿 286 座，产能占全国的 37.3％，全国大中小煤矿产量比重调整至 50：12：38。2008 年，中国的煤炭产量达到 27.5 亿 t，居世界第一。2009 年，我国煤炭产量重心西移，煤炭市场需求趋旺，煤炭价格逐渐回升，首次成为煤炭净进口国且成为亿吨级进口大国。2012 年，煤炭企业兼并重组取得新进展，全国规模以上煤炭企业数量 6 200 家，同比减少 1 500 家，大型煤炭企业发展较快，神华、中煤、山东能源、冀中集团、陕西煤业化工、山西焦煤等 7 家企业原煤产量超过亿吨，总产量占全国的 28％。2017 年，煤炭行业供给侧结构性改革继续深入推进，落后产能加速退出，优质产能也在持续加速释放，全年规模以上煤炭企业原煤产量达到 34.5 亿 t，增长 3.2％，其中内蒙古、山西、陕西煤炭产量分列省级区域前三名，原煤生产逐步向资源条件好、竞争能力强的地区集中。2018 年,累计新增煤炭生产能力 44.4 亿 t/a,建成了年产 120 万 t 及以上的大型煤矿 1 200 余处,产量比重提高到 80% 以上(其中,千万吨级煤矿 42 处,产能 6.73 亿 t/a;在建和改扩建千万吨级煤矿 37 处,产能 4.71 亿 t/a)。

二、煤炭资源型城市演变

(一)煤炭资源型城市的雏形——矿区

近代以来大规模的煤炭开采,使开采地周边的交通运输、生活服务、文化教育也得到长足发展,煤炭相关的产业和行业迅速增加,矿区与乡村开始有了明显的区别,煤矿开采地的功能逐渐完善,形成了兼具煤炭开采基地和社区服务的新型功能区——矿区。从煤矿到矿区,意味着煤炭资源型城市发展迈进了一大步。即便煤炭资源开采殆尽,矿区的生产功能丧失,但是矿区的社会服务功能仍旧能够存续,所以许多矿区发展到一定规模后会演变成煤炭资源型城市。中国的煤炭资源型城市大多在煤矿或矿区的基础上发展形成。煤矿或矿区的建立和发展,对于煤炭资源型城市的城址选择、城市建筑、城市业态、城区特点、城市规模、城市建设、城市管理等方面,有着直接而重要的作用。从这个意义上来讲,矿区堪称煤炭资源型城市的雏形。

中国的煤炭资源型城市大多因煤而兴。中国煤炭资源型城市兴起的历程,大多经历了由煤田到煤矿,再在多家煤矿的基础上形成矿区,最终形成煤炭资源型城市的过程。中国相当一部分煤炭资源型城市是在矿区基础上发展起来的,例如唐山、徐州、焦作、抚顺、大同、铜川、平顶山、兖州等。

依据不同的划分依据,矿区的种类有所不同。根据面积和范围,矿区有大、中、小之分。有学者提出,煤炭产量为 10 Mt/a 以上的为大型矿区;煤炭产量为 3～10 Mt/a 的为中型矿区;煤炭产量在 3 Mt/a 以下的为小型矿区(耿殿明,2003)。一个大型矿区的开发,从地质勘探、设计、基本建设到形成生产规模,一般需要 15～20 年的时间。根据矿区的发展阶段,矿区可分为新建矿区、在采矿区、衰退矿区。根据矿区与周边城市的关系,矿区可大致分为三种类型:第一种是城市附属型矿区,如北京的京西矿区、江苏的徐州矿区等。第二种是城市主体型矿区,这类大多是单一的煤炭资源型城市,如黑龙江的七台河、河南的平顶山等。第三种是城市辐射型矿区,这类大多远离中心城市,矿区发展难以依托城市功能进行,如内蒙古的神府东胜、山西长治的潞安、江苏徐州的大屯等。

1. 矿区的形成

矿区的形成需要一定的物质基础,其中起决定性作用的是探明的可开采的煤炭资源储量。矿区的产生是因为煤矿生产导致人口、基础设施、社区服务等在地域上集聚,一般煤炭资源储量越高,矿区的面积就越大。拥有较大储量的产煤区一般称为煤田。在经过基本的测绘、勘察之后,如果确保煤田开发的可行性较高,大量基础建设人员、管理人员、技术人员、煤矿开采工人就会从五湖四海聚集到一起,对煤田所在地进行大规模的开发,在煤田附近形成矿区。矿区的主要职能是服务于煤炭生产,主要配套有居民点、区域性公用设施、服务性行业、文化教育卫生事业、社会福利事业以及交通运输网等。一个矿区一般由几个煤矿组成。每个煤矿都有自己的生产区和职工生活区,几个煤矿之间一般是矿务局或矿业集团所在地,自然形成中心生活区。随着煤矿的不断发展和第三产业的不断扩大,矿区的规模也不断扩大。有的矿区发展成为煤炭资源型城市,如安徽的淮南、淮北;有的则长期是矿区,如安徽的宿县矿区、临涣矿区,江苏的大屯矿区,山东的新汶矿区,山西的潞安矿区等。

矿区的形成是一个漫长的过程。中国矿区出现于近代工业兴起之后,煤炭是近现代工业最为重要的能源,被形象地誉为"工业的食粮",即便到了2018年,中国煤炭占一次能源消费比例仍旧达到59%。在遥远的未来,煤炭能否被其他更为清洁和廉价的能源完全替代尚未可知,但是从近现代一直到可预见的近期,煤炭开发、利用都是中国工业化和城市化进程中最为重要的一环。要想发展煤炭工业,促进城市化进程又好又快发展,就必须建立煤矿。煤炭的开发和利用是一个漫长的进程,一个煤矿的开发利用往往需要一代人甚至几代人的不懈努力。因此,建立煤矿就要考虑大量煤矿职工和技术管理人员的安家问题,这就需要建立生产和生活基地,由此就形成矿区的雏形。随着煤矿的不断发展,煤矿职工越来越多。渐渐地,在煤矿附近修建了职工住宅和道路,有了水、电、通信等部门,有了经销煤炭和为煤矿服务的附属产业,有了商店、学校和医院等。煤矿所在地聚集了越来越多的产业和越来越多的人口,尤其是以煤炭为原料的加工工业和延伸产业。矿区随即伴随着煤矿及其相关产业的不断发展而出现。矿井建成投产标志着矿区开始投入生产,同时会继续进行其他煤矿的建设。"量"的积累,必然引发"质"的变化。随着煤矿的不断发展,一些产量较高、规模较大的煤矿逐步形成了矿区。矿区是以煤炭资源的开发利用为主业,并带动和支撑区域经济和社会发展的社区。

矿区的地域范围大的可达几十平方千米,小的只有几平方千米。大的矿区可以由两个甚至更多个煤炭资源型城市组成,如贵州的六(枝)盘(县)水(城)矿区。小的矿区以一家煤矿为中心,除了围绕煤炭生产的建筑设施外,包括煤矿周边的商店、学校、医院、影剧院、邮电局、车站、旅社、饭店、集贸市场等,还有供水、供电等部门。矿区按其地域范围大小和组合状况大致可分为区域性矿区和城市型矿区两大类。矿区的基本组成是若干煤矿和相关企业及配套服务单位。矿区内煤矿的规模和产量决定着矿区的规模和结构质态。

矿区都是最初以一个煤矿为生长点,经过延伸不断增加新的煤矿,由点成线再成面,最终形成矿区。煤矿是矿区的聚集点和生长点,矿区是煤炭生产集聚的产物。煤炭产业吸引相关企业和人口向矿区聚集。当一座煤矿在一个地方兴建后,为煤矿服务的相关单位会随之建立,同时,一些以煤炭为原料的工业企业也会围绕煤矿进行建设,包括火力发电、建材、化工、钢铁等。随着企业的聚集和占地面积的扩大,一些煤矿就逐步形成了具有多系统的矿区。矿区的储量和产业决定着矿区的吸引力,一个矿区煤炭储量和产量越多,其吸引力越强,越有利于生产要素和相关产业向此集聚。

2. 矿区的演变

中国最早的矿区大多与近代国外在华建立的煤矿有关。早期外国在中国提取煤矿开采权的条约、协定、合同、章程等涉及辽宁、吉林、黑龙江、云南、广西、四川、安徽、福建、贵州、山东、浙江、山西、河北、河南、湖北、西藏、新疆等19个省(自治区)。外国在华签订的有关兴办煤矿的章程和合同中,最初一般没有具体的矿区,大多笼统划定一个范围较大的区域。例如英国福公司1898年5月签订的《山西矿务章程》中,欲开采的范围包括"孟县、平定州、潞安、泽州与平阳府属煤、铁以及它处煤油各矿"(王铁崖,1982),其面积逾2.1万 km²。这些煤矿中的相当一部分后来成为矿区和煤炭资源型城市。

新中国成立前后,人民政府相继接收了东北地区的鹤岗、鸡西、通化、蛟河、老头沟、西安(今辽源)、阜新、北票、抚顺、烟台、本溪湖,华北和中南地区的六河沟、焦作、宜洛、潞安、阳泉、大同、峰峰、井陉、正丰、门头沟、长城,华东地区的淄川、坊子、博东、悦升、博大、贾汪大通等煤矿。华南、西南、西北地区解放后,萍乡、资兴、湘江、中湘、祁零、南桐、天府、威远明良、一平浪、同官等煤矿也回到人民手中。开滦煤矿也实行了代管。据不完全统计,各地人民政府从旧中国共接收了约 40 个煤矿企业、200 处矿井和少数几个露天矿。这就是旧中国遗留下来的煤矿的主要部分,也是新中国煤矿起步的基础(张明理,1988)。从时间顺序上来看,"一五""二五"时期主要开发东北、华北及华东地区的一些矿区;"三五""四五"时期开发重点转向西南、西北及江南地区;"五五"和"六五"时期重点放在了东部和西部地区。"一五"时期兴建的河南平顶山矿区是新中国成立后建设的第一个煤矿区。该矿区从矿区规划、矿井设计到洗煤厂、机修厂等配套工程设计,基本上都是我国独立完成的。平顶山矿区在 20 世纪 80 年代发展成为年产煤炭 1 000 万 t 以上、名列全国第三的大型煤炭基地。

从 1964 年开始,在"三线建设"中,国家在西南地区重点建设了六盘水矿区、大渡口矿区;在西北重点建设了宁夏石嘴山和石炭井矿区、陕西蒲白和韩城矿区、甘肃靖远和窑街矿区、青海大通矿区、新疆哈密矿区、内蒙古乌达矿区等。同期,为扭转"北煤南运",国家从 20 世纪 60 年代中期开始大规模开发江南煤田。形成矿区的除了江西萍乡、湖南资兴等老矿区之外,新增的有湖南涟部、白沙,江西丰城、乐平、英岗岭、上栗,广东梅县、四望嶂、梅田,广西扶绥、罗城、红茂,福建龙岩、漳平、天湖山,湖北松宜等矿区。1973 年,国家确定了煤炭工业建设战略北移的决策。这一时期新建和扩大的矿区主要有山东兖州矿区、河北邯(郸)邢(台)矿区、安徽淮北矿区、辽宁铁法矿区、江苏大屯矿区等。

值得一提的是,20 世纪 40—70 年代,中国的矿区曾出现过"特区"的形式。早在 1949 年1 月 18 日中国人民解放军解放安徽淮南矿区时,就曾成立过皖北淮南煤矿特别行政区。20 世纪 60 年代初期,当时我国的工业战线掀起了"学大庆"的热潮。为了改善煤矿地区的工农关系和城乡关系,推动煤矿积极支援附近农业发展和农业为煤矿服务,加快矿区建设,1964 年 3 月,中共中央、国务院批转了煤炭工业部《关于平顶山煤炭基地试点工作的规划》,决定在平顶山矿区实行企政合一的"特区"试点,并按照单一矿区的特点设置市政机构,把生产、生活和社会管理统一起来,并于当年 6 月批准成立平顶山特区人民委员会。煤炭工业部主要负责特区内企业工作,河南省人民委员会主要负责特区内的地方工作。1966 年"三线建设"时期,国家又在贵州成立了六盘水特区。特区设置市政机构,开展市政建设。特区要统筹规划区内的工农业建设,工农业要互相支持。六盘水特区开始建设时,就实行了"三不四要":不占或尽量少占良田好土,不拆迁或少拆迁民房,不盖高标准非生产建筑;要搞农业用水,要搞农业用肥,要给农民留肥料,要给农民留泔水。农忙时,还抽出一定的人力和运输力量支援农民,农闲时尽量给农民安排做临时工。实践证明,在国有大型煤矿所在地设立政企合一的特区,对于协调工农关系、解决矿区的副食供应、增加矿区附近农民的收入、加快矿区各项建设事业的发展,历史上曾产生过积极的作用。类似的矿区在全国其他一些地方也出现过。

改革开放后,我国的煤炭工业持续发展。20 世纪 80 年代末,经有关部门统计,1985 年中国主要生产煤炭的矿区共有 78 个,其中煤炭年产量 1 000 万 t 以上的矿区 11 个,年产量500 万~1 000 万 t 的 15 个,年产量 300 万~500 万 t 的 18 个,年产量 300 万 t 以下的34 个。这 78 个矿区中的大部分已经发展成为煤炭资源型城市,例如大同、抚顺、唐山、淮南、平顶山、鹤岗等。到 20 世纪末,中国已建成大、中、小矿区 134 个(煤炭年产量 500 万 t以上为大型矿区;300 万~500 万 t 为中型矿区;300 万 t 以下为小型矿区)。

（二）煤炭资源型城市的演进——城市

1. 煤炭资源型城市的由来

我国的煤炭资源型城市大致经历"煤窑—煤矿—矿区—城市"四个大的发展阶段和古代、近代、当代三个历史发展时期,其形成条件包括生产技术进步、经济发展、开放程度的提高,形成的动力概括起来主要有两种:一种是外国资本主义侵华势力的压力,另一种是中国向近代化、工业化发展产生的推动力。

在漫长的中国古代社会,由于自给自足的农业社会发展极其缓慢,因而形成的城市不多,且多为政治城市和军事城市。煤炭资源型城市的萌芽则产生于洋务运动时期,兴起则始于民国。在19世纪后期兴起的洋务运动中,中国的煤炭从土法手工开采进入机器开采的阶段。在洋务运动中出现的15家官办、商办、官商合办的煤矿中有一部分后来发展成为煤炭资源型城市,例如河北邯郸和唐山、台湾基隆、山东枣庄和淄博、江苏徐州等。19世纪末至20世纪初的一批外资煤矿和中外合资煤矿的一部分后来也发展成为煤炭资源型城市,例如河南焦作、辽宁抚顺和本溪、内蒙古扎赉诺尔、江西萍乡等。辛亥革命前后兴建的一批民族工业煤矿经过曲折发展,其中一部分也发展成为煤炭资源型城市,例如安徽淮南、山西阳泉、山东新泰、江西乐平等。这些煤矿之所以能发展成为煤炭资源型城市,与其所处的位置和产量密切相关。以此为契机,大量人口集中到了矿区,工业化成为城市化的前身。与此同时,一些外国势力也来到中国开矿设厂。以往在中国设立的外资企业所需的煤炭主要从欧洲、日本等地远道运来,价格十分昂贵。为此,他们迫切需要在中国兴办煤矿,以节约生产成本并获取更多的利润。西方列强为了达到长期占领和掠夺中国煤炭资源的目的,规划了一批煤矿城镇。由此可以看出,中国第一批煤矿城镇的出现与殖民地、半殖民地化同步进行,错综复杂地交织在一起。在这些城镇中,煤矿是主导性产业。煤矿的兴起带动了一批相关产业的创办,例如铁路、公路、火力发电、炼焦、采石、机械制造修配等,形成了产业集聚效应。一些以煤炭为燃料和原料的工业也应运而生,例如冶金、化工、建材等。煤矿的发展带动了辅助性产业的发展,并推动了服务业的产生与发展,例如商业、金融、交通、邮电等。随着煤矿规模的不断扩大和发展的需要,以煤矿为中心形成了矿区,所有这些都带动了人口的增长和聚集,最终形成了煤炭资源型城市。近代中国煤炭资源型城市的形成大体经历了这样一个过程:煤炭开发—煤矿矿区—煤炭资源型城市。

2. 从五四运动到新中国成立时期

国内学者一致认同中国最早的煤炭资源型城市是唐山,但是在具体年份上出现了分歧。周德群等(2002)认为"1878年直隶开平煤矿的建立标志着我国第一个现代意义上的矿业城市——唐山的诞生"。薛毅等则认为唐山正式设市是在1925年。

1928年7月,南京国民政府公布了《特别市组织法》和《市组织法》,将城市分为特别市和普通市两种,标志着中国市的建制开始形成。当时成立特别市的条件为:① 首都;② 人口在100万以上的城市;③ 其他有特殊情形的城市。成立普通市的条件为:① 人口在30万以上;② 人口在20万以上,其所收的营业税、牌照税、土地税全年合计占该地区总收入一半以上。根据这些法律,国民政府于当年批准成立了8个特别市、17个普通市,每个城市都有明确的区域界线。但这 25 个城市中没有一座煤炭资源型城市。

南京国民政府立法院于 1930 年 5 月 30 日废止了这两部法律,颁布了新的《市组织法》。新的《市组织法》对"行政院"直辖市的人口标准仍然要求在 100 万以上,当时入选的仅南京、上海、青岛、北平、汉口 5 座城市。16 座省辖市中也没有煤炭资源型城市,因为要求人口在 30 万以上或人口在 20 万以上且其所收营业税、牌照税、土地税全年合计占该地总收入一半以上。当时唐山人口为 9.8 万人。1932 年年底,全国仅有 4 个院辖市,分别是北平、上海、南京、青岛;有 9 个省辖市,分别是天津、杭州、济南、汉口、广州、汕头、成都、贵阳、兰州。其中没有一座属于煤炭资源型城市。

沈汝生曾对 1933—1936 年中国的城市进行过调查统计。他认为,当时中国 5 万人以上的城市有 189 个。他把这些城市按人口数量分为 200 万以上、100 万~200 万之间、50 万~100 万之间、20 万~50 万之间、10 万~20 万之间、5 万~10 万之间等几个层次。从沈汝生的统计可以看出,10 万~20 万人口的城市中属于煤炭资源型城市的有江苏徐州、山西太原、辽宁抚顺;5 万~10 万人口的城市中属于煤炭资源型城市的有湖南耒阳、河北唐山、山西大同等(顾朝林,1992)。另据何一民(2009)统计,截至 1936 年,中国共有 5 万以上人口的城市 189 个,其中 10 万~20 万人口的煤炭资源型城市有徐州、太原、抚顺,5 万~10 万人口的煤炭资源型城市有唐山。这两个在同一时期统计的城市数量不尽一致,但差别不大,只是未把河南焦作、山东淄博和枣庄、江西萍乡等煤炭资源型城市统计进去。

日本占领东北后,把东北作为进一步向中国其他地区以至东亚发动侵略战争的大后方,因而肆意掠夺东北的煤炭资源,使煤炭产量较以前大幅度增长。日本统治时期的东北的煤炭资源型城市有抚顺、阜新、北票、赤峰等。

抗日战争胜利后,国民政府着力推动城市建设工作。据南京国民政府内政部 1947 年编印的全国行政区域简表称,当时全国设置了 69 个城市,其中 12 个院辖市、57 个省辖市。1947 年 6 月,东北有 15 个省辖市,其中煤炭资源型城市仅旅顺 1 个。当时全国人口在 5 万以上的煤炭资源型城市分别是:徐州,160 013 人;唐山,149 124 人;大同,80 000 人;阜新,166 186 人;本溪,98 203 人;抚顺,279 604 人(何一民,2004)。

随着解放战争的发展,由于政治、经济的需要,共有 82 个县城或地区被改为市的建制,其中属于煤炭资源型城市的有大同、赤峰、满洲里、鹤岗、西安(今辽源)、抚顺、本溪、阜新、萍乡、张店、周村、龙口等。

这一时期还有一类煤炭资源型城市是在抗日战争胜利后中国共产党领导的武装接收或建立起来的。抗日战争胜利后,中国共产党领导的军队在打败日本侵略者和接收沦陷区的同时,迅速在一些煤炭产区建立起一批煤炭资源型城市。抗日战争胜利初期,中国共产党还相继在山东淄博、河北峰峰和邢台、山西长治、辽宁本溪、黑龙江兴山(今鹤岗)等地建立了市政府或特区政府。

3. 从新中国成立到改革开放前

新中国成立伊始,中共中央规定,凡人口在 5 万以上的即可设市。1949 年年底,全国共有 135 个城市(还有一说为 136 个),其中直辖市 12 个,省辖市 55 个,专区辖市 68 个。这些城市中属于煤炭资源型城市的有唐山、大同、赤峰、抚顺、本溪、阜新、辽源、鹤岗、徐州、大通、萍乡、博山、周村、张店。

1951 年年底,政务院(国务院的前身)提高了设市的标准,规定"凡人口在 9 万人以下,一般不设市"。1952 年 9 月,中央财经委员会主持召开了新中国成立以来第一次城市建设座谈会。会后,从中央到地方相继建立了城市建设管理机构。截至 1952 年年底,中国的城市数量为 160 个,城市人口达到 7 163 万,全国城市化水平由 1949 年的 10.6% 上升到12.5%。这一时期,国家恢复和巩固了一批新中国成立前已有的煤矿,其中重要的有鹤岗、辽源、抚顺、阜新、唐山、徐州、淮南、焦作等。随着国民经济的恢复和发展,又有一些城镇改为市的建制。其中煤炭资源型城市有淮南、淄博、邯郸、阳泉、长治、五通桥等。这一时期全国撤销的 16 个城市中属于煤炭资源型城市的有内蒙古赤峰、江西萍乡。山东周村并入淄博,安徽大通并入淮南。

这一时期,国家有关部门将全国的城市按照性质与工业建设比重分为四类:第一类为重工业城市,全国共 8 座,其中大同属于煤炭资源型城市;第二类为工业比重较大的改建城市,全国共 16 座,其中抚顺、本溪、邯郸属于煤炭资源型城市;第三类为工业比重不大的城市,全国共 17 座,其中唐山属于煤炭资源型城市;第四类为除了上述 41 个重点城市之外的一般城市(曹洪涛,1990)。

从 1953 年开始,中国进入第一个五年计划建设时期。随着国民经济的恢复和"一五"计划的实施,国家开展了以苏联援助的 156 项建设工程为中心,由 3 000 多个项目组成的工业化建设。由于这一时期煤炭在中国一次能源生产和消费结构中的比重占到 90% 以上,因此在 156 项重点工程中,属于煤炭工业建设的有 25 项,主要集中在辽宁、黑龙江、山西、河南等省。这 25 项煤炭工业建设项目大多在煤炭资源型城市或矿区所在地,分别是:阜新海州露天矿、抚顺西露天矿、抚顺东露天矿、铜川王石凹立井、阜新平安立井、鹤岗兴安台 10 号立井、鹤岗兴安台 2 号立井、峰峰通顺 3 号立井、鹤岗东山 1 号立井、大同鹅毛口立井、辽源中央立井、抚顺胜利矿、阜新新邱 1 号立井、抚顺老虎台矿、山西潞安洗煤厂、城子河 9 号立井、平顶山 2 号立井、双鸭山洗煤厂、抚顺龙凤矿、通化湾沟立井、峰峰中央洗煤厂、焦作中马村 2 号立井、淮南谢家集中央洗煤厂、城子河洗煤厂、兴安台洗煤厂。这些大型煤矿建设项目的上马,极大地促进了煤炭资源型城市的发展和壮大。

1955 年,《国务院关于设置市、镇建制的决定》发布。这是新中国成立后第一部关于市、镇设置的正式的法律文件。1955 年,国家建委党组在《关于当前城市建设工作的情况和几个问题的报告》中提出:"50 万人口以上的为大城市,50 万人口以下、20 万人口以上的为中等城市,20 万人口以下的为小城市,为一两个厂矿服务所建立的居民点并不设市的为工人镇。"这是新中国成立以来中央主管部门首次提出大、中、小城市划分的标准。

到 1957 年年底,中国已有 177 个城市(一说 176 个),比 1949 年增加了 40 个左右,比1952 年增加了 17 个。新增的城市中属于煤炭资源型城市的有河北邯郸(1952 年)、邢台(1953 年),山西阳泉(1951 年)、长治(1951 年),黑龙江鸡西(1956 年)、双鸭山(1956 年),吉林辽源(1952 年),安徽淮南(1951 年),河南焦作(1956 年)、平顶山(1957 年)、鹤壁(1957 年),陕西铜川(1958 年)等。这一时期撤销的煤炭资源型城市有内蒙古赤峰、安徽大通、江西萍乡和山东龙口,山东的博山、张店、周村合并为淄博。

截至 1964 年年底,中国的城市数量由 1961 年年底的 208 个减少为 169 个。其中属于新增加的煤炭资源型城市有山东枣庄(1960 年)、新汶,内蒙古乌达(1961 年)、海勃湾(1961 年),江西萍乡(1950 年被撤销,1960 年恢复),陕西铜川(1958 年),宁夏石嘴山(1960 年)等,撤销的 40 个城市中属于煤炭资源型城市的有新疆哈密、湖南娄底和贵州六枝。

1958—1965 年兴起的煤炭资源型城市,大多是按照"一矿一市"的模式建立和发展起来的,一般是先有煤矿再有城市。

1964 年,中共中央提出了加快"三线建设"的战略构想。所谓"三线"是相对于"一线"沿海地区、"二线"中部地区而言的。"三线"地区包括四川、贵州、云南、陕西、甘肃、青海、宁夏的全部或大部分地区以及山西、河南、湖北、湖南等省的西部地区。"三线建设"是在"备战、备荒"的背景下,国家于 20 世纪 60 年代中期到 70 年代初期,集中对西南、西北地区开展的以备战和国防工业为中心的大规模经济建设。根据"三五"计划的指导思想,有关部门为煤炭工业制定了"加快大三线建设,迅速扭转北煤南运"的工作重点。

"三线"地区相继建成了近 2 000 个大中型企业和科研单位,形成了 45 个大型生产科研基地,促进了西部地区一批煤炭资源型城市的诞生。煤炭工业的"大三线",包括西南、西北十多个矿区,即贵州的六枝、盘县、水城,四川的渡口、芙蓉、松藻、华蓥山,云南的田坝,陕西的铜川、蒲白、澄合、韩城、镇巴、黄陵,甘肃的靖远、华亭,宁夏的石炭井、石嘴山和内蒙古的乌达等。有的是新区,有的是半新区。煤炭工业的"大三线建设"给新建煤炭资源型城市带来了机遇。在上述十几个矿区中,后来发展成为煤炭资源型城市的有贵州六盘水、四川华蓥、陕西韩城、宁夏石嘴山等。"大三线"之外新建的煤炭资源型城市还有黑龙江省的七台河。

4. 改革开放以来

改革开放后,中国的煤炭资源型城市迎来了第二个快速发展的时期。截至 1985 年年底,全国 324 个城市中,有 34 个城市可以定为煤炭资源型城市(煤矿城市发展预测与合理布局科研组,1990)。这 34 个煤炭资源型城市分别是:河北的唐山、邯郸,山西的大同、阳泉、长治、晋城,内蒙古的乌海、赤峰、霍林郭勒,辽宁的抚顺、阜新、铁岭,吉林的浑江、辽源,黑龙江的鹤岗、双鸭山、鸡西、七台河,江苏的徐州,安徽的淮南、淮北,江西的萍乡,山东的淄博、枣庄、新泰,河南的焦作、平顶山、鹤壁、义马,贵州的六盘水,陕西的铜川、韩城,宁夏的石嘴山,湖南的资兴。这 34 个煤炭资源型城市的总人口为 2 576.38 万人,占全国 324 个城市总人口的 8.73%。这一时期全国撤销了 3 座城市的市建制,其中辽宁铁法、山东新汶属于煤炭资源型城市。除了煤炭资源型城市,国家在这一时期还新建了一批大型煤矿,例如霍林河、伊敏河、准格尔、神府-东胜、平朔安家岭等。其中一些大型煤矿不久也发展成为煤炭资源型城市。

20 世纪 80 年代,在中国城市发展的理论讨论和路径选择中,发展小城镇占据了上风。国家在这一时期实施的是"严格控制大城市规模,合理发展中等城市和小城市"的城市发展战略。截至 1989 年,人口数量在 100 万~200 万的煤炭资源型城市有 3 座,分别是辽宁抚顺(119 万)、山东淄博(109 万)、河北唐山(103 万);人口数量在 50 万~100 万的煤炭资源型城市有 8 座,分别是河北邯郸(82 万)、江苏徐州(70 万)、山西大同(78 万)、辽宁本溪(78 万)、安徽淮南(69 万)、黑龙江鸡西(67 万)、辽宁阜新(62 万)、黑龙江鹤岗(53 万);人口数量在 20 万~50 万的煤炭资源型城市有 18 座,分别是河南平顶山(45 万)、江西萍乡(41 万)、河南焦作(40 万)、山东枣庄(39 万)、黑龙江双鸭山(37 万)、贵州六盘水(36 万)、安徽淮北(36万)、山西阳泉(35万)、山西长治(31万)、河北邢台(30万)、陕西铜川(27万)、山东新泰(26万)、内蒙古乌海(25万)、宁夏石嘴山(25万)、山东滕州(25万)、辽宁铁岭(24万)、河南鹤壁(21万)、黑龙江七台河(21万);人口数量在20万以下的煤炭资源型城市有18座,分别是辽宁北票(19万)、江西丰城(19万)、新疆哈密(15万)、山东龙口(14万)、湖南耒阳(13万)、辽宁铁法(13万)、湖南娄底(12万)、湖南涟源(11万)、湖南资兴(10万)、四川华蓥(9万)、陕西韩城(8万)、河南禹州(8万)、山西朔州(8万)、内蒙古东胜(8万)、河南义马(7万)、河南汝州(7万)、广西合山(6万)、内蒙古霍林郭勒(4万)等。

1986年年底,全国属于国务院审批城市规划的重要城市共有38座,其中唐山、抚顺属于煤炭资源型城市。在这38个重要城市的城市总体规划中,由中共中央和国务院共同审批的城市仅有2个:北京和唐山。1990年,全国设市的城市增加到467个,人口超过100万的特大城市有31个,其中属于煤炭资源型城市的有抚顺、淄博、唐山。同年,中国社会科学院"社会发展和社会指标课题组"对1988年全国185个地级以上城市社会发展水平进行了比较和评价。这些城市平均分为30.96分。高于平均分的煤炭资源型城市有抚顺、邯郸、徐州等;低于平均分的煤炭资源型城市有邢台、本溪、大同、唐山、阜新、长治、双鸭山、鸡西、乌海、鹤壁、阳泉、石嘴山、平顶山、淮北、铜川、赤峰、鹤岗、淮南、七台河、晋城、枣庄、萍乡、六盘水等。这次得分排名前5名的城市分别是深圳(58.99分)、北京(46.57分)、大庆(46.09分)、珠海(45.89分)、上海(43.70分);排名最后的3个城市全部是煤炭资源型城市,分别是广元(17.06分)、萍乡(16.52分)、六盘水(14.50分)。

1993年,民政部出台《关于调整设市标准的报告》。新的标准在人口密度、非农业户口的人口和从事非农产业的人口的比重、产值结构、经济发展水平、城区公共基础设施等方面较以前提出了更具体的规定和条件。1990—1993年,中国新增的煤炭资源型城市有山西孝义(1992年)、介休(1992年)、高平(1993年)、原平(1993年),江西乐平(1992年),福建高安(1993年),山东肥城(1992年)、兖州(1992年)、邹城(1992年)等。

随着社会主义市场经济体制的建立和完善,中国的城市化进程明显加快。1992—1999年,中国的城市由517座增加到667座,其中63座为煤炭资源型城市,分别是:河北的唐山、邯郸、邢台、武安,山西的大同、阳泉、长治、晋城、朔州、古交、霍州、孝义、介休、高平、原平,内蒙古的乌海、赤峰、满洲里、东胜、霍林郭勒,辽宁的抚顺、阜新、铁法、调兵山,吉林的辽源,黑龙江的鸡西、鹤岗、双鸭山、七台河,安徽的淮南、淮北,福建的永安,江西的萍乡、丰城、乐平、高安,山东的枣庄、新泰、龙口、滕州、邹城、肥城,河南的焦作、平顶山、鹤壁、义马、汝州、登封,湖南的耒阳、资兴、涟源,广西的合山,四川的广元、华蓥、达州、绵竹,贵州的六盘水,云南的宣威、开远,陕西的铜川、韩城,宁夏的石嘴山,新疆的哈密。确定这63座城市为煤炭资源型城市的依据是国家计委有关部门21世纪初制定的4条标准:① 采掘业产值占工业总产值的比重在10%以上;② 采掘业产值规模县级市超过1亿元,地级市超过2亿元;③ 采掘业从业人员占全部人员的比重超过5%;④ 采掘业从业人员规模县级市超过1万人,地级市超过2万人(国家计委宏观经济研究院课题组,2002)。

余际从(2009)认为,中国1952—1990年间进行的是一种以矿产资源开发为导向的工业化发展,工业投资比例超过全国工业总投资4%的省区有11个,其中,辽宁(7.36%)、四川(6.73%)、黑龙江(6.64%)、山东(6.4%)、上海(6.42%)、湖北(5.08%)、山西(72%)、河南(4.53%)和河北(4.54%)等8个省(市)的地方经济发展主要依赖于矿产资源开发导向的工业投资,并且矿业城市多是在荒无人烟或人烟稀少的穷乡僻壤,其中很多又是老少边穷地区。矿业城市作为地区经济的增长极,无论通过产业影响还是就业带动都发挥着区域辐射带动作用,极大地促进了区域经济的发展。

第二节 煤炭资源型城市的现实概况

一、煤炭资源型城市的经济概况

我国煤炭资源型城市的经济结构通常表现为:第二产业所占的比重大,第一和第三产业所占的比重较小;公有制经济所占的比重大,非公有制经济所占的比重小;相较于消费拉动经济增长,政府更加重视投资,而且出口的比重和层次都是偏低的;煤炭资源型城市中煤炭企业占据城市中企业的大多数,而且煤炭企业多为大中型企业,小型、微型的企业较少。

煤炭资源的开采、加工、贸易是煤炭资源型城市主要的经济活动。第二产业尤其是煤炭工业占据绝对优势,而农业和服务业的比重偏低,且服务业多为传统服务业,主要围绕煤炭资源的运输和煤炭资源型城市的消费、社会服务,缺乏金融、研发等现代服务业。在工业内部,采掘业和材料加工占据煤炭资源型城市工业的主体,制造业占据较小的比重,高端制造业更是严重发展不足。

从需求角度看,在煤炭资源型城市中,投资长期负担着拉动经济增长的重任,对经济的贡献率可能会达到50%以上,而消费能力明显不足,出口的比重过小。消费和出口对经济的贡献率都明显低于投资。煤炭资源型企业的投资快速增长,主要表现有:一是围绕煤炭资源开采的投机性投资非常常见;二是基于煤炭资源型产业扩大产能追加固定资产投资,主要表现为在煤炭能源价格上升期对外延式扩大再生产的投资冲动;三是对煤炭资源加工的产业链的追加投资,是为了提高煤炭资源的附加值;四是在煤炭资源型城市的基础设施方面的投资。

本书收集了 2017 年、2021 年地市级煤炭资源型城市的三次产业结构比重的情况,见表 2-1 和图 2-1。

表 2-1　2017 年和 2021 年中国地市级煤炭资源型城市经济指标

地区		2017 年				2021 年			
省 (自治区)	城市	GDP /亿元	第一产业 比重/%	第二产业 比重/%	第三产业 比重/%	GDP /亿元	第一产业 比重/%	第二产业 比重/%	第三产业 比重/%
山西	大同	1 122	5.6	36.8	57.6	1 686	6.1	42.5	51.5
	朔州	980	5.7	40.9	53.4	1 421	6.6	45.4	48.1
	阳泉	672	1.7	48.0	50.3	917	1.6	51.7	46.7
	长治	1 478	4.2	53.7	42.1	2 311	4.0	59.8	36.1
	晋城	1 152	4.4	53.7	41.9	1 912	4.0	60.4	35.6
	太原	3 382	1.2	37.6	61.2	5 122	0.9	41.3	57.9
江苏	徐州	6 606	9.1	43.6	47.3	8 117	9.2	41.6	49.3

表 2-1(续)

地区		2017 年				2021 年			
省（自治区）	城市	GDP/亿元	第一产业比重/%	第二产业比重/%	第三产业比重/%	GDP/亿元	第一产业比重/%	第二产业比重/%	第三产业比重/%
辽宁	抚顺	955	6.1	53.0	40.9	870	7.0	47.7	45.3
	阜新	422	24.0	26.2	49.8	545	22.6	26.8	50.6
四川	达州	1 584	20.3	35.3	44.4	2 352	17.5	35.5	47.0
	广元	732	7.4	46.9	45.7	1 116	17.8	41.0	41.2
黑龙江	鹤岗	283	32.8	31.0	36.2	354	28.0	32.2	39.8
	七台河	231	14.1	36.9	49.0	231	16.0	42.9	41.1
	双鸭山	463	36.0	21.6	42.4	516	38.6	26.9	34.5
	鸡西	530	35.0	24.8	40.2	604	33.9	25.2	40.9
江西	萍乡	1 071	5.4	50.3	44.3	1 108	7.0	45.0	48.2
吉林	辽源	772	7.7	57.2	35.1	463	11.0	29.4	59.8
	白山	705	8.6	50.4	41.0	541	12.4	26.8	60.8
河北	唐山	7 106	8.5	57.4	34.1	8 231	7.4	55.2	37.4
	邯郸	3 666	11.1	48.6	40.3	4 115	9.5	46.4	44.0
安徽	淮南	945	12.3	46.7	41.0	1 457	10.4	40.8	48.9
	淮北	929	6.9	58.9	34.2	1 223	7.0	42.0	50.9
陕西	铜川	349	7.0	51.6	41.4	439	7.5	41.0	51.5
	榆林	3 318	5.1	62.8	32.1	5 435	5.3	68.2	26.5
	渭南	1 657	13.9	47.0	39.1	2 087	19.2	37.4	43.5
云南	曲靖	1 941	18.1	39.0	42.9	3 394	15.7	40.7	43.6
宁夏	石嘴山	535	5.2	60.4	34.4	617	6.2	52.2	41.8
贵州	六盘水	1 462	9.2	49.9	40.9	1 474	12.2	45.5	42.3
	毕节	1 842	20.6	37.6	41.8	2 181	24.1	27.1	48.8
山东	枣庄	2 316	7.5	51.7	40.8	1 952	9.5	40.7	49.7
	济宁	4 651	6.7	43.9	49.4	5 070	11.5	40.1	48.4
湖南	娄底	1 545	14.0	46.9	39.1	1 826	11.2	39.7	49.2
内蒙古	乌海	603	1.2	57.7	41.1	718	1.0	71.2	28.0
	赤峰	1 407	20.0	35.7	44.3	1 975	19.0	33.9	47.0
河南	平顶山	1 582	8.6	50.8	40.6	2 694	8.1	44.9	47.1
	焦作	2 343	5.9	59.5	34.6	2 137	6.6	40.1	53.3
	鹤壁	833	7.3	64.5	28.2	1 065	6.9	57.8	35.3

数据来源：2017 年和 2021 年《国民经济和社会发展统计公报》。

观察表 2-1 和图 2-1 可以发现，从地区生产总值看，大部分煤炭资源型城市经济得到发展，七台河市、辽源市、白山市出现经济衰退现象；唐山市经济规模最大，徐州市次之，七台河市地区生产总值最少为 231 亿元。

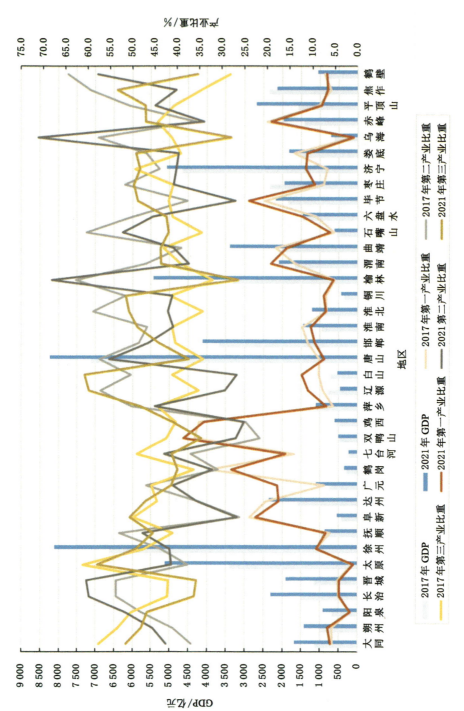

图 2-1　地市级煤炭资源型城市经济变化情况

从第一产业比重看,2017年阜新、达州、鹤岗、双鸭山、鸡西、毕节、赤峰的第一产业比重均高于20%;其中,黑龙江省的第一产业比重最高,鹤岗、双鸭山、鸡西的第一产业比重均高于30%,它们是黑龙江重要的农产品供应地。2021年第一产业比重高于20%的城市依次是双鸭山、鸡西、鹤岗、毕节、阜新。2017—2021年,大同、朔州、徐州、抚顺、广元、七台河、双鸭山、萍乡、辽源、白山、淮北、铜川、渭南、石嘴山、六盘水、毕节、枣庄、济宁、焦作的第一产业比重上升,广元第一产业比重增加值最高(10.4%),其余城市第一产业比重下降,鹤岗第一产业比重增加值最低(−4.8%)。

从第二产业比重看,2017年第二产业比重大于50%的城市从高到低依次是鹤壁、榆林、石嘴山、焦作、淮北、乌海、唐山、辽源、长治、晋城、抚顺、枣庄、铜川、平顶山、白山、萍乡,其余城市第二产业比重均高于20%,双鸭山第二产业比重最低(21.6%)。2021年,第二产业比重高于50%的城市由16个降至8个,包括乌海、榆林、晋城、长治、鹤壁、唐山、石嘴山、阳泉。2017—2021年,徐州、抚顺、广元、萍乡、辽源、白山、唐山、邯郸、淮南、淮北、铜川、渭南、石嘴山、六盘水、毕节、枣庄、济宁、娄底、赤峰、平顶山、焦作、鹤壁等城市的第二产业比重下降,其中辽源市下降最多(27.8%)。

从第三产业比重看,2017年第三产业比重高于50%的城市分别有大同、朔州、阳泉、太原,太原第三产业比重最高(61.2%),鹤壁第三产业比重最低(28.2%),其余城市第三产业比重均高于30%。2021年,第三产业比重高于50%的城市有大同、晋城、辽源、白山、淮北、铜川、焦作。2017—2021年,第三产业比重上升的城市有徐州、抚顺、阜新、达州、鹤岗、鸡西、萍乡、辽源、白山、唐山、邯郸、淮南、淮北、铜川、渭南、曲靖、石嘴山、六盘水、毕节、枣庄、娄底、赤峰、平顶山、焦作、鹤壁,上升幅度最大的为辽源(24.7%),下降幅度最大的为乌海(13.1%)。

从三产结构看,大部分煤炭资源型城市转型取得一定成效,三产结构不断优化,第二产业始终占据经济结构的半壁江山,第一产业的比重越来越小。结合法国经济学家让·福拉斯蒂(Jean Fourastié)在《二十世纪的伟大希望》中提出的三阶段论,这些城市已进入传统文明(三产比例:64.5%、20%、15.5%)向更高文明的过渡阶段(三产比例:40%、40%、20%),但距离第三文明阶段(三产比例:10%、20%、70%)仍有很大距离。由此可见,以提高经济质量和效益为中心,减轻煤炭资源型城市对传统产业的依赖,推进产业结构优化升级,仍是当今经济发展的重要任务。

二、煤炭资源型城市的社会概况

(一)"二元化"现象的大量存在

我国特有的城乡双重二元化结构,导致城、矿、乡发展不协调、不平衡。我国煤炭资源型城市大多分布在老工业地区和中西部欠发达的地区,城乡发展差距较大,这些城市既有我国大多数城市共有的城乡发展不平衡问题,还有煤炭资源型地区特有的城市企业分离、城矿矛盾、村矿矛盾等。

煤炭资源型城市由于经济辐射带动的能力弱,乡镇企业、小型和微型企业发展不足,农村的经济基础薄弱等特点,城乡差距缩小的趋势并不明显。同时,煤炭资源型城市还有其特有的"二元化"现象,体现为城市、企业、矿区的分离。城市与企业、城市与矿山并没有在合理分工的基础上实现较好的融合,没有较好地实现城市承载工业发展、工业支撑城市发展的互动模式。具体有两种情形，第一种情形是"城市是城市、企业是企业、矿区是矿区"，这三者的定位和职能高度重合，各自为政，低水平无效率重复，难以实现高效的融合和协调发展。第二种情形是城市、企业、矿区高度融合。企业就是城市，城市就是企业，矿区就是城市、城市就是矿区，结果最后城市不像城市、企业不像企业，造成城市的功能缺失和企业的社会负担过重等问题。我国大多数传统的国有煤炭基地都存在这样的问题。虽然近几十年在不断深化国有企业改革，逐步减轻了企业的社会职能，企业的学校、医院、绿化等公共职能已经逐步交给了城市，但是因为煤炭资源型城市的政府财力不足，一时难以负担和消化这么多的公共组织，所以还存在着一些城市和企业职责不清、互相扯皮的现象。

（二）就业和社会保障问题

煤炭资源型地区单一的产业结构造成了就业结构的单一，也造成了劳动者单一的劳动技能和单一知识技能结构。由于煤炭资源型城市的封闭性，存在大量子承父业、工友联姻的现象，这种现象使得家族丧失了抵抗失业风险的能力。随着机械化、信息化的加速发展，煤炭资源的枯竭、企业面临关闭转产，必然会造成大量的工人失业。

部分煤炭资源型城市人力资本存量不足，科技创新能力低下。煤炭资源型城市要转型就需要大量的人才，同样失业的工人也需要再就业，但是其单一的知识技能结构很难再次找到合适的工作，加上煤炭资源型城市社会保障不足，导致失业工人难以生活，社会矛盾激化。

部分煤炭资源型城市基本公共服务供给不足、发展不平衡的问题十分突出。首先，教育、医疗、文化等基本公共服务的规模和质量很难满足人民群众日益增长的精神文化需求，特别是基层的医疗、教育等公共服务十分短缺。然后，在提供的公共服务中，城市和农村以及矿区之间享受的实际服务有很大的差距，特别是煤炭资源枯竭的城市，农村的公共服务难以充分保障。最后，煤炭资源型城市的政府公共服务职能还没有完全理顺，公共服务提供的主体和提供的方式比较单一。

本书收集了 2017 年、2021 年我国地市级煤炭资源型城市的年末人口、年自然增长率、在岗职工人数数据，见表 2-2 和图 2-2。

表 2-2　2017 年和 2021 年中国地市级煤炭资源型城市社会指标

地区		2017 年			2021 年		
省（自治区）	城市	全市年末人口/万人	年自然增长率/‰	在岗职工人数/万人	全市年末人口/万人	年自然增长率/‰	在岗职工人数/万人
山西	大同	344	5.96	37	310	−0.50	38
	朔州	178	4.45	18	159	0	19
	阳泉	141	3.72	24	131	−1.01	22
	长治	346	5.68	41	315	−1.12	46
	晋城	233	5.23	33	219	−0.13	35
	太原	438	8.09	101	593	2.01	100
江苏	徐州	876	5.84	87	903	0.30	78
辽宁	抚顺	211	−13.70	23	201	−1.91	20
	阜新	186	−12.09	14	180	−4.20	12

表 2-2(续)

地区		2017 年			2021 年		
省 (自治区)	城市	全市年末人口 /万人	年自然增长率 /‰	在岗职工人数 /万人	全市年末人口 /万人	年自然增长率 /‰	在岗职工人数 /万人
四川	达州	672	3.19	48	537	−0.98	0
	广元	303	4.12	14	228	0.12	0
黑龙江	鹤岗	101	−10.11	10	96	−14.00	12
	七台河	79	−10.51	9	75	−2.85	8
	双鸭山	142	−9.63	11	137	−2.51	12
	鸡西	175	−1.09	15	165	−3.8	13
江西	萍乡	193	7.50	19	181	0.70	16
吉林	辽源	118	−11.91	13	114	−3.13	7
	白山	120	−9.8	15	113	−6.96	13
河北	唐山	790	5.33	67	772	0.23	77
	邯郸	951	7.36	55	941	4.03	52
安徽	淮南	349	7.11	26	304	−1.42	23
	淮北	223	8.81	18	219	−1.10	17
陕西	铜川	83	3.71	10	71	−7.00	11
	榆林	340	5.67	37	362	1.31	49
	渭南	538	4.03	41	463	−0.55	42
云南	曲靖	612	8.22	42	672	1.55	35
宁夏	石嘴山	80	3.90	9	75	1.19	7
贵州	六盘水	292	7.18	20	302	−5.24	26
	毕节	666	7.4	32	684	6.25	36
山东	枣庄	392	10.76	41	385	1.26	34
	济宁	838	10.44	76	834	−4.50	76
湖南	娄底	454	9.51	27	380	2.05	29
内蒙古	乌海	56	4.82	9	56	0.60	8
	赤峰	432	4.20	31	402	−3.00	31
河南	平顶山	440	6.77	51	497	0.63	47
	焦作	376	6.62	51	352	0.67	31
	鹤壁	165	5.9	21	157	0.96	15

数据来源:人口数据来源于各市 2017 年和 2021 年国民经济和社会发展统计公报,在岗职工数据来源于 2018 年和 2022 年《中国城市统计年鉴》。

观察表 2-2 和图 2-2 可知,从年末人口数看,邯郸、唐山、徐州、济宁、曲靖、太原、渭南、平顶山的人口规模相对较大,两年人口总数均高于 400 万人;鹤岗、七台河、铜川、石嘴山、乌海在 2017 年和 2021 年的人口规模均小于 100 万。

从人口年自然增长率看,2017 年,抚顺、阜新、鹤岗、七台河、双鸭山、辽源、白山的人口

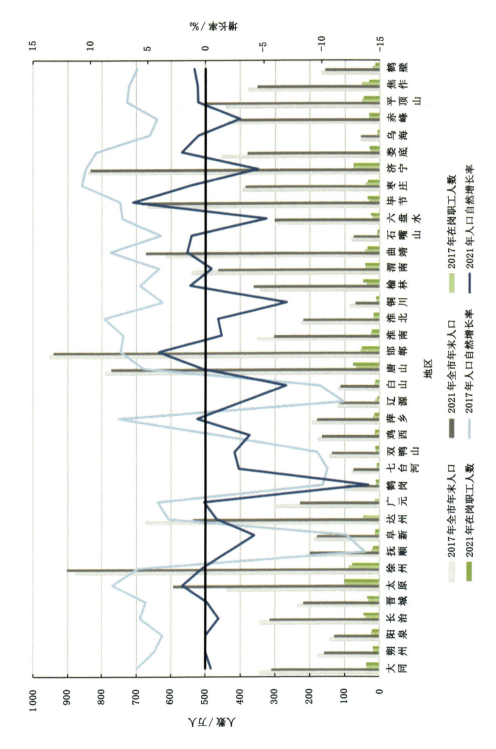

图 2-2 地市级煤炭资源型城市社会变化情况

呈现负增长,其中东北三省人口老龄化形势最为严峻。2021年,年人口自然增长率低于0的城市由7个增加至20个,包括大同、阳泉、长治、晋城、抚顺、阜新、达州、鹤岗、七台河、双鸭山、鸡西、辽源、白山、淮南、淮北、铜川、渭南、六盘水、济宁、赤峰,人口老龄化现象加剧。

从在岗职工人数看,2017年,在岗职工数超50万人的城市有太原、徐州、唐山、济宁、平顶山、焦作等6个城市,在岗职工数位于0~15万人之间的城市有阜新、广元、鹤岗、七台河、双鸭山、鸡西、辽源、白山、铜川、石嘴山、乌海等11个城市。2021年,在岗职工人数超50万人的城市有太原、徐州、唐山、邯郸等4个城市。2017—2021年,大部分煤炭资源型城市在岗职工人数减少,其中四川达州和广元劳动力流失最为严峻,在岗职工人数共减少62万人。

综上可知,2017—2021年煤炭资源型城市人口老龄化趋势越来越严峻,劳动力岗位以及劳动力减少或者外流。结合表2-1和图2-1可见,人口规模与GDP存在一定的正相关关系,人口规模较大的城市,经济规模相应扩大,东北三省的人口老龄化以及人口流失对其经济发展存在负效应。

三、煤炭资源型城市的生态概况

(一)环境状况概述

随着城市化和工业化进程的加快,城市环境受到了深刻的影响,成为人们普遍关注的问题之一。环境质量与城市的经济和社会发展是相互制约和相互加强的。随着工业化进程的不断加快,城市人口日益增加,城市整体环境质量急剧下降。空气污染、噪声污染、水污染和生态破坏越来越严重,严重破坏了城市形象和凝聚力,威胁着居民的正常生活。它们已经成为城市升级和可持续发展的突出障碍。城市环境质量水平反映了城市产业结构的合理水平以及政府和社会对环境保护的重视程度,良好的环境质量是城市文明的重要标志。

我国的煤炭资源型城市多分布在北部和西部,以干旱和半干旱气候为主。随着陕西、内蒙古和新疆煤炭资源开发的程度不断增加,煤炭城市有向西迁移的趋势。西部产煤区生态脆弱,水和空气的自净能力差,一旦植被被破坏,很难恢复。煤炭生产直接作用于土地表面,容易对当地生态环境造成负面影响。煤炭城市的生态问题在逐年积累中日益突出,已成为制约煤炭工业转型和城市可持续发展的重要因素。

煤矿行业具有高污染排放和高生态破坏力的特点,从其延伸出来的电力、机械、化工等重工业也是高消耗、高污染的类型。在煤炭资源型城市经济相对落后,缺乏相应的环保意识和投资的前提下,这些行业造成了严重的环境污染和生态破坏。例如,山西是我国产煤大省,据统计,1978—2013年山西省共产煤653 108.8万t,环境污染、生态破坏造成的损失共计3 988.54亿元,而处理历史遗留问题总投资需求为1 035.44亿元,但真正能够投入污染治理和环境修复方面的资金仅13.8亿元。

(二)污染来源及影响

煤炭资源型城市的环境污染主要表现在四个方面:水污染、空气污染、固体废物污染和噪声污染。

水污染主要来自煤炭生产和加工过程,城市居民锅炉的供暖和生活用水也加剧了污染程度。许多煤炭资源型城市水资源匮乏,水污染严重。例如,携带煤粉、石粉和石油物质的煤矿水抽出地面,造成地表水污染。在洗煤和选矿过程中,高浓度的煤废水从厂区污染的河流中排出。洗煤和选矿后的熄焦废水含有焦油和复杂酸性成分的致癌物质,直接威胁着厂区周围居民和牲畜的健康和生命安全,以上是煤炭工业对地表水质的影响。由于地下作业,采矿也会对地下水流向和水质产生负面影响。首先,矿井废水会直接渗入地下水层,形成水污染。其次,采煤会造成地层损害和水文地质条件的变化,改变地下水循环和流向,使其受到煤层的污染。

气体污染物主要包括 SO_2、CO、NO_2 和粉尘污染,其中 SO_2、CO 是由工业和民用燃煤产生的,另外采煤矿井会排出瓦斯气体(主要成分是 CH_4)。据统计,全国每年有 50 亿～60 亿 m^3 的煤层瓦斯散逸于大气,急剧增加了温室气体排放量,焦化厂排出的熄焦废气中含有大量的 CO,焦炉烟气、燃煤电厂废气是 NO_2 和粉尘的主要来源。全国煤矿每年排放废气 1 700 亿 m^3,造成了严重的环境污染。煤炭资源型城市的空气污染对生产和生活产生了严重的负面影响。空气污染还威胁着煤矿区动植物的生存,例如,一些煤矿和化工厂附近蔬菜的生长速度和颜色异常,严重损害了居民的健康,阻碍了城市文明和环境保护的发展,削弱了城市的凝聚力和向心力,并成为该地区吸引投资和工业集聚的障碍。

固体废弃物污染主要包括煤矸石和电厂粉煤灰。煤矸石是采矿过程中挖出的固体废物,煤矸石长期堆存于地表不仅大量占用耕地、堵塞河道、破坏生态平衡,煤矸石经过雨水冲刷还会对土壤产生二次污染,煤矸石中煤炭成分在正常温度下能够自燃,排放大量粉尘及 SO_2、CO、H_2S 等有毒有害气体,产生热辐射,严重污染水源、大气和土壤。当前一些城市尝试煤矸石发电和粉煤灰制砖,然而更多的仍将其作为固体废弃物闲置。

噪声污染主要来自同煤炭生产和加工相关的机械设备,如矿井压风机、鼓风机、水泵、绞车等。噪声污染不像其他污染物一样可以直接接触人体,但是对居民身心健康的损害不亚于以上三种污染物,越来越受到各类环保组织的关注。

(三)城市土壤及其破坏

煤矿开采是一个直接作用于土壤表面的过程。煤炭资源型城市的土壤和生态破坏就像环境污染一样已经达到了不可忽视的程度。首先,在采矿过程中,植被被破坏,大量不适合再生的表层土壤被挖出。采煤后发生了严重的地面沉降、裸露和荒漠化现象,地势较高的矿区也会造成水土流失和泥石流灾害。在这些破坏行为中,最为突出的是采煤后产生的地表沉陷,据统计,1949—2004 年,全国累计采煤塌陷面积已达 70 万 hm^2,涉及主要省区 17 个,因采空塌陷造成的经济损失,累计已超过 500 亿元。其中黑龙江的鸡西、鹤岗、双鸭山、七台河四大煤城脚下,现已形成近 500 km^2 的塌陷面积,直接影响30 多万居住人口的生存。采空塌陷会造成严重人员伤害和经济损失,如导致江河断流,泉水、地下水枯竭,土地干旱贫瘠,农业歉收,生态环境恶化。同时,高速公路、铁路、机场、西气东输、南水北调等重大工程以及城市建设因处理采空塌陷而增加建设难度,施工费用也相应大大增加。采空区的大小、分布与各地区煤炭的累计开采量成正比,山西、河南、河北、黑龙江、山东、辽宁、贵州、内蒙古等原煤产量占全国总量 80% 的 8 个省区,是我国煤炭采空区最集中的地区。

煤炭开采过程中会产生严重的生态影响:森林被砍伐、草原被破坏,地表裸露、涵养水源的能力下降,继而导致水土流失、土地沙化及荒漠化严重。从更广范围的气候循环角度上讲,植被破坏使区域内温度、湿度发生改变,导致早霜、春旱等不利于农作物生产的天气现象频发。湿地减少、绿化覆盖率降低、气候变化使一些动植物物种失去赖以生存的自然环境,濒临灭绝的境地。由于矿区和城市的生物多样性消失,原有的动植物群落平衡机制被打破,人与自然和谐共处被破坏,滋生新的细菌和疾病,威胁居民健康,农牧业的产量和稳定性也不断下降。煤炭城市通常缺水、干旱、生态脆弱,采矿造成的生态破坏比环境污染更持久,损失更难以弥补。相对来说,环境污染可能会减缓和修复,但生态破坏几乎是不可逆转的。因此,保护矿区环境和建设绿色矿山是矿山现代化进程中的关键环节,提高森林覆盖率和建设生态新城是煤炭资源型城市转型的重要目标。

（四）城市环保存在的问题

首先,煤炭资源型城市的经济增长取决于投资增长,这些城市固定资产的年平均投资超过平均水平,过高的增长率导致环境保护欠账过多。长期以来,国家对资源型城市的投资主要用于资源开发,维持简单的扩张和再生产,很少考虑生态植被系统的恢复和对生态污染的投资。结果,煤炭资源型城市的工业设备水平落后,环境管理处于"补旧债和还新账"的两难境地。其次,煤炭资源型城市具有单一的产业结构和高比重的重工业,工业发展具有严重的路径依赖,即延续高能耗、高污染的采掘和制造业。如果对其进行产业结构调整和环境保护转型,需要更多的资本和技术投资,这增加了煤炭资源型城市综合环境管理的难度。最后,体制不合理,难以管理。体制的公平性包括部门内各生产环节之间的纵向耦合、部门间的横向共生关系和外部协调共生关系。由于大多数大型企业隶属于中央政府和省级企业,属地政府在对这些企业行使环境管理职能时容易受到更高一级的干预,导致属地政府的环境管理"失败"。

城市绿地数量和空气质量是城市环境的最直观表现形式,本书收集了 2017 年、2021 年我国地市级煤炭资源型城市的建成区绿化覆盖率、工业 SO_2 排放量、工业烟（粉）尘排放量(t),如表 2-3 和图 2-3 所示。

表 2-3　2017 年和 2021 年中国地市级煤炭资源型城市生态指标

地区		2017 年			2021 年		
省（自治区）	城市	建成区绿化覆盖率/%	工业 SO_2 排放量/t	工业烟（粉）尘排放量/t	建成区绿化覆盖率/%	工业 SO_2 排放量/t	工业烟（粉）尘排放量/t
山西	大同	41.79	18 789	21 840	42.84	6 230	8 893
	朔州	42.50	19 379	13 199	43.70	4 203	20 697
	阳泉	41.75	46 605	2 306	43.57	4 056	1 202
	长治	46.70	26 548	28 602	46.70	8 515	11 053
	晋城	45.80	18 179	27 231	46.06	4 331	2 653
	太原	42.19	9 759	17 086	46.59	8 360	15 484
江苏	徐州	43.84	60 172	44 761	43.30	8 700	8 532
辽宁	抚顺	45.87	22 607	37 374	44.00	5 672	7 579
	阜新	41.14	37 437	10 455	43.44	4 212	3 538
四川	达州	24.80	17 140	14 803	41.00	12 831	11 822
	广元	37.12	4 251	3 519	41.69	1 541	2 872

表 2-3（续）

地区		2017 年			2021 年		
省（自治区）	城市	建成区绿化覆盖率/%	工业 SO₂ 排放量/t	工业烟（粉）尘排放量/t	建成区绿化覆盖率/%	工业 SO₂ 排放量/t	工业烟（粉）尘排放量/t
黑龙江	鹤岗	41.30	5 278	23 712	43.09	3 599	14 273
	七台河	43.87	8 669	8 062	46.17	2 647	1 802
	双鸭山	42.93	10 678	17 302	43.69	4 252	18 670
	鸡西	38.50	6 725	4 240	40.10	7 238	1 048
江西	萍乡	42.56	20 808	27 440	49.94	5 317	7 737
吉林	辽源	37.23	5 871	5 961	41.19	1 312	1 576
	白山	22.77	4 947	8 677	34.95	2 792	2 163
河北	唐山	40.79	119 808	246 436	43.53	44 097	48 473
	邯郸	44.71	58 914	71 523	45.62	29 582	16 427
安徽	淮南	44.74	29 316	12 568	39.03	11 362	2 416
	淮北	44.37	11 868	8 980	45.50	5 740	4 255
陕西	铜川	38.95	8 482	12 692	40.00	3 157	3 970
	榆林	39.10	60 125	36 623	38.12	26 052	19 154
	渭南市	38.72	95 547	9 655	41.08	9 319	108 602
云南	曲靖市	31.87	100 082	17 543	40.03	25 741	24 284
宁夏	石嘴山	41.20	48 073	72 084	44.65	26 211	35 700
贵州	六盘水	37.22	129 604	42 209	41.43	20 643	14 324
	毕节	32.28	82 558	—	40.54	25 526	—
山东	枣庄	42.08	12 729	8 271	43.09	2 692	5 176
	济宁	38.20	23 568	12 530	43.46	6 051	4 090
湖南	娄底	41.00	14 241	35 433	41.09	9 410	11 794
内蒙古	乌海	43.00	39 260	43 221	43.00	6 700	20 944
	赤峰	39.03	27 977	10 691	40.79	10 716	59 981
河南	平顶山	40.75	19 145	12 698	42.64	52 55	11 233
	焦作	40.54	11 648	4 362	42.99	3 731	2 582
	鹤壁	39.91	3 898	2 431	47.27	1 282	1 003

数据来源：2018 年和 2022 年《中国城市统计年鉴》。

观察表 2-3 和图 2-3 可知，从建成区绿化覆盖率来看，2017 年煤炭资源型城市建成区绿化覆盖率均高于 20％，其中达州、白山建成区绿化覆盖率低于国家标准（30％）。2021 年，所有城市建成区绿化覆盖率均达到国家标准。与 2017 年比，2021 年徐州、抚顺、淮南、榆林的建成区绿化覆盖率小幅度下降，大部分城市绿化覆盖率得到提升。

从工业 SO₂ 排放量看，与 2017 年比，2021 年所有煤炭资源型城市工业 SO₂ 排放量均减少。

从工业烟（粉）尘排放量看，与 2017 年比，2021 年大部分煤炭资源型城市排放量减少，仅有朔州、双鸭山、渭南、曲靖、赤峰等 5 个城市排放量仍在增加；其中，2017 年唐山的工业

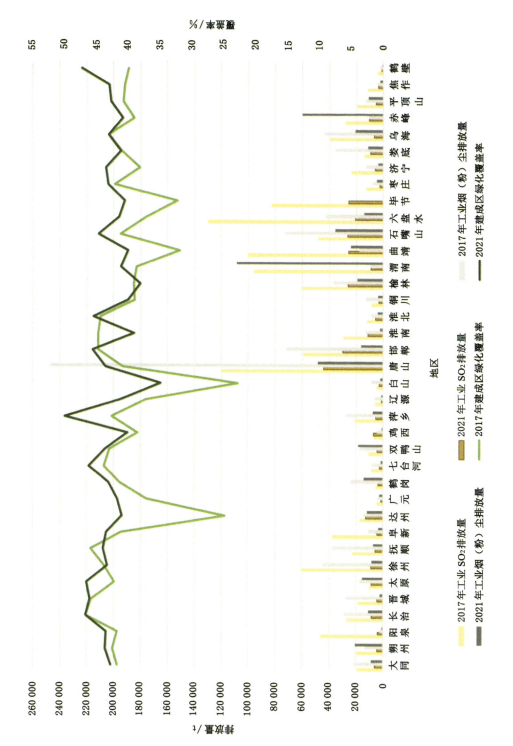

图 2-3 地市级煤炭资源型城市生态变化情况

烟(粉)尘排放最为严重(119 808 t),经过产业升级和环境治理后工业烟(粉)尘排放量大幅减少。结合前文的经济状况分析可见,煤炭资源型城市早期经济发展在很大程度上需要以损害生态环境作为代价。

综上可知,唐山、渭南、曲靖、六盘水、邯郸、石嘴山、毕节这7个城市的大气污染状况较为严重;2017年后我国大力开展生态文明建设,严格施行《中华人民共和国环境保护税法》《中华人民共和国大气污染防治法实施细则》等法律法规,推进清洁生产,城市的生态环境得到改善。

四、煤炭资源型城市产业空间形态概况

参考焦华富和杨显明的研究成果,构建耦合度和响应指数来反映煤炭资源型城市产业结构与空间形态之间的动态关系。计算公式如下:

$$L = 2 \times \frac{\sqrt{F_i \times F_s}}{F_i + F_s} \tag{2-1}$$

$$T = \alpha F_i + \beta F_s \tag{2-2}$$

$$H = \sqrt{l \times t} \tag{2-3}$$

$$\eta = \frac{dF_s}{dF_i} \times \frac{F_s}{F_i} \tag{2-4}$$

$$\mu = |\eta| \tag{2-5}$$

式中:H 为煤炭资源型城市产业结构与空间形态耦合度;L 代表产业结构与城市空间形态协调度;T 为产业结构与城市空间形态间的综合评价指数;F_i、F_s 分别代表煤炭资源型产业结构发展指数与城市空间形态指数;α、β 为待定系数,且满足 $\alpha + \beta = 1$,根据产业结构对城市空间形态的相互作用关系(即在耦合系统中的作用程度),分别设定 $\alpha = 0.85$、$\beta = 0.15$;η 为城市空间形态对产业结构演替的响应指数;$\frac{dF_s}{dF_i}$ 为产业结构演替对空间形态演化的导数;μ 为城市空间形态对产业结构演替的响应度。由于 $l \in (0,1]$,$t \in (0,1]$,城市 $H \in (0,1]$,并且其值越大,表明煤炭资源型城市产业结构系统与空间生态系统间的耦合程度越高;反之,则越低。μ 值越大,城市空间形态对产业结构演替的空间响应程度越高;反之,就越低。

基于构建的煤炭资源型城市产业结构和城市空间形态耦合评价指标体系及其权重表,选择中国37个典型煤炭资源型城市(中部地区城市13个、西部地区城市11个、东北地区城市9个、东部地区城市4个),测算其产业结构和城市空间形态的耦合度,计算得出37个煤炭资源型城市二者的协调度,结果见表2-4~表2-6。

表 2-4 煤炭资源型城市产业结构与城市空间形态的耦合度

城市	协调度(L)	综合评价指数(T)	耦合度(H)
大同	0.692 9	0.226 5	0.396 1
朔州	0.693 5	0.232 5	0.401 5
阳泉	0.652 6	0.234 5	0.391 2
长治	0.675 9	0.222 4	0.387 7

表 2-4(续)

城市	协调度(L)	综合评价指数(T)	耦合度(H)
晋城	0.686 9	0.247 9	0.412 7
太原	0.761 4	0.239 4	0.427 0
徐州	0.834 0	0.247 0	0.453 9
抚顺	0.662 2	0.195 6	0.359 9
阜新	0.582 8	0.420 4	0.495 0
达州	0.951 4	0.264 2	0.501 4
广元	0.081 5	0.255 0	0.144 2
鹤岗	0.611 2	0.259 2	0.398 0
七台河	0.566 0	0.239 4	0.368 1
双鸭山	0.532 3	0.267 7	0.377 5
鸡西	0.584 7	0.257 8	0.388 3
萍乡	0.584 9	0.255 6	0.386 6
辽源	0.624 3	0.242 9	0.389 5
白山	0.727 6	0.249 2	0.425 8
唐山	0.719 1	0.244 8	0.419 6
邯郸	0.666 9	0.262 9	0.418 7
淮南	0.701 2	0.248 6	0.417 5
淮北	0.820 3	0.236 3	0.440 3
铜川	0.628 2	0.243 3	0.390 9
榆林	0.568 7	0.217 3	0.351 5
渭南	0.787 0	0.268 7	0.459 9
曲靖	0.484 1	0.317 8	0.392 3
石嘴山	0.705 0	0.249 6	0.419 5
六盘水	0.611 3	0.287 7	0.419 4
毕节	0.620 9	0.169 5	0.324 4
枣庄	0.714 9	0.244 0	0.417 7
济宁	0.910 4	0.261 7	0.488 1
娄底	0.633 6	0.255 4	0.402 3
乌海	0.684 7	0.239 4	0.404 9
赤峰	0.697 7	0.248 5	0.416 4
平顶山	0.672 3	0.245 6	0.406 4
焦作	0.777 6	0.229 7	0.422 7
鹤壁	0.784 0	0.223 2	0.418 4

根据协调水平及等级的分布情况,协调度 L 可具体划分为失调($0<L\leqslant0.4$)、低度协调($0.4<L\leqslant0.6$)、中度协调($0.6<L\leqslant0.8$)、良好协调($0.8<L\leqslant1$)四个等级,耦合度 H 可具体划分为勉强耦合($0<H\leqslant0.3$)、低度耦合($0.3<H\leqslant0.5$)、中度耦合($0.5<H\leqslant0.8$)、高度耦合($0.8<H\leqslant1$)四个等级。接下来就计算出来的 37 个城市的协调度和耦合度进行等级的划分。

表 2-5　煤炭资源型城市产业结构与城市空间形态的协调度划分及对应城市

协调度水平(L)	城市
失调($0<L\leqslant0.4$)	广元
低度协调($0.4<L\leqslant0.6$)	阜新、七台河、双鸭山、鸡西、萍乡、榆林、曲靖
中度协调($0.6<L\leqslant0.8$)	大同、朔州、阳泉、长治、晋城、太原、抚顺、鹤岗、辽源、白山、唐山、邯郸、淮南、铜川、渭南、石嘴山、六盘水、毕节、枣庄、娄底、乌海、赤峰、平顶山、焦作、鹤壁
良好协调($0.8<L\leqslant1$)	徐州、达州、淮北、济宁

表 2-6　煤炭资源型城市产业结构与空间形态的耦合度划分及对应城市

耦合度水平(H)	城市
勉强耦合($0<H\leqslant0.3$)	广元
低度耦合($0.3<H\leqslant0.4$)	大同、阳泉、长治、抚顺、鹤岗、七台河、双鸭山、鸡西、萍乡、辽源、铜川、榆林、曲靖、毕节
中度耦合($0.4<H\leqslant0.5$)	朔州、晋城、太原、徐州、阜新、白山、唐山、邯郸、淮南、淮北、渭南、石嘴山、六盘水、枣庄、济宁、娄底、乌海、赤峰、平顶山、焦作、鹤壁
高度耦合($0.5<H\leqslant1$)	达州

由表 2-4 和表 2-5 可知,处于失调水平的城市共 1 个,为广元;处于低度协调水平的城市共 7 个,分别为阜新、七台河、双鸭山、鸡西、萍乡、榆林、曲靖;处于中度协调水平的城市共 25 个,分别为大同、朔州、阳泉、长治、晋城、太原、抚顺、鹤岗、辽源、白山、唐山、邯郸、淮南、铜川、渭南、石嘴山、六盘水、毕节、枣庄、娄底、乌海、赤峰、平顶山、焦作、鹤壁;处于良好协调水平的城市共 4 个,分别为徐州、达州、淮北、济宁。其中,达州协调度水平最高,达到 0.951 4,曲靖协调度水平最低,为 0.484 1。

由表 2-4 和表 2-6 可知,处于勉强耦合的城市只有广元市;处于低度耦合的城市共 14 个,分别为大同、阳泉、长治、抚顺、鹤岗、七台河、双鸭山、鸡西、萍乡、辽源、铜川、榆林、曲靖、毕节;处于中度耦合的城市共 21 个,分别为朔州、晋城、太原、徐州、阜新、白山、唐山、邯郸、淮南、淮北、渭南、石嘴山、六盘水、枣庄、济宁、娄底、乌海、赤峰、平顶山、焦作、鹤壁;处于高度耦合的城市只有达州。其中,达州耦合度水平最高,达到 0.501 4;广元协调度水平最低,仅为 0.144 2。

经过上述协调度和耦合度的分析可知,煤炭资源型城市的产业结构和城市空间形态之间存在着相互作用关系,但相较于非资源型城市来讲,产业结构对城市空间影响程度还相对较弱。这主要是因为,煤炭资源型城市在煤炭产业发展过程中,与城市建成区之间的空间关系逐渐分离。

第三节　煤炭资源型城市的转型困境

一、煤炭资源型城市转型的技术困境

（一）产业结构调整

1. 特点

（1）产业结构调整失序。从世界各国的发展经验来看,区域经济的持续增长竞争力的提升与产业结构的不断演替密不可分。产业结构演替规律与城市化进程相匹配:前期是第一产业的大幅提升,中期是第二产业的发展壮大,最终带动第三产业的迅速发展。非资源型城市的产业结构演替均符合这一规律,但就多数包括煤炭资源型城市在内的资源型城市来讲,三次产业结构演替并不符合一般规律,具体表现为第一产业相对较为薄弱,第二产业的发展过于快速,第一产业向第二产业转型演化时间较短,相较于非资源型城市大大被压缩。煤炭资源型城市是依托煤炭资源开采而兴起和发展起来的,按照系统论的观点,煤炭资源型城市的核心产业是采矿及其加工产业,其他产业依附核心产业形成城市完整的产业体系。具体来说,是以煤炭开采及其产品初加工为主导产业,以交通运输、机械制造、电力、化工等相关产业为延伸产业,以政府、中介组织等为支撑产业的完备产业结构系统。各产业之间相互联系、彼此影响,构成了包括主体系统、延伸系统和支撑系统的煤炭资源型城市产业结构系统。

（2）就业结构长期固化。从就业结构来看,非资源型城市第一产业的就业比重最大,此后逐步向第二和第三产业部门转移,并呈现为线性降低趋势;但包括煤炭资源型城市在内的资源型城市并不完全符合该规律。在开采煤炭资源之后,煤炭资源型城市短期内就会出现第二产业从业人员比例的快速提升,而且这段时期将会维持较长时间,一般到衰退期才会实现从业人口人数的逐渐下降并向第三产业转移。对于煤炭资源型城市来讲,从业人员比重还会实现由煤炭采掘、纺织、电力、化工四大部门逐步向现代制造行业、建筑行业以及第三产业的批发零售业、交通运输行业的转移。中国的煤炭资源型城市因长期受到计划经济体制的影响,导致行业部门结构、就业结构长期相对固化,市场经济规律对产业结构的影响微乎其微。

（3）部门演替周期失衡。从工业部门的演化过程看,煤炭资源型城市产业结构演化过程一般以采掘业为基础,布局煤炭洗选、冶炼行业,随后引进电力、化学工业部门,同时配套纺织、机械制造行业,最后则将精细化工、建材加工、新材料、生物制药等作为接续替代产业进行培育,形成以资源型产业为基础、现代制造业为主体、高新技术产业和现代物流业为辅助的产业结构体系。中国煤炭资源型城市产业结构演替没有这种明显的生命周期规律,受计划经济体制的影响,中国的煤炭资源型城市在20世纪的产业结构具有较高的相似性,没有明显的差异性。

2. 问题

由于受到较长时间体制制约的影响,大多数煤炭资源型城市都以煤炭资源产业为支撑基础,同时在城市化、新型工业化的背景下,几乎所有的煤炭资源型城市都以承接产业为其接续替代产业,存在转型模式相似、产业结构差异性较小的特征。煤炭资源型城市产业结

构特殊,主导产业单一,煤炭行业为主导产业,并且以煤炭产业为核心产业群占据的份额过多,第一产业和第三产业发展缓慢,产业过于单一化,产业结构存在着严重失衡问题。并且,我国大多数煤炭资源型城市煤炭产业的产业链条还不够深,一般仍旧以未被加工的煤作为最终产品,产品附加价值低,获得的经济效益也不够理想。具体而言,煤炭资源型城市产业结构仍旧存在如下问题:

(1) 从整个城市产业来看,整体产业结构单一,产业比例不均衡。第一和第三产业比重过低,第二产业比重过高,是所有煤炭资源型城市普遍存在的问题。煤炭资源型城市经济发展的主要动力是依托煤炭开采而形成的产业,所以,一直以来以煤炭开采为主的第二产业始终在产业结构中占支配地位。在第二产业内部,煤炭采掘业以及煤产品加工业所占比例过大,占产业比重第二位的是与煤炭采掘和加工相关的产业,比如电力、建材、化工等。如此导致煤炭资源型城市过度依赖于重工业,而轻工业比重过小,新型产业所占比重更是微乎其微,在科技创新作为生产力的未来,煤炭资源型城市存在明显的劣势。

(2) 就主导产业来看,煤炭资源型城市的主导产业过于单一。煤炭采掘业以及煤产品加工业是煤炭资源型城市的主导产业,经济发展完全依赖于主导产业。同时,由于煤炭开采业及加工这类重工业产业链需要投入极大的人力、物力、财力,对其他产业造成严重挤占。煤炭产业的"挤出效应"使其他产业发展缓慢,更难以形成新的主导产业。同时,煤炭产业链短而散,与其他产业关联度低。煤炭资源型城市过于依赖煤炭行业,一旦煤炭行业效益低,整个城市将面临衰落的困境。

(3) 从产业结构的稳定性来看,煤炭产业虽然整体稳定,但是由于其资源产业建设周期长、占用资金多、固定资产投入大,造成产业结构转化能力差。在经济形势变化和新技术革命面前,由于其应变性、适应性差,产业发展具有较大的惯性,一旦主导产业面临挑战,整个行业就会出现多米诺骨牌效应,甚至造成整个行业的"坍塌"。

(4) 从产业前景来看,煤炭产业面临着极大的挑战。目前,全世界都在大力发展新型能源、清洁能源、高效能源,并且效果已经初现。虽然现在煤炭仍旧是我国能源的支柱,但是在将来很有可能被取代。所以,就产业的前景来看,煤炭产业只能满足现在,而城市发展应该着眼于未来,以至于在煤炭行业衰落时能够保证城市正常发展。

(5) 从产业间协调发展来看,煤炭资源型城市的支柱产业过度依赖劳动力和资本,而技术含量低,同时由于煤炭行业相对稳定,会吸引大量人力涌入,造成"惰性引导",从而降低企业和城市的创新性。缺乏专业化分工协作企业集团,这种产业组织状况不利于产业链的延长,同时阻碍了企业间的合理竞争。

煤炭资源型城市要做好转型,首先必须实现产业结构的转变。现阶段煤炭产业仍旧是能源支柱产业,同时,煤炭产业的下游产业,如材料、化学、电力等产业仍旧拥有一定的发展前景。煤炭不仅仅可作为能源,在其他方面也拥有极大的利用价值。所以,煤炭资源型城市做好产业链的延伸,将煤炭产业的价值充分发挥,提高能源和资源的利用效率,会极大增强经济活力,促进经济发展。而今,大多数煤炭资源型城市的产业链条在纵向上还很浅,在横向上没有延伸。产业链的拓展和延伸,需要投入极大的技术创新。其次是培育新型产业。随着不断开采,煤炭资源必然会陷入枯竭,而煤炭资源产业也会相应进入衰退阶段,对资源型城市而言,产业一旦衰退则必然会涉及产业退出问题。在做好产业链延伸的同时,还要培养新型产业,用以接续城市的发展。做好衰退产业退出和新型产业的引入,不但需要政府资金的支持,还需要引入创新性技术和人才、建立援助机制和保障体系等,无论对技术还是管理方面都是一项极大的挑战。

（二）城市生态修复

生态环境的恶化是煤炭资源型城市进行产业转型过程中的又一重要难题。煤炭在开采过程中会造成诸多的环境问题。例如:① 煤炭开采、加工生产过程中产生大量的废渣会对土壤构成严重的污染,煤炭燃烧产生的废气会造成大气污染,煤炭采掘和处理产生的废水会污染地下水、湖泊;② 大面积的煤炭开采会导致大规模的地表沉陷,地表沉陷最直接的影响是当地的景观遭到破坏、土地难以利用,此外,沉陷的地表造成周边道路、建筑开裂,地表积水,地下水位变化等一系列的间接问题;③ 煤炭开采和加工会占用和破坏大量土地,引发土地退化,造成绿色植被面积大幅度减少;④ 煤炭开采会产生大量的煤矸石,煤矸石的堆放会占用大片的土地,造成土地资源的浪费,同时,煤矸石极易自燃,成为严重的安全隐患。煤炭资源型城市生态环境的污染与破坏,会直接影响煤炭资源型城市的各个方面,成为城市产业转型和可持续发展的重要约束。因此,煤炭资源型城市要实现产业转型的成功,必须提升环境保护和优化能力,加强对城市生态环境恢复和环境保护的力度;否则,将致使原系统退化、瓦解,严重阻碍产业转型的开展。

城市生态修复在理论层面已经取得了诸多成果,但是在实践应用层面还比较欠缺,目前三亚、徐州等城市积累了一些比较成功的案例,但是整体上全国对生态修复经验丰富的城市还比较少,尤其是煤炭资源型城市,目前大多数煤炭资源型城市仍旧面临着较为严重的生态环境问题。生态环境决定着人类的居住条件,影响居民的身体健康和幸福指数,在环境、健康问题日益受到重视的今天,一个城市的生态环境成为人们考虑去留的一个重要因素,无疑深刻地影响着一个城市的活力。

城市生态修复是十分复杂的工程。它涉及环境学、生态学、植物学、城乡规划学、经济学、社会学等诸多学科,无论是初期修复方案的制订,还是中期的工程实施,抑或是最终修复效果的评价,都需要进行严格的科学论证、实地验证。在技术上,有很多方面仍需要进行突破,尤其是矿区生态修复。实践证明,矿产资源开采难,矿区修复则是更难的一项工程。矿区修复是一项复杂的系统工程,需要调动大量的人力、物力和财力参与修复,即便如此,有些损害仍然无法弥补。例如,采煤导致的地表呈现不可能完全填补,一些珍稀物种在煤炭开采过程中的灭绝也无法恢复。

（三）科学技术创新

21世纪以来科学技术出现了新的飞跃,"互联网经济""5G""生物科技"等已经成为这个时代的代名词。知识带来了空前的经济效益,各个领域的科学技术都与时代碰撞出新的火花。不同于资本、劳动力等要素对经济增长的作用,科学技术对经济增长除了加速作用外,还有放大效应或超前效应。科学技术是一个城市的发展动力源泉,一个城市科学技术力量的大小、科技创新能力的强弱,决定着这座城市能否快速持续发展。对于煤炭资源型城市而言,必须通过科学创新与技术应用,来促进煤炭资源型城市经济的发展,最终实现煤炭资源型城市成功转型。先进的科学技术是煤炭资源型城市成功转型的最根本条件,技术创新能够为煤炭资源型城市带来更为先进的生产技术和管理手段,对城市的经济发展、资源环境产生正向的推动作用,进而促进煤炭资源型城市的不断进步与发展。

产业技术水平的高低取决于技术创新,产业技术水平在技术创新中实现新老更替。对煤炭资源型城市而言,产业转型要求原有煤炭产业的延伸和全新产业的形成。煤炭产业链的纵向延伸和横向拓展离不开技术创新,在实现煤炭资源的精深加工、提高煤炭资源利用效率、提高产品转换率上,技术创新是最根本的途径;新产业,尤其高新技术产业的形成与发展更需要新的技术与产业资源。因此,技术创新,尤其产业技术创新是煤炭资源型城市产业转型取得成功的重要因素。

技术创新对创新主体、创新资源、创新环境等都有一定的要求。下面针对以上几个方面对煤炭资源型城市一一展开分析。

(1)创新主体。城市创新系统的主体主要包括政府、企业、高校和科研机构以及中介服务机构。在煤炭资源型城市中,绝大多数煤炭企业都为国有企业,政府和企业直接联系密切、融为一体,但同时,"路径依赖"也是二者的通病,重工业的暂时稳定成为政府和国有企业的温床,难以孕育新兴事物。对于高校和科研机构来说,全国所有煤炭资源型城市的高校无论是在数量还是在质量上均处于较低水平,区域缺乏大量创新人才。就中介服务机构来看,现阶段煤炭资源型城市的中介服务机构市场较小,仍需要长足的发展。

(2)创新资源。城市创新资源一般包括人力资源、财力资源、技术资源等。煤炭资源型城市的创新资源相对较差。就人力资源来看,煤炭资源型城市高级知识型人才较少,城市缺乏人才吸引力。就财力资源来看,煤炭资源型城市的财力资源配置存在严重的不均衡,财力集中配置在煤炭相关产业,第二产业占用资源过多,对第三产业资产造成严重挤占。就技术资源来看,煤炭资源型城市产业间的不均衡造成城市管理技术、营销技术、服务技术发展水平较低。

(3)创新环境。城市创新环境可分为经济环境、文化环境、政策环境、基础设施环境、生态环境5个方面。煤炭资源型城市经济水平持续走低,伴随消费市场萎缩和产业衰退,城市吸引力下降,人才外流,城市缺乏创新氛围和创新知识,城市经济和文化环境较差。但是近年来,煤炭资源型城市转型受到政界的持续关注,国家在政策支持和基础设施建设上做了大量工作,煤炭资源型城市的生态环境出现了一定好转,但仍有很大的进步空间。

二、煤炭资源型城市转型的制度困境

(一)产权问题方面

习近平总书记指出:"我国生态环境保护中存在的一些突出问题,一定程度上与体制不健全有关,原因之一是全民所有自然资源资产的所有权人不到位,所有权人权益不落实。"[①]煤炭资源型城市存在诸多突出问题,如矿业开发秩序乱、矿产资源开发利用粗放、环境污染、资源浪费等。这些问题的存在与矿产资源产权制度安排不科学、不完善有密切关系。当前我国煤炭资源型城市产权制度主要存在以下问题:

1.矿产资源国家所有权主体虚化,产权不明晰

依据我国宪法和法律规定,矿产资源为全民所有,具体体现为国家所有。但现实中矿产资源国家所有权模糊,国家所有权难落实,存在"产权虚置"的现象。在法律上,国务院代表国家行使所有权,但实际上地方政府很大程度上主导着矿产资源开发,成为实际行使矿

---

① 中共中央文献研究室:《习近平关于社会主义生态文明建设论述摘编》,中央文献出版社2017年版,第102页。

产资源所有权的人。由于国家所有权落实不到位,中央与各级地方政府之间利益博弈激烈,责权利划分不清。同时,矿产资源产权代理不明确,资源配置效率不高。矿业权一级市场由政府垄断,进行"分类分级管理""以政代权",二级市场流转受限,导致寻租交易、隐形交易等问题时有发生,从而导致产权的激励约束等基本功能难以发挥,降低了资源配置效率,矿业权市场交易成本上升。

2. 财产权与行政权关系混淆,行政权力过度使用

在我国,探矿权、采矿权是行政许可与财产权的复合体,具有双重属性,是"权证合一"。行政权力属于公权(公共事务)的范畴,所有权则更多的是私权(财产权)的范畴,前者追求的是公共利益最大化,后者的目标是所有权权益最大化,两者管理的目标不尽一致。在矿产资源领域,行政权相对强势,财产权显得相对不足。如果行政权强于财产权,就会出现政府官员利用行政权力侵害财产权利的事情,矿业的财产权利很难得到保障。公权容易侵犯私权,往往还容易导致寻租腐败等问题的发生。

3. 税费制度没有完全体现矿产资源产权经济关系

在我国,国家所有权实现方式主要是资源补偿费和资源税。目前来看,矿产资源税费调节和再分配功能体现较差,尤其是直接体现国家所有权收益的资源补偿费费率过低、过死。此外,在实践中我国经常会出现所有者权益和投资者权益混淆的情况。

4. 矿产资源产权与相邻产权权利冲突尖锐

我国法规对矿产资源产权与土地产权的关系、环境产权、社区利益等制度安排比较模糊。在矿产资源开发利用过程中,地矿矛盾日益突出,生态环境破坏严重,矿区居民得不到应有的补偿。其中,矿业权与土地权利之间的矛盾最为明显。在我国,地表或者地下的矿产资源归国家所有,不因其依附的土地所有权或者使用权的不同而改变。矿业权的取得,无须以取得土地所有权为条件。然而采掘煤炭必然要对地表产生影响,使土地所有权人蒙受损失。这种忽视土地所有者或使用权人权益的制度安排,使得矿业权人与土地权利人之间的现实冲突愈演愈烈。

(二)社会保障制度方面

传统煤炭资源型城市的动力源就是矿产资源,矿产资源一经枯竭,就表现为下岗人员增多、再就业压力巨大、贫困发生严重。我国的煤炭资源型城市,尤其是煤炭枯竭型城市的社会保障制度遭到了严重扭曲。煤炭企业职工养老、医疗等社会保障问题突出。国家加强生态文明建设,关闭了一批枯竭型矿山和小型矿山,煤炭资源型城市的主导产业受到了严重的打击,加之煤炭国际市场的冲击,众多煤炭企业走向萧条、破产,导致煤炭资源型城市就业率下降,下岗职工增多,工资降低,职工的养老、医疗、工伤等得不到保障,城市面临重重困境,城市社会保障制度问题凸显。具体而言,煤炭资源型城市的社会保障制度存在如下问题:

1. 社会保障的范围窄、规模小

归根结底,社会保障水平取决于经济发展水平。经济发展水平越高,社会保障制度在实施中得到国家、企业和个人的经济支持就越多,保障范围就越广、规模就越大。经济发展滞后、财政状况不良,社会保障的范围与规模就会相对窄小。从宏观上来看,我国由于经济还不够发达,社会保障水平整体较低。从煤炭资源型城市来看,煤炭企业受到整个行业衰退和资源枯竭的影响,经济效益不佳,导致政府财政收入偏低,社会保障基金的收缴艰难、

欠缴普遍,导致难以建立良好的规模大、范围广、福利水平高的社会保障体系。同时,城市社会保障体系惠及范围局限于国家机关工作人员、国有企业和城镇集体企业职工,私营企业、个体经营者受到的保障较差,对创新产业的形成也起到了一定的阻碍作用。

2.社会保障结构层次低、欠完整

就社会保障的结构来看,现阶段煤炭资源型城市的社会保障水平还处于一个较低的层次。现阶段的政府大多只能提供较低水平的养老、疾病等方面的保障,对于失业、生育等方面的保障比较欠缺,还未形成一个完整的社会保障体系。一个层次高、完整的社会保障体系应该对养老、疾病、残疾、失业、生育等一般性风险都予以全面保障。但是由于我国整体经济发展水平低,煤炭资源型城市大多处于我国城市经济发展水平的中下游,经济能力有限、财政收入偏低,政府只能立足最基本的社会保险和救助,实施最基本的社会福利与救助项目。

3.当前煤炭资源型城市社会保障制度成为其转型阻碍

煤炭资源型城市在转型过程中关键要解决生存问题与发展问题。具体而言就是保障下岗失业人口的基本生活与转移下岗失业人口。但是现行社会保障制度阻碍了劳动力的转移。煤炭资源型城市实现劳动力转移有多种途径:通过发展第一产业、第三产业吸纳劳动力,通过下岗职工自主创业转移分流劳动力,通过鼓励创办小型企业吸纳劳动力。然而,最低生活保障制度对人们的要求是"或者领取低保,或者去就业",这实质上阻止了一部分有就业愿望和就业能力的人进入劳动力市场。政府推出的再就业服务政策为下岗者提供的工作极少,通过再就业中心实现就业的寥寥无几。地方政府在财政困难的情况下无力为下岗失业者提供职业培训,职工再就业极其困难。

三、煤炭资源型城市转型的管理困境

（一）地矿冲突

土地资源和煤炭能源的空间分布和供需矛盾本来就十分突出,再将土地和煤炭两种资源（能源）叠加到统一立体空间（地上和地下）形成共振效应,会进一步激化其冲突和矛盾。因为煤炭资源开采不可避免地损毁或占用土地资源,并引发一系列社会、经济与生态环境问题。据测算,1987—2020年煤炭生产损毁土地2 700.12万亩,待复垦面积为2 107.59万亩,复垦潜力巨大,矿区土地复垦与生态重建已经成为国家生态文明建设和国土综合整治的重要任务之一。另外,根据国家大型煤炭基地建设规划,14个大型煤炭基地广泛分布在晋陕蒙、两淮、云贵、新疆等地,矿区自然地理条件和煤炭赋存条件差异较大,煤炭开采对矿区城镇建设和生态破坏具有地域、地质分异性。在一些矿区生态监测实践中,常观测到不同的生态效应,如在高潜水位矿区,观测到强烈的土地覆盖变化;在西北荒漠矿区,只观测到地下水位下降,却并没有观测到植被覆盖的大面积变化。由此可见,煤炭开采对土地利用与城市建设产生了较强烈的负面影响,并引起地表沉陷、积水、村庄搬迁,加剧地矿冲突和矛盾。

就宏观地矿冲突现状而言,中国煤矿能源开采引起的地矿冲突呈现区域分异特点。西北地区,煤炭地下井工开采主要引起地表沉陷,进而引发地裂缝和裂纹、水土流失,而露天煤矿开采过程中的土地挖损和压占以及煤矸石自燃等土地破坏和生态环境问题十分突出。东部地区,地下煤炭开采主要引发地面下沉积水、耕地损毁较为普遍、村镇和城市建设破坏

以及城镇化建设过程中的煤炭资源压覆等问题较为严重。南部地区,煤炭开采引发的滑坡和泥石流及地下水流失等问题十分突出。

具体而言,地矿冲突突出表现在以下几个方面。

1. 煤炭压覆问题

经济发展离不开能源的支持,中国是典型的以煤炭资源为主要能源的国家,煤炭分别占我国一次能源生产总量和消费总量的76%和69%。并且国有重点煤矿压煤总量约138×10^8 t,其中建筑物下压煤近90亿 t。随着城市建设规模不断扩大,实际压煤量必将高于这一数字。以山东、安徽两省为例,两省被城市建设压覆的煤炭资源量分别占资源储量的20.4%和28.1%。河南煤炭保有储量中的可采部分不足90亿 t,其中被压覆的已经占到30%~40%。如果加上村庄、水体、公路、铁路压煤等历史遗留问题,全部被压覆的资源量占资源储量的比例已经超过40%。从单座城市或矿井来看,城市建设对资源压覆的情况更为严重,如山东某市压覆的煤炭资源已经占到可采储量的46.3%,河北某煤炭企业被压覆的资源量占可采储量的77%,安徽两淮矿区被压覆资源总量占资源储量的70%。另外,煤炭压覆区为城市地区时,一方面城市发展限制资源开采,城市扩张导致的煤炭压覆问题既浪费了国家宝贵的煤炭资源,使资源型城市提前进入衰退期,也不利于城市接续产业的培育;另一方面资源开采限制城市发展,煤炭资源开发利用引起的地面沉陷、滑坡、矿震、固体废弃物污染、水和大气污染等,给城市带来了大量的公共安全和环境问题;再者城市多年建设形成的大量基础设施和公共服务设施使用期限大幅缩短或报废,给城市和居民带来巨大的经济损失。煤炭压覆区为农村地区时,采煤造成的地表塌陷和煤矸石堆放是耕地损失的原因之一,另外矿区附近大面积土地塌陷引起的房屋开裂、村庄搬迁和人口迁移等一系列问题已经成为煤炭压覆区重要的社会问题。

2. 土地损害问题

大规模开采煤炭造成煤炭资源型城市土地塌陷,地表扰动还诱发山体滑坡、崩塌和泥石流等严重的地质灾害。据测算,新中国成立后因矿产资源开发等生产建设活动,挖损、塌陷、占压等人为因素造成的破坏废弃土地达 $1.33×10^7$ hm²,约占全国耕地的10%以上。对于井工开采,每采 $1×10^4$ t煤炭就有 0.01~0.29 hm² 的土地塌陷;对于露天开采,平均每采 $1×10^4$ t煤破坏土地 0.22 hm²。另外,井工开采造成采空区地面塌陷等地质灾害,降低了林地的涵养水源、调节气候等生态功能,影响土地耕作和植被生长,减少土地利用率,加剧水土流失,引发土地沙漠化。据测算,平均每生产1亿 t煤炭资源将造成水土流失影响面积为245 km²,由此可见煤炭开发利用对土地损毁不容忽视。

3. 失地农民问题

资源开采对农村劳动力转移、农业发展、农民增收产生很大影响,生态环境负效应导致矿区农民利益受损,资源收益争夺使得矿企、农民及政府矛盾不断,因而矿区的"三农"问题尤为突出。资源开采的过程反映的矛盾主要包括土地和矿产资源开发的矛盾、土地和农民的矛盾、矿产资源开发与农民的矛盾以及企业、农民和政府三者之间的矛盾,且农民是相对弱势群体。在矿区土地征用过程中,必然伴随着大量的农民集体所有土地转变为国有土地的行为,在矿区征迁过程中,形成一个新的群体——矿区失地农民,即原先拥有耕地并以其为主要生活来源,后来因矿区生产等而导致土地塌陷,原有耕地数量减少、质量降低和房屋搬迁的农民。对农民而言,失去土地就意味着失去了重要的收入来源,同时也意味着失去了重要的生活保障。据统计,一般生产 $1\,000\times10^4$ t 煤炭需迁移大约 $2\,000$ 人。

（二）生态环境冲突

1. 土壤污染问题

煤炭城市矿产资源在开发利用的过程中改变了矿区生态系统的物质循环和能量流动,造成了严重的生态污染和环境破坏。其中,煤炭城市矿区土壤重金属污染是最为严重的问题之一,中国矿区的生态环境当前面临着巨大挑战。据有关报道,中国有大约 $300\times10^4\ \text{hm}^2$ 的土地因矿业开发而受到污染,每年有 $3.3\times10^4\ \text{hm}^2$ 之多的土地面积因为采矿而废弃。导致矿区土壤重金属污染主要有两大原因:一是在煤炭开采、加工和消费过程中产生大量的固体废弃物,例如煤矸石、粉煤灰等,煤矸石每年的排放量相当于当年煤炭产量的 10% 左右,这些固体废弃物中的重金属通过降雨、风化、淋滤等自然作用进入土壤,造成对土壤的污染;二是矿山开采和洗选煤矿过程中排放出的废水中含有大量高浓度的重金属离子,直接排放到土壤中造成了严重的重金属污染,直接或间接地破坏着周围的生态环境。土壤重金属污染具有隐蔽性、长期性和不可逆转性,并且难以被微生物分解,加之土壤对重金属元素有明显的富集和运移作用,导致重金属很容易在土壤中富集,并长期残存在土壤环境中。矿区土壤中重金属的存在不仅造成土壤质量下降、生态系统破坏,更会通过接触、食物链等途径污染农产品,间接威胁人体健康。

2. 水污染问题

从矿山开采对水资源环境的影响方面来看:水污染是矿山普遍存在的环境问题。矿山的采掘生产活动同其他生产活动一样,需排放各类废弃物,如矿坑水、废石及尾矿等,由于这些废弃物的不合理排放、堆存,对矿区及其周围水环境构成了不同程度的污染危害。水污染问题主要表现在煤炭开采阶段的水污染和损耗及运输阶段的水污染两方面。煤炭的开采使地下水位大幅度降低,地面水系枯竭。井工矿和露天矿坑抽排的大量地下水,不但导致大面积区域性地下水位下降,破坏矿区水均衡系统,使原来用井泉或地下水作为工农业供水的厂矿、村庄和城镇发生水荒,土地贫瘠,植被退化,加上矿区地表塌陷破坏植被及矿山辅助工程设施的建设,加剧了矿区水土流失。据调查,在全国重点煤矿区中,缺水矿区占 71%,其中严重缺水的占 40%。水资源的破坏在我国煤炭主要产区的山西、陕西和内蒙古西部尤其严重,对这些地区的生态条件造成不可逆转的破坏性损失。煤矿排放的废水污水、煤矸石的堆放经雨淋后的废液渗入地下水系,以及洗煤废水的排放,对水体的污染情况相当严重。一般洗选 1 t 原煤用水 $4\sim5\ \text{m}^3$,这些洗选煤水含有大量的煤泥、泥沙等悬浮物以及大量甲醛和有害重金属,而每年煤炭加工排出选煤废水达 $4\,000\times10^4$ t。另外,矿井水中含盐量和硫酸盐含量大大超过农灌水标准,但一般均被农民引灌,造成土壤板结,破坏农业生态。煤炭运输阶段的水污染主要表现在:露天储煤场煤炭装卸时所用的降尘洒水、煤堆自燃时灭火用的洒水、洗胶带等冲洗用水等未做处理排入江湖河海,也对水体造成污染。堆煤场的淋溶水中含有大量煤粉和各种有毒有害元素,严重污染水环境。

3. 植被破坏及大气污染问题

煤炭资源型城市尤其是煤矿区是受人类剧烈的开采活动干扰而形成的脆弱生态系统,势必会增加矿区生态环境负担,使得生态环境不断恶化,进而严重破坏矿区景观生态系统。煤矿区景观受煤炭开采活动的影响,景观中的稳定成分(如植被)与不稳定成分(如土壤)均遭到严重的破坏。一般来说,煤矿开采后煤矿区景观破碎度上升,斑块形状复杂化,景观异质性降低,植被生物量减少。露天开采直接造成矿区动植物毁灭性的破坏,而井工开采对植被的影响主要表现在两方面:一是地面建设造成的直接破坏,二是煤矿开采造成地表塌陷从而破坏植被。另外,在矿山生产中,氧化、风蚀作用可使废石堆场、尾矿库成为一个周期性的尘暴源,此外主要尘源还有矿石破碎、筛分和选矿等工序。对于煤矿区,煤矸石山自燃会产生大量的烟尘以及 SO_2、NO_2、CO_2、CO 等有毒有害气体,严重污染矿区及周边的大气环境,还会造成矿区附近树草枯萎、农作物减产,对于植物的生长有严重的甚至是灭绝性的毁坏。

（三）人才及就业问题

推进产业结构战略性调整,煤炭资源型城市必须拥有资金、技术、土地、人才等要素。产业结构战略调整的根本在人,煤炭资源型城市转型的规划设计、组织实施都需要各种各样的人才。

（1）人才是资金的筹措者、配置者和运作者。推进煤炭资源型城市转型首先要解决资金问题。主要包括筹措资金、配置资金和使用资金三个环节,在每个环节,人才都发挥着主导作用。首先,人才是资金的筹措者。煤炭资源型城市转型过程中需要大量的资金,筹措到足够的资金不但需要国家的财政政策支持,更需要优秀的人才来引进投资。煤炭资源型城市需要人才通过招商引资解决资金不足问题。其次,人才是资金的配置者。在引进大量的资金之后,合理地配置资金、提高资金的使用效率,需要专业人士进行统筹规划。煤炭资源型城市转型过程涉及多个环节,每个环节都需要一定的资金支持,有限的资金用到重点领域和关键环节才能实现资金使用效率最大化。资金微观运用和宏观配置同样重要,各个岗位的人才充分并合理地利用资金,才能使资金发挥最大价值。

（2）人才是技术的创造者、推广者和操作者。煤炭资源型城市转型,必须立足于科学技术,而人才是科学技术的创造者。提高人才的创新能力,才能源源不断地为城市提供活力。煤炭资源型城市必须拥有大批符合科技进步要求的专业技术人才。先进的技术需要人才来推广,先进的技术设备更需要人才来操控。

（3）人才是土地的调控者、开发者和使用者。煤炭资源型城市转型过程中,土地资源的合理利用是一项重头戏。城市土地本身就很有限,再加上矿产资源开发,煤炭资源型景观格局存在一定的特殊性。土地的合理使用关键在于人才。政府合理调控土地,开发者合理地开发利用土地,提高土地资源的利用效率,才能更加科学地度过城市转型期。

然而,当前煤炭资源型城市在人才方面仍旧存在很多问题,具体表现在如下几个方面:

（1）人才数量、质量差,人才流失严重。煤炭资源型城市围绕煤炭开采业及相关产业发展,这种经济发展模式使得从业人员的文化水平较低,缺乏大量掌握高技术的高素质人才。主要体现在两个方面:一是缺乏必要的经管类、服务类、科技类的专业人才;二是现有从业人员的综合素质普遍较低。在后期经济转型的过程中,由于经济发展滞缓,无法为招揽人才制定一些福利政策,从而加剧了人才流失。同时,煤炭资源型城市的人才使用机制落后。城市在提供福利保障与调动人员创新积极性方面难以权衡,不能充分利用相关的人才推动社会发展。

（2）劳动力市场和就业培训机制不健全。为失业人员提供再就业机会是煤炭资源型城市解决诸多城市问题的有力途径。就目前大多数煤炭资源型城市的再就业市场来看,仍存在很多问题:一是缺乏完善的劳动力市场制度和机构,如官方的招聘信息平台、规范集中的招聘地点、稳定的就业服务市场、可靠的就业中介机构等。二是缺乏有针对性的就业指导和培训。煤炭企业下岗职工学习新技能再就业能力较差,这需要专业机构进行有针对性的就业指导和培训,来促进下岗工人再就业,减轻城市政府社会保障压力。三是资源共享渠道闭塞,就业信息不对称。下岗工人信息获取能力较差,再就业渠道少,进一步增加了就业难度。所以,劳动力市场不健全严重制约了劳动力的有效配置。

第四节　本章小结

本章对煤炭资源型城市的历史演变和转型困境展开研究,主要包括煤炭资源型城市的缘起与演变、煤炭资源型城市的现实概况、煤炭资源型城市的转型困境等内容,深入剖析煤炭资源型城市的现实困境与转型难题,揭示了开展本研究的必要性和迫切性,得到以下主要结论:

(1)煤炭资源型城市起源于古代煤窑,奠基于近现代煤矿,随着煤炭行业的黄金期(1978年以后)到来,煤炭资源型城市迅速发展,经历了由矿区向城市的演化过程。

(2)煤炭资源型城市在经济上,第二产业尤其是煤炭工业占据着绝对优势,而农业和服务业比重偏低;在社会问题上,城乡二元结构矛盾突出,人才流失问题普遍严重;在环境上,煤炭资源型城市整体上生态脆弱,水和空气污染严重,自净能力差;在空间形态上,煤炭资源型城市在煤炭产业发展过程中,与城市建成区之间的空间关系逐渐分离。

(3)煤炭资源型城市转型面临诸多困境。在技术上,不仅面临产业链衍生、生态环境修复的难题,还缺乏技术创新主体、创新资源、创新环境;在制度上,不仅表现为矿产资源所有权主体不明晰、财税制度不健全,还表现为社会保障的范围和层次的不完善;在管理上,地矿冲突、生态环境与经济发展冲突、人才需求与供给矛盾日益加剧。

第三章 煤炭资源型城市转型发展驱动机制

为了研究煤炭资源型城市转型发展驱动机制,本章在背景意义、历史演变和现实困境分析的基础上,首先计量分析经济增长与煤炭的关系,然后分析煤炭资源型城市转型驱动机理,对煤炭资源型城市转型驱动因素进行定量分析,为之后探究不同煤炭资源型城市转型分析作铺垫。

第一节 煤炭资源型城市转型影响机理分析

城市是一个容纳资源、人口、社会、环境等要素并使之产生作用的容器,煤炭资源型城市转型发展在一定程度上会受到多方因素的驱动影响。在实际情况中,不同的煤炭资源型城市处于不同的发展阶段,所面临的实际情况不同,驱动机制和抑制机制也就有所不同,但是同时也有其共性。结合政治、经济、文化体制等背景进行探讨分析,煤炭资源型城市在转型发展时主要受到以下几方面机制的驱动或者抑制。

一、分析框架

从驱动机理和抑制机理两个方面分析煤炭资源型城市转型影响。

驱动机理包括技术创新、制度创新、资本积累水平、经济外向度、环境保护力度和经济发展水平 6 个方面。制度创新为城市转型提供导向和规范,有助于促进技术创新和经济外向度的提升,有助于提高城市资本积累水平和经济发展水平,城市经济发展水平的提高反过来也会促进环境保护力度的提高,环境保护力度的提高也会反过来促进资本积累水平、经济外向度和经济发展水平的提高。所以,只有这 6 个方面形成合力,才能多维度抵消资源型城市转型的瓶颈,更好地推动煤炭资源型城市转型。这 6 个方面相辅相成,共同促进煤炭资源型城市经济结构、社会空间、生态环境优化,实现城市优质高效转型。

抑制机理包括:传统守旧观念、失业人口再就业、产业结构单一、资源产业周期 4 个方面。

二、驱动机理

（一）技术创新

1912 年,熊彼特在《经济发展理论》中指出,创新是一种生产要素的"新组合",并将这种"新组合"引入生产体系的过程。这种新的组合一般包括 5 个要素:引进新产品、引用新技术、开辟新的市场、控制原材料新的来源、实现任何一种工业新的组织。1962 年,伊诺思在《石油加工业中的发明与创新》一文中首次对技术创新进行了界定,他认为,技术创新是"集中行为综合的结果,这些行为包括发明的选择、资本投入保证、组织建立、制订计划、招收工人和开辟市场等",并认为技术创新从属于生产力范畴。煤炭资源型城市的转型发展需要技术创新能力的提升,并且主要表现在两个方面:一方面要引进现代化核心技术,实现资源型城市主导产业由低端不断向高端延伸,不断优化配置资源,提高资源的利用率,从根本上使资源型城市由粗放型的"靠资源驱动"经济模式转变为集约型的"依技术发展"经济模式,实现社会效益和经济效益双向效益的最大化;另一方面在资源开发的基础上,结合低端的资源开采和初级加工制造与高端的高级产品的精细加工、制作与经营,使发展更加多元化,从而实现资源型城市的可持续发展。

煤炭资源型城市转型发展必须以技术为内在驱动,必须由依靠煤炭发展的粗放型的发展模式转变为依靠技术发展的集约型的发展模式,必须利用技术实现自身的创新,必须依靠技术创新改变之前仅依靠资源开采的单一格局。技术创新可以为煤炭资源型城市转型发展提供必要的支撑,可以帮助煤炭资源型城市寻找发展的新机遇。

(二)制度创新

马克思政治经济学理论认为,制度创新是"新制度的建立和变更的过程",与技术创新相同,同属生产关系范畴。戴维斯和诺斯对制度创新作了系统性的论述,他们认为制度创新是现存制度的变革,这种变革能使创新者获得追加利益。首先,行政制度是驱动城市经济结构转型的首要因素。行政体制改革会使得政府对部分经济产业的管制放松,从而降低企业在经营中的制度约束,并且行政制度的改革会影响政府的经济规划,使得政府能够通过宏观调控的方式实现对经济发展方向的管理,从而实现煤炭资源型城市的经济转型。其次,经济制度的变化也会对城市转型过程造成影响。在煤炭资源型城市中,煤炭企业是市场的主体,政府可以通过经济制度的改革来加强市场调控对企业建设的影响,对煤炭企业和新兴技术型企业的发展空间和环境进行调节,使得城市经济向多样化方向发展,促进城市的可持续建设。最后,文化制度也会对城市转型发展造成影响。大力推进可持续发展的文化宣传,使人们形成对可持续发展建设的正确观念,培养新兴的创新文化,推动城市新兴产业的发展,进而推进城市的经济转型建设。

煤炭资源型城市的制度创新还应该体现在两个方面:一方面,要重视人才要素,人才是技术和制度创新的主体,也是技术和制度创新的载体。煤炭资源型城市具有特殊性,创新人才流失严重,科研人才不能充分发挥人才的技能和潜力。这种状况想要发生转变,就必须通过制度创新制定一系列的人才制度,关注人才,改善人才的生活环境和工作氛围,充分发挥人才的科技研发能力。同时,最大限度地为失业人员提供生活保障,使城市转型具有人才储备。另一方面,资源型城市转型发展的初期阶段,替代产业的选择具有风险性、接续主导产业相关技术不确定性、主导产业初期发展缺乏资金、相关技术研发能力有限等一系列因素都影响接续产业的发展。此时就要充分发挥政府的必要职能,根据实际情况,改革投资体系,同时政府还要结合煤炭资源型城市发展的实际情况,配套适当的政策制度,比如产业倾斜优惠政策等,进一步发展一批科技含量高、市场前景好的新兴产业,并为替代产业的发展提供必要的资金保障,在人才和资金双向保证下带动煤炭资源型城市的长期稳定发展。

制度创新可为煤炭资源型城市的转型提供必要的制度支撑,进而为其发展提供必要的人才、投资、环境、政策等多方面的支撑和辅助,帮助其实现自身的快速发展和水平的提升,有效地增强城市发展的动力,全面地在国家支撑之下帮助煤炭资源型城市实现转型。

（三）资本积累水平

资本积累是城市扩大再生产的源泉，在经济发展中占有重要的地位。对于煤炭资源型城市来说，一般是以采掘业和资源的初级产品加工为主导产业，生产的产品附加值较低，难以吸引投资。加上人才外流、环境污染、政府的政策管制等因素的影响，煤炭资源型城市资本积累缓慢，制造业发展不足，难以进行城市建设，城市转型困难。

除了资本积累"量"方面的不足，还有资本投资结构也不尽合理。煤炭资源型城市一般会将大量的投资用于资源开采等初级产业部门，采掘业的不断扩张挤占了制造业的发展。从表面上看，工业的规模相当大，但是实际上制造业所占的比例相当小。然而制造业能比较快地吸收最新的技术和科学成果，也可以吸纳大量的劳动力，可以快速实现生产水平的提高，从而可以不断优化产业结构，较快地实现煤炭资源型城市的转型。对于煤炭资源型城市来说，提高制造业的投资水平、积极发展制造业是实现城市转型的必由之路。

（四）经济外向度

对于煤炭资源型城市而言，较高的经济外向度更有利于城市的转型。煤炭资源型城市在和其他城市交流的过程中，可以增强区域外部对本城市的了解，树立开放、包容的城市形象，可以更好地吸引外资和技术的进入。同时，积极的外向型经济也可以更好地加强不同城市之间的交流和合作，从而可以更好地获取产业项目的转移、人才的交流、技术的扩散。不同类型的资源型城市还可以相互合作，可以联合开发新型资源，共同实现城市转型；也可以通过与其他国家合作，学习他国煤炭资源型城市转型的成功经验。

（五）环境保护力度

环境保护对煤炭资源型城市的转型发展有重大影响。作为煤炭资源型城市，其原有依附煤炭资源的工业企业在生产过程中，会产生并排放大量"三废"及其他污染物，这在干扰居民日常生产生活的同时，也违背了国家的大政方针。在煤炭资源型城市发展的早期，城市规模小，这些生产企业的布局是合理的、科学的，但随着煤炭资源开采量增加、煤炭资源型城市规模扩张，原来的布局逐渐不合理，由此而产生的环境后果也逐渐恶劣。在环境保护的前提背景下，开展煤炭资源型城市的转型发展在一定程度上有助于缓解城市发展的矛盾和冲突，有助于实现城市的更好发展。

煤炭资源型城市的转型发展必须以环境保护为基本和前提，必须遵循保护环境的基本原则，科学合理地进行城市的转型发展，不可在破坏环境的基础上发展城市，必须实现城市"经济、社会、生态"三者的协调发展，必须依靠城市的发展实现城市整体水平的全方位提升。如果在破坏环境的背景下实现城市的转型，之后必将付出更多的财力和精力进行生态环境的修复，这对城市的可持续发展是不利的。因此，必须将环境保护作为煤炭资源型城市转型发展的基本约束力。

（六）经济发展水平

经济发展水平的提高会为资源型城市的转型做好准备，同时资源型城市的转型也会促进经济水平的继续提高。煤炭资源型城市在发展初期受到资源开采的制约，哪里有煤炭哪里就先发展，城市发展缺乏长远的规划。从2012年开始，我国对煤炭资源的需求放缓，煤炭产能过剩的问题突出，煤炭资源型产业改革迫在眉睫。对于煤炭资源型城市来说，城市经济的良性发展、社会保障水平的提高、环境问题的改善、环境治理投资水平的提高，都离不开经济发展水平的支持。与一般城市转型相比,煤炭资源型城市转型需要更多的资金支持。

因此,煤炭资源型城市转型发展的驱动力是经济发展,经济发展为煤炭资源型城市的转型提供必要的助推作用,加大煤炭资源型城市转型发展的需求,同时经济发展也为煤炭资源型城市的转型提供必要的支撑,提供更多的必备要素的支持,帮助煤炭资源型城市实现更好、更成功的转型。经济发展也在一定层面上牵引煤炭资源型城市的转型,通过经济的发展,逐步实现各产业的完善和发展,使城市转型成为必然选择,也将助推城市的空间结构优化。

三、抑制机理

(一)传统守旧观念

在煤炭资源型城市中,许多职工家庭几代人都是靠矿山吃饭的,职业技能单一,"靠矿吃矿"的观念根深蒂固。城市的发展路径也比较守旧,依赖惯性思维,仍然想依靠传统的工矿企业,不想转型。毋庸讳言,对于长期依赖煤炭资源、依靠采矿业为生的煤炭资源型城市,突然进行脱胎换骨的城市转型无疑是一次痛苦的抉择,短期内难以立刻适应,这些都是正常的,转型任务的艰巨和困难的复杂性都是难以想象的。但是,实现艰巨的转型任务、克服转型的困难第一步就是要转变落后、陈旧的观念,资源型城市转型必须先转变观念。

所谓转变观念就是要增强资源危机意识,将单一的产业结构变为多种产业并举。根据自然资源生命周期理论,自然资源总有枯竭的一天,煤炭资源型城市的发展不可能一直依赖煤炭资源。如果没有未雨绸缪的意识,未能及时转变城市发展路径,城市发展就会面临"矿竭城衰"的困境。城市转型从短期来看可能会牺牲部分人的利益,但是就长期而言,是有利于煤炭资源型城市发展和居民生活的。所以,煤炭资源型城市不应该惧怕转型,而是应该积极利用转型带来的机遇,实现城市的再次繁荣。

(二)失业人口再就业

煤炭资源型城市的再就业困难是由长期且复杂的因素导致的,主要包括以下几个方面:城市产业单一,非资源产业再就业促进能力弱,资源型产业衰退以后没有更多的就业选择;失业保障体系不完善,不能给予失业人员全面失业救济;劳动力市场发育不成熟,不能较好地优化调配劳动力供给;再就业培训针对性不足,不能有效地培养合格的就业人员等。

城市迫切的转型发展需求是煤炭资源型城市发展的内在动力。企业是推动产业结构演化的主体力量,追求最大的经济利益是企业的长期发展目标,发展成为低成本、高收益的企业是企业的最终目的,这也是煤炭资源型城市产业结构演替的主要内生动力。处于资源衰退期的城市,为了生存和发展,就必须进行产业转型,此时以煤为主体的传统产业已经影响了企业的发展,市场的需求也发生了变化,这时,企业必须进行结构调整,实行转型发展,从而实现产业结构的演进。

(三)产业结构单一

煤炭资源型城市的产业结构配置不合理,与经济发展不协调。煤炭资源型城市三次产业结构比例严重失调,第二产业尤其是工业中的资源型产业在国民经济中居于主导地位;从就业结构看,从业人员主要集中于第二产业,且高度集中在煤炭采掘行业,现代制造业从业人员比重较小。煤炭产业居于主导地位，产业层级较低，产业结构单一。过去，因为对煤炭资源型城市功能作用认识不够、过于狭隘，对产业结构的战略性调整不足，"国家要煤、企业挖煤，城市保煤""以煤为纲"的指导思想导致煤炭资源型城市在发展城市经济过程中单一追求煤炭的产量、过分发展煤炭采掘行业，导致煤炭产业单一发展、产业层级低、高加工指数总体偏低，现代制造业、现代服务业及高新技术产业发展严重滞后。

（四）资源产业周期

根据产业生命周期理论，资源型城市会随着资源开采的周期经历四个阶段：形成期、成长期、成熟期、衰退期。当资源型产业处于成长期或者成熟期时，资源型城市的经济发展前景好，经济增长动力强劲，在这个阶段有利于城市进行转型。然而，当资源型城市处于衰退期时，城市经济增长乏力，环境问题、社会问题众多，此时已经不利于资源型城市转型。由此可见，资源的产业周期与资源型城市转型密切相关。根据现有的城市转型风险和成本研究，资源型城市转型的风险有产业转型影响社会的稳定性的风险，新旧产业接替，新主导产业培育成长方面的风险等；转型的成本包括资源型产业的退出成本、培育新的主导产业的发展成本、被破坏的生态环境的修复成本、城市为培育和发展新产业需要建设和完善相配套的投资环境的成本以及资源型产业的退出带来的下岗职工再就业的成本。这些转型的风险和成本与转型开始的时间密切相关。当资源型城市处于衰退期时，转型开始得越晚，转型的风险和成本就越大，转型就越困难。对于煤炭资源型城市转型，更要有前瞻性，不能盲目地沉醉在煤炭资源开采带来的经济快速增长中，要把握煤炭资源开采的产业周期，及时进行产业转型，避免"矿竭城衰"的悲剧发生。

第二节　煤炭资源型城市转型驱动因素分析

上一节对煤炭资源型城市转型的驱动机理进行了分析，为了便于定量分析，在研究了大量文献的基础上，本着广泛归纳、结合实际的原则，从经济、人口、社会、环境 4 个方面来考虑可能的煤炭资源型城市转型的驱动因素。

一、驱动因素遴选

（一）经济层面

经济因素对于煤炭资源型城市的转型影响意义深远，本书纳入的经济因素包括地区生产总值（GDP）、工业总产值、固定资产投资、教育经费支出、科学技术经费支出。

对于煤炭资源型城市而言，第二产业在国民经济中占有较大的比重，一般煤炭资源型城市是以采掘业为主导产业的，所以工业总产值总是保持着较高的增长速度。随着煤炭资源型城市转型的不断推进，第二产业在国民经济中的比重会有所下降，第三产业的比重会不断增加，所以煤炭资源型城市的工业总产值的增速应该会有所下降。

（二）人口层面

人是城市中最活跃的因素，居民的活动对于煤炭资源型城市的转型具有重大的影响，所以本书引入城镇化率、劳动力占人口比重两个指标。

城镇化率：城市化水平反映了城市的发展阶段，结合资源产业周期，会对煤炭资源型城市转型产生影响。

劳动力占人口比重:反映了城市拥有的劳动力的状况,劳动力的多少是一个城市活力的重要标志。

(三)社会层面

社会发展水平在一定程度上也会影响煤炭资源型城市的转型,本书引入每万人拥有高等学校在校学生数、每万人拥有高等学校专任教师数、每百人公共图书馆藏书量这三个指标来衡量煤炭资源型城市的社会发展水平。

(四)环境层面

煤炭资源型城市在对煤炭进行加工时会产生大量的污染环境的废气,造成严重的环境污染。煤炭资源型城市要进行转型,有一个重要原因就是环境污染严重,所以本书引入了一般工业固体废物综合利用率、污水处理厂集中处理率、生活垃圾无害化处理率这三个指标。

借鉴国内外学者的研究成果,遵循建立指标体系的一般原则,如科学性、系统性、相关性、完备性、可比性等,而且考虑到数据的可获得性,本书建立如表 3-1 所示的煤炭资源型城市转型驱动因素指标体系。该指标体系包括 13 个具体指标,从不同角度表现了煤炭资源型城市转型驱动因素。在 13 个单项指标中,大部分数据是从各省统计年鉴中得到的,时间为 2015 年;也有少量数据是运用现有数据进行简单计算得到的。

表 3-1　煤炭资源型城市转型驱动因素指标体系

指标类型层	单项指标层	单位
经济层面	GDP	元
	工业总产值	元
	固定资产投资	元
	教育经费支出	元
	科学技术经费支出	元
人口层面	城镇化率	
	劳动人口占总人口比重	
社会层面	每万人拥有高等学校在校学生数	人
	每万人拥有高等学校专任教师数	人
	每百人公共图书馆藏书量	册
环境层面	一般工业固体废弃物综合利用率	%
	污水处理厂集中处理率	%
	生活垃圾无害化处理率	%

二、研究方法

因子分析法(factor analysis)通过降维的方式将多个与因变量相关的因子转为几个少数独立的因子,这几个少数独立的因子可以最大程度地代表原始因子,且彼此不相关。其核心思想是用较少的相互独立的因子来反映原有变量的绝大部分信息。因子分析的数学模型如下:

$$\begin{cases} F_1 = a_{11}x_1 + a_{12}x_2 + \cdots + a_{1p}x_p \\ F_2 = a_{21}x_1 + a_{22}x_2 + \cdots + a_{2p}x_p \\ \qquad\qquad \cdots \\ F_p = a_{p1}x_1 + a_{p2}x_2 + \cdots + a_{pp}x_p \end{cases} \qquad (3\text{-}1)$$

上述模型需要满足以下条件：

(1) F_i、F_j 互不相关。

(2) F_1 的方差$>F_2$ 的方差$>F_3$ 的方差，依次类推。

$$a_{k1}^2 + a_{k2}^2 + \cdots + a_{kp}^2 = 1 \quad k = 1, 2, \cdots, p$$

于是，称 F_1 为第一主成分，F_2 为第二主成分，依次类推，有 p 个主成分。主成分又叫主分量。这里 a_{ij} 我们称为主成分系数。

因子分析的步骤为：

(1) 对原有变量是否相关进行研究，通过相关系数矩阵、巴特利特球度检验和 KMO 检验等几种方法来实现。

(2) 因子提取和因子荷载矩阵求解。

(3) 计算各样本的因子得分。

三、结果分析

考虑煤炭资源型城市的典型性以及数据的可获得性，同时基于我国煤炭资源型城市的空间分布特征，选取 37 个典型煤炭资源型城市(中部地区城市 13 个、西部地区城市 11 个、东北地区城市 9 个、东部地区城市 4 个)，分析驱动其转型的主要因素，原始数据见表 3-2～表 3-4。

表 3-2 37 个典型煤炭资源型城市因子分析原始数据(1)

城市	GDP/元	工业总产值/元	固定资产投资/元	城镇化率	劳动力占人口比重
大同	10 533 703	10 542 257	11 454 000	0.610 0	0.230 4
朔州	9 011 301	7 623 929	9 371 000	0.531 6	0.338 5
阳泉	5 957 009	5 389 954	6 006 700	0.658 6	0.315 6
长治	11 953 423	14 281 885	14 415 100	0.500 2	0.222 9
晋城	10 402 416	8 730 082	11 051 500	0.574 2	0.239 0
太原	27 353 000	21 592 702	20 256 100	0.844 0	0.451 7
徐州	53 198 804	122 159 100	42 661 166	0.610 0	0.214 6
抚顺	12 164 773	8 602 342	5 973 980	0.755 0	0.308 5
阜新	5 255 376	4 936 827	2 077 740	0.570 0	0.238 7
达州	13 507 623	9 881 092	12 141 014	0.408 7	0.131 0
广元	6 054 300	7 432 172	5 482 278	0.408 3	0.146 6
鹤岗	2 655 736	1 825 412	900 561	0.810 0	0.293 3
七台河	2 126 515	1 549 028	957 854	0.606 0	0.144 2
双鸭山	4 333 342	2 515 042	1 218 325	0.592 0	0.206 1

表 3-2(续)

城市	GDP /元	工业总产值 /元	固定资产投资 /元	城镇化率	劳动力占人口比重
鸡西	5 146 868	2 373 170	2 402 682	0.642 4	0.172 1
萍乡	9 123 871	16 773 808	10 267 407	0.658 8	0.322 2
辽源	7 266 404	14 526 333	5 983 300	0.493 0	0.310 1
白山	6 685 521	14 073 646	6 314 605	0.731 0	0.382 6
唐山	61 030 601	93 263 153	45 438 766	0.583 1	0.140 0
邯郸	31 454 319	47 651 527	34 433 153	0.513 8	0.202 7
淮南	9 010 822	9 713 871	9 197 254	0.679 0	0.215 5
淮北	7 603 904	17 858 695	9 252 996	0.613 0	0.294 4
铜川	3 245 390	5 652 345	3 805 186	0.630 0	0.244 7
榆林	26 212 900	24 482 000	11 336 739	0.550 0	0.150 2
渭南	14 690 806	19 789 364	19 782 196	0.420 0	0.112 3
曲靖	16 502 574	15 191 504	12 059 120	0.445 8	0.187 3
石嘴山	4 823 793	8 091 865	3 989 545	0.737 0	0.293 7
六盘水	12 010 800	14 153 109	11 124 819	0.475 0	0.120 5
毕节	14 613 476	8 101 183	13 449 343	0.309 0	0.097 5
枣庄	20 310 028	34 310 602	16 259 257	0.554 7	0.211 9
娄底	12 916 626	16 636 399	11 083 853	0.437 7	0.120 6
乌海	5 598 322	9 273 914	3 986 441	0.946 3	0.737 7
赤峰	18 612 749	20 756 396	12 721 048	0.308 7	0.154 2
平顶山	17 057 781	25 273 297	16 031 338	0.510 0	0.148 9
焦作	19 260 785	52 808 372	18 799 513	0.548 5	0.266 6
鹤壁	7 172 528	19 147 792	6 924 256	0.557 0	0.235 5
济宁	40 131 243	54 720 650	28 910 052	0.527 5	0.149 1

表 3-3　37 个典型煤炭资源型城市因子分析原始数据(2)

城市	教育经费支出 /元	科学技术经费支出 /元	每万人拥有高等学校 在校学生数/人	每万人拥有高等学校 专任教师数/人	每百人公共图书馆 藏书量/册
大同	561 838	7 813	84.406 3	4.509 2	22.64
朔州	260 394	9 247	60.389 6	3.155 1	35.44
阳泉	213 056	5 815	98.163 2	3.940 5	45.91
长治	457 758	16 194	115.947 2	5.876 4	53.08
晋城	260 394	9 247	27.140 7	1.611 2	21.93
太原	620 878	128 030	975.829 4	52.527 7	182.51
徐州	1 523 500	191 900	133.791 2	7.659 2	30.75
抚顺	175 915	15 075	213.362 0	12.119 9	48.20
阜新	213 963	3 969	219.881 8	11.057 2	25.76

表 3-3(续)

城市	教育经费支出/元	科学技术经费支出/元	每万人拥有高等学校在校学生数/人	每万人拥有高等学校专任教师数/人	每百人公共图书馆藏书量/册
达州	696 644	16 078	34.018 7	1.824 8	14.19
广元	350 965	10 435	42.707 4	2.125 7	37.71
鹤岗	127 221	3 787	21.001 8	1.912 7	41.66
七台河	87 098	1 415	34.725 1	4.307 5	28.32
双鸭山	178 613	3 718	146.401 7	10.221 8	60.84
鸡西	158 134	5 423	45.459 5	2.724 3	21.35
萍乡	174 272	7 856	56.972 9	5.172 9	50.40
辽源	174 272	7 856	47.963 6	2.748 3	33.52
白山	207 268	8 006	12.092 2	1.994 1	67.41
唐山	1 232 266	64 203	147.585 3	7.265 3	31.70
邯郸	1 006 026	41 304	55.726 4	3.351 4	16.44
淮南	234 068	23 365	316.121 0	11.896 8	19.95
淮北	222 318	13 449	177.986 1	9.487 3	41.00
铜川	180 958	7 002	35.951 7	2.726 0	97.32
榆林	224 686	19 932	45.708 2	2.418 8	30.97
渭南	677 448	26 117	29.099 0	2.613 5	17.68
曲靖	868 348	23 858	32.129 4	1.937 2	21.42
石嘴山	134 698	6 582	104.052 1	4.977 9	95.66
六盘水	501 062	33 087	33.227 4	2.330 5	13.94
毕节	1 117 134	24 599	16.299 5	1.454 3	8.86
枣庄	460 601	12 482	74.323 8	3.688 4	34.08
娄底	366 982	11 117	62.030 4	3.377 3	21.11
乌海	121 031	19 522	79.478 5	5.124 7	134.95
赤峰	208 642	3 313	44.095 7	3.979 4	39.58
平顶山	177 437	11 415	98.114 9	5.358 4	25.37
焦作	158 374	171 10	262.155 6	16.296 3	32.54
鹤壁	102 642	7 342	71.915 4	6.501 1	33.79
济宁	409 643	63 226	119.852 7	6.248 3	21.70

表 3-4　37 个典型煤炭资源型城市因子分析原始数据(3)

城市	一般工业固体废物综合利用率/%	污水处理厂集中处理率/%	生活垃圾无害化处理率/%
大同	91.61	78.54	67.02
朔州	88.70	97.50	92.01
阳泉	18.61	86.00	88.00
长治	67.66	92.32	84.27
晋城	78.19	95.00	100.00
太原	56.00	93.24	100.00

表 3-4(续)

城市	一般工业固体废物综合利用率/%	污水处理厂集中处理率/%	生活垃圾无害化处理率/%
徐州	99.40	88.21	100.00
抚顺	60.14	85.00	100.00
阜新	89.87	90.20	100.00
达州	98.70	65.00	92.00
广元	99.00	94.10	91.80
鹤岗	90.21	68.04	87.20
七台河	88.90	43.90	98.18
双鸭山	89.42	80.00	90.00
鸡西	90.10	50.00	85.00
萍乡	97.64	83.50	98.60
辽源	88.65	81.80	100.00
白山	46.56	79.32	26.99
唐山	72.50	95.00	100.00
邯郸	97.00	97.62	100.00
淮南	86.10	88.55	95.30
淮北	92.70	90.26	100.00
铜川	98.47	89.08	90.59
榆林	93.29	86.82	90.09
渭南	99.99	95.72	90.81
曲靖	92.00	96.00	100.00
石嘴山	57.94	88.50	89.06
六盘水	57.94	88.50	89.06
毕节	67.81	90.41	85.60
枣庄	100.00	95.70	100.00
娄底	96.00	61.00	99.20
乌海	55.11	95.47	96.00
赤峰	33.13	89.35	93.86
平顶山	99.96	94.91	92.87
焦作	59.01	90.24	97.50
鹤壁	95.11	93.64	89.47
济宁	91.54	95.66	100.00

数据可进行因子分析的前提是分析变量间存在共性,而相关分析是检验两个变量间是否具有共性的统计方法,因此先对 13 个指标做相关分析。KMO 指标是用来比较变量间简单相关和偏相关系数的,其值越接近 1,说明数据越适合做因子分析,通常情况下大于 0.7 即表明可以做因子分析。基于 SPSS 软件输出的统计结果可知,巴特利特球度检验

统计量的观测值为 476.177,相应的概率 P 接近 0,KMO 值为 0.702,这说明原有变量适合进行因子分析。因子提取使用主成分分析法,并进行方差最大正交旋转,分析采用 Kaiser 标准(特征根大于 1)并且进行碎石图(见图 3-1)分析。碎石测试和特征根测试均说明对于 37 个典型煤炭资源型城市可以选择 3 个因子进行深入分析,提取信息为 73.951%,即这 3 个主因子可以反映 13 个变量的 73.951% 的信息量,因子负荷矩阵见表 3-5,提取的这 3 个主因子的特征值和贡献率见表 3-6。

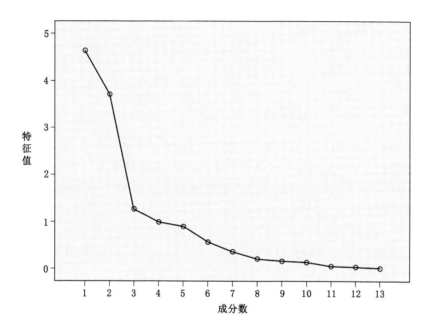

图 3-1 主成分碎石图

表 3-5 37 个典型煤炭资源型城市转型驱动因素旋转因子负荷矩阵

因素	因子 1	因子 2	因子 3
GDP	0.946		
工业总产值	0.924		
固定资产投资	0.961		
教育经费支出	0.840		
科学技术经费支出	0.824		
城镇化率		0.695	
劳动人口占总人口比重		0.668	
每万人拥有高等学校在校学生数		0.885	
每万人拥有高等学校专任教师数		0.893	
每百人公共图书馆藏书量		0.850	

表 3-5(续)

因素	因子 1	因子 2	因子 3
一般工业固体废弃物综合利用率			0.641
污水处理厂集中处理率			0.634
生活垃圾无害化处理率			0.731

注:因子提取的方法为主成分分析法;因子旋转方法为极大方差旋转法;旋转次数为 5 次。

表 3-6 37 个典型煤炭资源型城市转型驱动因素主因子特征值和贡献率

主因子	因子 1	因子 2	因子 3
特征值	4.639	3.705	1.270
贡献率/%	35.683	28.500	9.768
累计贡献率/%	35.683	64.183	73.951

根据因子分析的原理,3 个因子之间不具有相关性,而且每个因子所包含的变量之间具有高度的相关性。表中的系数为旋转因子载荷估计值,其统计学意义为变量与因子的相关系数,也被称为荷载。针对统计分析所得到的结果和提取的主因子反映的原始信息,本书将 3 个主因子重新定义为:因子 1(y_1),城市经济发展水平;因子 2(y_2),城市社会及科技发展水平;因子 3(y_3),城市生态环境治理水平。本书将其他影响因素设为 y_4,来展示主因子其他没有包括的信息,它的贡献率为 $1-73.951\% = 0.260\ 49$。37 个典型煤炭资源型城市转型驱动因素的表达式为:

$$Y = 0.356\ 83y_1 + 0.285y_2 + 0.097\ 68y_3 + 0.260\ 49y_4 \tag{3-2}$$

目前影响煤炭资源型城市转型驱动因素主要为城市的经济发展水平,其累计贡献率达到 35.683%,这说明煤炭资源型城市的经济发展水平的不同对于城市的转型具有显著的影响,其中 GDP、工业总产值、固定资产投资的驱动性较强,均在 0.9 以上;煤炭资源型城市的社会和科技发展水平对城市转型的贡献率为 28.500%,可见城市的社会基础设施水平、科学技术的发展水平对于驱动城市转型也有比较显著的影响,主要是对服务业和第三产业的发展产生影响;煤炭资源型城市的生态环境治理水平对于城市转型也会产生一定的影响,生态环境质量的高低直接影响了城市居民的生活环境质量,煤炭资源型城市在发展之初为了发展经济盲目开采,走"先污染,后治理"的老路,造成城市生态环境的破坏,所以城市转型的第一步需要恢复城市生态环境。

第三节 煤炭资源型城市经济转型计量分析

在前文理论分析的基础上,本节选择运用改进后的 C-D 生产函数模型,计量煤炭与经济增长的关系,定量表达煤炭消费对城市发展的贡献额度和作用方向,以便为煤炭资源型城市转型提供定量依据。

一、经济增长与煤炭消费关系

经济增长是指一个国家或地区的实际生产能力(包括产品和服务的生产)在一段时

间内的增长。经济增长意味着生产能力的扩大和资本财富的增加,这无疑是技术进步、产业演进和创新、劳动力素质提高和经济结构高级化的基础。传统经济理论认为,经济增长主要由劳动力和资本驱动的,而新古典经济理论认为,知识、技术、资源配置、制度创新对经济增长同样重要。一般而言,经济发展对资源的消耗呈现如图 3-2 所示的 Logistic 曲线规律(李效顺等,2012)。

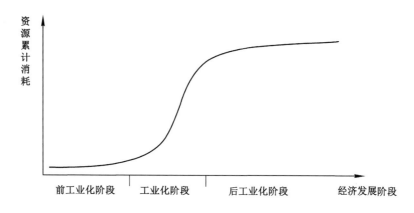

图 3-2　经济发展与资源消耗(土地、煤炭)的 Logistic 曲线示意图

　　一个国家、地区经济由低级到高级发展过程中,经济发展对要素投入需求伴随着产业结构的变动而调整,即在经济发展处于低级阶段时,经济发展对建设用地和煤炭能源的需求相对较弱,随着经济发展阶段不断升级,建设用地的比重逐步上升,而农地、未利用地逐渐减少,同时伴随工业化进程的加速推进,经济发展对能源需求较为强烈;当第三产业的比重逐渐上升并占主要地位时,土地利用和能源结构比例也趋于稳定,建设用地增长和煤炭消耗的速度逐渐放慢,因此经济发展对建设用地和煤炭消费的需求存在着先增加后减少的情况,类似于数学家、生物学家维赫斯特(Verhust)于 1837 年提出的 Logistic 方程("S"曲线)规律,即在快速城市化、前工业化阶段过渡到后工业化阶段进程中,表现为对建设用地和煤炭消耗需求的强烈程度逐渐减弱(李效顺等,2012)。

　　古典经济理论认为经济增长的三个主要驱动因素是技术、资本和劳动,但是有形资本、劳动力等投入需要土地提供承载功能,技术和无形资本需要土地提供空间载体和间接支持。此外,有学者认为特殊的土地财政政策将进一步加强土地要素在中国经济增长中的不可替代性。土地为中国的金融和经济增长提供了重要的空间载体。与此同时,为了满足国民经济增长的需要,我国煤炭产量从 2000 年的 10 亿 t 增加到 2022 年的 45.6 亿 t。因此,作为一种廉价的能源——"煤"在中国经济快速增长的过程中起着支撑作用。所以,不同于传统的经济理论,我国的土地资源和煤炭能源在经济增长中起着重要的作用。很多关于土地和煤炭能源这两个独立视角的文献都对这一研究有所启发,但是很少有文献将这两个要素放在统一的分析框架或计量模型中进行系统的研究。本节在理论分析和经验学习的基础上,构建了系统分析框架和改进的 C-D 生产函数,揭示了不同时期土地非农化和煤炭消费对中国经济增长的贡献和演变规律,旨在阐明其内在逻辑关系,为我国经济新常态下土地可持续利用和煤炭产业转型提供决策参考和科学依据。

二、经济增长与煤炭消费特征

（一）国外（发达国家）特征

如图 3-3 所示,美国 GDP 增长经过 1970 年、1974 年、1980 年、1982 年和 1992 年几次较大波动后,逐渐进入中低增长速度,并且 1965—2015 年间 GDP 增长率变动趋势与耕地面积变化率波动态势总体上较为一致,说明美国经济增长与土地利用有着较强的相关性。

图 3-3　1965—2022 年美国经济增长与土地利用结构变化特征

（数据来源:世界银行数据库）

如图 3-4 所示,1965—2015 年,美国 GDP 增速与煤炭消费增速同步更为明显。煤炭能源促进了经济增长,经济增长带来了煤炭消费的强劲需求。人均 GDP 增长率和人均煤炭消费增长率分别从 1965 年的 10% 和 5% 下降到 1987 年的 5% 和 2%,并且在金融危机的冲击下均为负值。结果表明,美国经济转型促进了煤炭消费结构转型,即美国经济增长率由高速向中高速甚至低速转变和升级,促进了产业结构优化和能源结构调整。

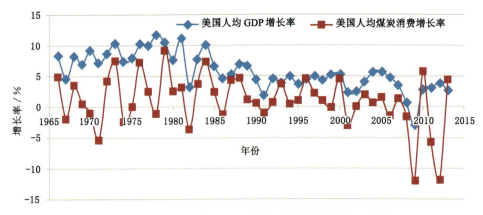

图 3-4　1965—2015 年美国经济增长与煤炭消费结构变化特征

（数据:世界银行数据库）

（二）国内（发展中国家）特征

如图 3-5 所示，1978—2015 年，中国土地非农化趋势与 GDP 增长趋势高度一致。通过对比，我们发现 2003 年我国土地非农化速度明显下降（根据 GDP 的波动趋势，前两次分别出现在 1979 年和 1997 年）。二者呈现明显的解耦关系，并在 2007 年之前呈现同步下降趋势，这意味着中国土地利用转型的新常态要早于经济增长的新常态。

图 3-5　中国经济增长与土地非农化变化特征

（数据来源：中国经济与社会发展统计数据库）

如图 3-6 所示，2007 年前，中国人均 GDP 一直保持快速增长。1990 年人均 GDP 增长率为 10％左右，到了 2007 年则几乎增加到了 15％左右。2007 年以后，GDP 增长率保持在 5％～10％。这显示了中国经济增长的"新常态"。我国煤炭消费人均增长趋势与人均 GDP 增速一致，呈现先加速后放缓的趋势。但煤炭行业在 2003 年和 2004 年出现了"新常态"，拐点出现在整体经济增长点之前（2007 年和 2008 年经济增长速度较慢），2014 年以后中国人均煤炭消费增长率出现了负增长。

以上分析表明：第一，土地非农化和煤炭消费的趋势与总体经济增长趋势一致，初步验证了理论分析，并为以下模型提供了确定性参考；第二，中美对比表明，2003 年和 2004 年，中国经济增长与土地和煤炭消费脱钩，为后续的模型估计和定量实证研究提供了新的启示。

三、实证分析

（一）模型构建

经济学界比较常用的生产函数主要有柯布-道格拉斯生产函数（C-D 生产函数）、线性生产函数、固定替代弹性生产函数（CES 生产函数）、列昂惕夫生产函数等。

（1）传统 C-D 生产函数。该模型最初是美国数学家柯布（Cobb）和经济学家道格拉斯（Douglas）共同探讨投入和产出的关系时提出的生产函数，并进行了改进引入了技术水平这一要素，其模型表达式为：

图 3-6　中国经济增长与煤炭消费结构变化特征

（数据来源：中国经济与社会发展统计数据库）

$$Y = AL^\alpha K^\beta \tag{3-3}$$

其中，Y 为工业总产值；A 是综合技术水平；L 是投入的劳动；K 是投入的资本；α 和 β 分别是劳动和资本产出的弹性系数。

（2）线性生产函数。线性生产函数的一般形式为：

$$\mu = A + \sum_{i=1}^{n}(a_i x_i) \tag{3-4}$$

如果只考虑劳动 L 和资本 K 两个要素，则该函数的变形为：

$$\mu = A + \alpha L + \beta K \tag{3-5}$$

此函数中投入和产出呈线性变化，并且其为规模收益不变的生产模式。由于其计算简单，故在经济运算中，其他生产函数一般都通过数学变换转化成线性形式，以便计算相关参数。

（3）CES 生产函数。当仅考虑劳动 L 和资本 K 两种生产要素和规模收益不变时，其函数模型为：

$$\mu = (\alpha L^{-\rho} + \beta K^{-\rho})^{\frac{1}{\rho}} \tag{3-6}$$

其中，α 和 β 分别是资本分配率和劳动分配率，表示技术的资本和劳动集约程度；ρ 是替代参数，若用 σ 表示要素间的替代弹性，ρ 和 σ 之间的关系为 $\rho = (1-\sigma)\sigma$。当考虑劳动 L 和资本 K 两种生产要素和规模收益的因素时，可以定义 n 次齐次的函数为：

$$\mu = (\alpha L^{-\rho} + \beta K^{-\rho})^{\frac{n}{\rho}} \tag{3-7}$$

参数 $n > 0$，表示规模收益性。但是 CES 生产函数存在着一大弊端就是无法通过数学变换转化成线性函数形式，所以无法直接利用最小二乘法来估计参数，这给它的应用带来了局限性。

（4）列昂惕夫生产函数。仅考虑两种投入要素的列昂惕夫生产函数表达式为：

$$\mu = \min(ax, by) \tag{3-8}$$

其中，$a > 0, b > 0$。若扩展到 n 元，则相应的生产函数表达式为：

$$\mu = \min(ax_1, ax_2, \cdots, ax_n) \tag{3-9}$$

由于常用的 C-D 生产函数只从劳动和资本投入来研究宏观经济增长，而将土地和能源（煤炭）两要素同时纳入经济发展研究框架的文献较少，而以上分析表明，无论发达国家还是发展中国家，其经济发展与土地非农化和煤炭消费都有着较强的相关性。因此，为了定量测算各要素投入对于中国经济增长的具体贡献和把握内在作用机制，本研究在考虑常用模型的优劣性和借鉴相关学者研究成果的基础上（谭荣，2006），采用改进的 C-D 生产函数进行实证分析和定量研究。由于土地非农化过程和煤炭能源消费对于第一产业（即广义的农业）GDP 增加值的影响较小，故本研究确定的因变量为二、三产业 GDP 增加值，并在增加土地和煤炭要素改进原始生产函数模型的基础上，确定函数自变量分别为劳动、资本、土地和煤炭（见表 3-7）。同时考虑本书研究重点，技术创新、技术进步等因素包含在常数项和随机扰动项之中。基于以上考虑，通过重新选取变量构建改进后的 C-D 生产函数，模型设定为：

$$\mathrm{GDP} = C \times (\mathrm{WF})^a \times (\mathrm{SI})^b \times (\mathrm{CL})^c \times (\mathrm{CC})^d \tag{3-10}$$

其中，WF、SI、CL、CC、C 分别代表劳动、资本、土地、煤炭、常数，a、b、c、d 为劳动、资本、土地、煤炭的产出弹性系数，可以反映各自变量对于因变量的敏感程度，即各个要素的投入对于经济增长的影响及贡献度大小。测量指标和变量单位如表 3-7 所示。

表 3-7　生产函数模型变量设置

项目	因变量	自变量				常量
衡量指标	二、三产业增加值/亿元	二、三产业人口数/万人	全社会固定资产投资/亿元	城市建设用地面积/km²	煤炭消费总量/万 t 标准煤	综合生产力
符号表示	GDP	WF	SI	CL	CC	C

为了消除异方差和便于参数估计，对模型（3-10）取对数，具体的函数形式为：

$$\ln \mathrm{GDP} = C + a \ln \mathrm{WF} + b \ln \mathrm{SI} + c \ln \mathrm{CL} + d \ln \mathrm{CC} \tag{3-11}$$

（二）参数估计

对应模型变量收集了全国 1978—2015 年的数据、省域 1995—2015 年的数据，采用 Eviews 计量经济软件，估计模型参数和确定相关弹性系数。

为了避免改进后的 C-D 生产函数估计参数出现的虚假回归问题，需要先进行单位根检验以及协整性分析。即首先对原始数据进行对数处理，消除异方差影响，然后对数据进行单位根检验，检验结果如表 3-8 所示。

表 3-8　中国 1978—2015 年主要变量数据单位根检验

变量	ADF-检验（P）	外生性	滞后期	检验结果
ln GDP	$-3.54(0.049\ 6)$	Constant,Linear Trend	1	稳定
ln WF	$-3.28(0.023\ 2)$	Constant	0	稳定
ln SI	$-3.69(0.036\ 3)$	Constant,Linear Trend	2	稳定
ln CL	$-3.31(0.08)$	Constant,Linear Trend	1	不稳定

表 3-8(续)

变量	ADF-检验(P)	外生性	滞后期	检验结果
Δln CL	$-5.06(0.001\,3)$	Constant,Linear Trend	1	稳定
ln CC	$-2.35(0.40)$	Constant,Linear Trend	1	不稳定
Δln CC	$-3.49(0.014\,1)$	Constant	0	稳定

注:Schwarz Info 准则自动选择滞后长度,最大滞后为9。零假设是变量有单位根。

由表 3-8 可知,ln GDP、ln WF、ln SI 在 0.01 水平上是平稳的,ln CL、ln CC 在 0.01 水平上不平稳,但是在一阶差分后变为平稳序列。ln GDP、ln WF、ln SI 为平稳序列。这些变量在 0.01 水平上是平稳的,不需要做面板协整检验。它满足了经济计量的要求,需要进行参数估计和回归分析。

1978—2015 年间的模型参数估计结果如表 3-9 所示。其中,R^2 检验值为 0.995 8,F 检验值为 1 962.746,P(F 统计量)低于 0.01 水平,拟合度较高,t 检验值通过显著性检验。劳动、资本、土地、煤炭四个自变量的弹性系数分别为-0.22、0.24、0.98 和 0.36,说明在此阶段二、三产业 GDP 增加值主要依靠城市建设用地扩张和煤炭能源的消费来推动,社会固定资产投资同样对经济增长起到了一定的促进作用,但是进入二、三产业的劳动力对于经济增长却产生了一定的限制作用。

表 3-9 1978—2015 年模型 Eviews 参数估计

项目	系数	标准差	t 检验值	P 值
C	$-4.305\,6$	2.075 1	$-2.074\,9$	0.045 9
WF	$-0.215\,2$	0.231 7	$-0.928\,8$	0.359 7
SI	0.236 2	0.075 6	3.126 1	0.003 7
CL	0.976 0	0.132 7	7.356 7	0.000 0
CC	0.359 1	0.145 8	2.464 0	0.019 1
R^2	0.995 8	被解释变量的均值		9.699 5
调整后 R^2	0.995 3	被解释变量的标准差		1.155 2
标准误差	0.791 4	赤池信息量准则		$-2.223\,2$
残差平方和	0.206 7	Schwarz criterion		$-1.897\,7$
对数似然值	45.150 5	Hannan-Quinn criter		$-2.036\,5$
F 统计量	1 962.7	Durbin-Watson stat		0.836 4
F 检验的 P 值	0.000 0			

1978—2015 年,劳动、资本、土地、煤炭四个自变量的弹性系数(贡献度)分别为-0.22、0.24、0.98 和 0.36,说明中国经济增长主要依靠土地(城市建设用地扩张)、资本(二、三产业投资)和煤炭(煤炭消费总量)。对于二、三产业,增加建设用地可以使经济获得巨大增长,相比其他生产要素,土地要素的增长弹性最大,并且土地作为经济发展的重要驱动要素长期很难被资本要素投入替代。若要以其他要素替代土地,资本要素最为经济。同时随着经

济发展,经济结构更趋合理,也会由资源型经济向人才、技术型经济转型。土地作为最基础的生产要素,对于资本的原始积累功不可没,但是随着社会经济发展,土地资源的稀缺性越来越凸显,土地开发利用的成本越来越高,因此培育高素质劳动力成为中国经济可持续发展的长久动力。

值得关注的是,经济增长和劳动要素(二、三产业的劳动力)没有通过显著性检验,说明在中国劳动力和经济之间的关系是很弱的。虽然煤炭能源对于我国经济的快速发展曾经作出了不可磨灭的贡献,但是作为不可再生能源,"坐吃山空"、急功近利式的经济发展模式不可持续,而过量开采带来的一系列生态环境问题也将给社会经济发展带来非常不利的负面外部性,且这些弊端已越来越凸显。与此同时,当前中国已成为世界上最大的煤炭能源生产和消费国,随着对外能源依赖程度不断升高,现有的资源保有量和环境容量不可能长久支撑过去的经济发展模式和能源消耗速度。因此,推动能源消费革命,抑制不合理能源消费,建立煤、油、气、核、新能源、可再生能源多轮驱动的能源供应体系成为中国迫切需要解决的问题。

(三)区域实证比较分析

考虑数据可获得性、统计口径一致性和结果现势性,采用1995—2015年的数据,按照以上分析思路和方法,采用 Eviews 专业计量经济软件,进一步估计东部、中部、西部以及东北区域和省级层面的模型参数及相关弹性系数,结果见表3-10。

表 3-10　1995—2015 年 C-D 生产函数模型参数估计结果

区域		常数 C	a	b	c	d	R^2	系数和
东部	北京	−0.772 8	0.672 1***	0.426 8***	0.127 3*	−0.089 0*	0.995 8	1.098 9
	天津	−5.726 5***	0.299 3***	0.256 5***	0.750 2***	0.489 6***	0.998 4	1.795 6
	河北	−4.468 9***	0.652 1***	0.187 7***	0.230 0	0.395 6***	0.999 3	1.235 4
	上海	−9.428 8***	0.332 4*	0.248 0***	0.281 8***	1.271 2***	0.990 0	1.801
	江苏	1.490 5	−0.678 3	0.232 9***	0.546 6***	0.613 8***	0.996 4	1.393 3
	浙江	−2.842 3**	0.815 1*	0.240 3**	0.326 6**	−0.002 3	0.996 4	0.566 9
	福建	−1.406 2***	0.675 0***	0.214 7***	0.405 8**	−0.060 6	0.998 8	1.295 5
	山东	−7.894 1***	1.768 1***	0.183 4***	0.173 5	−0.127 4*	0.999 1	1.951 5
	广东	−1.808 5**	0.598 5**	0.284 2**	0.283 0*	0.075 9**	0.997 9	0.959 3
	海南	−0.673 1**	0.409 1**	0.160 4**	−0.057 0	0.530 1***	0.997 5	1.099 6
	平均	−5.526 1***	0.999 1***	0.217 4***	0.368 7**	−0.005 1	0.999 1	1.585 2
中部	山西	−2.830 8**	0.058 4	0.306 9***	−0.047 4	0.727 0***	0.995 1	1.033 9
	安徽	−7.703 7***	1.479 5***	0.044 9	0.602 8	−0.116 5	0.990 6	1.479 5
	江西	−8.003 4***	1.582 7***	0.241 3***	−0.028 4	0.205 4*	0.997 0	1.824
	河南	−7.439 4***	0.788 0***	0.050 3	1.018 5***	0.104 5	0.998 6	1.806 5
	湖北	−17.548 3***	2.165 3***	0.260 8***	0.182 7***	0.550 1***	0.997 5	3.158 9
	湖南	0.159 9	−0.714 4	0.319 0**	0.928 6*	0.391 9*	0.990 1	0.319
	平均	−7.838 7***	1.141 3***	0.268 6***	0.238 5***	0.133 3***	0.999 9	1.781 7

表 3-10(续)

区域		常数 C	a	b	c	d	R^2	系数和
西部	内蒙古	−3.796 0***	−0.358 5**	0.398 6***	1.476 7***	−0.014 0	0.995 9	1.516 8
	广西	5.267 3**	−1.027 2**	0.333 6***	0.065 6	0.723 0***	0.988 9	0.029 4
	重庆	−6.572 3***	1.260 5***	0.156 7***	0.215 4**	0.275 0***	0.998 3	1.907 6
	四川	−11.056 3	1.518 0	0.164 2	0.512 4*	0.175 5	0.983 2	0.512 4
	贵州	−4.891 2**	0.355 2	0.347 0***	−0.039 8	0.718 6**	0.973 6	1.065 6
	云南	−0.813 8***	0.311 0**	0.083 1***	0.902 9***	−0.107 7***	0.998 3	1.189 3
	山西	−3.286 6	0.163 2	0.278 9***	0.747 1	0.241 2**	0.990 3	0.520 1
	甘肃	1.968 3	−0.777 9***	0.308 6***	0.930 8***	0.120 6	0.996 3	0.461 5
	青海	−8.196 7***	2.441 1***	0.195 8***	−0.103 5	0.008 6	0.990 1	2.636 9
	宁夏	−3.405 8**	1.061 8*	0.216 8**	−0.066 4	0.273 0	0.978 3	0.216 8
	新疆	−3.507 5***	0.815 2*	0.285 6***	0.724 5*	−0.239 2**	0.992 7	0.046 4
	平均	−16.718 0***	2.106 8***	0.092 0**	0.462 1**	0.144 6	0.996 9	2.660 9
东北	辽宁	−8.407 3***	0.423 5	0.212 3***	1.407 5***	0.050 3	0.997 3	1.619 8
	吉林	−3.220 6**	0.334 6	0.362 8***	0.655 6	0.050 4	0.995 3	0.362 8
	黑龙江	−3.735 5***	0.217 8	0.287 1***	1.070 6***	−0.089 8	0.994 4	1.357 7
	平均	−9.155 7***	−0.498 8***	0.182 9***	2.505 0***	−0.121 6*	0.999 1	2.189 1

注:*** 代表在 0.01 水平下显著,** 代表在 0.05 水平下显著,* 代表在 0.1 水平下显著。系数和是 4 个变量在 0.05 水平下显著的弹性系数之和。

　　如表 3-10 所示,与全国层面估计参数结果显著性类似,30 个省(直辖市、自治区)及东、中、西和东北 4 个区域 R^2 均大于 0.97,拟合度较高。同时,除个别省份和地区,我国大部分区域自变量 t 检验值和 F 检验值大都通过 10% 显著性检验,参数估计结果可信。

　　如表 3-11、图 3-7 所示,从省份层面来看,规模报酬递增的省份有 16 个,其中东部、中部、西部以及东北分别有 6 个、4 个、4 个以及 2 个,说明中国经济发展整体上仍处于规模递增阶段且主要分布在中部和西部地区;规模报酬递减的省份有 9 个,其中东部、中部、西部以及东北分别有 1 个、1 个、6 个以及 1 个;规模报酬不变的省份有 5 个,其中东部、中部、西部以及东北分别有 3 个、1 个、1 个以及 0 个。同时,我们讨论了中国经济发展驱动类型的分布情况,如表 3-12 所示。驱动类型方面,资本驱动型有 5 个(16.67%)、土地驱动型有 8 个(26.67%)、劳动驱动型有 10 个(33.33%)、煤炭驱动型有 7 个(23.33%),说明中国区域经济发展主要由劳动力和土地要素投入驱动,煤炭要素驱动经济发展难以长久。

表 3-11　全国不同省(自治区、直辖市)规模报酬类型分布

规模报酬类型	省(自治区、直辖市)
规模报酬不变	北京、山西、贵州、广东、海南
规模报酬递增	黑龙江、内蒙古、辽宁、河北、天津、山东、河南、重庆、湖北、安徽、江苏、上海、福建、江西、青海、云南
规模报酬递减	吉林、浙江、湖南、广西、陕西、宁夏、甘肃、四川、新疆

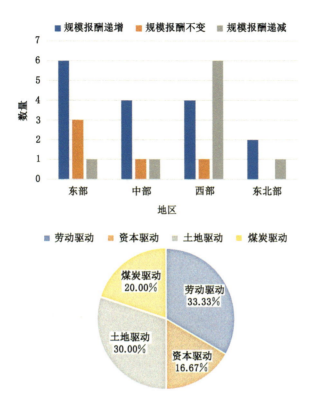

图 3-7　规模报酬区域分布以及驱动类型统计图

表 3-12　全国经济发展驱动类型分布

驱动类型	省（自治区、直辖市）
劳动驱动	北京、河北、山东、安徽、湖北、重庆、江西、福建、广东、青海
土地驱动	黑龙江、内蒙古、辽宁、天津、河南、浙江、四川、云南
煤炭驱动	山西、江苏、上海、贵州、广西、海南、甘肃
资本驱动	吉林、宁夏、陕西、湖南、新疆

从区域层面空间差异对比发现，四个变量弹性系数和由大到小排序分别为西部（2.660 9）＞东北（2.189 1）＞中部（1.781 7）＞东部（1.585 2），大致呈现弹性系数和随着经济发展程度增大而减小的规律。东北、东部、中部与西部的弹性系数和均大于 1，呈现规模报酬递增态势。其中，东部及中部地区劳动、投资、土地对于社会经济的贡献相当，其中劳动贡献度处于首位（东部 0.999 1，中部 1.141 3），这是由于东部及中部地区为人口密集区且为高素质人才聚集区，属于人才驱动型地区。西部地区各因素对社会经济的贡献度中，劳动贡献度（2.106 8）处于首位（2.505 0）；东北地区各因素对社会经济的贡献度中土地贡献度处于首位，这是由于在振兴东北老工业基地的大背景下，土地被大量开发建设以支撑经济发展，因此，该区域土地财政在社会经济中处于关键地位，属于土地驱动型地区。

四、主要结论和政策建议

（1）理论分析表明，土地非农化和煤炭消费波动趋势都与经济增长整体变动态势基本一致，并呈现 Logistic 曲线规律。与美国经济中低速增长不同的是，中国经济高速增长对土地尤其是煤炭消耗于 2003—2004 年间出现脱钩，并且土地资源利用方式转变和煤炭能源产业转型早于新常态经济转型。

（2）计量分析表明，1978 年以来中国经济发展处于规模报酬递增阶段，系数和在 0.05 的水平下为 1.571 3。经济增长主要依靠土地、资本和煤炭能源，劳动力没有通过显著性检验。此外，煤炭能源对经济增长具有正向作用，但是作为一种不可再生资源，它难以持久地发挥正向作用。因此，从煤炭到新能源和可再生能源的能源消费结构改革迫在眉睫。

（3）区域对比发现，1995—2015 年间四个变量弹性系数和由大到小排序分别为西部（2.660 9）＞东部（2.189 1）＞中部（1.781 7）＞东北（1.585 2），大致呈现弹性系数和随着经济发展程度增大而减小的规律。西部、东部及中部地区劳动贡献度处于首位，属于人才驱动型区域；东北地区土地贡献度处于首位，属于土地驱动型区域。

（4）调控对策建议，中国经济增长方式正在由传统的资源消耗型向人才、技术创新型转变，并且土地利用对中国经济发展的贡献较为持久，煤炭产业由于贡献度发生方向性改变而急需转型升级。因此，从经济可持续发展视角出发，宏观层面的公共政策创新应该集中在压缩煤炭消费和差别化调控主导贡献因素上（如西部、东部及中部地区重点调控劳动力因素，东北重点调控土地投入要素）。

第四节　本章小结

本章主要围绕煤炭资源型城市驱动机理开展相应的研究，首先对煤炭资源型城市转型影响机理进行了分析，其次就煤炭资源型城市转型驱动因素进行了探讨，最后对煤炭资源型城市经济增长与能源消耗的关系进行计量分析。本章得到的主要结论如下：

（1）煤炭资源型城市转型会受到技术创新、制度创新、资本积累水平、经济外向度、环境保护力度和经济发展水平等因素的驱动，也会受到传统守旧观念、失业人口再就业、产业结构单一、资源产业周期等因素的抑制。

（2）煤炭资源型城市的驱动因素主要包括经济层面、人口层面、社会层面以及环境层面等四个层面，通过采用因子分析法研究各驱动因素对煤炭资源型城市转型的影响，发现影响煤炭资源型城市转型驱动因素主要为城市的经济发展水平，城市的社会基础设施水平、科学技术的发展水平对于驱动城市转型也有比较显著的影响，并且煤炭资源型城市的生态环境治理水平对于城市转型也会产生一定的影响。

（3）经济增长与资本、土地、煤炭的关系密切，土地非农化和煤炭消费波动趋势都与经济增长整体变动态势基本一致，并且土地利用对经济发展的影响较为持久，煤炭资源型城市转型的紧迫性较强。

第四章　煤炭资源型城市绿色转型与可持续发展

在明确煤炭资源型城市转型发展研究背景意义、现实困境和驱动机理的前提下，本章明确了煤炭资源型城市绿色转型和可持续发展的概念与内涵，并从产业结构优化、生态环境治理、人力资本转型和社会关系完善等方面对煤炭资源型城市绿色转型与可持续发展的内涵进行深化，为后续不同类型煤炭资源型城市转型水平测度和路径设计提供导向。

第一节　绿色转型与可持续发展概述

一、绿色转型的概念与机制

（一）绿色转型概念

绿色转型的内涵较为丰富，主要围绕"绿色"一词。从十八大报告中"生态文明建设"被纳入五位一体总体布局，到"绿水青山就是金山银山"的"两山理论"提出，都为我国资源型城市转型发展注入了新的绿色发展内涵和动力，为其矿业绿色发展标定了方向。由于"绿色转型"内涵广泛，目前国内暂未有较为权威的文件与机构对其进行精准的定义，本书认为以下两个定义较为精准：① 太原市在颁布的《推进绿色转型条例（草案）》中的"绿色转型"概念——以生态文明建设为主导，以循环经济为基础，以绿色管理为保障，发展模式向可持续发展模式转变，从而实现资源节约、环境友好、生态平衡，人、自然、社会和谐发展的状态。② 李佐军在《中国绿色转型发展报告》中给出的含义，即"绿色转型"强调发展方式的转变过程，是从传统的过度浪费资源、污染环境的发展模式向资源节约、循环利用、生态环境友好的科学发展模式转变，是由人与自然相背离以及经济、社会、生态相分割的形态，向人与自然和谐共生以及经济、社会、生态协调发展形态的转变。同时总体来说，两种说法虽然在表达上存在差异，但其内涵概念一致，即实现社会、自然、经济三者间和谐发展。综上所述，绿色转型的概念为：在绿色发展理念指导下，由粗放的发展方式向高效、绿色的方式转变，进而逐步实现人地关系的和谐发展的转型模式。

（二）绿色转型机制

绿色转型由"低碳转型"和"生态转型"组成。相较于绿色转型，低碳转型是在全球变暖的背景下提出的，它偏重于发展低碳经济，强调低碳技术的应用，以最大限度地减少 CO_2 等温室气体的排放，以低碳理念指导居民的生活方式和消费方式，最终实现经济低碳、生活低碳和管理低碳的"三低"综合发展目标。而相较于绿色转型，生态转型则是针对生态环境脆弱区提出的，以生态学原理指导城市进行规划建设，充分考虑城市对生态环境容量、演替以及其质量的影响等，以城市与自然相融合为目标，寻找经济、社会和生态"三效"间的效益最大点。由此可见，低碳转型机制强调低耗能的发展，生态转型机制强调生态保护，而绿色转型机制则是二者的结合,是一种和谐包容式的发展机制,具体包括:① 经济优化机制。转变粗放的发展方式,提高经济的创新能力,进而提高经济发展的质量。② 资源优化机制。不仅要合理利用现有资源,同时还要不断开发新能源,只有这样才能实现资源的持续利用。③ 社会优化机制。不断完善基础设施,解决好人民最关心的医疗、就业、教育等问题,提高居民的生活质量。其总目标是实现人地关系的和谐和城市的可持续发展。④ 生态优化机制。围绕区域资源开发与生态功能演进特征特点,探索推进建立矿山生态修复机制,探索实施绿色开采制度与机制,探索构建资源节约综合利用与循环经济发展机制等。⑤ 产业优化机制。围绕区域产业演进特征特点,探索构建资源型企业绿色改造引导机制,探索建立资源型产业绿色发展机制,探索构建绿色产业经济体系,以有效实现产业转型升级,优化区域产业结构与质量。⑥ 技术创新机制。技术创新是绿色转型的核心动力,围绕区域技术创新阶段与创新发展特征特点,探索从优化绿色科技创新环境、提升绿色科技创新能力、构建绿色科技创新导向机制等层面形成技术创新绿色转型机制体系。⑦ 差异化引导机制。结合不同类型资源型城市绿色转型发展阶段,以及自身绿色转型结构性特点,提出了建立不同类型资源型城市绿色转型差异化引导机制。⑧ 政府管理优化机制。区域政府是实现地方绿色转型的重要角色主体,转变区域政府职能,降低政府管理的区域压力,构建形成政府服务优化升级的绿色管理机制体系,从整体上保障区域实现绿色转型。

二、可持续发展的理论与内涵

随着经济全球化的发展,世界各国都面临着日益增长的能源需求和日趋恶化的环境状况的双重矛盾,发展中国家更是如此,既要保持经济的较快增长速度,又要设法解决能源的供给问题,同时还要考虑环境的承载力影响,要实现三者的协调。因此,建立一种科学的可持续的能源、环境发展体系成为各国面临的主要问题,也成为各国的必然选择。

(一)可持续发展理论定义

"可持续发展"主要围绕"代际公平"展开,有两个相互联系的基本点:其一,要满足当代人的社会福利基本需求;其二,要确保人类赖以生存的生态资源系统能满足未来几代人的社会福利基本需求。可持续发展的主要原则包括:

(1)公平性原则:既要实现当代人相互之间的公平,又要实现代际公平。需求的满足不能限于一部分人,要使当代人和下几代人的需求都得到满足,在满足当代人际间的需求的同时,也要满足代际间的需求,实现共同的公平,实现资源的分配与利用的公平。

(2)持续性原则:资源的使用必须实现可持续,必须在可持续的基础上使用资源和环境,人类的经济社会发展必须以不超越资源与环境的承载能力为前提条件。

(3)共同性原则:世界各国都应该以实现可持续发展作为全球发展总目标,要从整体性原则出发,世界各国联合起来一起行动,同时也要关注各国发展,兼顾局部与整体。

(二)煤炭资源型城市可持续发展理论定义

可持续发展的定义可从"可持续性"和"发展"两个方面展开。可持续性是指"坚持下去"和"保持继续提高"。对于资源与环境而言,可持续性具有特殊的含义,主要是指保持资源的生产使用性和完整的资源基础,也就是说可持续发展的含义是维持代际公平,即当代人对自然资源的利用和对环境的影响应不影响后代人的生产与生活。

　　结合煤炭工业可持续发展相关理论研究,煤炭资源型城市可持续发展主要是指包括经济发展、社会发展、生态环境保护、资源开发利用在内的煤炭资源型城市各方面发展的相互协调。即城市的可持续发展必须在运用市场机制、依靠科技进步及寻求可替代资源的基础上,向社会提供洁净燃料、原料及电力,并调控煤炭资源的最佳耗竭率,实现煤炭资源的开发利用既能满足当代人的需要,又不对后代人满足其需要的能力构成危害。该定义是可持续发展定义和我国煤炭城市的特点及长远发展目标的充分结合。

　　(三)煤炭资源型城市可持续发展理论内涵

　　具体而言,煤炭资源型城市的可持续发展包括共同发展、公平发展、高效发展和协调发展四方面内涵。

　　(1)共同发展。伴随着人类社会进步和科学技术发展,全球化进程势不可挡,各国各区间联系日益强化,形成了一个相互联系且异常复杂的综合系统。系统的每个组成部分特征决定着系统的稳定性,每个子系统间相互联系和影响。当一个子系统出现问题时,势必会引起"蝴蝶效应",产生一系列"多米诺骨牌"式的影响,从而使整个系统产生波动甚至重塑。因此,煤炭资源型城市可持续发展要求的是"共同发展",以保证整个系统的协调和相对稳定。

　　(2)公平发展。由于区域间自然资源禀赋差异及本底条件不同,其经济和社会发展过程中层次水平必将参差不齐。然而,不能为这种资源因素空间分布不均而进一步拉大区域间发展水平的差距,使不断扩大的局部矛盾最终影响煤炭资源型城市乃至全国整体发展战略,阻碍区域可持续发展。

　　(3)高效发展。"公平"和"效率"是煤炭资源型城市可持续发展的两个主要驱动力。其中,可持续发展效率的定义同经济学上的不同,除了经济学定义的效率以外,还要去除资源以及环境受经济发展而利用(损耗)的部分。因此,煤炭资源型城市可持续发展效率是立足于资源、社会、经济环境三者之上,其高效率是三者协调的高效率发展。

　　(4)协调发展。协调发展既指地区、国家和世界空间层面的协调,还包括各层面间社会、经济、生态三大体系间的协调,同时也包括政府、企业和劳动者等不同行为主体间相互关系的协调。由于煤炭资源型城市发展的系统性特征(具体参见共同发展),层次(区域、国家、世界)、体系(社会、经济、生态)与主体(政府、企业、劳动者)相协调的综合发展模式是煤炭资源型城市可持续发展的重要保障。

三、绿色转型与可持续发展的模式与路径

　　(一)绿色转型与可持续发展模式及路径理论探析

　　拓新绿色转型模式,探索"绿色转型如何实施"是深化煤炭资源型城市绿色转型价值内涵的重要内容,同时,也是煤炭资源型城市实现绿色转型的理论"基石",而其"关键点"应是着眼于能够实现煤炭资源型城市绿色转型的区域行为主体,即立足于西方经济理论微观层面、产业组织理论和区域经济理论中观层面等三个层面,从企业、产业和政府三个行为主体着手来实现煤炭资源型城市绿色转型。

　　1.企业层面

　　企业是生产力的载体、社会生产建设的重要主体,推动其绿色转型,是煤炭资源型城市

绿色转型的首要任务。企业"绿色化",就是对企业进行生产工艺升级和技术改造,构建现代化循环经济发展模式,最小化其产品生产或服务过程中产生的生态环境负面效益。

2. 产业层面

产业是经济发展的支柱与转型的中观主体,对其体系的调整,是煤炭资源型城市绿色发展的核心要求。所以,必须将煤炭资源型城市转型战略的工作重点放在绿色产业体系构建上,着眼于产业的"绿色化"发展,构建"三产"(生态、技术、物流)集群等。

3. 政府层面

政府是煤炭资源型城市转型的宏观主体,应当充分发挥自身在市场经济运行管理中的"有形的手"的作用,在管理模式"绿色化"的基础上,为转型提供有力支撑。政府"绿色"管理主要体现在自身运行管理与市场运营管理两个方面:① 自身运行管理。政府应加强管理自身办公方式、运行效率,不断减少公共浪费,提升自身服务质量与行政办事效能,使公共资源配置合理化。② 市场运营管理。政府在对自身进行"绿色"管理的同时,也应注重对市场的管理。在传统市场经济运营模式下,追求利润最大化仍为众多企业的首要目标,未担负起应有的社会责任,没有充分重视对社会和谐的完善以及经济增长模式的转变,故资源的循环利用和环境的有效保护从根本上得不到兼顾,煤炭资源型城市绿色转型的自发性动机尚且不足。需要政府充分发挥"有形的手"的作用,进一步强化管理和科学引导市场主体绿色转型。

(二)绿色转型与可持续发展模式及比较

为了促进煤炭资源型城市绿色转型,单纯以当地丰富的煤炭资源为驱动的区域经济发展模式往往并不会产生理想的资源正向效益,还导致"资源诅咒"效应的发生。因此,煤炭资源型城市绿色转型需要转变单纯依靠自然要素驱动经济增长的发展模式,适度开发利用优势资源,注重技术创新与人力资本积累,通过城市绿色转型促进区域经济可持续发展。

以煤炭资源开采利用为驱动所形成和成长起来的煤炭资源型城市多陷入"资源优势陷阱",但也不乏成功规避"资源诅咒"的案例,其关键在于煤炭资源型城市的发展过程中发展模式的选择及其路径的安排。煤炭资源型城市的发展模式主要包括传统发展模式、绿色转型发展模式和理想发展模式三种,它们之间的差异比较如下。

1. 煤炭资源型城市传统发展模式

煤炭资源型城市的传统发展模式是指"两高一粗"(高度依赖煤炭资源的高消耗、高污染、粗放式)经济发展模式。在优势比较的区域分工理论指导下,煤炭资源型城市大规模开采利用自然资源(煤炭资源)。由于之前 GDP 成为考核地方政府政绩的唯一指标,加之传统的企业运营模式,导致政府与企业均以利润最大化为最终目标,呈现出重数量、轻质量,重经济、轻生态的错误导向。而此背景下,煤炭资源型城市内高污染、高能耗的资源开发型企业蓬勃发展,经济增长方式以粗放型为主,且城市要素结构简单,产业结构单一,抗经济波动的能力较弱,风险应对能力不足,同时对自然环境造成了难以修复乃至不可逆的破坏。

2. 煤炭资源型城市绿色转型发展模式

绿色转型发展模式是煤炭资源型城市从传统发展模式向理想发展模式的过渡模式,其以竞争优势理论与可持续发展理论为指导。其中,弱可持续理论表明在一定程度下不同要素间可相互替代,即自然环境的破坏与煤炭资源的消耗可以通过土地、人力和其他物质资本加以替代和补偿。而竞争优势理论表明,除了资源部门以外,其他具有市场潜力的制造业部门在煤炭资源型城市中同样具备发展可行性。在绿色转型发展状态下,其经济发展标准与理想发展模式相接近,即其所进行的经济活动均在生态环境承载力许可的前提下进行,且最终目标(利益最大化)与传统模式有所不同,在包含经济发展指标的基础上(传统模式只包含该项指标),也包括生活质量指标和生态环境指标。同时,绿色转型模式下的经济特征也由"两高一粗"的经济发展模式向着低碳、集约、高效、绿色经济增长模式转变,逐步实现产业结构多元化,增强了经济和产业的稳定性与抗风险能力,并通过合理利用人力资本和科技创新,一步步实现经济的多元化增长。同时,逐步协调好人与自然的关系,减少了自然环境受人类活动所造成的负面影响,最终实现人与自然的和谐相处。

3. 煤炭资源型城市理想发展模式

煤炭资源型城市最终要实现的发展模式是理想发展模式,也是绿色转型模式的最终目标。该模式讲求可持续发展,要求在生态环境的可承载能力之下完成一切经济活动,且不能对生态环境造成难以修复乃至不可逆的破坏。

(三)绿色转型与可持续发展方式及路径

1. 产业维度层面

不论是否是资源型城市,产业都是一个城市生产力的主要载体与经济发展的重要支撑。因此,产业的绿色转型是煤炭资源型城市绿色转型的首要目标与现实难题。煤炭资源型城市依托自身的资源优势,在长时期的发展过程中,形成并逐步加深对传统资源开发产业的依赖性,产生了产业层面的"锚定效应"(经济发展与传统资源开发产业直接相关)。然而,由于煤矿的自然资源有限性与短期不可再生性特征,其产量与储藏量随着资源的开发而逐步减少,甚至面临枯竭的危险。在上述"资源困境"下,原有的资源依赖型城市发展方式已经不可延续,需要解决好支柱型产业由资源产业向可持续高科技、高附加值产业的绿色转型问题,方能实现煤炭资源型城市绿色可持续发展。

在产业的绿色转型路径中:① 要强化政府主导的制度变迁。要打破对原有发展路径的不可再生资源依赖局面,需要充分发挥政府这只"有形的手"的作用,冲击原有产业环境,促成产业转型升级。在产业升级过程中,中央政府和地方政府要共同助力,强强联合,并从更高层面着手,做好煤炭资源型城市顶层设计和统筹规划,规避地方政府因短期利益和本位主义所造成的局限性影响,将区域产业发展纳入国家整体产业布局框架,科学构建产业结构。② 建立产业扶持与援助机制。由于煤炭资源型产业沉淀成本较高(包括固定资本与短期不可转变用途的流动资本),资金流需求量较大。为实现产业的绿色转型,需要政府给予强有力的政策扶持,构建有效的产业扶持与援助机制,完善煤炭资源企业转型相关的金融服务体系,提供资金支持。③ 加大人力资本积累。人才竞争是未来经济竞争的根本与落脚点,而煤炭资源型产业内的劳动者个人知识水平普遍不高,造成劳动力文化水平偏低,高级技工比例较低,而煤炭资源型城市实现绿色转型需要大量的高素质人才,这就要求煤炭资源型城市强化对人力资本的积累。不单单要强化原有劳动者的技能培训,实现产业绿色转型过程中的再就业,维护社会稳定,还要积极实施人才引进,提高本地高素质人才比例,并推行有效的人才挽留政策。④ 建立新的协作模式。在煤炭资源型城市长期发展过程中,煤炭资源型企业已同政府间形成了紧密的协作关系,在绿色转型的要求下,原有的协作关系普遍存在效率低下、有限资源依赖性严重的问题,不再适宜产业绿色转型的发展需要。因此,在转型过程中就需淘汰固有的政企协作模式,既要发挥企业的自主性,又要发挥政府统筹产业发展的作用,使产业更好地适应市场需要,形成高效的协作发展模式。

2. 生态维度层面

煤炭资源型城市经济和社会的发展长期依赖自然资源,然而煤炭资源的大规模开发和粗放式利用给城市发展带来了严重的自然环境问题。生态成本的提高以及资源环境的约束成为阻碍城市经济发展的主要原因。煤炭资源型城市绿色转型的核心就是处理好经济发展同生态环境间的关系。因此,转变煤炭资源利用方式,加强生态环境保护和建设,是资源型城市绿色转型的必由之路。

煤炭资源型城市实施生态保护和建设:① 要实行绿色开采,同时建立资源开发的生态环境破坏预防性机制;② 要注重资源的集约利用,构建循环经济体系;③ 在资源开发过程中,要构建完善的生态环境修补及预防机制,保障煤炭资源型城市生态存量;④ 要完善煤炭资源型产品价格形成机制,处理好矿产资源的收益分配机制与产权体系两者间关系;⑤ 要构建完善的煤炭资源型城市的经济绿色转型考核机制,科学地评估和规划煤炭资源型城市的绿色转型进程。

3. 科技创新维度层面

煤炭资源型城市经济增长的主要驱动因素从煤炭资源依赖向科技创新驱动的转变已成为必然趋势。然而,该区域尚存在整体科技创新意识落后,创新水平不高的现实问题,已然成为制约煤炭资源型城市绿色转型的一个重要因素。

在进行技术绿色创新的过程中:① 要改善技术创新环境,完善创新保障体系,提高投入资金使用效益;② 要构建科学成熟的创新主体激励机制,充分发挥社会大众的创新积极性;③ 要坚持技术绿色创新的导向作用,积极发展并引导绿色产业;④ 要完善对技术绿色创新有益的制度和政策体系。

煤炭资源型城市绿色转型从根本上可以解释为经济绿色转型,其以产业转型为核心,重点放在民生与生态环境问题解决之上。在产业绿色转型方面,有以下两种路径:① 升级式——在原有主要产业基础上进行结构升级,向产业链高端延伸;② 嵌入式——放弃原有主要产业,嵌入式地发展新产业。

(四)绿色转型与可持续发展时机选择

根据煤炭资源开发利用情况,可将煤炭资源型城市的转型简要划分为"产业成长期的主动转型"与"资源枯竭期的被动转型"两种转型模式。依据国外已有经验,随着区域不可再生型资源长年开采,以煤炭产业为主导的老工业基地往往已进入资源枯竭期,经济发展速度放缓,甚至出现衰退现象,且伴随着城市发展停滞、大量从事煤炭开采工作的劳动力失业,城市发展不得已采取转型,我们将这种模式定义为"被动转型模式";也有一些国家或城市,从煤炭等不可再生型资源的开发初期,就选择了以绿色理念为指导的创新驱动发展模式,我们将这种模式定义为"主动转型模式"。例如,20 世纪 60 年代,挪威开采化石能源的同时结合人力资本积累与科学技术创新推动非资源关联型的产业蓬勃发展;20 世纪初期,美国选择了知识、技术密集型的矿产资源开发与加工道路,有效规避了对不可再生型资源的损耗与自然环境的破坏。

然而,并不是所有地方都能做到"主动转型"(即从矿产等不可再生型资源开发利用初期步入"绿色发展"道路)。对于经济水平落后、资本集聚转换能力弱、人均收入水平低的发展中国家与区域而言,区域发展初期往往需要通过资源依赖性强且粗放的发展阶段,以快速解决当地人口的基本生活需要,达到一定的经济、产业、人力等资本财富集聚水平,在此基础上,运用初期所积累的资本积累使原资源型城市向非资源依赖性、多要素驱动性、技术推动性的"绿色发展型"城市转变。总结来说,煤炭资源型城市绿色转型模式,是一个不断寻找较优的模式而非选择最优直接转变的模式。

第二节 煤炭资源型城市绿色转型与可持续发展措施

一、产业结构优化与煤炭资源型城市转型

根据资源型地区产业结构的分析,可以确定产业转型的四个方向:① 从第二产业低端向高端提升,实现第二产业水平的提高,比如可以发展装备制造业、加工制造业等,扩大对制造业的投资,提高制造业在第二产业中所占的比重。② 从第二产业向第一产业转型。可以将工业化的经营理念用于农业生产,将工业发展积累的资金用于农业,发展大规模的现代农业,实现农业的规模化、集约化经营。③ 从第二产业向第三产业转型。可以选择发展生产性服务业或者生活性服务业。生产性服务业包括物流业、信息咨询产业、研发设计等;发展生活性服务业包括开发旅游业和餐饮产业,或优先发展具有制造业和服务业融合特征的文化创意产业。④ 选择发展新兴产业。包括发展高新技术产业,发展全新的产业形态和产业分工方式,比如发展新能源、生物、节能环保、新一代信息技术产业等,不断优化产业结构,形成多支柱型的现代产业结构。围绕四个方向,可以确定四个基本途径。

(一)从散点式产业到链条式产业

在一个产品生产加工的过程中,这个产品从最初的自然状态到成为最终产品再抵达消费者手中这个过程所包含的每个环节构成一个完整的生产链条,由多个相互链接的产业所构成的完整的生产链条,就是产业链。资源型地区要依托资源优势,在原有的资源开发的产业链的基础上,不断延长产业链条,增加产业附加值。有如下两个方向。

1. 纵向产业链延伸

发展以资源产业为基础的纵向延伸的产业链,大力发展资源深加工、材料深加工和装备制造等产业,实现纵向产业的一体化,推进上下游产业协同联动发展。比如,山西在转型过程中就充分体现了产业链的纵向延伸,提出要立足煤、延伸煤,发展壮大以煤为原料的下游产业,不断延伸煤基产业链。将煤炭资源转化为电力资源,电力可以帮助发展铝材、建筑行业;同样,可以将焦煤转化为焦炭,焦炭支撑钢铁行业发展,钢铁再支撑材料加工、装备制造,等等。其他以煤为原料的化工行业,更可以发展出数百种化工产品。这样的发展模式,可以更好地保持和发挥地区的资源优势,加强产业之间的技术联系,可以压缩生产成本,有效地提高产业的综合经济效益。但是这种产业模式的缺点是,产业链的上下游存在明显的供需关系,彼此之间的利益关系紧密,容易受经济环境的影响。

2. 横向产业链拓展

将资源型产业延伸到与资源开采、加工相关的其他产业,这样就可以形成横向产业链条。比如,山西将单纯的煤炭资源开采和加工拓展为煤炭物流、煤机制造、煤炭环保产业、煤矿安全装备等横向产业链条。山西作为我国重要的商品煤生产基地,可以依靠巨大的煤炭运输市场和完备的交通运输网,依照北煤南运、西煤东运的方向,发展煤炭洗选、配煤和

煤炭物流产业,形成煤—路(公路、铁路)—港(东部港口)—航运的产业链条。山西作为我国最大的井工矿生产基地,也是全国最大的井工矿煤炭机械市场,可以依托重型机械技术优势和分散在国有煤矿集团的装备修造企业,通过重组联合和技术改造,发展煤炭机械制造产业,并优先用于本地煤炭生产企业。

（二）从环节式产业到网络状产业

产业网络的发展不断推动着产业的融合,产业结构的融合也会促进新的产业网络的形成,这种产业结构是推进经济转型的新型组织形式。比如,电子商务的发展把供应商、生产商、消费者整个网络贯通,融合了物流业、金融业、电信服务商和电子商务商等。苗明杰认为,产业网络不仅有利于知识创新,而且能够创造全新的价值提升模式。网络组织是通过知识的创新来实现其价值创新的,这样的价值创造形式与传统产业价值产生的形式有很大的不同,这样创造的价值具有边际收益递增性、顾客参与性和非均衡性等特性,价值创造的过程表现为资源整合、市场整合、能力整合和战略整合的过程。这样的网络组织在旗舰企业的引导下,可以将成员们的核心能力聚集起来,发挥组织协同效应,从而可以增加组织的竞争力,获取网络租金。这种租金既包括实现市场均衡状态时的帕累托租金（P 租金）,因市场垄断力量而形成的垄断租金（M 租金）,也包括因创新活动带来的、具有垄断性质的熊彼特租金（S 租金）,以及因资源的异质性导致资源供应程度不同,限制资源供给或短期内资源供给刚性而产生的理查德森租金（R 租金）。这样的产业网络思维,对于帮助资源型地区改变产业分散、产业链缺损、产业间缺乏经济联系的现状具有重要意义。

资源型地区转型应充分运用最新的技术成果,依托产业园区、科技创新园、新兴产业集中发展区,以物资供需网络、技术关联方面、知识创新联盟、金融资本关系、产权交易关系为纽带,形成资源型产业循环经济集群、资源材料综合利用产业集群、资源型产业制造加工型产业配套集群、模块化和柔性化高端制造集群、研发—制造—营销—服务—金融—物流产业网络、文化—创意—制造—营销—服务虚拟产业网络,最大限度地获取帕累托租金（P 租金）、垄断租金（M 租金）、熊彼特租金（S 租金）和理查德森租金（R 租金）,从而形成产业结构的核心竞争力。用组织创新加速带动知识的创新,整合企业资源,提升价值创造能力,从而促进资源型地区的产业结构变得合理化、高级化,提升区域经济整体竞争力。

（三）从自然资本优势产业到人力资本优势产业

资源型产业的典型特征就是充分依赖自然资源,本质上是资源红利向人类财富的转移和转化,受到资源取之可竭、用之可尽的客观条件的限制,资源型产业有其严格的生命周期。而服务业（当然也包括以提供知识产品为主的科技服务业）,主要的生产要素是人的知识和劳动,又以知识和劳动作为产品载体,本质上是人口红利向人类财富的转移和转化,与自然资源不同,不管是脑力和体力都是可再生的,因而不存在明显的生命周期,可以成为永不衰落的"朝阳产业"。

加拿大学者格鲁伯（Herbert G. Grubel）和沃克（Michael A. Walker）指出,服务业无形的产出体现为"产业结构的软化"程度。资源型地区发展服务业至少有五个好处:服务业发展成本小,对环境的危害也小,经济效益和生态效益都良好;就业机会多,能够有效缓解资源型城市下岗人员再就业的压力;优化税收结构,增加财政收入,增强地方可用财力;优化资源型地区的产业结构,完善生产性服务业体系,降低生产成本;充分发挥市场的作用,方便居民生活。

我国资源型地区发展生产性服务业的措施有：

（1）制订科学的计划，充分发挥资源型城市的核心作用，科学规划资源型城市服务业的发展与空间布局。资源型城市在资源型区域处于中心位置，包括知识中心、金融中心、生活中心和服务中心，要优先发展生产性服务业。通过制定合理的城市规划和产业政策，引导资源加工和传统制造业从城市中心退出，布局信息、金融、研发、物流、广告等现代生产性服务业在城市中心发展，促进高端服务业在城市中心的空间集聚。

（2）推动资源型企业实现"主辅分离"，发展社会化、专业化的服务业。在资源型城市中，传统的资源型企业大部分是国有大中型企业，受计划经济的影响比较大，布局产业发展多为"大而全""小而全"，难以分清主体产业和辅助产业、生产型组织和服务型组织。这样的组织结构就造成了劳动生产效率低下，而且使生产型服务业处于"小老树"的不良发育状态。所以应该不断推进改革的步伐，加快主辅业分离，将人力资源和资产资源分开，把属于产前的研发、设计环节，产中的物流配送、信息管理、节能环保等环节，产后的营销、服务环节等交给专业团队运营，建立规范的公司法人治理结构，形成专业化、社会化的产业形态。

（3）深化改革，扩大对外开放的程度，整合服务业资源。受体制原因和产业特点的影响，资源型地区的服务业大多数分布在大企业特别是国有企业和集体企业、行政事业机关及学校的附属单位、社区和社会单位之中，应当加快服务业体制改革，通过引进先进国家和国内先进地区的大型服务业企业，运用资本、技术和管理等方式，通过收购兼并、合资合作、团队托管、租赁经营等形式，整合分散的生产性服务业资源，在发展服务业的同时要注重培养合适的经营人才、管理团队。同时，引导各类金融机构、投资机构和民营资本以各种融资方式支持资源型服务外包产业发展。

（4）制定相关的优惠政策来支持生产性服务业发展。在土地方面，将搬迁或停产工业企业腾出的土地和旧城改造中储备的存量土地优先发展服务业；支持以划拨方式取得土地的单位利用工业厂房、仓储用房、传统商业街等存量房产、土地资源兴办信息服务、研发设计、创意产业等现代服务业。在研发支持方面，如果服务业企业开发新技术、新产品和新工艺所发生的研发费用不构成无形资产并计入当期损益，可以按规定扣除，研发费用将按一定比例增减，形成无形资产的，应当在无形资产成本中摊销，还应当免除或者减少居民服务企业技术转让所得税。在价格政策方面，现代物流、高科技服务、金融、运输、节能环保、电子商务和其他服务业可以实施与一般行业甚至大型行业价格相同的水电政策和措施。

（四）从资产专用易耗性产业到无边界增值产业

资产专用性强是资源型产业的一个显著特征，资产专用性会产生沉没成本或准租金。资产专用性越强，如果要改变原有资产的用途的直接成本和机会成本就越高，进入和退出的成本越高。同时，这样的实物资产也具有明显的可损耗性。这些特征阻碍了资源型产业转型，降低了区域经济效率。

（1）发展文化创意产业可以促进区域经济转型。将文化创意产业引入资源型地区经济转型的过程中，有助于提高制造业的文化附加值和品牌附加值，实现从纯物质技术制造业向文化创意制造业的转型；有助于制定符合文化习惯、传播规律和消费心理的营销策略，发展国际和国内市场；有利于文化增值产业、生产性服务业的发展和产业结构的优化；有助于挖掘城市文化内涵、塑造城市形象，增强资源型城市对外开放的吸引力。同时，文化创意产业的发展也是资源型地区积累人力资本和社会资本的有效渠道,有助于培育资源型地区的创新型、开放型的文化氛围。

（2）文化创意产业本身的优秀特性。文化创意产业在资源型地区的发展具有独特的意义:文化创意产业本身是一个绿色低碳产业,是一个低能耗产业,有利于缓解资源和环境的压力;文化创意产业是一个很有前景的朝阳产业,有望成为资源产业中最具潜力的替代性产业,与资源型产业的不可持续性形成鲜明对比;文化创意产业是一个具有反经济周期特征"抗波动"的产业,有助于帮助资源型地区应对较大的经济波动和频繁的经济周期。

综上所述,产业结构优化视角下的煤炭资源型城市绿色转型及可持续发展措施可分为"产业结构调整"与"产业形态调整"两方面。从产业结构的角度看,煤炭资源型城市绿色转型从二次产业结构比例大、重视重工业（重型重工业）、第一产业和第三产业不受重视的产业结构转变为一次产业稳定、二次产业优化、三次产业壮大的产业结构。从产业形态的角度看,则主要是从资源开采、材料加工业和与之相匹配的传统服务业转向高端精密制造业和与之相匹配的现代服务业,特别是处于"微笑曲线"两端的生产性服务业如研发和营销,以及适应城市人口集聚、分工细化、合作匹配、服务社会化等经济特征的城市服务业。从工业因素的角度来看,则是从资源和劳动力的密集投入到技术、资本和管理的密集投入。

二、生态环境治理与煤炭资源型城市转型

生态环境是人类生存和发展不可缺少的自然资本。自然资本可持续性是人类可持续发展及煤炭资源型城市绿色转型的前提和保证。大量理论和实践已经证明,为了暂时的经济发展而牺牲良好的生态环境,为大量的金钱而牺牲新鲜空气和干净的水等于饮鸩止渴,与拆东墙补西墙的做法无异。资源型区域的传统转型路径主要关注产业转型。然而,生态环境治理仍处于"先污染后治理""边污染边治理"的被动状态,生态可持续性并未成为转型的核心目标,这导致新旧不可持续因素叠加,形成了两难局面。在新的转型过程中,要自觉遵循尊重自然、顺应自然、保护自然、促进人与自然和谐发展的生态文明观,确立生态可持续发展价值取向,以循环经济为基本模式,转变生态管理模式为基本路径,最大限度地控制生态环境恶化为最低目标,把恢复自然资本的健康增长作为最优目标,为新的区域转型和可持续发展提供可靠的保障。

（一）先污染后治理转变为事前预防、事中治理、事后补偿

1. 事前预防机制

（1）完善资源价值补偿机制。现有资源产品的价格结构不合理,外部成本没有内部化,资源生产过程中破坏生态环境和污染环境的价值损失和管理成本不包括在价格上,这导致在经济上对生产者破坏生态环境缺乏足够的约束。深化矿产资源有偿使用制度改革,严格落实矿业权有偿收购制度,完善反映市场供求关系、资源稀缺程度和环境破坏成本的矿产资源价格形成机制。

（2）完善资源节约促进机制。实施阶梯资源价格,制定资源浪费惩罚性价格,鼓励资源节约,鼓励发展新型、现代服务业。

（3）完善生态环境影响评价机制,建立宏观重大决策环境影响评价体系,扩大公众参与环境影响评价的范围。

（4）完善主体功能区规划。根据开发模式,将土地空间划分为优化开发区、重点开发

区、限制开发区和禁止开发区。

（5）建立生态保护的激励机制。建立地方政府生态保护与建设绩效评价体系,建立生态发展激励基金,制定地方性法规,明确生态激励的方式,确定合理的激励和补偿标准。

2. 事中治理机制

（1）完善治理责任机制。根据"谁发展谁保护,谁破坏谁恢复,谁污染谁支付,谁治理谁受益"的原则,负责保护和治理生态环境的主体被明确界定。

（2）创新生态环境保护投资机制。加强政府在公共生态环境中的主导地位,加强企业在资源开发和环境影响范围内的环境保护投资,制定有利于生态环境保护的绿色投资和绿色信贷政策,引导银行、企业和社会投资生态环境保护。

（3）建立环境公益监督机制。扩大公众参与环境监管的范围,并通过公共媒体、互联网自媒体和公众代表视察加强公共外部监管机制。

3. 事后补偿机制

（1）实施不同类型的补偿机制。按内容可分为资源补偿和生态环境补偿。资源补偿是通过权利和奖金的征收来实现的。按照时间顺序,它可以分为预防性补偿、即时性补偿和恢复性补偿。根据补偿形式,它可以分为实质性补偿、功能性补偿和价值性补偿。

（2）完善环境权救济机制,逐一推进公益诉讼便利化。我国民事诉讼法规定了环境公益诉讼的程序和主体,这使得环境公益诉讼成为可能。然而,由于制度设计不完善、诉讼主体的局限性、诉讼成本高、证据证明困难、损害鉴定困难等原因,近年来接连发生的重金属和水污染事件不能被归咎和追究责任,环境公益诉讼实际可操作性亟待提高。

（二）生态无偿消费转变为生态产权交易

我国长期以来,环境产权制度缺失,环境被认为是无经济价值无权利边界的公共物品。常修泽认为,由于受"狭隘产权观"和"产权实物观"的影响,环境领域一直也没有明确地提出产权概念,普遍认为对于环境这种无形之物可以"无价"或廉价获取,于是环境产权制度成为一个被忽视的问题。应当从产权界定、交易和保护等方面完善环境的产权制度。

如图 4-1 所示,如果没有环境产权,产出仅有私人成本,则产量为 MR＝MC 的那一点确定的 Q_P,超额利润为 PE_PBD,利润空间较大;如果存在环境产权,产出要支付社会成本,则产量为 MR＝MC 的那一点确定的 Q_S,超额利润为 PE_SAC,利润空间就回到正常,不仅会大大减小企业环境污染的概率,也能够促进资源节约。

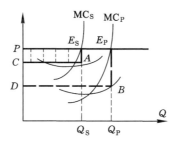

图 4-1　环境产权对价后的资源性产品生产者收入

（三）循环经济：资源型产业经济-生态双重效益机制

循环经济不仅是一种新的经济发展模式，也是一种新的生态治理模式。对于高能耗、高物耗、废料集中、生态环境脆弱的资源型地区，大力发展循环经济不仅有坚实的物质基础，而且有明显的成本优势和经济效益，还有可观的生态效益。在不断延伸的循环产业链中，趋于封闭物质和能量流动将有三种渐进的经济现象。

（1）循环共性的关键技术不断突破并在实践中得到应用，没有使用价值的废物不断开发出新功能或成为新材料的原料，从而实现资源化利用。

（2）由于新材料和新功能的发展，将会创造一个或几个新产业，从而形成新的经济增长点。

（3）由于新技术和新材料的应用以及新产业的培育和增长，传统的资源型产业正在逐步进行技术改造，完善产业链，进一步实施产业替代，逐步形成新的产业结构，从而加快了资源型经济的转型步伐。

1. 生产环节完善产业链，构建微观循环经济

在资源开发过程中，应改进开采技术和设备，加强共生和伴生矿产资源的开发利用，提高资源利用率，特别是稀缺资源的利用率。在资源加工利用过程中，以采矿、分类、提纯、添加和合成等新工艺和新技术为切入点，提高科技创新能力，不断提高资源综合利用水平。在废物和可再生资源的利用方面，大力发展"静脉产业"，利用先进适用的技术将生产和消费过程中产生的废物转化为可重复使用的资源和产品。

2. 从生产系统和经济系统层面进行闭环运行，构建宏观和中观循环经济

全面实施企业、公园、社区、地区等多层次循环经济模式，加快形成覆盖全社会的资源循环体系。

（1）循环经济可以从企业内部循环开始，实现资源和能源的充分利用以及废物的回收。

（2）与企业之间的供求关系进行产业耦合，再次消化废物，尽一切可能"吃干榨净"，建设园区内部循环。

（3）逐步从园区扩展到社区层面，从生产扩展到消费和流通，形成社会与企业的良性互动。

（4）在局部流通的基础上，企业、园区、社区等形成的"微循环"通过基础设施建设、政策协调和利益导向渗透，形成整个区域的大循环。

3. 变劣势为优势，大力发展节能环保产业

通过政策创新和技术创新，将资源型产业和资源型经济的劣势，如高能耗、高材料消耗和严重污染，转化为发展环保产业和生态经济的市场优势。其主要包括节能、资源回收和环境保护领域的技术、设备、供应品和服务，一般包括节能技术和设备、高效节能产品、节能服务行业、先进环保技术和设备、环保产品和环保服务。

三、人力资本转型与煤炭资源型城市转型

科学技术创新视角下，人力资本转型是煤炭资源型城市转型的重要内容，其对于资源型地区有三个明显的好处：

（1）从科技创新的发展角度出发，一个地区的人口教育水平基本上可以决定当地科学技术水平及其创新概率。根据人力资本理论，我们可以了解到科教拥有两种效应，一种是

"知识效应",另一种是"非知识效应"。"知识效应"是当人们接受了教育之后就拥有了知识以及谋生的技能,所以,当人们面对新的工作机会时,可以运用自己所学的知识和技能来应对工作中出现的困难和问题,从而可以更好地适应工作,使高新技术产业的本土化生存成为可能;"非知识效应"是教育除了可以让人获得知识和技能,还可以帮助人们树立正确的价值观,确立规则意识,增强社会责任感,即在煤炭资源型城市绿色转型过程中,促使人们树立绿色转型意识,自觉淘汰落后的科学技术。

（2）从人是科学技术创新中最活跃的因素的角度出发,资源型地区要实现产业结构升级、转型、生产技术创新,就需要一定量的高素质的劳动力,而人力资本就可以为资源型地区提供所需的高水平的劳动力,为区域高新技术产业提供技术支撑,同时提高资源型城市绿色转型速率。

（3）从现代产业部门的形成的角度出发,人力资本的聚集会带来技术创新、知识创新、生产力水平提高,由此营造新兴高智力、高科技产业尤其是技术密集型区域产业发展氛围。

（一）人力资本结构转型

将人力资本的结构变得合理、多元、高级的过程就是人力资本结构转型的过程。一个地区的人力资本结构是由这个地区的经济结构和产业结构决定的。比如,煤炭资源型城市的经济发展是建立在对煤炭资源的依赖的基础上的,这样的产业结构就导致一些高素质、高水平的劳动力的流失;同时,这样单一化、简单化的产业结构也导致该地区的劳动力素质都比较低,劳动者的技能和知识结构都比较单一,造成了区域人才结构比较低端、单一。有研究表明,在资源丰富的地区对于人力资本的投资往往不够重视,这样就造成资源型城市的人力资本的数量以及质量低于平均水平。Gylfason研究发现,自然资本与教育花费、受教育年限、中学入学率呈现了典型的负相关关系,欧佩克国家青少年的入学率为57%,教育支出仅占国民生产总值的4%,而这两个指标的世界平均水平分别为64%和5%。

因此,煤炭资源型城市人力资本结构转型主要应从以下几个方面进行:首先是由培养开发传统资源型产业的人才转变成为培养开发新兴现代型产业的人才;然后是由培养低端技能实用人才转变为培养高科技研发人才和专业营销人员;最后应该加速培养现代产业的领军人才,带领现代型产业快速发展。

（二）人力资本作用机制的转型

因为人力资本研究的不断深入,人力资本和社会资本、心理资本的互动关系也越来越明显。人作为一个个体通过接受教育以及经验的不断积累逐步获得知识、技能以及社会认知的能力,这就是人力资本。每个人的人际交往、社会关系网络、不同的风俗习惯以及彼此间的相互信任,这些就是社会资本。个人对自身的评价、心理状态符合积极的组织行为,比如自信、乐观等心理状态,这些心理可以支配个人的工作动机以及对工作的态度,对于个体能够带来的价值产生影响,这就是心理资本。

由于煤炭资源型地区单一的产业结构,所以造就了劳动者单一的知识技能结构,而且因为资源型城市计划体制的封闭性,有许多的职工子承父业、工友之间相互联姻,职工的家庭生活和社区生活与企业形成较大的重叠区域,所以就导致在人力资本方面,劳动力知识单一、技能同构,在社会资本方面,劳动力的交际封闭、长期处在一种熟人社会中,在心理资本方面内心自卑悲观、不想创新等等,这样的人力资本、社会资本、心理资本相互叠加,在企业职工的身上相互作用,就形成了与资源型城市转型相悖的观点、态度,这样的价值观十分不利于资源型地区的产业转型。

因此,在资源型地区转型过程中,最重要的是加强对人力资本的开发和利用,不断改进和优化人力资本结构,在充分发挥人力资本的基础上,将人力资本和社会资本、心理资本结合起来,逐步改变单纯发挥人力资本作用的机制,形成三者相互作用、相互渗透、相互促进的机制。对于资源型城市也应该给予社会资本和心理资本足够的重视,注重培养城市居民特别是企业职工的社会资本和心理资本。培养社会资本,可以在企业关系网络、社会习俗与社会信任等方面,这样可以帮助资源型城市更好地转型。企业关系网络体现在企业的部门和员工的关系以及企业与外部的世界相互联系和作用的关系之中,通过这个网络关系可以使得员工和企业进行价值共享,使得员工和企业一直都处在一种和外界良好互动的状态之中,从而可以实现信息、资源等方面的交换。社会习俗可以用一种不是非常正式的制度机制使得政府和企业、企业与员工之间建立一个较低成本的沟通渠道。社会信任可以帮助人们直接消除隔阂,消除彼此的偏见,缓解价值观之间的冲突,从而降低职工和居民对于改革产生的不适感,为转型争取到更多的社会支持以及民意基础。通过培育心理资本,可以使企业的职工形成一种积极的、乐观的、乐于合作的心理状态,从而可以减轻因为企业转型和制度变迁带来的矛盾冲突和利益摩擦,反而使企业的职工会支持产业结构转型,乐于和政府、企业一起参与转型。学习国外的煤炭资源型城市成功转型的经验,我们可以发现,像德国、日本等国资源型地区转型的过程中,都将对居民和职工的宣传引导、心理辅导摆在十分重要的位置上,十分重视政府与企业之间的交流和沟通。

(三)人力资本形成及配置机制的转型

依据舒尔茨的观点,人力资本形成的途径包括智力经验方面的教育、培育和迁移等,还有体力方面的医疗和保健等。本书着重研究智力方面的形成机制,这就要求资源型地区转变人力资本形成和配置机制,加快形成人力资源多元开发、合理配置的科学体系。

1. 国家应该增加对教育培训和人力资源开发的投资力度,综合协调发挥学校、企业、科研院所和社会机构对人力资源的开发作用

(1)不断优化和调整教育结构。为了更好地满足资源型地区转型的需求,必须优化高等院校的专业结构,开设与新兴产业相关的专业,加快对高科技研究型人才的培养;还应该加快发展职业教育,培养出大量适合新型产业的劳动力,不断提高劳动力的素质和水平,培育企业的研发能力;建立和完善多种学制、多种形式的学习方式,在全社会树立终身学习的观念,建设学习型社会。

(2)建立和完善人才战略计划。要将人才培养的重点放在选拔、培养、引进现代新型产业的企业家、研发人员,尤其是要重点培养既可以搞研发又可以搞创业、既懂科学技术又懂市场经济的综合性人才。

(3)建立政府免费培训、社会机构有偿培训、企业一边干一边学、科研机构项目培训的全社会、全方位、多层面的学习培训机制,鼓励和支持企业建立关于新兴产业的继续教育基金,用于企业对人才的管理以及对专业技术人员和技术工人的终身培训。

（4）建立强制性、义务性的就业培训制度。对于资源型城市来说，城市中的资源型企业众多，企业的职工数量庞大，为了资源型地区更好地转型，必须开展多种形式、多种内容的培训活动，而且这种培训活动应该是带有强制性的，所有具有就业能力的居民都应该接受培训，从而更好地增强就业能力。美国、加拿大、澳大利亚、欧盟国家等都将对职工和居民的就业培训摆在了优先发展的战略地位上，将城市的产业转型和职工的就业培训结合起来。

（5）政府在开发自身的人力资本的同时，应积极支持社会组织和企业的人力资本开发。

2. 加快建立高效的、统一的、城乡不断融合的劳动力市场

（1）不断完善人力资本价格的形成机制，充分发挥市场在人力资源配置中的决定性作用，建立人力资本价值的评估模式，这种模式应该充分反映不同劳动的难易程度，充分体现教育投入的价值，探索建立多种分配方法，比如知识产权入股、经理人持股、岗位分红权激励、期权激励等，允许和鼓励品牌、创意等参与收入分配。

（2）建立与全国对接，可以辐射到整个区域的人力资源市场，将城市和乡村的人力资源市场融合起来，促进城乡融合，推进户籍制度改革，提高社会保障水平，促进人力资源可以跨区域自由流动。

（3）推进人力资源公共服务体系的建设，保障对人力资源服务的专业化、社会化，能够提供专业的服务与指导，从人才信息、中介猎头、档案管理、合同签订、权益保障、薪酬指导、职称评定、职业规划、创业咨询等多个方面提供服务。

（4）建立具有多个层次的劳动力市场，积极寻求、开发和交换就业信息，利用资源型城市老工业基地专业性强的优势，大力发展特色劳务性派遣和专业服务外包。

（5）转变人才引进的观念和使用机制，对于城市转型亟须的人才，可以本着"但求所用、不求所有，但求所为、不求所在"的原则，采用多种多样的实用的形式、灵活有弹性的激励机制，大胆引进所需要的人才。

四、社会关系完善与煤炭资源型城市转型

我国煤炭资源型地区形成的"四矿"（即矿工、矿山、矿区、矿城）的实质是煤炭资源型地区城乡、城市企业和乡镇企业的协调发展和全面发展问题，核心是煤炭资源型城市如何在功能转型过程中以城市带动乡村，完善城乡社会关系，以工补农，实现城市与企业的共生与城市和农村协同发展。

煤炭资源型地区的转型应着眼于重塑城乡关系、城市企业关系和乡镇企业（矿）关系，完善城乡统筹发展的路径设计，着力解决城市、乡村和矿区的多重二元化问题，促进煤炭产业和城乡关系的转变。特别是在工业化、城市化与农业现代化同步发展的理论框架下，促进城市功能转变和城乡一体化，培育和加强城市化进程中新兴替代产业，使产业转型得到城乡广阔市场的支持，从而实现真正的产业集聚，避免产业和城市的"空心化"。

（一）城乡一体化发展

人民日益增长的美好生活需要和不平衡不充分的发展之间的矛盾是我国当前的主要矛盾。区域发展不平衡，城乡发展能力不均以致两者经济差距较大，两者关系亟待完善。陕西神木和内蒙古鄂尔多斯作为资源型地区，分别在县城和市区探索城市和农村关系完善的实践和机制。

1. 神木模式

神木县是陕西省第一个全国百强县,也是城乡一体化试点城市。神木县作为典型的资源富集县和陕西老区县,不仅存在城乡二元的现象,而且存在"三富三不富"(财政富老百姓不富、少数人富多数人不富、北部有资源的地方富中南部黄河沿岸不富)和"四个不同步"(增长速度与发展质量不同步、经济建设与社会建设不同步、精神文明与物质文明不同步、干部素质与社会发展不同步),三个差距(城乡差距、贫富差距、地区差距)非常明显。

思路:在城乡发展的基础上,神木县采取工业化富农、工业化发展农业、城市化繁荣农村和农民市民化、农业生态化、农村集约化的"3+3"模式,工业集中在园区和重点城镇,土地向适度规模经营发展,推进城乡产业互动发展,城乡基础设施共建共享,统筹推进城乡基本公共服务。

具体做法:

(1)工业化富农,让更多农民成为市民。按照"依靠煤炭、延伸煤炭、跳出煤炭、超越煤炭"的发展思路,做好支柱产业、强化高端产业、特色精细农业,大力发展现代服务业,重点建设一批大型转型项目,培育新的经济增长点。

(2)发展农业产业化,实现农业生态化。用工业化理念发展农业,用工业化理念管理农业。

(3)通过城镇化繁荣农村,实现农村集约化。要高标准建设人口集聚区,构建以"县镇、乡镇、示范村"为主体的新型城镇化发展模式。

(4)全面推进"城乡规划、产业布局、基础设施、劳动就业、生态环境建设与保护、公共服务、社会管理"七位一体。

(5)把改善民生作为统筹城乡发展的立足点。

2. 鄂尔多斯模式

鄂尔多斯是近年来我国资源型地区地市级城市行列中经济发展速度快、产业转型快、城乡统筹发展效果好的代表。

思路:坚持将"工业反哺农牧业"、"城市支持农村牧区"和"多予少取放活"作为指导方针和重要依据,大力实施"三化"互动战略,实现了以"三农(农业、农村、农民)三牧(牧业、牧区、牧民)"为内容的农业现代化与工业化、城镇化的协调耦合,密切工业化、城镇化与周边的农村牧区、农牧民和农牧业之间的联系,产生巨大的关联效应。在人口转移、增加农牧民就业、促进农牧业技术进步、培养农村牧区人才、创新农牧业管理机构、资金扶持农牧业等方面进行了积极探索,城市化、工业化和农牧业实现了均衡增长。

具体做法:

(1)调整国民收入分配结构,加大公共财政对"三农三牧"的扶持力度。

(2)大力调动农牧民,致富农牧民。深化以草场牧场流转为核心的改革,实施"就业工程"、"保障工程"和"住房工程",建立健全社会保障和社会保险制度,真正对被流转的农牧民给予"市民"待遇。

(3)着力建设百万人口的区域中心城镇体系,增强产业集聚能力、人口集聚能力和集约发展能力。

(4)着力解决人民群众最关心、最直接、最切合实际的利益,如就业、增加收入、保障住房和社会保障。

（二）农村与企业（矿山）互惠

企业和矿山是煤炭资源型地区参与新农村建设、促进农业现代化的重要力量。农村是企业和矿山低成本劳动力的储备库，是资源不断储备的银行，是商品消费的大市场。在资源型地区政府财力不足的情况下，完善企业与农村的社会关系，可以为新农村建设输血和造血，同时，可盘活农村剩余劳动力和闲置资源来促进企业的可持续发展。

遵循政府引导—企业履责—农村受益、市场原则—资源（要素）交换—企农互惠等两个逻辑链条。其中，前一个链条是非经济逻辑链条，属于道德规范和经济伦理范畴，其核心在于敦促资源型企业履行其社会责任，在占用和索取资源的同时，有必要承担资源开发所造成的生态破坏的社会责任；在获得资源溢价的同时，与当地农村居民分享社会福利，承担当地农村公益事业的费用，也是中国特色社会主义企业的道德价值和社会意义，值得总结和倡导。然而，这些行动范围应该受到限制，前提是不损害企业的核心利益，否则这是对企业利益的不合理掠夺，很难继续下去。后一个链条是经济逻辑链条，其核心是在公平和平等原则下促进农村和企业的要素和资源的交换和交易。最直接的方法是通过培训将农村剩余劳动力送入乡镇企业，在为企业提供劳动力的同时，也促进了农民的非农就业和城镇化的发展，通过农村整体搬迁和全面城市化，农村地区拥有的闲置资源被用于企业为农村建设基础设施、兴办社会事业，资源被给予企业开发利用，促进了企业的可持续发展。

（三）区域政策完善

为了实现煤炭资源型城市可持续发展，需要增强政府的承载能力以保障区域可持续发展，以资源型区域的可持续发展能力提升为核心，通过政策创新引导煤炭资源型城市绿色转型，将煤炭资源型城市从传统的"财富外流"的"灰色"发展模式转变为理想的"财富集聚"的绿色发展模式。在消耗煤炭资源的同时，通过将矿产开发所获取的收益"固化"转换为人力及其他物质资本财富等，协调社会利益主体间关系，保持原煤炭资源型城市真实财富稳定。煤炭资源型城市区域政策完善，就是以增强区域真实财富集聚能力为目的的制度创新。

煤炭资源型城市绿色转型的区域政策完善立足于可持续发展理论中的真实财富、可持续发展理论。其中，弱可持续发展理论以自然资源与物质、人力资本等其他价值形态间的可相互替代性为突出点。依据哈特维克的研究结论，只要将矿产开发过程中得到的资源租金用于投资，实现资源财富向人力以及物质资本财富的转移，就可以保证代际间居民的公平消费，协调好社会不同代际间利益关系，实现社会资源财富的代际可持续。

煤炭资源型城市绿色转型的区域政策完善，内容可简要分为物质资本财富、生态资本财富以及人力资本财富集聚政策完善等。其中，生态资本财富集聚政策完善可通过绿色开采、资源集约利用、生态环境补偿等制度完善以实现；物质资本财富集聚政策完善，需要将资源开发所得收益主要投入区域基础设施改善，提升当地基础设施水平，通过产业多样化提高社会经济发展活力；人力资本财富集聚政策完善，内容主要为将资源开发获取的收益投资于研发、教育、医疗卫生等社会保障方面，促进人力资本集聚的同时，推进社会不同受益主体间利益的公平分配，缩小区域收入分配差距，削减社会矛盾，保障煤炭资源型城市绿色转型发展。

第三节　煤炭资源型城市发展阶段划分与绿色转型

一、自然资源生命周期理论

生命周期理论应用广泛,常出现于政治、经济、环境等诸多领域。通俗来讲,其基本内涵可以解释为"从发生到结束"的整个过程。对于某类自然资源而言,也可以抽象为生命体,其生命周期需要经历形成期(探查、开采)、成长期(加工、运输)、成熟期(利用、循环)和衰退/蜕变期(封存、淘汰、革新)四个时期。由于自然资源对于区域及国家发展建设起着物质基底作用,其生命周期受到社会各界广大关注。

(一)自然资源生命周期理论内涵及发展历程

早些时候,自然资源生命周期理论以产业生命周期理论的形式为部分经济学家发现。例如,西蒙·库兹涅兹从发展经济学角度将多条不同类别产品的产量和价格的长期趋势线通过 Logical 曲线和 Gompertz 曲线拟合出来,初步证明产业发展存在规律;雅各布·范·杜因通过对产业整体的研究,得出产业到成熟期需要经历一个 S 形增长模式的结论。在此基础上,20 世纪 80 年代后学者们在产品生命周期理论的基础上对自然资源生命周期理论进行了研究。

1. 产品生命周期理论

1996 年,Raymond Vernon 于他的《产品周期中的国际贸易》一文中首次提出产品生命周期理论,该周期总共包含三个阶段,即创新阶段或新产品阶段、产品成熟阶段以及产品标准化生产阶段。1975 年与 1978 年,Abernathy 与 Utterback 分别对该理论进行了丰富,在大量案例的基础上,A-U 模型(基于技术创新的产品生命周期理论)应运而生。在首次引入产出增长率的条件下,该模型将产品生命周期基于技术创新的动态特征以及市场需求的变化划分为不稳定、转换和稳定三个时期,为产业生命周期理论构建奠定了基调。

2. 产业生命周期理论

1982 年,Gort 和 Kelpper 两位学者首次提出产业生命周期模型——G-K 模型,他们将产业生命周期分为五个阶段,并在此基础上强调了来源与创新的重要性。在此基础上,1996 年,Agarwal 和 Gort 由产业生命周期的阶段性与厂商进入和退出的关系引出了危险率的概念,拓展了 G-K 模型的相关研究。

3. 自然资源生命周期理论

1997 年后,不少学者在产品及产业生命周期理论的基础上,开展了自然资源生命周期研究。例如,Schneider 等人基于生命周期理论,提出了资源生命周期可持续评估的结合模型。Sonnemann 等人则在前者的基础上引入了资源指标,使生命周期评估与资源获取、再利用等可持续性挑战相关联,进一步完善了自然资源生命周期理论。Tajvidi Asr 等人(2019)则基于自然资源生命周期理论,研究了自然资源中矿产资源的可持续利用。随着理论的完善,该理论被广泛应用于水、太阳能、风力等其他自然资源的研究之中。

(二)自然资源生命周期形态

自然资源生命周期理论将自然资源抽象为生命体,所以自然资源的形态(状态)不是固定的,而是存在一个明显的生命周期。通常情况下,自然资源生命周期主要依次经历形成期、成长期、成熟期和衰退/蜕变期四个时期,其形态可类比为 S 形曲线,具体如图 4-2 所示,图中 Q 代表自然资源的产出量,t 代表时间。

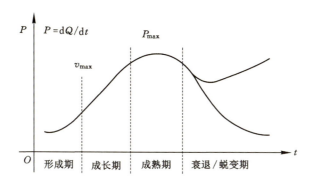

图 4-2　自然资源生命周期

（1）形成期:该时期自然资源产出量、产出规模、要素投入以及市场需求逐步增加,且增长势头不断增强。

（2）成长期:该时期自然资源产出量、产出规模、要素投入以及市场需求逐步增加,而增长势头逐步放缓,整体逐步趋于饱和。

（3）成熟期:该时期自然资源产出量、产出规模、要素投入以及市场需求饱和,人类社会对该项自然资源的利用到达顶峰。

（4）衰退/蜕变期:该时期自然资源的产出量、产出规模、要素投入及市场需求逐步下降,且就衰退情景而言,上述要素保持下降且呈现类 S 形曲线,而就蜕变情景而言,上述要素呈现出一个短期的下降期后再次回升,再次经历形成、成长、成熟的生命周期。

二、煤炭资源型城市发展周期与转型阶段划分

自然资源生命周期理论能够较好地阐释我国 262 个自然资源型城市的转型发展过程。其中,煤炭作为一种重要的自然资源,在我国资源型城市生命周期中具有不可忽视的作用。我国资源型城市中煤炭资源型城市发展过程必将经历开发、成长、成熟、衰退的周期性发展阶段,煤炭资源型城市经济也必将出现周期性的发展变化。西方学者 Lucas 和 Aschmann 等人提出了煤炭资源型城市生命周期理论;我国学者结合新中国煤炭资源型城市发展的实际特征,在其基础上继承和发展了煤炭资源型城市生命周期理论,将煤炭资源型城市发展历程分为成长期、成熟期、衰退期三个阶段(图 4-3),并结合一定的指标从煤炭资源产业产值比重、煤炭采掘业从业人员比重以及工业发展综合指数等三个角度分析判断煤炭资源型城市发展阶段,并对各生命周期阶段产业结构特征进行相对应的分析。

（1）成长期:从煤炭资源型城市开始开采煤炭资源到最大煤炭生产速率增长率（v_{max}）阶段,是煤炭资源型城市及其产业成长期。结合煤炭资源型城市的发展规律,此阶段一般有 20 年左右的历程。在此阶段中,煤炭产业逐渐形成一定规模、具有专门技术水平的从业人员,同时此时的煤炭资源型城市的煤炭产业对区域乃至全国经济发展都具有一定的影响作用力,也形成了专门化的生产技术及装备设施。

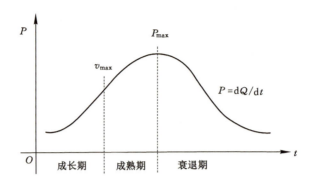

图 4-3　煤炭资源型城市发展阶段

（2）成熟期：从最大的煤炭生产速率增长率（v_{max}）时点到最大的煤炭生产速率（P_{max}）时点阶段。结合煤炭资源型城市的发展规律，此阶段一般有 20～50 年的建设历史。本阶段煤炭产业的特征表现为：煤炭产业逐步扩张，相关技术和管理日益完善，煤炭产量逐步趋于稳定，煤炭采掘业逐步成为城市经济发展的主导产业。

（3）衰退期：从最大的煤炭生产速率（P_{max}）时点到可采煤炭资源剩余量较低的时间段。结合煤炭资源型城市的发展规律，此阶段一般拥有 50 年以上的开发建设历史。受到可采储量的影响，采掘难度逐渐加大、成本逐渐增加，煤炭产业竞争力逐渐下降，煤炭产业开始逐步由兴盛走向衰退，产业的主导地位急剧下降。此后煤炭资源型城市要进入转型发展期，开始寻找新的主导产业取代旧的煤炭资源产业，使新的产业引领城市经济的发展，城市职能逐步发生改变。

各生命周期阶段所经历的时间也和城市自身的特征有较强的关联性，具体和煤炭资源储量和开发强度有一定的关系。

煤炭资源型城市生命周期理论对煤炭资源型城市产业结构调整具有指导性作用：因煤炭资源储量的制约，煤炭资源型城市的产业结构必须进行调整；煤炭资源型城市进行产业结构调整、推动转型发展的最佳时间是成熟期。结合我国的具体国情和城市发展的主要情况，很多煤炭资源型城市错失了最佳的转型时机，因此需要借助外部力量来加快产业的转型。外部力量包括国家出台的相关政策、政府改善的城市环境以及人才、资金和技术等必备要素的引进等。当然，这种情况也给正处于成长期和成熟期的煤炭资源型城市提出预警，使其适当选择最佳的转型产业，提前做好产业转型的准备。

煤炭资源型城市转型发展过程中，必须结合自身所处的生命周期进行合理的判断，正确认识到自身的转型发展时期，确定合理的转型发展最佳时间，合理布置自身的结构，正确推动产业结构的转型，优化产业结构。因此，生命周期理论是推动煤炭资源型城市发展的关键性理论，是掌握和判断煤炭资源型城市所处阶段的关键性理论。只有真正判断清楚所处的阶段，才能实现转型的更大的成功概率，才可以保证煤炭资源型城市的优化发展。

三、不同阶段煤炭资源型城市绿色转型要求

（一）成长型城市转型要求

成长型煤炭资源型城市开发处于上升阶段，资源保障潜力大，经济社会发展后劲足，是

我国能源资源的供给和后备基地。为促使其快速向成熟型城市过渡，要求如下。

1. 加快主导产业转型

在煤炭资源型城市发展的初期，资源开发才刚刚开始，开采量持续增加，经济增长势头强劲，主要以资源开采和初级加工为基础的资源型产业在整个城市经济中所占比例很小。随着基础设施建设和采矿设备的改进，资源开发和资源产品的生产能力不断提高，资源开发对该地区经济发展的巨大推动作用逐渐显现，该地区的国内生产总值呈现持续快速发展的趋势。例如，陕西省榆林市，在煤炭、油气资源发现前，榆林经济以农业为主体，第二、三产业发展缓慢。1984 年，在榆林发现了大规模煤炭和天然气资源，煤炭的预测储量为 2 714 亿 t，探明储量为 1 447亿 t，占全国探明储量的 12%；天然气探明储量为 7 474 亿 m^3，是我国大陆最大的整装气田。榆林由此逐渐改变了发展轨迹，从传统的农牧业转向以矿产资源为基础，经济增长迅速，GDP 从 1995 年的 45.79 亿元增长到 2022 年的 6 543.65 亿元，增加了 142 倍之多。到2022 年年底，榆林人均 GDP 达到 180 816 元，位于全省第一位，比陕西省省会西安市高出92 010 元。为促使成长型城市经济又好又快地发展，需要在该时期加强资源产业前期投入，为煤炭资源产业发展提供经济、技术以及社会支撑，增加产业发展基底，提升产业发展速率，从而使煤炭资源型城市快速向成熟期过渡。

2. 加快基础设施建设

在煤炭资源型城市发展的初期，未来主导产业（煤炭资源产业）刚刚起步，基础设施以农业服务为主，煤炭资源产业基础设施薄弱。为加快煤炭资源产业迅速发展，需快速集聚交通、劳动力、能源、资金等有利条件。煤炭资源开发基础设施作为区域产业发展的重要支撑，具有降低交通成本、劳动力成本、能源成本的特性，故其建设在煤炭资源型城市成长期中具有不容忽视的地位。例如，以呼伦贝尔和鄂尔多斯为代表的成长型城市，资源开发活动开始较晚，从空间分布看，边远地区居多，人口居住分散，各城市间距离较远，基础设施的整体水平很难满足大规模的资源开发活动。由于处于开发初期，投入成本大，产业进入门槛高，大多数城市的资源开发主要呈现大型国有矿企一家独大的所有制格局。为了充分发挥大型矿企在城市经济发展中的带动作用，城市的管理体制整体围绕矿企的资源开发活动需求。与此同时，这种发展模式加速推动了当地基础设施建设。

3. 推动城镇绿色发展，集聚人口、资金

随着资源开发活动的不断发展，大量的资金和人口正在加速城市的成长。为了满足大量移民对居住空间的多样化需求，地方政府需积极推动房地产业的发展，加快城市建设水平。在这一过程中，一些城市的冒进式发展趋势越来越明显，城镇建设远远超出了吸收就业的能力和基础设施的承载能力。新区建设、政府办公区搬迁、上千亩的人工广场和人造水系建设，这些多为提升城市品质的工程成片成片地毁掉民居和优质耕地，形成了大量失地农民与城市边缘人群。为解决上述矛盾，在成长型城市转型过程中，如何协调用地关系，制定长远且具先见性的城市及产业空间布局规划，协调人地矛盾成为城市绿色发展的重要要求。而构建人口承载与就业吸收相协调、煤炭资源产业与农业生态相协调的城镇绿色发展模式，将在有效集聚人口/资金的发展要求下，推动区域经济健康高效地发展，推动城市快速向成熟型过渡。

4. 完善煤炭资源开发利益分配制度

在成长中的城市，大型矿业企业，特别是中央企业，在资源开发中发挥着重要作用，加

快了资源开发的规模化和现代化。然而，由于利润分配机制没有理顺，中央企业与地方企业、政府和当地人民之间的利益冲突不断升级，影响了未来资源的有序开发。以内蒙古自治区内的几个成长型城市为例，央企和地方煤矿相比，同样采 1 t 煤留给县级地方财政的实际可支配收入相差 8~9 倍，而且对地方长远产业规划缺乏统筹考虑。许多能源产区地方政府都不甘心央企从地方廉价输出一次性能源产品，希望借开发之势发展附加值更高效的能源利用和深加工项目，保障地方的长远利益。主要产煤区希望控制更多的发电厂和高能耗项目，但从事能源一次性开采的央企基本上不考虑地方规划，许多地方的长期工业发展规划仍是多年的"蓝图"。在主要产煤区，一方面是外资的扩张和积累，另一方面是地方人民和地方政府之间的利益竞争。各利益主体间的利益分配不均往往将导致地方放弃资源的情况下进口能源开发和利用项目，致使城市转型存在外部能源依赖、内部资金外流、资源利用效率不高等不良恶果。为避免上述问题影响煤炭资源型城市健康发展，厘清企业、政府、外资三者间利益分配机制，制定动态且因地制宜的利益分配制度，成为成长型城市转型的重要要求。

（二）成熟型城市转型要求

成熟型城市资源开发处于稳定阶段，资源保障能力强，经济社会发展水平较高，是现阶段能源资源安全保障的核心区。为保证其绿色可持续发展，要求如下。

1. 积极寻找社会、生态友好型替代产业

经过一段时间的发展和建设，成熟的资源型城市已经逐渐繁荣壮大，已经建立了资源型产业的骨干企业，能够独立生产主要资源产品和产品的主要附属物，资源开采和支持生产的能力不断提高，经济实力不断增强，经济社会发展越来越重视技术进步和多元化发展，资源型城市对技术创新的需求不断增强，技术进步成为资源型城市经济发展的重要推动力。与此同时，随着资源产品产量保持稳定并逐渐下降，资源型城市经济发展的后续动力不足，需要寻找新的社会、生态友好型替代产业来支持整个城市经济的可持续发展，促使煤炭资源成熟型城市向绿色再生型城市转型。

2. 构建新的互利共赢发展机制

在长期的建设和发展过程中，成熟的城市和大型矿业企业已经形成了相互依存、相互融合、优势互补、共同发展的政企关系。特别是由于资源开发规模的稳定，确保了企业效益的稳定增长，从而刺激了当地经济和社会的可持续发展。在产业替代的发展思路下，原始的政企关系必将发生改变。为保持替代产业逐步主导地区发展的背景下城市稳步发展，需协调好新旧产业主体与城市间的关系，构建新的具备针对性的互利共赢发展机制。

3. 协调日益激化的资源型产业发展与生态环境保护的矛盾

成熟的城市经过长期的资源开发和初步加工，积累了一系列的环境污染和生态破坏问题，同时也迅速、大规模地利用了其独特的资源。在经济稳定增长的背景下，生态环境破坏问题制约着该地区发展的问题尚未得到政府和社会的重视，因此，生态环境形势呈现持续恶化的趋势。在绿色转型的城市发展要求下，需协调好两者间所存在的矛盾。例如制定具体的资源产业污染补偿及复垦责任制度、组建专门的生态重建及科研队伍等，保障城市转型过程中煤炭资源企业合理有序地发展。

4. 构建城市多中心集群发展

随着经济长期保持稳定快速发展，人口和工业持续增长的建成范围已经饱和，扩大建成区和建设新区已经成为城市发展的主要战略选择。在这种背景下,随着城市生活水平的提高,城市建设初期形成的工矿区分散布局的弊端逐渐暴露出来,生产和生活矛盾日益突出。有许多分散的居民点,无法形成城市中心的集聚效应,建设重点也不突出。与此同时,城市建设中摊子铺得过大,导致城市混乱,浪费了基础设施,导致严重的资金分流,多种管理不便,以及缺乏城市应有的生活环境。在这种背景下,多中心集群发展逐渐成为一种典型的城市空间形式,它清楚地反映了"二元化"内部空间,在这种空间中,成熟城市的资源开发和"分割"形成的资源型产业相关空间与其他城市空间相分离。在多城市资源中心的影响下,原先城市人口空间分布不均所造成的基础设施压力将得到有效缓解,且原先因公共资源局部集中所造成的交通、医疗、教育等公共问题必将得到改善。

(三) 衰退型城市转型要求

衰退型城市资源趋于枯竭,经济发展滞后,民生问题突出,生态环境压力大,是转变经济发展方式的重点、难点地区。为更新其发展活力,向再生型城市转型,要求如下。

1. 更新产业活力

经过多年的开发,经济衰退城市的资源开发已经过了高峰期,开采量逐渐下降,资源储量不断减少,呈现枯竭趋势。在此基础上,作为城市支柱的资源型经济开始出现衰退迹象,其发展前景令人担忧。运用高附加值的新型技术产业替代原先附加值低的煤炭产业成为衰退型城市向再生型城市转型的重要要求。

2. 解决民生的历史遗留问题

随着资源型经济的逐渐衰退,资源型企业的员工开始受到经济衰退的影响,他们的收入增长率正在下降。相当多的员工因企业重组或裁员而被解雇。此外,工厂集体和企业因社会历史遗留下来的问题没有得到妥善解决,雇员缺乏医疗、养老和工伤等社会保障,导致衰落的城市成为突出的群众矛盾和经常发生群众上访的地区。要实现衰退城市的社会"绿色"转型,需协调好煤炭产业衰退所造成的民生问题,通过再教育等缓解就业压力,同时为高新技术业的就业本土化提供劳动力保障。

3. 修复城市生态环境

长期以来,在"重发展,轻保护"的发展观的影响下,高强度生产活动对城市生态环境的影响逐渐积累,导致衰退的城市成为生态破坏和环境污染的严重灾区。土地出现大面积塌陷,煤矸石和尾矿大量堆积,废弃矿坑、开山塘口等地质灾害隐患集中,滑坡、泥石流、水土流失、水质污染、重金属污染、大气污染等问题严重影响城市正常运行和居民基本生活,提高当地生活成本,导致当地人口外流,削弱城市经济活力。为实现衰退型城市生态"绿色"转型,需修复已破坏城市生态并保护好未破坏的生态环境。

4. 缓解城市财政压力

随着资源型产业的衰落,经济衰退型城市的财政收入逐年下降。与此同时,城市在替代产业培育、生态环境控制和公共生活保障方面的支出也逐渐增加。金融失衡的压力逐渐加大,城市运营的困难不断增加。以山东省淄博市淄川区为例,由于许多财政支持人员、庞大的民生保障基础和低人均金融资源,特别是煤炭资源枯竭、建陶企业发展空间缩小、纺织品等出口规模缩小、房地产市场下降趋势、新兴产业贡献率低等因素,总体财政收入状况不容乐观。此外,由于资金偿还和政府融资进入还款高峰期,财政收支矛盾继续加剧。近年来,财政资源的增长没有跟上刚性支出的增长。因此,开源节流城市财政成为实现煤炭资源衰退型城市向再生型城市转型的重要要求。在转型过程中,充分发挥民间资本的力量,实现政企合作,共同分担公共服务支出,形成谁享受谁维护的社会公共服务支付原则。

(四)再生型城市转型要求

再生型城市基本摆脱了资源依赖,经济社会开始步入良性发展轨道,是资源型城市转变经济发展方式的先行区。为保障其蓬勃发展,向成熟型城市转型,要求如下。

1. 持续增强传统优势产业的核心竞争力

自主创新能力显著增强,高素质创新人才队伍不断壮大。资源型产业链条全面延伸,产品附加值大幅提升,传统优势产业核心竞争力显著增强。以河北省唐山市为例,在产业结构调整过程中,通过技术改造努力整合资源要素,特别是重点关注传统产业的技术改造和钢铁产业的兼并重组。通过技术改造,钢铁工业的优质高效品种从40%增加到70%。通过产业升级,煤炭工业深加工产品的附加值比传统工业增加了一倍多。与此同时,它集中人力、物力和财力,以曹妃甸为龙头,推动唐山沿海地区的开发建设,推动沿海经济隆起带的快速崛起。唐山港的吞吐量在五年内从1亿t增加到3亿t,成为世界上增长最快的港口。

2. 形成"三产"协同发展的经济格局

经过艰难的转型,产业结构明显优化,非资源型产业增加值占工业增加值的比重显著提高,替代产业持续发展的技术(或创新)保障不断加强,新技术和新兴产业深度融合,高新技术产业成为大多数城市的主导产业,服务业的发展能够满足人们生活和产业发展的需要。在"三产"协同发展基本成形的基础上,需进一步完善经济格局,促使城市经济高速可持续发展。

3. 充分发挥民营经济于城市发展中的活力

随着经济转型的推进,鼓励和引导私人投资健康发展的政策和措施进一步完善。非公有制经济在城市经济中占有重要地位。以公有制为主体、多种所有制共同发展的产业格局逐步形成,加强城市活力。

4. 利用地方财力加快城市建设

在经济发展步入正轨后,为了提高城市的综合承载能力和城市质量,大多数可再生城市依靠丰富的地方财政资源,发展战略的重点是加快城市建设步伐和提高建设水平。例如,近年来,山西省孝义市努力扩大城市框架,优化城市布局,目标是建设区域性中心城市。为了提升城市的基础设施功能,该市启动了一系列重点项目,如孝河综合治理、科教风貌公园、虞城西铁路南移等。在胜溪湖森林公园,完成了道路建设项目,如步行街前面的宫殿、卢贝艳路、崇文街等,形成文化"绿色"、生态"绿色"的城市成熟化转型。

第四节 本章小结

本章主要为理论分析,围绕煤炭资源型城市绿色转型与可持续发展展开研究,首先明确了绿色转型与可持续发展的概念与内涵,其次从产业结构、生态环境、人力资本、社会关系等方面提出煤炭资源型城市绿色转型与可持续发展的措施,最后划分煤炭资源型城市的发展阶段,提出了不同阶段的城市转型的要求,主要研究结论如下:

(1)本书主要以绿色转型理念与可持续发展理论为支撑,研究各种类型煤炭资源型城市的转型潜力、能力、阻力和效果。绿色转型发展模式区别于传统发展模式,在注重经济发展指标的基础上(传统模式只包含该项指标),也更关注生活质量指标和生态环境指标。

(2)一般认为,煤炭资源型城市可通过产业结构优化、生态环境治理、人力资本转型和社会关系完善四个基本途径实现转型。

(3)基于自然资源生命周期理论,对煤炭资源型城市的发展阶段进行划分,一般而言,煤炭资源型城市要经历成长、成熟、衰退的周期性发展阶段,在不同阶段煤炭资源型城市特征存在差异,转型模型也应与之匹配。

总体来说,本章为本书第五、六、七、八章提供了研究基础。

第五章　成长型煤炭资源型城市绿色转型潜力测度与路径设计

在前文对煤炭资源型城市绿色转型和可持续发展综述的基础上,从本章开始,主要分四个章节对四种类型的煤炭城市转型效果进行测评。成长型煤炭城市处于煤炭城市发展的第一个阶段,城市的资源开发潜力大、后劲足,科学测度成长型煤炭城市绿色转型潜力并超前设计其转型路径,对此类城市经济发展、生态环境改善和资源可持续利用具有重要意义。本章在系统构建煤炭城市绿色转型潜力评价指标体系的基础上,对成长型煤炭城市进行综合评价,并从经济、社会和生态三个方面提出成长型煤炭城市绿色转型路径,最后以成长型煤炭资源型典型城市——榆林市为例进行分析,以期为其他成长型煤炭资源型城市绿色转型提供经验借鉴。

第一节　成长型煤炭资源型城市绿色转型潜力测度

一、成长型煤炭资源型城市绿色转型潜力评价研究背景

(一)成长型煤炭资源型城市绿色转型潜力评价研究的必要性

1. 城市自身持续发展的必然要求

煤炭资源型城市由于其特殊的资源优势,往往会在其发展初期形成一定的路径依赖,即利用自身资源优势加快发展地区经济,这一过程中追求经济发展成为主要目标,从而实现城市快速发展、工业(尤其是采矿业)对城市经济拉动迅速、居民生活水平快速提升、城市人口不断增加、城市经济整体处于一个良好发展的势头。但随着城市的扩大与工业发展的深入,继续进行资源开采对社会的不利影响在逐渐扩大,煤炭开采整体经济效益下降、环境污染、产业结构不合理等使得城市经济抵抗外来风险的能力降低,城市生活水平下降等问题也都不断产生。如果不加以改善,过度的资源开发将会对城市的发展产生较大的负面影响,最终使资源型城市的发展因开发资源而陷入难以接续发展的"陷阱"。众所周知,煤炭作为一种不可再生资源,煤炭资源型城市是不可能一直将煤炭开采和加工作为其主导产业的。因此,煤炭资源型城市不可避免地会面临城市转型问题,在资源型城市还未进入资源开采枯竭期,尚处于加速增长的时期,及时进行成长型资源城市绿色转型潜力的测评,随时关注成长型资源城市转型的各方面潜力,在城市不放弃其煤炭资源优势的同时,关注城市的社会、生态、经济结构等各方面的情况,稳定地、持续地、渐进地推行城市转型,这对资源型城市转型发展意义重大。

2. 推进我国经济社会发展的必然要求

资源型城市为我国经济社会的发展提供了重要的战略资源,为我国城市建设提供了大量资源支持。资源型城市的发展与转型,不仅关系到国家的经济发展,也关系到社会的稳

定、城镇化建设以及社会资源的分配等重要问题。资源型城市转型能否成功，不仅关系到居民的切身利益，也关系到整个国家、社会的利益。从这个角度上来看，在资源型城市尚在成长时期的时候就进行转型潜力的评估，时刻关注其转型能力，在其主导产业发展的同时推进城市绿色转型，对促进整个资源型城市转型成功和促进国家社会经济整体平稳进步都具有极其重要的意义。

（二）成长型煤炭资源城市绿色转型潜力评价研究的可能性

已有的文献研究为成长型煤炭资源城市绿色转型潜力评价奠定了理论和实践基础，形成了相关的概念、城市转型研究方法和实践。

1. 关于成长型资源城市的研究

资源型城市一般定义为以其自身自然资源例如煤炭、矿产开采、加工为主导的城市，目前学界对于资源型城市确定的标准尚未统一，相关研究有的以主要资源开采和初加工产值占生产总值比重来定义资源型城市，有些以本地区能源产业就业人员比重确定是否为资源型城市，也有的按照资源开采行业从业人员数量来确定城市是否为资源型城市。国家计委课题组曾经提出了下面四个指标，初步给出了资源型城市确定的标准：一是资源开采产值要占到工业总产值10％的比重；二是对资源开采产值的规模进行要求，县级市和地级市应分别超过1亿元和2亿元；三是城市中资源开采行业人员的比重至少需要达到5％；四是规定从事资源开采行业人员的数量，地级市最少是2万人，县级市最少为1万人。总体来说，资源型城市就是资源开采及初加工产值在城市生产总值中占比较高，资源产业规模较大，资源产业吸纳就业能力较强的城市。

而成长型资源城市属于资源型城市发展的第一阶段。在这个发展阶段内，城市的资源开发处于刚刚起步和上升阶段，资源开发的潜力较大，开发后劲足，短期内对城市区域经济拉动的影响明显，资源的开采对城市的发展尚未产生显著的负面影响，资源成为城市未来的能源供给和后备基地。在这一阶段，要做好资源开采行业的规范开发工作，将有可能对环境产生损害的"黑色产业"转变为可以长期促进城市经济发展的"绿色产业"，立足于当前社会经济与生态的承受能力，以绿色发展理念为引领，通过技术手段、经济手段、行政手段等多种方式，实现城市企业绿色运营、城市产业重建、城市生态环境改善，合理安排开发的强度，严格监管环境保护，将企业生态治理成本分配到各个能源开发企业。在城市系统中，形成经济发展、社会进步、生态环境改善、资源节约的可持续发展模式。在一定程度上控制能源产业发展，控制能源产业开采和加工从业人员比重，并且提高资源的高级加工能力，加快完善资源行业的配套产业建设，大力发展新型的工业化。同时，推进产业结构调整，促进第一产业、第三产业发展，用长远的眼光来进行科学规划，并且要处理好发展与可持续之间的关系，同步协调发展新型城镇化和工业化。

2. 关于资源型城市绿色转型的研究

关于城市绿色转型方面的研究，主要集中在两个方面：一方面是关于资源型城市绿色转型理论的研究，即研究城市转型的模式、方向路径、评价指标等，这一方面的研究具有一定的普适性；另一方面则是关于特定的区域、特定的城市转型领域的具体实证研究，即通过对特定城市的分析，分析城市现存的问题，提出相应的城市绿色转型具体路径，并进行城市转型效果的评价。

在进行城市绿色转型理论研究方面，大多数学者关注资源型城市转型中的城市产业绿色转型,如朱远(2007)认为产业结构、资源消耗能力、城市居民消费的模式以及城市运作模式都会对城市绿色转型的推进产生重要影响,他们从探讨城市绿色转型的成因出发,解析城市绿色转型的内涵,并通过影响因素构建了有关城市绿色转型的实施框架。郑德凤等(2015)运用文献研究的方法,总结了现今关于绿色经济、发展、转型的概念内涵和研究方法并分析了影响这三方面推进的利弊因素,结合国内外相关进展预测了城市绿色转型在我国未来的热点问题。陆波(2017)关注城市经济绿色转型,从绿色发展理念出发,通过研究绿色发展理念的概念、理论来源、国内外研究进度等提出了城市经济绿色转型的路径,即通过壮大绿色产业、投入并推进发展循环经济等方式推进经济发展绿色转型。史学义等(2008)通过对煤炭资源型城市进行研究,选择运用系统动力学方法,编制了煤炭资源型城市的转型模式,并进行了相关的定性定量分析,通过转型模式对煤炭城市经济转型发展进行了相关预测。杨建国等(2013)从资源型城市经济转型的主导产业概念出发,将城市产业转型模式分为产业替代模式、延伸模式和集替代和延伸模式为一体的复合模式三种模式,同时发现城市产业发展的各项因素例如产业的生命周期、科技创新能力、区位、政府产业政策、人力等诸多因素都可能会对资源型城市产业转型产生重大的影响。王秀平等(2013)、王开盛等(2013)通过研究,发现城市产业结构的发展与城市的资源丰度、城市产业资源市场需求、城市社会发展整体水平、城市科技水平、城市环境等因素密切相关,推动城市产业结构变化的根本原因是城市产业发展的负外部性,即城市原有产业结构给城市带来了环境、社会的负担,例如城市基础设施发展滞后、城市生态环境不断恶化。

在进行资源型城市绿色转型实证研究方面,较多的学者选择了一个重点的地域进行城市绿色转型的研究。沈瑾(2011)以唐山为例,在分析国内外资源城市转型的特点和演变规律、发展模式的基础上,结合当地特有的工业发展历程,确定城市转型的契合思路、发展目标,着重研究了城市规划对城市绿色转型所起到的推动作用,提出了相应的城市规划策略,明确合理的城市规划有助于引导城市空间利用,以配合城市转型。孙毅(2012)以山西省为例,在建立了包括区域产业转型、科技创新融合、生态环境修复等在内的评价指标体系的区域绿色转型基本理论框架的基础之上进行了相关的实证分析,揭示了资源型区域生态环境不断转变的绿色转型发展轨迹,讨论了资源产业路径依赖的问题,探讨了摆脱相关路径依赖进行路径创新的模式与方法,即走产业升级、融合、延伸等创新路径摆脱原有路径依赖。乐婵娟(2012)运用定性分析与定量分析的方法,以资源城市生命周期理论和可持续发展理论为指导,以安徽淮北工业企业的经济效益作为研究对象,运用偏离-份额分析法(SSM)进行定量分析,并根据结果给出相关建议,认为城市转型应采用循序渐进、积极创新、把握时机的思路,采用城市发展非煤产业的模式积极推进城市转型。侯秀秀(2018)在分析了绿色转型内涵概念的基础上,从经济、社会、生态三个角度建立了城市绿色转型的评价指标体系,以熵值法和综合评价法以东营市为例进行了评价,评价得出,东营市近年来绿色转型评价值一直处于波动上升的状态,同时认为当地经济结构优化对绿色转型发展具有重要助力作用,而科技发展水平与城市绿色转型水平关联度重大,得出城市绿色转型方面实践要注重城市科技教育发展水平的结论。

3.关于资源型城市绿色转型潜力方面的研究

从20世纪90年代开始,城市绿色转型潜力方面的研究开始进入活跃状态,各个学者通过建立相关的指标陆续展开了城市绿色转型潜力的评价。张晨(2010)以探究资源型城市绿色转型内涵和系统内部各个要素的关系为研究目的,以绿色转型的内涵为引,构建了资源型城市绿色转型的复合系统,建立了相应的绿色转型能力评价指标体系,并以山西省这一资源型大省为例进行了相关的城市绿色转型潜力分析。王艳秋(2012)通过构建绿色转型 TPE 复合系统模型,回答了为何转型、如何转型和效果如何三个问题,从物理作用力即城市绿色转型的动力和推理的角度创新建立了城市绿色转型能力,选取五大子系统即经济、社会、资源、科技、环境进行指标体系的构建,最后以大庆市为例作出具体的评价,得出大庆市绿色转型能力较强的结论。朱斌等(2014)在绿色发展研究中,着眼于城市产业绿色转型,从绿色、发展、环境、资源、社会等五个方面构建绿色城市发展的综合评价指标体系,运用改进熵值法进行综合评价,在实证研究中,对福建省现有的绿色发展情况做了系统详尽的解析,揭示了制约福建省绿色发展的因素。李佐军(2017)将绿色转型和城市绿色发展糅合在一起进行相关研究,将城市的绿色转型概括为投入、排放、需求分配等目标的转型,将评价绿色转型能力的指标划分为城市减排、增绿、资源节约、城市利用资源结构优化、城市竞争力水平等五个评价方面,鼓励城市培育自身优势竞争力,以促进城市绿色转型的发展。

　　总体来说,国内文献在研究城市绿色转型方面的数量近几年来呈明显的上升趋势,这可能与我国近些年对生态的持续关注和对城市转型综合效益的要求有关。在研究城市绿色转型的方面,部分学者从绿色转型的概念出发,对城市绿色转型的最佳时机、产业转型路径等方面进行了分析,多数学者选择从城市产业转型入手,探究城市转型中产业转型的能力,建设绿色转型评价指标体系,并通过实例进行转型能力的评价。

　　为了探究成长型煤炭资源型城市的转型路径,本章在对成长型煤炭资源城市定义、内涵和转型路径、绿色转型理论和相关实证分析经验总结的基础之上,结合成长型煤炭资源型城市转型需求,从经济潜力、社会潜力、生态潜力三个方面构建城市绿色转型潜力评价体系,在此基础上对城市绿色转型潜力进行量化分析,对成长型煤炭资源型城市绿色转型潜力进行评估,从经济、社会、生态三个方面进行城市绿色转型的路径分析,最后选择地区生产总值最高、原煤产量最多、九个城市中最具有代表性的成长型煤炭资源城市榆林市为例,以其现状特征、转型历程等为基础,通过指标评价结果,分析榆林市实施绿色转型潜力,并提出针对榆林市绿色转型的路径选择与启示。

二、成长型煤炭资源型城市绿色转型潜力评价指标体系

(一)绿色转型潜力评价指标体系的构建

1. 评价指标体系构建原则

(1)科学合理性。成长型煤炭城市绿色转型潜力评价指标体系建设,需要立足于科学与合理的基础之上,客观、合理、真实地反映所评价地区的基本状况,从而对研究区的城市资源转型潜力作出综合性的评价。一方面,要求指标选择客观、科学,煤炭资源城市转型需要关注经济、社会、生态三方面的需求,只有在经济不回落、社会平稳发展、生态持续进步的条件下完成城市转型,才能称之为绿色的城市转型,而城市绿色转型潜力的评价,也应当着眼于这三个基本方面,并考虑到三个方面的相互作用效果,才能建立起城市转型潜力的科学评价体系。另一方面,数据来源需要可靠、可信,如果数据来源不能保证其客观性,那整体评价的科学性也就是无稽之谈了。

　　(2)指标代表性。绿色转型潜力评价涉及经济、社会、生态等方面,有多个数据指标需

要进行选择,在选择指标时要注意指标选取的代表性,选取能够对评价产生重要影响的指标,舍弃可能产生影响但是影响不大的因素,尽量选取地区之间差异较大的指标,结合各个评价区的具体情况,选取相应的能够反映地区特性的一些指标,才能够使最后评价出的结果具有可参考性和更明显的可比性。同时,注意选取指标的数量,大量指标虽然较为精细却不好计算,选取一定数量的具有代表性的指标能够提升评价的准确性。

(3)数据可得性。在评价指标的制定中,要关注数据获取的难易程度即从官方渠道获得真实可靠信息的难易程度,是否可以直接从官方统计数据中获得或从统计数据等官方来源中依靠计算获得,以及数据获取是否可以进行数字评价,即量化。只有数据可得、数据可以参与计算,才能利用评价指标体系对成长型煤炭城市绿色转型能力进行评价。

2. 成长型煤炭资源城市转型潜力评价指标体系的筛选

本章在指标筛选的过程中主要使用了理论分析法、文献分析法。具体步骤如下:

(1)理论分析法。在对绿色转型潜力评价相关理论有所了解后,确定以经济潜力、社会潜力、生态潜力三个维度架构评价指标体系。为了保证评价指标体系的系统综合性,需要进一步对经济潜力、社会潜力、生态潜力三个维度划分子系统。其中经济潜力维度包含两个子系统:经济规模和经济结构;社会潜力维度包含三个子系统:发展水平、生活水平和科教水平;生态潜力维度包含三个子系统:资源利用、环境质量、环境污染与治理。根据这 8 个子系统来筛选具体的指标。

(2)文献分析法。通过查阅国内外城市转型评价的相关文献,在权威文献的基础上,依据理论分析方法所建立的子系统,寻找适合进行评价的各分指标,总结出国内外权威机构及相关文献中评价资源型城市绿色转型潜力指标体系,并选取相应的指标。

3. 评价指标体系的建立

推进成长型煤炭城市转型,取决于城市系统中最主要的三个子系统,分别是城市经济子系统、社会子系统和生态子系统,三个子系统中又包含不同的因子,它们对促进成长型资源型城市的绿色转型具有驱动作用,且相互作用、相互制约,共同构成资源型城市绿色转型的统一体。

(1)经济子系统绿色转型潜力。经济基础是资源型城市绿色转型的重要基础,经济发展对资源型城市实现绿色转型具有重要影响。经济子系统绿色转型潜力评价指标主要包括 GDP 总量、人均 GDP、城市经济增长率、第二产业增加值占地区生产总值的比重、第三产业增加值占地区生产总值的比重、财政收入及支出等指标。衡量经济潜力要考虑经济规模和经济结构两个方面。在经济规模方面,GDP 总量是衡量城市全部生产活动最终成果的重要指标,可反映资源型城市的经济发展实力;人均 GDP 即城市 GDP 总量与人口总数的比值,是综合反映资源型城市的经济水平、社会发展水平的重要指标;城市经济增长率反映了资源型城市的经济发展速度,城市经济增长率=(报告期 GDP-基期 GDP)/基期 GDP;公共财政的收入与支出也是地区经济基础水平的重要表征,较高的财政收入与财政支出能够表明地区综合实力较强,绿色转型的经济潜力较大。在经济结构方面,第二产业增加值占地区生产总值的比重即工业产值占总产值的比重,反映的是资源型城市的工业发展状况,在资源型城市则反映出城市主导工业对城市 GDP 的拉动能力;第三产业增加值占地区生产总值的比重反映的是资源型城市的产业结构状况,产业结构是否均衡对其转型潜力有较大影响。

(2)社会子系统绿色转型潜力。社会子系统主要反映人口增长状况、城市化水平、就业、收入与消费状况、科学教育等社会情况,因此社会子系统绿色转型潜力评价指标主要包括人口自然增长率、城镇登记失业率、城镇化水平、城乡人均可支配收入、在岗职工平均工资、科教支出占财政总支出的比重等指标,分为社会发展水平、社会生活水平和社会科教水平三大方面。在社会发展水平方面,人口自然增长率是资源型城市人口自然增加数与平均人数之比,是反映资源型城市的人口发展速度和人口计划制定情况的重要指标,据此可了解人口自然增长的程度和趋势;城镇登记失业率是城镇在册登记的失业人口占就业人口比重,是一个逆指标,衡量全社会就业情况;城镇化水平是城市人口占总人口的比重,在一定程度上表现出了城市综合实力排名。在社会生活水平方面,城乡居民可支配收入是衡量市民生活水平的重要指标;在岗职工平均工资则反映出了城市职工的重要收入来源和工资收入的平均水平。在社会科教水平方面,科教支出占财政总支出的比重反映了一个地区对待科技和教育的重视程度,有了足够的人才、科技力量才能保证社会持续发展、城市转型成功。

(3)生态子系统绿色转型潜力。在我国资源型城市,资源开采力度大、资源消耗多,生态环境遭到严重破坏,因此资源型城市实现绿色转型需要了解城市的环境状况。环境子系统绿色转型潜力指标包括资源利用、环境质量和环境污染与治理三个方面,主要包括原煤产量、万元 GDP 能耗、万元 GDP 用水量、人均公共绿地面积、建成区绿化覆盖率、森林覆盖率、亿元 GDP 工业废水排放量、亿元 GDP 二氧化硫排放量、亿元 GDP 工业粉尘排放量、固体废弃物综合利用率、生活垃圾无害化处理率等指标。在资源利用方面,原煤产量是衡量成长型煤炭资源型城市转型潜力的重要指标,成长型资源型城市尚未踏入成熟期,依旧需要开采煤矿来进行自身的经济积累,原煤产量成为必不可少的重要指标;万元 GDP 能耗表现了城市发展过程中消耗资源的程度,是一个关于资源利用水平的负向指标,能够用更少的能耗生产同样一单位的GDP 是城市发展转型所必需的。在环境质量和环境污染与治理方面,人均公共绿地面积反映的是资源型城市的环境优化程度和城市生活质量的提高状况;建成区绿化覆盖率反映了资源型城市的环境质量,建成区绿化覆盖率=城市建成区各类型绿地合计面积/城市总面积×100%;亿元 GDP 二氧化硫排放量、亿元 GDP 工业粉尘排放量、工业废水排放量,反映了城市发展对生态环境的破坏程度;固体废弃物综合利用率是指回收利用固体废弃物的能力,在一定程度上表现了城市治理生态破坏与环境污染的能力。

构建指标如表 5-1 所示。

表 5-1　成长型煤炭城市绿色转型潜力评价指标体系

一级指标	二级指标	三级指标	单位	作用
经济潜力	经济规模	GDP 总量 X_1	亿元	正向
		人均 GDP X_2	元/人	正向
		经济增长率 X_3	%	正向
		财政一般公共预算收入 X_4	亿元	正向
		财政一般公共预算支出 X_5	亿元	正向
		社会固定资产投资额 X_6	亿元	正向
	经济结构	第二产业增加值比重 X_7	%	正向
		第三产业增加值比重 X_8	%	正向

表 5-1(续)

一级指标	二级指标	三级指标	单位	作用
社会潜力	发展水平	人口自然增长率 X_9	‰	正向
		城镇登记失业率 X_{10}	%	负向
		城镇化率 X_{11}	%	正向
	生活水平	城镇居民人均可支配收入 X_{12}	元	正向
		农村居民人均可支配收入 X_{13}	元	正向
		在岗职工平均工资 X_{14}	元	正向
	科教水平	R&D 占 GDP 的比重 X_{15}	%	正向
		科教支出占财政支出的比重 X_{16}	%	正向
生态潜力	资源利用	原煤产量 X_{17}	万 t	正向
		万元 GDP 能耗 X_{18}	t 标准煤	负向
		万元 GDP 用水量 X_{19}	m³	负向
	环境质量	建成区绿化覆盖率 X_{20}	%	正向
		人均公共绿地面积 X_{21}	m²	正向
		森林覆盖率 X_{22}	%	正向
	环境污染与治理	亿元 GDP 工业废水排放量 X_{23}	万 t	负向
		亿元 GDP 二氧化硫排放量 X_{24}	t	负向
		亿元 GDP 工业粉尘排放量 X_{25}	t	负向
		固体废弃物综合利用率 X_{26}	%	正向
		生活垃圾无害化处理率 X_{27}	%	正向

本书构建的成长型城市绿色转型潜力评价指标体系由 3 个一级指标、8 个二级指标、27 个三级指标构成。一级指标由经济潜力、社会潜力和生态潜力 3 个方面构成。这 3 个方面是评价城市绿色转型潜力的主要层次,这 3 个方面既相互独立又相互依存,共同提升绿色转型潜力,是评价的核心内容。二级指标是对一级指标的进一步细化分析,将经济潜力方面细分为经济规模、经济结构两个小方面,将社会潜力方面细分为发展水平、生活水平、科教水平 3 个小方面,将生态潜力方面细分为资源利用、环境质量和环境污染与治理 3 个小方面,共 8 个指标,共同构成二级指标。三级指标为基础指标层,由 27 项基础性指标构成,通过查询统计资料或通过统计资料计算,以及地区均值预测直接获得。

成长型煤炭城市绿色转型潜力评价指标体系反映的是经济、社会、生态 3 个方面的潜力。下面将具体指标的计算方法和含义按划分维度做简要介绍。

(1)绿色转型经济潜力方面的指标

经济规模维度:

① GDP 总量 X_1:它是衡量一个地区经济增长状况的最基础也是最核心的指标,可反映该地区的经济发展实力。该指标属于正向指标,其数值越大表明该地区经济实力越强。

② 人均 GDP X_2:人均 GDP＝地区 GDP 总量/人口总数。它能够较完整地体现出地区人民的经济生活水准。该指标属于正向指标,其数值越大表明该地区的人民越富有。

③ 经济增长率 X_3：经济增长率＝（报告期 GDP/基期 GDP－1）×100％。它能反映地区 GDP 的增长速度，其数值越大表明该地区经济发展潜力越大。

④ 财政一般公共预算收入 X_4：表明地方财政收入能力，体现了一个地区经济发展水平。该指标属于正向指标，其数值越大表明该地区经济活动越发达。

⑤ 财政一般公共预算支出 X_5：该指标可与财政一般公共预算收入指标一起综合反映当地财政收入与支出的相关关系，体现出地方政府利用手中的财政对地方经济的引导、调控的能力。

⑥ 社会固定资产投资额 X_6：以货币表现的建造和购置固定资产活动的能力，表明地方产业吸纳投资的能力，是衡量经济潜力的重要指标。

经济结构维度：

① 第二产业增加值比重 X_7：第二产业增加值比重＝第二产业增加值/地区生产总值×100％。它表明了第二产业对经济增长的贡献程度。该指标属于正向指标，在成长型煤炭城市中，城市需要进行经济积累，工业产业在其发展过程中需要占据一定的位置。

② 第三产业增加值比重 X_8：第三产业增加值比重＝第三产业增加值/地区生产总值×100％。它表明了第三产业对经济增长的贡献程度。该指标属于正向指标，其值越大表明该地区产业结构越优化。

（2）绿色转型社会潜力方面的指标

社会发展水平维度：

① 人口自然增长率 X_9：表明城市一定时间内人口自然变化的情况，一般视为正向指标，是衡量一个地区人口红利的指标。

② 城镇登记失业率 X_{10}：城镇登记失业率＝［期末登记失业人数/（期末登记失业人数＋期末从业人员）］×100％。它反映了本地区的就业状况，反映社会发展稳定状况。该指标属于负向指标，其数值越小表明该地区社会发展越稳定。

③ 城镇化率 X_{11}：城市化率＝城市人口数/户籍总人口数。它是指城市化发展的程度。该指标属于正向指标，其数值越大表明该地区城镇化程度越高。

生活水平维度：

① 城镇居民人均可支配收入 X_{12}：城镇居民人均可支配收入是指单个城镇居民得到的可用于最终消费支出和其他非义务性支出以及储蓄的总和，即居民可以用来自由支配的收入，它是家庭总收入扣除交纳的所得税、个人交纳的社会保障费以及记账补贴后的收入。

② 农村居民人均可支配收入 X_{13}：农村居民人均可支配收入既可反映农民生活水平，与城镇居民人均可支配收入共同考察，还可反映城乡收入差距。

③ 在岗职工平均工资 X_{14}：反映了城市居民重要工资类收入来源的平均水平，是一个正向指标，对衡量一个地区的居民生活水平具有重要作用。

科教水平维度：

① R&D 占 GDP 的比重 X_{15}：R&D 占 GDP 比重＝R&D 经费/地区生产总值。它客观地反映地区在社会科技发展上的资金投入力度，是衡量区域社会科技创新能力的重要指标，是推动经济绿色发展的重要力量。该指标属于正向指标，数值越大表明科技创新能力越高。

② 科教支出占财政支出的比重 X_{16}：科教支出占财政支出的比重＝（科学支出＋教育支

出)/地方财政一般预算内支出×100%。该指标反映了政府对科学教育方面支出的重视程度。该指标属于正向指标,其数值越大表明该地区政府对科技和教育方面的重视程度越高。

（3）绿色转型生态潜力方面的指标

资源利用维度：

① 原煤消耗量 X_{17}：它指该地区煤炭资源消耗量,反映出该地区在进行经济活动中对煤炭资源的消耗程度。因为成长型煤炭城市需要将其固有的资源优势转化为经济优势,在这一经济积累的阶段需要进行一定量的煤炭开采,因而在此定义该指标为正向指标。

② 万元 GDP 能耗 X_{18}：万元 GDP 能耗＝能源消费总量/万元 GDP 总量。它是指地区每万元生产值所消耗的能源量,反映出地区在进行经济活动的过程中,对资源的有效使用程度。该指标属于负向指标,其数值越小表明在经济活动中增长万元生产值所需要的资源越少,说明全社会整体能源消耗水平越高。

③ 万元 GDP 用水量 X_{19}：万元 GDP 用水量＝水资源消耗总量/万元 GDP 总量。它是衡量经济生产过程中每产生万元 GDP 对水资源的消耗程度的指标。该指标属于负向指标,其数值越小表明地区经济产值需要消耗的水资源越少,说明该地区用水效率越高。

环境质量维度：

① 建成区绿化覆盖率 X_{20}：建成区绿化覆盖率是城市建成区各类型绿地（公共绿地、街道绿地、庭院绿地、专用绿地等）合计面积占城市总面积的比率。

② 人均公共绿地面积 X_{21}：人均公共绿地面积＝城市公共绿地面积/市区人口。市辖区人均公共绿地面积指供游览的各种公园、动物园、植物园、陵园以及花园、游园和供游览用的林荫道绿地、广场绿地面积,不包括一般栽植的行道树及林荫道的面积。

③ 森林覆盖率 X_{22}：它是指某一地区森林面积占总面积的比重,是反映一个城市生态环境的重要指标,是一个正向指标。

环境污染与治理维度：

① 亿元 GDP 工业废水排放量 X_{23}：亿元 GDP 工业废水排放量＝工业废水排放量/亿元 GDP 总量。

② 亿元 GDP 二氧化硫排放量 X_{24}：亿元 GDP 二氧化硫排放量＝二氧化硫排放总量/亿元 GDP 总量。

③ 亿元 GDP 工业粉尘排放量 X_{25}：亿元 GDP 工业粉尘排放量＝工业粉尘排放总量/亿元 GDP 总量。

④ 固体废弃物综合利用率 X_{26}：它是指将工业固体废弃物转成可以被重复使用的各种资源的总量。它反映了该地区工业固体废弃物的再利用水平。该指标为正向指标,其数值越大表明该地区对工业固体废弃物的重复利用程度越高,环境治理水平就越高。

⑤ 生活垃圾无害化处理率 X_{27}：生活垃圾无害化处理率＝无害化处理的生活垃圾量/总处理生活垃圾量。它反映了该地区生活垃圾的无害化处理能力。该指标为正向指标,其数值越大表明该地区生活垃圾处理能力越高,环境污染越小。

（二）基于灰熵法的成长型煤炭城市绿色转型潜力评价模型

由于绿色转型发展系统是一个巨大复杂的系统,具有高度开放性,它受经济效益系统、社会发展系统、资源禀赋系统和生态环境系统中的各种因素的影响,因此该系统内部要素之间的关系错综复杂,呈非线性结构,存在不确定关系。

在绿色转型发展潜力评价指标体系中，一共有 27 个基础性指标。但由于各指标对于绿色转型发展水平的影响程度大小不一，为了定量描述各个评价指标对于绿色转型发展水平的重要性程度，就需要采用一定的方法对其赋予权重。目前，常用的赋权方法有主观赋权法、客观赋权法和组合法。主观赋权法是专家根据以往的实践经验进行赋权。此方法直观易行，高效便捷，需要寻找专家进行评定，但是具有明显的主观色彩。客观赋权法是依据数学理论，根据实际数据通过计算得到权重，称为熵权法。此方法相比于其他方法可信度较高、客观性较强，权重赋予不依赖于人对指标的判断。组合赋权法是主观赋权法和客观赋权法的结合。结合可操作性与难易程度，本书选取熵权法进行权重赋予。

熵权法是客观赋权法中的一种，相比于其他方法具有较高的可信度。熵权法是根据各种评价指标信息熵的差异值的大小来判断其效用的大小，从而确定指标权重。信息熵的值越小，表明系统的无序化程度越小，反映了其代表的效用越大，因此该指标在综合评价过程中的重要性程度及作用地位也应该越大。该法最大程度地利用指标的属性特点来确定评价指标的权系数，通过指标信息熵值的大小来判断该评价指标的价值，从而能够深刻地描述出评价指标的效用。

综上所述，本书根据资源型城市绿色转型的潜力评价系统和绿色转型潜力评价指标体系的特点选择熵权法和灰色关联法相结合的灰熵法来构建城市绿色转型潜力评价模型。熵权法和灰色关联法构成绿色转型潜力评价体系，使得评价结果更加科学、可靠。

评价模型的计算步骤如下。

（1）应用熵权法计算权重。

① 构建指标数据矩阵。本书评价成长型煤炭资源型城市 m 年间绿色转型发展水平，将每一年的绿色转型发展评价值视为一个子系统，则有 m 个子系统，其中每个子系统下有 n 个评价指标，故有模型如下：

$$A = \{A_1, A_2, \cdots, A_m\}(i = 1, 2, \cdots, m)$$

其中 $A_i = \{X_{i1}, X_{i2}, \cdots, X_{in}\}$。

② 指标数据标准化。本书指标体系中有 GDP 总量、人均 GDP 等 21 个正向指标和单位 GDP 能耗、城镇登记失业率等 6 个负向指标，同时各个指标的单位量级不同。为了使最终评价结果客观、准确，应首先对指标数据进行标准化处理，可得指标数据的标准化矩阵。

当 x_i 为正向指标时：

$$y_{ij} = \frac{x_{ij} - x_{\min j}}{x_{\max j} - x_{\min j}} \tag{5-1}$$

当 x_i 为负向指标时：

$$y_{ij} = \frac{x_{\max j} - x_{ij}}{x_{\max j} - x_{\min j}} \tag{5-2}$$

式中　x_{ij}——评价指标值原始数据；

　　　y_{ij}——指标标准化后的值；

　　　$x_{\max j}$——研究期内第 j 个指标的最大值；

　　　$x_{\min j}$——研究期内第 j 个指标的最小值。

③ 计算第 j 项指标下第 i 个样本值占该指标的比重，见式（5-3）：

$$P_{ij} = \frac{x_{ij}^*}{\sum\limits_{i=1}^{m} x_{ij}^*} \tag{5-3}$$

式中，x_{ij}^* 表示第 i 个子系统中第 j 项指标的标准值。

④ 确定各指标的信息熵，见式(5-4)：

$$e_j = -\frac{1}{\ln m} \sum\limits_{i=1}^{m} P_{ij} \ln P_{ij} \tag{5-4}$$

⑤ 确定各指标的效用值，见式(5-5)：

$$d_j = 1 - e_j \tag{5-5}$$

⑥ 确定各指标的权重，见式(5-6)：

$$w_j = \frac{d_j}{\sum\limits_{j=1}^{n} d_j} \tag{5-6}$$

其中，要满足 $\sum\limits_{j=1}^{n} w_j = 1$。$w_j$ 越大，表明第 j 项评价指标的权重也就越大，该指标在评价指标体系中的地位越重要，对评价结果的贡献率越大。

(2) 应用灰色关联法综合评价。

① 确定参考数列。在对研究对象定性分析的基础之上，确定资源型城市效果评价问题的参考数列 X_0 和样本数列 $X_i(i=1,2,3,\cdots,n)$，其中参考数列 X_0 由效果评价指标体系中各指标的最优值构成，即正向指标取最大值，负向指标取最小值。设参考数列为：$X_0 = \{x_{01}, x_{02}, \cdots, x_{0n}\}$。参考数列 X_0 和样本数列 $X_i(i=1,2,\cdots,n)$ 构成的模型为：$A = \{A_0, A_1, A_2, \cdots, A_n\}(i=0,1,2,\cdots,m)$，其中，$A_i = \{X_{i0}, X_{i1}, X_{i2}, \cdots, X_{in}\}$。

② 指标数据标准化。由于各个指标的作用方向和量纲不同，所以为了评价结果的真实可靠，在比较之前先需要对样本数据进行标准化处理。计算方法参考熵权法标准化公式。

当 x_i 为正向指标时：

$$r_{ij} = \frac{x_{ij} - \max(x_{ij})}{\max(x_{ij}) - \min(x_{ij})} \tag{5-7}$$

当 x_i 为负向指标时：

$$r_{ij} = \frac{\max(x_{ij}) - x_{ij}}{\max(x_{ij}) - \min(x_{ij})} \tag{5-8}$$

式中　x_{ij}——第 i 个子系统中第 j 项指标的数据值；

$\max(x_{ij})$——第 i 个子系统中第 j 项指标的数据值的最大值；

$\min(x_{ij})$——第 i 个子系统中第 j 项指标的数据值的最小值。

③ 计算序列差。参考数列 R_0 与样本数列 R_i 同期(即第 j 项评价指标)的绝对差值可以用公式表示：

$$\Delta_{ij} = |r_{0j} - r_{ij}| \tag{5-9}$$

式中，r_{ij} 表示第 i 个子系统中第 j 项指标的标准值。

④ 计算关联系数。关联系数实际上是对参考数列 R_0 与样本数列 R_i 间曲线相似程度的刻画，因此可用两条曲线间绝对差值的大小进行度量，见式(5-10)：

$$\varepsilon_{ij} = \frac{\Delta_{\min} + \rho\Delta_{\max}}{\Delta_{ij} + \rho\Delta_{\max}} \tag{5-10}$$

式中　$\Delta_{\max}$——参考数列 R_0 与样本数列 R_i 之间差的最大绝对值差值；

　　　$\Delta_{\min}$——参考数列 R_0 与样本数列 R_i 之间差的最小绝对值差值；

　　　ρ——分辨系数，取值范围为 $(0,1)$，此处取 $\rho=0.5$。

⑤ 计算关联度。关联系数的大小只反映出第 j 项评价指标时 R_i 与 R_0 间的关联程度，而将所有指标的关联系数汇总起来，会出现数据过多、信息过于分散的现象。为了方便比较，应通过赋权的方式将信息集中起来，用来描述样本曲线 R_i 与标准（参考）曲线 R_0 的关联度。在此，将熵权法确定的各个评价指标的重要性程度引入，可得到关联度的计算公式，见式(5-11)：

$$E_i = \sum_{j=1}^{n} w_j \varepsilon_j \tag{5-11}$$

式中，w_j 表示第 j 项指标的权重。

E_i 即为计算得出的每个样本的绿色转型发展水平的综合评价值。设样本数列 R_i 和 R_k 的关联度分别用 E_i 和 E_k 表示。当 $E_i = E_k$ 时，表明第 i 个评价对象 R_i 与第 k 个评价对象 R_k 等价；当 $E_i > E_k$ 时，表明第 i 个评价对象 R_i 优于第 k 个评价对象 R_k；当 $E_i < E_k$ 时，表明第 i 个评价对象 R_i 劣于第 k 个评价对象 R_k。关联度越大，说明样本数列越接近理想标准，据此进行优劣排序，得出综合评价结果，从而完成灰色关联分析。因此，E_i 值越大说明样本数列越接近理想标准，绿色转型发展水平越高。

三、成长型煤炭资源型城市绿色转型的综合评价结果

根据《全国资源型城市可持续发展规划(2013—2020 年)》，我国界定了 262 个资源型城市，作为实现维护我国能源资源安全、推动新型城镇化和工业化战略目标的重要落脚点。其中成长型资源城市共 31 个，以煤炭为主要矿产资源的城市共 9 个，涉及 7 个省份，如表 5-2 所示。

地级行政区 4 个：朔州市、六盘水市、毕节市、榆林市。

县级市 5 个：霍林郭勒市、永城市、禹州市、灵武市、哈密市。

本书将成长型煤炭资源型城市绿色转型潜力分为 3 个子系统，先分别计算各个子系统的城市绿色转型潜力，再将子系统加权进行综合评价，评价对象为 9 个典型煤炭资源型城市（5 个县级市、4 个地级市）。

表 5-2　成长型煤炭城市

省份	城市	属性
山西	朔州	地级成长型
河南	禹州，永城	县级成长型
内蒙古	霍林郭勒	县级成长型
新疆	哈密	县级成长型
陕西	榆林	地级成长型
宁夏	灵武	县级成长型
贵州	六盘水，毕节	地级成长型

（一）数据来源

本书选取 2017 年的数据来研究成长型煤炭资源型城市绿色转型发展,书中所收集的这 9 个城市 2017 年的指标数据,均来源于各地市国民经济和社会发展统计公报(2018)、《2018 中国统计年鉴》、《中国城市统计年鉴—2018》。部分数据为了保持可比性和连续性,采用了全省均值预测的方法来确定缺失数据的数值。本研究采用了两端平均法和回归分析法对缺失的数据进行了处理,进而提高模型运行的质量。

（二）数据处理

本书构建的成长型煤炭资源型城市绿色转型潜力评价指标体系选取 21 个正向指标、6 个负向指标,共计 27 个代表性指标,利用指标原始数据,做归一化处理,消除指标量纲影响,得到数据如表 5-3、表 5-4 所示。由于地级市与县级市不能等同进行比较,熵权法赋予的权重也有所不同,因此归一化后的数据形成了地级市、县级市两大部分数据。

表 5-3   地级市归一化数据表

	榆林市	朔州市	六盘水市	毕节市
X_1	1.000 0	0	0.205 9	0.368 4
X_2	1.000 0	0.394 0	0.320 1	0
X_3	0.159 1	0	0.863 6	1.000 0
X_4	0	0	0.272 8	0.211 2
X_5	0	0	0.364 0	0.933 7
X_6	0.899 1	0	0.948 9	1.000 0
X_7	1.000 0	0.130 6	0.486 5	0
X_8	0.480 0	0	1.000 0	1.000 0
X_9	0.413 6	0	0.925 4	1.000 0
X_{10}	0.929 8	1.000 0	0	0.754 4
X_{11}	1.000 0	0.900 4	0	0.318 2
X_{12}	1.000 0	0.759 2	0.118 6	1.000 0
X_{13}	0.798 8	1.000 0	0.155 5	0
X_{14}	0.434 0	0	1.000 0	1.000 0
X_{15}	1.000 0	0.233 3	0	0.233 3
X_{16}	0	1.000 0	0.879 8	0.390 4
X_{17}	1.000 0	0.260 7	0	0.004 8
X_{18}	0.835 2	0	0.652 2	1.000 0
X_{19}	1.000 0	0.691 0	0	0.340 8
X_{20}	0.837 5	1.000 0	0.497 4	0
X_{21}	0.127 9	1.000 0	0	0
X_{22}	0.257 0	0	1.000 0	0.871 5
X_{23}	0	1.000 0	0.513 2	0.295 5
X_{24}	1.000 0	0.897 5	0	0

表 5-3(续)

	榆林市	朔州市	六盘水市	毕节市
X_{25}	1.000 0	0	0.683 7	0.683 7
X_{26}	0	0.084 4	1.000 0	0.779 3
X_{27}	0.937 0	1.000 0	0	0.393 9

表 5-4　县级市归一化数据表

	霍林郭勒市	永城市	禹州市	灵武市	哈密市
X_1	0	0.602 5	1.000 0	0.353 5	0.484 4
X_2	1.000 0	0	0.061 0	0.463 2	0.152 5
X_3	0.034 5	0.344 8	0.413 8	1.000 0	0
X_4	0	0.676 3	0.187 0	0.489 8	1.000 0
X_5	0	0.610 4	0.389 4	0.434 6	1.000 0
X_6	0	0.337 8	1.000 0	0.595 0	0.311 9
X_7	0.452 1	0	0.313 6	1.000 0	0.251 2
X_8	0.627 5	0.822 3	0.741 9	0	1.000 0
X_9	0.563 5	0.834 0	0.805 7	0.563 5	0
X_{10}	0.400 0	0.111 1	1.000 0	0	1.000 0
X_{11}	1.000 0	0	0.011 2	0.249 0	0.350 1
X_{12}	1.000 0	0	0.042 2	0.120 4	0.319 6
X_{13}	0.118 5	0	1.000 0	0.385 0	0.813 3
X_{14}	1.000 0	0	0.062 5	0.820 4	0.571 0
X_{15}	0.296 3	0.049 4	1.000 0	0.753 1	0
X_{16}	0.244 0	0.576 6	1.000 0	0	0.625 4
X_{17}	0.426 5	0.171 8	0	1.000 0	0.564 4
X_{18}	0.859 7	0.953 7	1.000 0	0	0.791 5
X_{19}	0.600 0	1.000 0	1.000 0	0.815 8	
X_{20}	0.559 6	1.000 0	0.373 1	0	0.464 8
X_{21}	0.647 7	0.099 1	0	1.000 0	0.206 3
X_{22}	0.862 7	1.000 0	1.000 0	0.504 9	0
X_{23}	0.206 3	0.238 1	0.238 1	1.000 0	0
X_{24}	0.532 3	0.869 0	1.000 0	0	0.441 5
X_{25}	0.357 1	0.892 9	0.946 4	1.000 0	0
X_{26}	0.222 8	1.000 0	0.964 7	0.222 8	0.302 1
X_{27}	0.880 8	0.292 9	1.000 0	0.393 9	0

　　运用熵权法对城市绿色转型潜力水平评价指标体系中各指标的权重进行计算,得到一级指标、二级指标、三级指标相对应的权重,如表 5-5、表 5-6 所示。

表 5-5　成长型煤炭资源型城市绿色转型潜力评价指标体系各指标权重分配(地级市)

一级指标	二级指标	三级指标	单位	作用	权重
经济潜力 0.271 5	经济规模 0.224 3	GDP 总量 X_1	亿元	＋	0.036 4
		人均 GDP X_2	元/人	＋	0.033 0
		经济增长率 X_3	％	＋	0.044 5
		财政一般公共预算收入 X_4	亿元	＋	0.037 7
		财政一般公共预算支出 X_5	亿元	＋	0.038 1
		社会固定资产投资额 X_6	亿元	＋	0.034 5
	经济结构 0.047 2	第二产业增加值比重 X_7	％	＋	0.039 1
		第三产业增加值比重 X_8	％	＋	0.008 1
社会潜力 0.288 6	发展水平 0.108 4	人口自然增长率 X_9	‰	＋	0.036 5
		城镇登记失业率 X_{10}	％	－	0.033 2
		城镇化率 X_{11}	％	＋	0.038 7
	生活水平 0.106 3	城镇居民人均可支配收入 X_{12}	元	＋	0.025 3
		农村居民人均可支配收入 X_{13}	元	＋	0.042 9
		在岗职工平均工资 X_{14}	元	＋	0.038 1
	科教水平 0.073 9	R&D 占 GDP 的比重 X_{15}	％	＋	0.038 0
		科教支出占财政支出的比重 X_{16}	％	＋	0.035 9
生态潜力 0.439 9	资源利用 0.112 5	原煤产量 X_{17}	万 t	＋	0.047 5
		万元 GDP 能耗 X_{18}	t 标准煤	－	0.031 6
		万元 GDP 用水量 X_{19}	m³	－	0.033 4
	环境质量 0.124 3	建成区绿化覆盖率 X_{20}	％	＋	0.032 8
		人均公共绿地面积 X_{21}	m²	＋	0.051 3
		森林覆盖率 X_{22}	％	＋	0.040 1
	环境污染与治理 0.203 1	亿元 GDP 废水排放量 X_{23}	万 t	－	0.033 1
		亿元 GDP 二氧化硫排放量 X_{24}	t	－	0.056 1
		亿元 GDP 工业粉尘排放量 X_{25}	t	－	0.030 1
		固体废弃物综合利用率 X_{26}	％	＋	0.046 4
		生活垃圾无害化处理率 X_{27}	％	＋	0.037 4

表 5-6　成长型煤炭资源型城市绿色转型潜力评价指标体系各指标权重分配(县级市)

一级指标	二级指标	三级指标	单位	作用	权重
经济潜力 0.277 1	经济规模 0.214 3	GDP 总量 X_1	亿元	＋	0.030 1
		人均 GDP X_2	元/人	＋	0.044 3
		经济增长率 X_3	％	＋	0.041 5
		财政一般公共预算收入 X_4	亿元	＋	0.036 0
		财政一般公共预算支出 X_5	亿元	＋	0.029 9
		社会固定资产投资额 X_6	亿元	＋	0.032 5
	经济结构 0.062 8	第二产业增加值比重 X_7	％	＋	0.033 3
		第三产业增加值比重 X_8	％	＋	0.029 5

表 5-6(续)

一级指标	二级指标	三级指标	单位	作用	权重
社会潜力 0.334 0	发展水平 0.119 0	人口自然增长率 X_9	‰	+	0.024 9
		城镇登记失业率 X_{10}	%	−	0.050 1
		城镇化率 X_{11}	%	+	0.044 0
	生活水平 0.134 7	城镇居民人均可支配收入 X_{12}	元	+	0.045 8
		农村居民人均可支配收入 X_{13}	元	+	0.043 3
		在岗职工平均工资 X_{14}	元	+	0.045 6
	科教水平 0.080 3	R&D 占 GDP 的比重 X_{15}	%	+	0.047 0
		科教支出占财政支出的比重 X_{16}	%	+	0.033 3
生态潜力 0.388 8	资源利用 0.100 4	原煤产量 X_{17}	万 t	+	0.035 3
		万元 GDP 能耗 X_{18}	t 标准煤	−	0.031 9
		万元 GDP 用水量 X_{19}	m³	−	0.033 2
	环境质量 0.108 7	建成区绿化覆盖率 X_{20}	%	+	0.029 5
		人均公共绿地面积 X_{21}	m²	+	0.043 9
		森林覆盖率 X_{22}	%	+	0.035 3
	环境污染与治理 0.179 7	亿元 GDP 废水排放量 X_{23}	万 t	−	0.037 6
		亿元 GDP 二氧化硫排放量 X_{24}	t	−	0.032 5
		亿元 GDP 工业粉尘排放量 X_{25}	t	−	0.038 3
		固体废弃物综合利用率 X_{26}	%	+	0.033 1
		生活垃圾无害化处理率 X_{27}	%	+	0.038 2

在熵权法得到的各指标权重的基础上,运用灰色关联法对绿色转型发展水平进行综合评价,关联度的计算结果如表 5-7、表 5-8 所示。

表 5-7　2017 年成长型煤炭资源型城市绿色转型发展评价指标关联度数值(地级市)

	榆林市	朔州市	六盘水市	毕节市
X_1	0.036 4	0.012 1	0.014 1	0.016 1
X_2	0.033 0	0.014 9	0.014 0	0.011 0
X_3	0.016 6	0.014 8	0.035 0	0.044 5
X_4	0.012 6	0.012 6	0.015 4	0.014 6
X_5	0.012 7	0.012 7	0.016 8	0.033 7
X_6	0.028 7	0.011 5	0.031 3	0.034 5
X_7	0.039 1	0.014 3	0.019 3	0.013 0
X_8	0.004 0	0.002 7	0.008 1	0.008 1
X_9	0.016 8	0.012 2	0.031 8	0.036 5
X_{10}	0.029 1	0.033 2	0.011 1	0.022 3
X_{11}	0.038 7	0.032 2	0.012 9	0.016 4

表 5-7（续）

	榆林市	朔州市	六盘水市	毕节市
X_{12}	0.025 3	0.017 1	0.009 1	0.025 3
X_{13}	0.030 6	0.042 9	0.015 9	0.014 3
X_{14}	0.017 9	0.012 7	0.038 1	0.038 1
X_{15}	0.038 0	0.015 0	0.012 7	0.015 0
X_{16}	0.012 0	0.035 9	0.029 0	0.016 2
X_{17}	0.047 5	0.019 2	0.015 8	0.015 9
X_{18}	0.023 7	0.010 5	0.018 6	0.031 6
X_{19}	0.033 4	0.020 7	0.011 1	0.014 4
X_{20}	0.024 8	0.032 8	0.016 4	0.010 9
X_{21}	0.018 7	0.051 3	0.017 1	0.017 1
X_{22}	0.016 1	0.013 4	0.040 1	0.031 9
X_{23}	0.011 0	0.033 1	0.016 8	0.013 8
X_{24}	0.056 1	0.046 6	0.018 7	0.018 7
X_{25}	0.030 1	0.010 0	0.018 4	0.018 4
X_{26}	0.015 5	0.016 4	0.046 4	0.032 2
X_{27}	0.033 2	0.037 4	0.012 5	0.016 9

表 5-8　2017 年成长型煤炭资源型城市绿色转型发展评价指标关联度数值（县级市）

	霍林郭勒市	永城市	禹州市	灵武市	哈密市
X_1	0.010 0	0.016 7	0.030 1	0.013 1	0.014 8
X_2	0.044 3	0.014 8	0.015 4	0.021 4	0.016 4
X_3	0.014 1	0.018 0	0.019 1	0.041 5	0.013 8
X_4	0.012 0	0.021 8	0.013 7	0.017 8	0.036 0
X_5	0.010 0	0.016 8	0.013 4	0.014 0	0.029 9
X_6	0.010 8	0.014 0	0.032 5	0.017 9	0.013 7
X_7	0.015 9	0.011 1	0.014 0	0.033 3	0.013 3
X_8	0.016 9	0.021 8	0.019 5	0.009 8	0.029 5
X_9	0.013 3	0.018 7	0.018 0	0.013 3	0.008 3
X_{10}	0.022 8	0.018 1	0.050 1	0.016 7	0.050 1
X_{11}	0.044 0	0.014 7	0.014 8	0.017 6	0.019 1
X_{12}	0.045 8	0.015 3	0.015 7	0.016 6	0.019 4
X_{13}	0.015 7	0.014 4	0.043 3	0.019 4	0.031 6
X_{14}	0.045 6	0.015 2	0.015 9	0.033 6	0.024 6
X_{15}	0.019 5	0.016 2	0.047 0	0.031 5	0.015 7
X_{16}	0.013 2	0.018 0	0.033 3	0.011 1	0.019 0
X_{17}	0.016 4	0.013 3	0.011 8	0.035 3	0.018 9
X_{18}	0.024 9	0.029 2	0.031 9	0.010 6	0.022 5

表 5-8(续)

	霍林郭勒市	永城市	禹州市	灵武市	哈密市
X_{19}	0.018 5	0.033 2	0.033 2	0.024 3	0.011 1
X_{20}	0.015 7	0.029 5	0.013 1	0.009 8	0.014 3
X_{21}	0.025 8	0.015 7	0.014 6	0.043 9	0.017 0
X_{22}	0.027 7	0.035 3	0.035 3	0.017 7	0.011 8
X_{23}	0.014 5	0.014 9	0.014 9	0.037 6	0.012 5
X_{24}	0.016 8	0.025 7	0.032 5	0.010 8	0.015 3
X_{25}	0.016 8	0.031 6	0.034 6	0.038 3	0.012 8
X_{26}	0.013 0	0.033 1	0.030 9	0.013 0	0.013 8
X_{27}	0.030 8	0.015 8	0.038 2	0.017 2	0.012 7

最终得到 2017 年成长型煤炭资源型城市绿色转型潜力评价指标值,见表 5-9、表 5-10。

表 5-9　2017 年成长型煤炭资源型城市绿色转型潜力评价指标值(地级市)

	榆林市	朔州市	六盘水市	毕节市
经济规模	0.140 0	0.078 7	0.126 5	0.154 4
经济结构	0.043 1	0.017 0	0.027 4	0.021 1
发展水平	0.084 6	0.077 6	0.055 7	0.075 1
生活水平	0.073 7	0.072 6	0.063 2	0.077 7
科教水平	0.050 0	0.050 9	0.041 6	0.031 2
资源利用	0.104 7	0.050 3	0.045 6	0.061 9
环境质量	0.059 6	0.097 6	0.073 6	0.060 0
环境污染与治理	0.145 9	0.143 5	0.112 8	0.100 0
经济潜力	0.183 1	0.095 7	0.153 9	0.175 5
社会潜力	0.208 3	0.201 2	0.160 6	0.184 0
生态潜力	0.310 2	0.291 4	0.232 0	0.221 8
综合	0.701 6	0.588 2	0.546 5	0.581 4

表 5-10　2017 年成长型煤炭资源型城市绿色转型潜力评价指标值(县级市)

	霍林郭勒市	永城市	禹州市	灵武市	哈密市
经济规模	0.101 2	0.102 1	0.124 1	0.125 7	0.124 6
经济结构	0.032 8	0.032 9	0.033 5	0.043 1	0.042 8
发展水平	0.080 1	0.051 5	0.082 9	0.047 6	0.077 6
生活水平	0.107 1	0.044 9	0.074 9	0.069 6	0.075 5
科教水平	0.032 8	0.034 2	0.080 3	0.042 6	0.034 7
资源利用	0.059 8	0.075 7	0.076 9	0.070 2	0.052 5
环境质量	0.069 1	0.080 5	0.063 0	0.071 5	0.043 0

表 5-10(续)

	霍林郭勒市	永城市	禹州市	灵武市	哈密市
环境污染与治理	0.091 9	0.121 2	0.151 1	0.117 0	0.067 2
经济潜力	0.134 0	0.134 9	0.157 6	0.168 9	0.167 4
社会潜力	0.220 0	0.130 6	0.238 1	0.159 8	0.187 8
生态潜力	0.220 8	0.277 3	0.291 0	0.258 7	0.162 7
综合	0.574 9	0.542 9	0.686 8	0.587 4	0.517 9

（三）绿色转型潜力综合分析

1. 经济潜力方面的分析评价

经济潜力评价值是体现地区综合发展的重要指标，也是量化城市绿色转型潜力水平的重要角度。为了更深入分析刻画的成长型煤炭资源城市经济发展变化情况，下面从经济规模与经济结构两个方面来评价经济效益方面。2017 年成长型资源型城市绿色转型潜力经济方面中经济规模与经济结构评价值如表 5-11 和图 5-1、图 5-2 所示。

表 5-11　2017 年成长型煤炭资源型城市经济规模和经济结构评价指标值统表

	榆林市	朔州市	六盘水市	毕节市	霍林郭勒市	永城市	禹州市	灵武市	哈密市
经济规模	0.140 0	0.078 7	0.126 5	0.154 4	0.101 2	0.102 1	0.124 1	0.125 7	0.124 6
经济结构	0.043 1	0.017 0	0.027 4	0.021 1	0.032 8	0.032 9	0.033 5	0.043 1	0.042 8
经济潜力	0.183 1	0.095 7	0.153 9	0.175 5	0.134 0	0.134 9	0.157 6	0.168 9	0.167 4

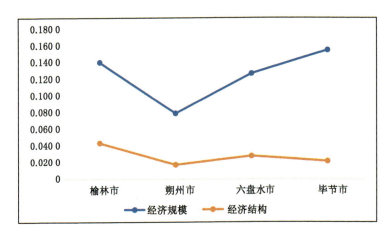

图 5-1　经济规模和经济结构评价值图（地级市）

（1）经济规模的角度

在四个地级市中，毕节市的经济规模评价值最高，达到 0.154 4，其次榆林市和六盘水市的评价值较高，分别为 0.140 0 和 0.126 5，表明这些城市的经济发展水平较高；朔州的经济

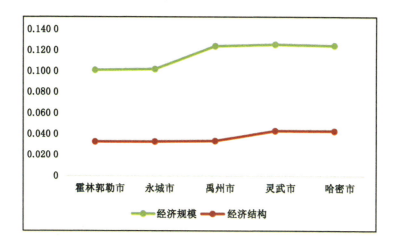

图 5-2 经济规模和经济结构评价值图（县级市）

规模评价值较低，且与其他三个城市有较大差距，仅有 0.078 7，经济发展水平较为不足。

在五个县级市中，灵武市的经济规模评价值最高，达到 0.125 7，随后是哈密市、禹州市、永城市三市，分别达到了 0.124 6、0.124 1、0.102 1。五个县级市中，霍林郭勒的评价值最低，但相差不大，有 0.101 2。

（2）经济结构角度

在四个地级市中，榆林市的经济结构评价值最高，达到 0.043 1，其次六盘水市评价值较高，为 0.027 4，表明这两个地级市的经济结构相对于同样比较的其他城市而言，经济结构较为合理。朔州市和毕节市总体评分都比较低，分别为 0.017 0 和 0.021 1，说明这两个城市相比于其他城市更需要进行经济结构的改革。

在五个县级市中，灵武市的经济结构评价值最高，达到 0.043 1，随后是哈密市、禹州市，分别达到了 0.042 8、0.033 5。五个县级市中，永城市、霍林郭勒市的该项评价值较低，但两市之间相差不大，分别为 0.032 9 和 0.032 8。

2. 社会潜力方面的分析评价

转型的社会潜力方面评价值可以衡量地区社会的发展程度，也是评估绿色转型潜力水平的重要方面。下面从社会发展水平、生活水平与科教水平三方面来评价资源型城市转型潜力。2017 年社会潜力维度各具体指标评价值如表 5-12 和图 5-3、图 5-4 所示。

表 5-12 2017 年成长型煤炭资源型城市发展水平、生活水平、科教水平评价值统表

	榆林市	朔州市	六盘水市	毕节市	霍林郭勒市	永城市	禹州市	灵武市	哈密市
发展水平	0.084 6	0.077 6	0.055 7	0.075 1	0.080 1	0.051 5	0.082 9	0.047 6	0.077 6
生活水平	0.073 7	0.072 6	0.063 2	0.077 7	0.107 1	0.044 9	0.074 9	0.069 6	0.075 5
科教水平	0.050 0	0.050 9	0.041 6	0.031 2	0.032 8	0.034 2	0.080 3	0.042 6	0.034 7
社会潜力	0.208 3	0.201 2	0.160 6	0.184 0	0.220 0	0.130 6	0.238 1	0.159 8	0.187 8

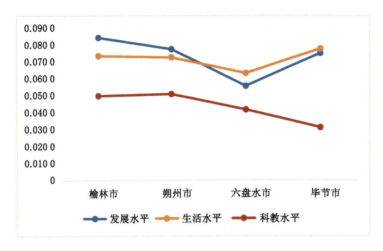

图 5-3   发展水平、生活水平、科教水平评价图（地级市）

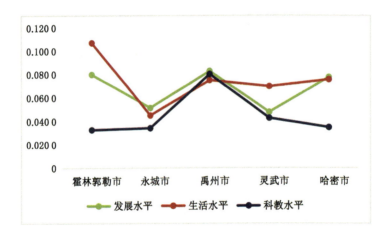

图 5-4   发展水平、生活水平、科教水平评价图（县级市）

（1）城市发展水平角度

在四个地级市中，从发展水平评价值来看，榆林市的评价值比较大，为 0.084 6，远高于其他三个城市，表明榆林市整体社会发展状态相比于其他城市较好，朔州市和毕节市紧随其后，分别为 0.077 6 和 0.075 1。相比较而言，城市发展水平评价值起伏较大，各个比较城市中存在较大差异，其中，较低的六盘水市仅有 0.055 7。

在五个县级市中，禹州市的城市发展水平评价值最高，达到 0.082 9，霍林郭勒市和哈密市紧随其后，也达到了 0.080 1 和 0.077 6。与此同时，永城市和灵武市城市发展水平评价值较低，分别为 0.051 5 和 0.047 6，与其他三市差别较大。

（2）生活水平角度

在四个地级市中，从居民生活水平角度来看，各个地市的生活水平评价值和社会发展评价值变化较为相似。其中，毕节市、榆林市、朔州市评价值较高，分别为 0.077 7、0.073 7、0.072 6，说明这些城市的人民生活水平相较于其他城市而言总体较好。

在五个县级市中,霍林郭勒市评价值较高,达到了0.107 1,总体生活水平较高;哈密市和禹州市的评价值较为接近,达到了0.075 5和0.074 9;灵武市和永城市的生活水平评价值较低,分别为0.069 6和0.044 9,灵武市和永城市需要迅速改善和提高市民生活水平。

（3）科教水平角度

在四个地级市中,从科教水平角度来看,各个地市的科教水平的评价值整体比生活水平和发展水平低,体现了科教事业在整体社会投入中处于不足的地位。科教水平最高的是朔州市,随后是榆林市,分别达到了0.050 9和0.050 0,六盘水市和毕节市总体处于较低水平。

在五个县级市中,科教水平与其社会发展水平呈几乎一样的发展趋势,其中禹州市的科教水平遥遥领先,达到了0.080 3。科教水平评价值最低的城市为霍林郭勒市,仅有0.032 8,说明霍林郭勒市急需在科教方面加大投入。

3.生态潜力方面的分析评价

生态环境是人类赖以永续生存的摇篮。生态环境评价体现的是地区环境的现状,地区环境污染程度越小和治理水平越高,则绿色转型的潜力越高,故生态环境是衡量绿色转型潜力的重要方面。下面从三方面来评价生态环境绿色转型水平。2017年各地市生态环境维度各具体指标评价值如表5-13和图5-5、图5-6所示。

表5-13　2017年成长型煤炭资源型城市资源利用、环境质量、环境污染与治理评价值统表

	榆林市	朔州市	六盘水市	毕节市	霍林郭勒市	永城市	禹州市	灵武市	哈密市
资源利用	0.104 7	0.050 3	0.045 6	0.061 9	0.059 8	0.075 7	0.076 9	0.070 2	0.052 5
环境质量	0.059 6	0.097 6	0.073 6	0.060 0	0.069 1	0.080 5	0.063 0	0.071 5	0.043 0
环境污染与治理	0.145 9	0.143 5	0.112 8	0.100 0	0.091 9	0.121 2	0.151 1	0.117 0	0.067 2
生态潜力	0.310 2	0.291 4	0.232 0	0.221 8	0.220 8	0.277 3	0.291 0	0.258 7	0.162 7

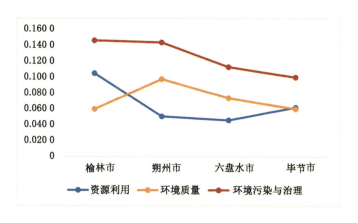

图5-5　资源利用、环境质量、环境污染与治理评价图（地级市）

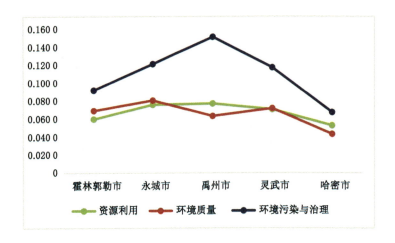

图 5-6　资源利用、环境质量、环境污染与治理评价图（县级市）

（1）资源利用角度

在四个地级市中，从资源利用角度来看，榆林市资源利用评价值较高，为 0.104 7，其他三市总体资源利用的评价值较小且差别不大，表明榆林市资源利用程度较高，榆林市的经济发展对资源和环境造成的压力较小。

在五个县级市中，禹州市的资源利用评价值较高，达到了 0.076 9，其次是永城市和灵武市，分别达到了 0.075 7 和 0.070 2。霍林郭勒市和哈密市的资源利用评价值较低，分别仅有 0.059 8 和 0.052 5，说明霍林郭勒市和哈密市需要提升其资源利用的有效性。

（2）环境质量角度

在四个地级市中，朔州市的环境质量评价值最高，达到了 0.097 6，其余三个城市总体差别不大，分别为 0.059 6、0.073 6、0.060 0。这一指标表现了煤炭资源型城市现有的城市环境水平，总体环境质量还有待提升。

在五个县级市中，永城市呈现较高的环境质量水平，达到 0.080 5，霍林郭勒、禹州、灵武三市处于中间位置，评价值分别为 0.069 1、0.063 0 和 0.071 5。哈密市的环境质量指标值最低，仅有 0.043 0，可能与其地处气候地区、水源条件有一定的关系。

（3）环境污染与治理角度

在四个地级市中，环境污染与治理评价值最高的地级市是榆林市，达到了 0.145 9，紧随其后的是朔州市，其评价值达到了 0.143 5，六盘水市和毕节市两市相当，分别达到了 0.112 8 和 0.100 0，需要提升其污染治理水平和降低污染物排放水平。

在五个县级市中，禹州市环境污染与治理指标评价值遥遥领先，远远超过其他相比较的县级市，达到了 0.151 1，霍林郭勒、永城、灵武三市的评价值集中在 0.110 0 左右，哈密市的评价值最低，仅有 0.067 2。

4. 绿色转型潜力总体分析评价

绿色转型潜力综合评价值包括了经济潜力、社会潜力和生态潜力三个方面，它体现了区域绿色转型潜力的总体状况。各成长型煤炭资源型城市 2017 年绿色转型潜力综合评价值如图 5-7、图 5-8 所示。

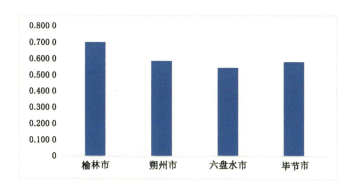

图 5-7　成长型煤炭资源型城市 2017 年绿色转型潜力综合评价图（地级市）

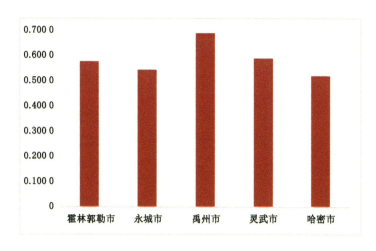

图 5-8　成长型煤炭资源型城市 2017 年绿色转型潜力综合评价图（县级市）

　　由图 5-7 可以看出，2017 年成长型煤炭资源型城市中，在四个地级市之中，榆林市的综合评价指数最高，为 0.701 6，其次是朔州市和毕节市，分别为 0.588 2 和 0.581 4，六盘水市的综合评分值最低，为 0.546 5，表明榆林市绿色转型潜力最高，经济、社会发展与生态环境协调程度比较高。由图 5-8 可见，在五个县级市中，禹州市的综合评价指数最高，为 0.686 8，呈现出较为良好的城市绿色转型的潜力，与此同时，哈密市的绿色转型潜力综合评价分值最低，表明其需要进一步的改革，以促进其绿色转型的实现。

　　如表 5-14 和图 5-9、图 5-10 所示，具体对经济潜力评价值、社会潜力评价值及生态潜力评价值对绿色转型潜力综合评价指数的影响进行分析。

表 5-14　2017 年成长型煤炭资源型城市绿色转型潜力综合评价对比统表

	榆林市	朔州市	六盘水市	毕节市	霍林郭勒市	永城市	禹州市	灵武市	哈密市
经济潜力	0.183 1	0.095 7	0.153 9	0.175 5	0.134 0	0.134 9	0.157 6	0.168 9	0.167 4
社会潜力	0.208 3	0.201 2	0.160 6	0.184 0	0.220 0	0.130 6	0.238 1	0.159 8	0.187 8
生态潜力	0.310 2	0.291 4	0.232 0	0.221 8	0.220 8	0.277 3	0.291 0	0.258 7	0.162 7
综合潜力	0.701 6	0.588 2	0.546 5	0.581 4	0.574 9	0.542 9	0.686 8	0.587 4	0.517 9

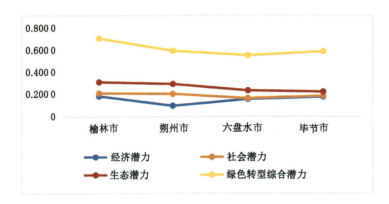

图 5-9　成长型煤炭资源型城市 2017 年绿色转型潜力综合评价对比图（地级市）

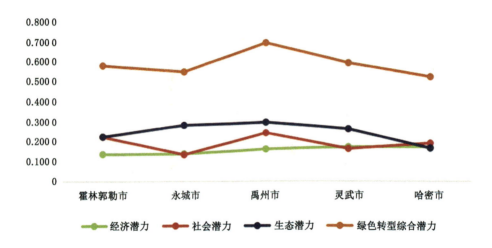

图 5-10　成长型煤炭资源型城市 2017 年绿色转型潜力综合评价对比图（县级市）

（1）经济潜力方面

分地市来看：在地级市中，榆林市的经济潜力评价值最大，达到 0.183 1，表明其经济状况发展良好。朔州市的经济潜力综合评价值最小，仅有 0.095 7，表明其转型经济潜力较差。在县级市中，总体五市差别不是很大，其中灵武市的城市转型经济潜力略大，为 0.168 9。霍林郭勒市的城市转型经济潜力评价值最低，仅为 0.134 0，表明其城市经济还需要进行充分发展和产业结构优化。

（2）社会潜力方面

从转型社会潜力方面来看，各个地市呈现较为不均的态势，有些城市，经济评价值较高，社会评价值却较低，有些城市则相反。在四个地级市中，榆林的社会潜力评价值最高，达到 0.208 3，六盘水市最低，仅有 0.160 6。在五个县级市中，霍林郭勒、禹州两市保持着相似的发展态势，总体社会潜力评价值较高，社会发展势头较为稳定。

（3）生态潜力方面

从生态潜力方面来看，9 个城市的生态潜力评价值整体上高于经济潜力评价值和社会潜力评价值，表明成长型煤炭资源型城市在发展城市经济、促进社会发展时已经在关注生态环境的保护,遏制生态环境恶化。

第二节　成长型煤炭资源型城市绿色转型路径设计

在成长型资源型城市转型的过程中,既要关注资源型城市转型的一般规律和成长型资源型城市转型的特殊规律,又要处理好传统资源型产业与新兴的非资源型产业之间的关系,还要处理好政府与市场之间的关系。

对于成长型资源型城市转型而言,在城市利用资源产业迅猛发展的初期,就开始着手城市的绿色转型是十分必要的,利用原始积累,主动出击,循序渐进,积极地发展传统城市优势能源产业、培养接续产业,促进城市产业多元化,等到资源接近枯竭时就不会落入经济一落千丈的境地。成长型资源型城市绿色转型,既要遵循资源型城市发展的规律,借鉴转型经验,汲取转型失败的教训,也要充分考虑其所谓"成长型"的特殊性,在旧有能源产业发展、资源市场化配置、资源收益合理分配等方面予以关注。

一、成长型煤炭资源型城市绿色转型经济方面转型路径设计

煤炭资源型城市谋求绿色转型,城市整体经济转型是其中的重要部分,经济转型成不成功,对于城市整个转型至关重要。现阶段如何利用好地区主导能源产业发展自身经济,经济如何能够在持续增长的情况下为今后的城市经济转型寻找代替产业促进城市持续发展,都是成长型煤炭城市经济转型所必须考虑的问题。本节将从城市煤炭产业的发展、城市经济结构的调整、政府对城市经济的调控引导作用进行成长型煤炭城市经济转型路径的设计。

（一）推进地区能源产业发展与改革,促进地区经济稳步增长

1. 积极促进成长型煤炭资源城市能源产业的发展

在资源型城市发展的一般路径中,多数的资源型城市的能源产业都会与地区经济的发展产生非常重要的相互依赖的关系,即:在城市发展初期,由于能源产业的兴起与快速扩张,当地的经济呈现出快速发展的趋势,能源产业占地区生产总值达到一个非常高的比例。紧接着,随着能源开采过程的长期性,能源产业会进入稳定期,在这一时期,能源产业在地区生产总值中开始趋于稳定,占到比较大的比重。最后,随着地区能源枯竭或是无法继续开采,没有接续产业的城市经济将会失去经济的主要来源。

成长型煤炭资源型城市正处于煤炭能源产业快速发展的时期,在这一时期,煤炭开采和加工促进了地方经济的加速繁荣,地区原煤产量不断上升,煤炭产业吸纳的就业人口不断增加,煤炭资源产业的产值占地区生产总值的比重不断增加。比起已经进入成熟期的煤炭资源型城市,在成长期,能源产业对地区经济产值的拉动呈现出一种更加强劲的势头,煤炭能源产业与城市经济的发展的关系越来越密切。在这样一个发展阶段中,如果单纯地遏制当地煤炭产业的发展,控制地区年原煤产量,可能会对地区经济的发展、社会就业、生活保障等各个方面产生不良影响。在这样一个特殊的资源城市发展时期,继续促进煤炭产业的发展还是十分必要的,努力将地区能源产业做大做强,将地区特有的煤炭产业优势变成地区经济发展优势,融入地区经济发展之中,以促进地区经济发展,为地区经济转型提供必要的经济支持。因此,成长型煤炭资源型城市积极推进煤炭产业的发展,能源企业运用先

进技术、先进的管理手段,积极促进区域能源产业的发展,将能源产业做大,使能源产业成为当地经济发展的强力助推器,促进区域经济快速发展。

2. 延伸拓展现有产业链,推进煤炭能源行业的改革

成长型煤炭资源型城市,在追求煤炭产量的同时,也应积极关注当地煤炭产业链的发展。只一味关注煤炭产量,只在煤炭产业链中充当煤炭供给者的角色无疑是不经济的。生产煤炭产品能给城市经济带来比煤炭开采更多的收益,获得比仅仅进行煤炭开采更多的利润,同时,产业链的发展也能够推进社会成员的就业、带动当地第三产业的发展。

煤炭资源产业的产业链发展有很多种形式,例如煤制油、煤制天然气、煤电一体化、煤制重要化学品、煤炭与其他能源多元综合利用等方式。

煤制油是利用煤制高品质油品,在这样的生产过程中,产品中的硫、氮等含量非常低,品质相对较好,被认为属于优异的清洁环保型燃料,在油价上涨的今天,结合当地的能源产业优势,将煤开采后制成油,能够产生比单纯的煤炭生产更多的利润。

煤制合成天然气,通常在高温的情况下进行操作,将原料燃烧后的气体转化为标准的可燃气体。煤制气工艺操作流程相对简单,目前该项工艺的技术较为成熟,适合作为煤炭能源工业的产业链延伸选择,同时煤制气的单位热值成本也比较低,可以赚取更多的利润,但还需要充分考虑地区生态环境成本问题,在不损害生态环境成本的前提下,因地制宜规划煤炭资源城市产业链的延伸。

煤电一体化将生产煤炭的能源企业和发电的企业进行一体化集中经营,通过合并、参股等资本手段进行相互之间的联合,以达到降低发电成本,减少煤炭开采、发电行业对城市生态环境的破坏,提升联合经营利润,获得较大的市场竞争优势的目的,对于开采、发电过程中产生的废水、废气、固体废弃物也能够进行综合治理,降低了治理成本,也提升了治理效率,共同促进煤炭开采企业、发电厂可持续、有效率、平稳地运行。煤电一体化的发展,对于改善当地的生态环境尤其是大气污染,推进当地煤炭资源开发利用,将资源优势转变为经济优势都具有重要意义。

近年来,随着油价的上涨石油在我国越来越受到重视,各地能源产业也大量通过煤制重要化学品这一路径来延伸自身的煤炭资源产业链,更好地推进了煤制重要化学品这一工艺的发展。除却传统的煤化工产业产品之外,煤制重要化学品还形成了煤制甲醇、烯烃、乙二醇等工业制品的产业链,使得煤制重要化学品的产业链更加完整,更加丰富。采用煤制重要化学品一方面能使当地特色能源产业链得以延伸,同时在一些煤丰油寡的地区,可以利用该产业填补石油化工业所不能够提供的产品,煤化工业能够对当地石油化工业进行适当地补充,节约石油资源。

煤炭多种资源综合利用,即将区域资源看作一个整体,而不是把煤炭能源产业单独看待,只考虑煤炭能源产业的发展,而是通过综合利用、高效配置和先进技术的支撑,形成区域资源的合理利用,产生最大的经济效益以带动区域经济的发展。石油、煤炭、天然气等多种资源综合利用,既能够弥补单一资源利用过程中的不足,形成较好的综合利用效果,避免了资源的浪费,也满足了发展过程兼顾环境保护的需求,大幅提高了节能减排的效率,同时还能够产生产业规模经济效益,促进当地经济的发展。以发展绿色低碳经济为理念,将区域范围内的资源进行高效配置,综合利用,丰富煤炭、油气资源的开发利用途径,提升地区能源化工产品经济附加值和市场竞争力,同时还能满足资源高效集约

利用和环境保护的要求。

（二）培育新产业，实现煤炭资源型城市产业结构优化

成长型煤炭资源型城市由于还处在高度地依靠自身资源产业发展经济的阶段，要想进行经济结构大转变在一定程度上是不现实的，因此，应在推进煤炭能源产业继续发展和煤炭能源产业结构优化改革的基础上，逐步开始培育具有地区特色的新产业，充分发掘地区自身优势，因地制宜地选择发展能够不依靠当地煤炭资源的新兴产业，并对新兴产业进行相应的扶持，使得其在地区生产总值中的占比呈上升状态，逐渐发展为地区的主导产业。新兴主导产业的发展，能够产生新的就业需求，缓解煤炭资源行业发展过程中就业饱和的问题，同时多种行业在同一城市的发展会比单一行业支配城市区域经济增加城市抵抗经济风险的能力，若单一产业发展出现变化，城市经济可能会出现巨大波动，而如果城市产业结构相对均衡，也会对城市经济的抗风险能力起到增加作用。

城市新兴产业的选择，主要还是要结合当地区域优势，通过培育新产业，逐步摆脱对原有能源产业的依赖，形成新的产业或者新的经济增长点，使城市内部生产要素从原有的煤炭资源型产业向新兴产业进行过渡，同时吸纳就业、改善环境，推进城市整体转型。有旅游资源的城市可以大力推广城市的旅游产业发展，将地区特色旅游资源作为当地经济发展的新的增长点，利用旅游来吸纳就业，促进当地经济增长；政府也可以积极进行产业引导，扶持新的产业进入成长型煤炭资源型城市进行发展，例如对于与煤炭相关，进行生态环境治理和修复的环保企业，提升煤炭资源综合开发利用能力的高新技术产业，都可以进行引进和扶持，以改善区域经济结构，使经济结构趋于合理化，提升当地非煤产业产值。

总体来说，新兴产业能够给城市带来不一样的发展模式和与能源产业完全不同的经济增长点，但新兴产业的引入离不开当地的经济发展水平、环境的承载水平、社会发展水平、创新状况以及政府支持力度，需要有一定的经济基础和人才、技术支撑，投入相对比较大。

（三）政府加强对城市经济的调控与引导，推进城市经济向良好方向发展

资源型城市在其最初的成长阶段，想要不走资源型城市发展的一般路径几乎是不可能的，大多都会走上依靠当地优势资源产业迅速发展区域经济的道路。因此，政府对于城市经济的调控作用就显得尤为重要。如果城市经济发展过于依赖煤炭资源产业的发展，那么城市的经济结构就会处于一种不合理的状态。政府应控制煤炭资源产业在地区生产总值中的比重，把握煤炭资源产业对城市工业总产值和区域生产总值的贡献率，在推进地区优势产业煤炭资源产业发展的同时，关注其他非煤产业的发展，实现区域产业结构的均衡发展。

政府还应综合运用行政、法律、经济、技术等手段，对城市的产业结构进行合理规划、适度监管、合理调节。在煤炭产业发展过热时对其进行"降温"，对原煤产量进行限制，调整煤炭行业政策，控制煤炭产业价格，培养煤炭产业替代产业等，延长其资源产业对城市经济贡献年限；在煤炭产业发展不足时，给予一定的鼓励政策，如进行政策支持、投入资金进行技术引进等推进煤炭产业的发展。

政府在煤炭资源型城市尤其是在成长型煤炭资源型城市中，应该更多地发挥其主观能动性，因为资源型城市的发展本就存在一定的路径依赖，而在其成长阶段城市具有更多的发展路径选择的机会，一旦错过成长型发展阶段，城市发展路径的选择就会变少，因而需要

政府对经济发展实施动态监测和引导调控,高瞻远瞩,从整体上着眼于城市的长期可持续发展,对城市经济发展的结构和速度进行合理的布局和规划,对城市经济发展进行动态监测和跟踪,发现问题通过各种手段进行调控和管理,以促进煤炭资源型城市在其发展的最初阶段能够实现经济快速发展,经济结构平衡,避免城市发展落入"资源陷阱"。

二、成长型煤炭资源型城市绿色转型社会方面转型路径设计

成长型资源型城市转型不可避免地面对社会转型的问题,城市始终是一个依赖于市民的综合体,无论是经济、生态还是社会都是由城市市民进行建设的,也最终造福于城市市民。在城市转型的过程中,社会也是不可忽视的一个重要方面。社会,面对的是市民,如何在保障城市生活的条件下实现城市转型、如何在城市转型的同时不断提升居民生活质量,都是城市转型中必须关注的问题,也是不可回避的问题。

(一)完善社会保障、收入分配制度,提升居民生活水平

随着城市经济产业结构的变化,城市的社会保障也会面临重大的压力和挑战,限制传统煤炭资源型产业的发展可能会使社会就业出现不充分的现象。而进行新兴产业的扶持建设是一个逐渐兴起的过程,在这一个变化的过程中,可能会产生城市登记失业率上涨、居民生活水平降低、社会稳定性受到影响等方面的问题。尤其对于成长型资源型城市这样有长期转型期的城市来说,如何保障失业人员生活、维持社会总体平稳,社会保障需要及时发挥作用。

建立适时的社会保障制度和政策,在转型这一个长期过程中,关注城市资源型产业员工工资水平,关注社会成员在社会中参与社会劳动生产的状况,给予一定的保障政策和支持与帮助,适时提高城市最低收入水平,建立合理的收入分配制度,能够充分激发劳动者的积极性,同时也有利于维护社会的公平与正义。城市转型持续时间长、涉及行业众多、社会影响面广的这些特性,使得城市转型必须在居民生活水平不下降的情况下进行,如果产生居民生活水平下降这方面的问题,可能会引起社会波动,打破社会的平稳状态,最终使得城市转型难以为继。经济的持续发展给予城市转型以物质支持的力量,城市的平稳运行给予城市转型推进的土壤,二者缺一不可。

经济的发展给予了城市推进社会保障的物质基础,而合理的社会保障制度、收入分配制度,则是城市居民人人都能享受到城市发展成果的重要保证,是建立公平、稳定、有效率的社会所必需的要素。建立适时的社会保障制度和政策,保障市民生活,促进社会平稳运行,是推进成长型资源型城市绿色转型的必然要求。

(二)加大科技教育投入,为城市可持续发展培养人才、引进技术

城市转型、城市产业转型离不开城市对于人才的需求,对于技术的要求。延伸现有能源产业的产业链、推进城市新兴产业的建设,都需要大量的人才和先进的技术。有了具有高素质的人才,实现产业链的延伸和新兴产业的建设才成为可能,如果没有适合的人才和技术,城市转型就成为无稽之谈。

政府在积极促进原有能源产业延伸产业链、引导新兴产业发展的同时,也要加大对城市内部人才的培养,通过财政拨款、积极推进产学研三者结合的方式推进城市教育、科技方面的发展,通过建设培养高素质人才的学校、与当地的企业进行合作联合进行相关产业人

才的培养、积极推进教学体制改革培养专业人才等方式提升当地的教育水平和科技水平，培育出一批具有较高素质的人才，激发社会创新能力，为城市转型这一长期过程给予相应的技术支持和人才支持。

教育和科技的投入相对于经济发展的投入回报较为缓慢，在长期投入的过程中可能回收期比较长，这就要求政府能够不拘泥于眼前的利益，高瞻远瞩，放眼未来，综合考虑社会的可持续发展效果，以推进城市绿色转型、长期发展为目的，对教育和科技进行长期、均衡的投入，才能收到较好的效果。

三、成长型煤炭资源型城市绿色转型生态方面转型路径设计

煤炭开采和加工行业，本身就是污染较高的产业，不加严控的煤炭资源掠夺式开发更是对生态环境造成了严重的破坏，并为城市的环境污染埋下了不小的隐患，这种无序的开发是造成城市生态环境破坏的直接原因。而开发者片面地追求经济利益，以环境污染为代价，一味地追求经济效益，忽视行业的长远发展，也是造成煤炭行业经济下行的另一大重要诱因。同时因为城市环境保护法律法规的不健全，对于煤炭资源开发造成的环境问题如何进行规范、如何追究责任也缺乏一个详细的、可操作的标准。种种原因导致了煤炭资源型城市往往会成为"脏乱差"城市的代表，在城市绿色转型的过程中生态环境的改善也成了不可忽视的问题。

（一）严格监控能源产业发展，提升资源产业回收利用率

煤炭开采与加工如果不实行监管，可能会出现城市煤炭资源"挖光、采光、掏光"的局面，形成城市地下的煤炭采空区，给城市的安全埋下重大的隐患。应通过严格限制过度开采，制订有效合理的开采计划，确定合理的开采规模，在使资源优势转变为经济效益的同时，尽可能地降低资源开采对于环境的破坏。同时，还要充分利用新兴技术、设备，采用新方法，提升资源的利用率，减少资源的浪费，及时对煤炭开采加工企业进行资源合理利用的监测，按照相关规定对不达标者进行惩罚，对新建设的矿井也要进行环境的测评，做好相应的审批工作。

煤炭资源型城市要实现资源开发与环境保护协调发展，首先必须加强对资源尤其是煤炭资源的综合开发和永续利用，减少对资源的消耗和浪费，提高资源利用和转换效率；其次要处理好"非煤"产业的关系，通过推进产业结构的调整与升级，逐步实现产业的多元化。另外，在资源开采过程中，注意保护好资源和环境，通过推行清洁生产技术，加大环境保护和治理力度，实现经济、社会与资源环境的协调发展。

（二）推进绿色经济，提升城市生态水平

绿色经济相对于传统的经济，不仅仅是发展方式上的进步，绿色经济上生态的治理蕴含于经济发展之中，在提升生态效益的同时还能够提升经济效益，降低生产成本，形成成本优势。因此，绿色经济更适合在生态环境较为脆弱，生态恢复较为缓慢的资源型地区推行。绿色经济将原本工业生产过程中产生的废物进行了再利用，使得资源的综合利用率得到了明显的提升；同时，绿色经济倡导新技术的运用，能够将城市的旧有能源产业进行改造，一方面完善旧能源产业的产业链，形成新的产业结构，推进城市产业转型，另一方面可能会创造出一个或几个新的产业，成为城市新的经济增长点。

发展绿色经济要求在资源开发的过程中,加强资源的综合利用,提升对资源的利用程度,在资源的加工过程中,使用先进的技术。在进行工业废水、废气、废弃物的处理时,也要积极融入科技,尽量变废为宝,提升"三废"的综合利用率,将"三废"转换为可以重复使用的产品。

绿色经济的发展离不开企业、社会、政府的支持,政府应当鼓励城市当地环保产业发展,为当地的绿色经济发展构建一个循环的社会系统,即资源产业进行资源的开发和利用,环保产业进行资源产业的资源回收、先进技术的支持和环保设备的提供。只有形成一个相对完整的循环系统,绿色经济的发展才能够持续推进,不会由于某一方面的缺失而终止。

(三)完善环境保护法律体系,严惩破坏环境的行为

生态环境的保护与治理必须纳入法治化的轨道。要在已有的法律条款的基础上,紧密结合资源型城市环境的特点,建立起一套符合成长型煤炭资源型城市的环境保护法律法规体系和相关技术评价标准体系。

政府需要把握好城市能源产业绿色发展方向,坚持"绿色、低碳、可持续"发展方向,制定转型发展的方针政策及激励措施。在城市转型引进新产业的过程中,要考量产业发展是否与绿色发展理念相合,尽量选择对环境伤害较小、绿色可持续发展的新兴产业,对于低碳型、技术型产业应该主动引进,并给予一定的优惠政策,而对于高耗能、重污染的企业要拒绝引进。在环保方面,健全保护环境的法律法规,制定相关节能、减排的可量化指标,加大监管力度和惩罚力度,对重点污染源实行重点监管,及时淘汰、关闭落后产业,加快减排工程的建设,将生态环境的保护放在城市转型中的重要地位。

完善资源型城市环境保护的法律法规对于保护煤炭资源型城市的生态环境和治理煤炭资源型城市的生态环境问题具有重大意义,必须将其纳入法治化轨道,形成最强硬的要求。因此,需要在现有的《中华人民共和国煤炭法》《中华人民共和国矿山安全法》等法律以及《煤矿安全监察条例》《中华人民共和国矿山安全法实施条例》等行政法规的基础上,对法律进行进一步的规定和细化,对环境破坏达到怎样的程度构成犯罪、环境破坏如何能够量化裁决等问题都要进行清晰和明确的规定。另外,地方政府应结合煤炭资源型城市环境的特点,建立起一套合情、合理、科学、可操作性强的地方性法规,以推进当地生态环境质量的提升。

(四)提升公众环境保护意识,有意识才会有行动

公众的环境保护意识的提升,有利于促进资源型城市环境保护问题的解决。可以通过定期举办专题讲座、制作宣传海报等多种形式和方式、多种渠道对公众在环境法规、生态常识等方面进行宣传,鼓励公众积极通过司法诉讼的渠道来维护自己的环境权益。在环境污染事件发生后,多数企业为了逃避责任、逃脱法律的惩罚选择对受害者进行利诱,从而使受害者对环境的危害采取视而不见的态度,这样企业就达到了免于处罚的目的。只有社会成员都牢记环境污染对每一个市民的危害,面对环境污染不接受求和,积极用法律的武器保护自己,才能最终实现城市生态环境的改善。应大力发展公众环保教育、提升公众的环保意识,让他们积极参与到环境保护中来。

加大环保行动执行力度,改变煤炭城市形象。直到目前,有较多的以煤炭开采为主导产业的资源型城市,其面临的环境状况仍相当严峻。必须持续增加环保投入,不断加大对

环境保护和生态环境治理的力度和频度。在煤炭开采和转换过程中，对固体废弃物进行回收和综合利用，采取措施加强对"三废"的治理，禁止"三废"乱排滥放，对不符合国家产业政策要求或存在技术落后、污染严重、破坏严重问题的产业和企业坚决予以取缔、淘汰。

成长型煤炭资源型城市在转型过程中需要树立新思想、确立新发展方式，充分利用国家政策优势推进自身产业发展，积极解决自身发展存在的问题。生态环境效益在城市的可持续发展中具有不可忽视的重要地位，所谓的绿色转型，就是要在城市环境方面进行持续的改善，使全体居民生活在生态健康、环境优美的城市之中。发展经济不能短视，不能用环境效益换取经济效益，要充分做好两者的兼顾关系。在居民的意识中设立环境保护理念，明确环境保护绝不能与经济发展割裂开来，不能走以往"先污染，再治理"的老路。

第三节　成长型煤炭资源型城市转型典型案例分析——以榆林市为例

由前文分析可知，榆林市的绿色转型能力最高，因此本节通过分析榆林市煤炭资源型城市的发展现状，探究榆林转型过程中的实施路径，从而为其他成长型城市转型提供经验参考。

一、榆林市转型发展背景

榆林市位于陕西省北端，西连宁夏吴忠和甘肃庆阳，东与吕梁隔黄河相望，南接陕西延安，北靠内蒙古鄂尔多斯。榆林地处毛乌素沙地南部和黄土高原北侧沿线，地势西高东低北凹南斜。榆林市地理坐标介于北纬 36°57′～39°35′、东经 107°15′～111°14′。多年平均降水量 405 mm，年平均气温 7.9～11.3 ℃，多年平均水面蒸发量 1 246 mm。榆林生态环境脆弱，十年九旱，水能源总量有限且分布不均匀；北部风沙灾害频繁，南部水土流失严重。地势西高东低，海拔在 560～1 907 m，地貌以风沙草滩区、黄土丘陵沟壑区、梁状低山丘陵区为主，气候属于暖温带和温带半干旱大陆性气候。日照充足，四季分明。

1998 年国家正式批准建设国家能源化工基地，榆林市开始进入大规模矿产资源、能源勘探开发阶段。在国家能源化工基地大规模建设的带动下，榆林经济取得了快速的发展，呈现出明显的能源驱动型经济增长特征、能源富集型初级产品仍居主导、能源化工基地集聚效应显著、基础设施建设初具规模、区域中心城市骨架初步搭建等特点但同时也暴露出"能源陷阱"、体制机制问题突出、民营经济发展滞后、经济结构严重失衡、南北区域发展失衡、能源化工市场前景不容乐观等一系列能源富集型城市发展不可持续的问题。多年来，榆林市依托资源依赖型经济发展模式，在经济社会发展中取得了显著成绩，但仍然是一个相对落后的地区，而且已明显呈现出经济结构严重失衡、生态环境恶化等资源型城市的病态特征。

（一）榆林市发展现状

1. 榆林市自然概况

榆林市能源矿产、化工矿产及其他非金属矿产资源丰富，拥有国内最大的内陆盐田和世界七大煤田之一的陕北侏罗纪煤田及整装大气田，有较丰富的石油和煤层气资源，有全省唯一的肥焦煤资源。榆林市矿产资源蕴藏丰富，全市已发现的矿产资源有煤炭、煤层气、油页岩、石油、天然气、地热、铝土矿、水泥用灰岩、建筑石料用灰岩、玻璃用砂岩、建筑用砂、砖瓦用黏土、砖瓦用页岩、高岭土、耐火黏土、膨润土、水泥配料用黄土、泥炭、岩盐(固体石盐)、湖盐(石盐、镁盐、芒硝)、地下水、矿泉水22种,特别是国家战略性矿产煤炭、石油、天然气和本市优势矿产岩盐资源富集一地,组合配置好,国内外罕见,开发潜力巨大。其中煤炭探明资源量1 527亿t,占全省已探明量的82%;石油探明储量3.6亿t,是陕甘宁油气田的核心组成部分;天然气探明储量1.18万亿m³,是迄今我国陆地上探明最大整装田的核心组成部分;岩盐探明资源量8 872亿t,探明量约占全国的26%、全省的96%。煤炭、石油、天然气、岩盐在全国矿产资源中占据重要位置,榆林现已成为国家陕北能源化工基地的重要组成部分。

2. 榆林市社会经济概况

(1)综合经济状况

经济发展保持平稳增长。2017年榆林市GDP总值实现3 318.39亿元,年均增速达到8%,人均GDP达97 811元;三次产业增加值分别是167.68亿元、2 086.08亿元、1 064.63亿元,产值比重为5.1%:62.8%:32.1%。2017年年财政收入实现739.57亿元,同比上涨了51.6%,全市城镇化率达57.7%。2017年年末全市完成工业增加值2 086.08亿元。全市已基本形成煤炭开采和洗选业、石油天然气开采业、石油加工炼焦业、电力热力生产供应业、化学原料制品制造业、有色金属冶炼业等支柱产业。2017年全市建筑业增加值为234.94亿元,同比增长29.8%。全年非公经济实现增加值1 406.68亿元,占GDP比重达42.4%。市场物价稍有回升,2017年居民价格消费指数达到101.1%,比上年同期上涨了1.1%,其中食品价格下降了0.9%,商品零售价格上涨了1.0%。

(2)三产发展状况

农业经济稳步发展,2017年榆林市农业总产值实现292.21亿元,比上年增长了5.2%。其中:种植业产值161.54亿元,增长6.9%;畜牧业产值105.11亿元,增长1.1%;林业产值12.08亿元,增长17.4%;渔业产值2.10亿元,增长11.6%;农林牧渔服务业产值11.39亿元,增长9.4%。全年粮食播种面积48.819万hm²,比上年增长0.2%,总产量165.89万t,增长3.6%。

2017年规模以上企业完成工业总产值4 234.64亿元,其中:重工业产值达4 123.53亿元,比上年增长27.8%;轻工业总产值实现111.11亿元,比上年增长20.4%。能源产业发展迅速,规模以上工业中能源工业产值为3 349.40亿元,同比增长30.7%,其中:煤炭开采和洗选业完成产值2 059.30亿元,同比增长38.0%;石油天然气开采业产值达451.73亿元,增长15.1%;石油加工炼焦业完成产值504.41亿元,增长37.5%;电力热力生产供应业实现产值333.96亿元,增长7.2%。非能源产业迅速发展,非能源工业中化学原料制品制造产值为442.65亿元,增长达19.3%;有色金属冶炼业产值达到140.73亿元,增长13.7%。

服务业加速提升。2017年全年服务业产值达到1 064.63亿元,同比增长11.8%。城乡消费市场活跃,商品种类繁多,服务业种类不断增多,2017年社会消费品零售总额达到472.12亿元,同比增长18.8%。

3. 三产结构变化状况

近些年,榆林市依靠丰富的能源矿产资源,逐渐形成了以该地区丰富的能源产业为主导的经济增长模式。2003—2017年榆林市地区生产总值基本保持平稳的增长态势,从138亿元增长到3 318亿元,14年实现了24.04倍的增长。见图5-11。

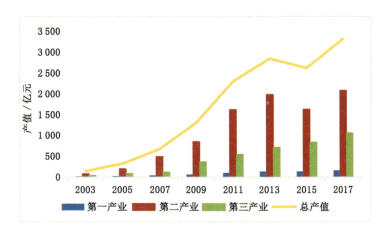

图 5-11　榆林市三次产业产值情况

从三次产业产值看,第一、三产业产值比重随产值的增长而下降或增长缓慢(图 5-12),其中:第一产业产值从 2003 年的 19 亿元增长到 2017 年的 168 亿元,但产值比重从 2003 年的 14% 下降到 2017 年的 5%,下降了 9 个百分点;第三产业产值从 2003 年的 40 亿元增长到 2017 年的 1 039 亿元,产值比重却仅从 29% 升为 32%。第二产业产值比重随产值的增长而上升,2003—2017 年榆林市第二产业产值从 79 亿元增长为 2 086 亿元,产值比重也从 2003 年的 57% 上升到 2017 年的 63%,其中 2011 年达到 71%。综上,表明随着榆林市能源产业的发展进入快速增长阶段,造成第一、三产业产值比重逐渐下降或增长缓慢。

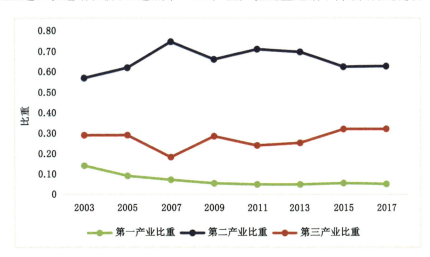

图 5-12　榆林市三产业产值比重情况

（二）现存问题

1. 城市经济结构存在问题,城市三次产业发展不均衡

从三次产业总产值看,第二产业所占比重远超过第三产业。第二产业在城市发展中处于绝对的主导地位,但是第二产业的发展并未对第三产业形成良好的辐射和带动作用。第三产业是拉动地区经济持续增长的重要力量,在城镇化日益重要的今天,第三产业的发展

能够为城市带来新的活力和新的经济增长点,也是解决外来人口劳动力就业的重要渠道。第三产业发展的严重滞后恐难以为城市经济健康发展提供良好支持,限制城市经济可持续发展的潜力,成为制约榆林市经济健康充分发展的重要问题。资源型产业的过度发展,使得城市经济的发展过分地依赖资源产业带来的经济快速增长,将大量的人力、物力、财力投进资源产业进行发展,导致资源产业"一家独大"。资源型产业的发展,严重限制了其他产业的正常发展轨迹,城市经济结构出现严重失衡的局面。

2. 重工业产业过度繁荣,其他工业产业发展出现萎缩的情况

在重工业迅速发展的同时,轻工业明显显示出发展力不足的情况,这种情况随着城市经济发展的推移不断显现。2000 年榆林市工业结构中轻、重工业分别占 11.61% 和 88.39%,到 2011 年轻工业仅占 2.6%,而重工业比重达到了 97.4%,工业发展过分依赖重工业。而在重工业中,能源开采行业占到了大多数,城市煤炭开采行业在总工业产值中占到将近八成,相对而言加工业和装备制造业比重较低,发展不均衡,很难促进城市资源产业链的发展,难以实现对资源产品的深度加工,提升资源产业经济效益。同时,与煤炭资源产业链相配套的诸如物流、维修、装备制造等产业尚未发展成熟,无形之中也降低了城市资源经济发展的效益。资源型城市依托自然资源而生,因此资源开采和加工业成为经济发展的主导产业。资源型产业发展产生的排挤效应,严重阻碍了其他产业的发展,导致工业产业结构失衡,轻工业发展不足,进而影响城市的可持续发展。截至 2017 年年底,榆林市三次产业产值比重为 5% : 63% : 32%,第二产业处于绝对的主导地位,其中重工业比重达到 97.4%,能源型产业比重为 79%,榆林市产业结构严重偏向能源型产业。此外,榆林市还存在产业之间的关联度较低、互相支持能力较弱、产业体系不完善等结构问题,同样严重制约着其可持续发展。

3. 城市经济发展区域性失衡,产业布局存在问题

榆林市经济发展的南北差异较为显著,在资源较为丰富的北六县地区,经济发展呈现快速发展持续向好的趋势,北六县凭借其具有的自然资源优势实现了自身发展和当地经济的积累,榆林市大多能源工业产业均密布于此,而南六县由于资源相对较少,城市的大型工业产业都较少布局于此,使得南六县的工业发展出现与北六县截然不同的局面,南六县相比于北六县呈现出区域经济发展不足,区域经济实力总体较弱的问题。南北区域的经济失衡和产业布局的不均匀是榆林能源产业发展的一个突出问题。如何提升城市整体的竞争力,怎样推进城市整体经济实力的增长,缓解城市南北经济差距,是榆林市面对的重要问题。

4. 资源产业的持续发展对生态的破坏不可忽视

榆林地处陕西北部,处于黄土高原地区,本身其地质环境就相对复杂,土壤抗侵蚀能力较低,加之水土流失严重的区域性问题,榆林市本就是生态环境较为脆弱的地区,持续的煤炭开采,过度的煤炭资源消耗,使榆林市本就脆弱的生态环境面临雪上加霜的风险,由过度煤炭开采可能产生地表沉降、地面塌陷的城市生态环境隐患随之而来。同时,煤炭资源产业的持续发展、煤炭的加工也给城市的空气质量、水质量造成了不小的威胁,煤炭的开发使得当地原本就支离破碎的地表形态发生了变化、原本就不多的植被开始退化,加重了榆林水土流失,当地的地质灾害也呈现出多发的趋势,资源的开采给榆林市的生态环境带来了巨大的压力,使得榆林市成为环境污染、生态环境恶化最为严重的区域之一。

城市地区经济可持续发展离不开区域生态环境的支撑,榆林作为成长型煤炭资源型城市,今后的发展在很长一段时间内可能还是要继续依靠能源产业为经济发展助力,如果生态环境持续恶化而得不到改善,那么经济发展就会落入极其被动的境地,最后难免在失去资源优势后落入"矿竭城衰"的境地。

二、榆林市绿色转型发展路径

(一)绿色转型经济方面路径设计

为了扩大和保持主导资源型产业对经济发展的巨大拉动作用,榆林市通过加大煤炭勘探能力、提升管理能力、积极引进先进设备技术等方式方法,在保证资源开发的同时,兼顾资源型产业可能出现的环境污染的治理问题,在追求经济效益的同时更关注经济可持续发展,积极延伸当地煤炭产业链,提升其产出煤炭产品的竞争力和产品附加值。

1. 抓住当地特色资源产业优势,促进资源产业的持续发展

综合评价区域资源潜力,利用先进技术手段,加大对当地资源的勘测力度,探究南部吴堡、米脂、子州等六县的资源储藏量,做到"心中有数,合理开采",延长当地资源的开采期,为城市经济发展提供长期助力。在已经进行开采的资源富集区,随时进行资源储量的动态监测和摸底调查,遵循可持续发展的原则,限制煤炭、石油等当地优势资源无休止地开采,避免落入城市发展的"资源陷阱"。同时企业积极进行开采技术革新,不断提升资源综合利用效率,减少资源开采对于城市生态环境的破坏。

2. 延伸资源产业链,增加资源产业产品附加值

在进行资源有序开采的基础之上,大力发展资源产业产品精加工、深加工和相关配套产业,不断延伸资源产业链,提高产品的附加值和竞争力,打造以煤产业链,形成煤精细加工产业群。

通过打造"榆林兰炭",逐渐形成电石、清洁燃料油等当地特有兰炭相关下游产业集群。兰炭本身的生产采用煤低温干馏-气化-加氢-发电一体化综合方法,较为环保的生产过程大大提高了兰炭在同行业产品中的竞争力,同时继续运用兰炭进行电石、烧碱以及醋酸乙烯等有机化学品的制造,实现资源利用经济效用最大化,也实现了当地煤炭产业与化学工业发展的紧密结合。依托横榆、神木县、榆阳区等县区建设煤深加工、精加工合作项目,推动当地煤化工向合成纤维、树脂、橡胶等新兴工业产品延伸。通过加大对天然气的开发和供气管网建设,不断提高天然气的利用比重,推进天然气向民用、商用、工业发电等领域的应用。加快榆林地区气田的建设,推动区域油气产业的综合发展。榆阳、定边、神木等县区逐渐形成以大型氯碱项目为核心,在榆阳、米脂盐化工生态工业园以及榆阳区鱼河盐化工业园的支撑下,生产以氯为代表的化学品,逐渐形成以有机氯化物为产业主题的具有代表性的现代盐化产业群。

3. 积极培育、扶持新兴产业的发展,促进经济结构优化

(1)推进当地能源产业配套产业发展

榆林地区进行煤炭能源产业的发展,离不开交通运输、物流、维修、装备制造、服务等相关配套产业的发展,形成以煤炭产业为核心,产业多元化的良好发展势头。城市逐渐形成工业经济增长、市民生活需求满足、城市多元产业发展的全新产业格局,提升城市经济持续发展能力。榆林市依托能源产业,以能源产业开采、加工为核心,以装备制造业、服务业为

能源产业的持续发展提供强有力的支撑作用,依托榆横工业区、定靖装备服务区、榆神工业区,推动建设设备、装备制造产业群,并逐渐形成以榆阳为核心,神木、府谷等县区为节点的多元煤炭资源产业经济布局体系。

（2）发挥地区资源优势,大力拓展新兴产业

榆林市除了拥有较为丰富的煤炭等化石能源,同时由于地理位置的影响,其区域内部的风能和太阳能资源也极为丰富,城市的发展可以通过这些在地区独有的资源优势,将地区的资源充分利用起来,形成新的产业,分担煤炭作为城市主导产业的压力,如大力发展风力发电、光伏发电、太阳能发电、生物能发电等新兴能源产业,靖边县、定边县、榆阳区三区以风电、太阳能发电为区域新产业主要发展方向,榆横、榆神等工业区以光伏发电作为主要新型能源产业。榆林市新兴能源产业的发展,推动了区域节能减排,符合绿色能源的发展要求,在产生同等电力的情况下,新兴能源产业的发展,也使得传统发电方式由于发电量的减少而降低了对环境的损坏,改善了当地的环境质量。

4. 积极倡导和扶持当地特色农业和第三产业的发展

作为典型的资源型城市,榆林市产业结构突出表现为第二产业比重过大,而第一、三产业比重过轻的经济结构特点,因此发展第三产业成为城市转型的一个重要内容,通过第三产业的发展,积极培育新的经济增长点。同时,具有当地特色农业的发展,也能够使地区优势得到发挥。

（1）充分发掘区域文化旅游资源,将旅游资源转变成地区经济效益

作为城市经济发展可以一直利用的资源,要充分发掘旅游文化资源的发展潜力。结合当地的特色举办具有当地民俗风情的旅游项目、结合相关历史背景进行以历史为线索的深度游、积极进行当地特色旅游宣传、规范城市旅游秩序等众多举措,都能够促进当地城市旅游业的发展,对当地的经济发展形成良好的促进作用。榆林作为有着丰富历史内涵的城市,拥有巨大的旅游资源,如当地有杨家沟革命纪念馆,毛泽东、周恩来故居等优秀红色旅游景点,还有黄河、长城寨堡等具有黄土高原特色的自然景观,陕北民歌饱含当地民风民俗,充分展现了当地的民间特色,基于当地的自然与人文景观,再结合当地的民风民情,开发具有民俗风情的旅游项目具有良好的发展前景。通过旅游业的发展,形成以榆林古城为中心的具有当地城市特色的多个旅游区,形成良好的旅游产业布局。

在新建旅游项目的同时,积极推进当地旅游区基础设施的建设,提高旅游区接待能力,提升区域尤其是旅游开放区域交通便利度,构建酒店、餐厅、购物等旅游支撑产业,形成良好的旅游产业格局,促进旅游业发展。

（2）结合当地特色农业,发展现代农业

农业作为一个地区最基础的产业,既关系到城市经济的发展,更关系到整个城市的人民生活水平的提升。利用地区特有优势资源,推进特色农业的建设,既能够提高农业总产值在地区生产总值的所占比例,均衡地区经济结构,也能够在一定程度上改善市民生活。将当地优势特色农产品进行育种改良、结合先进技术规模化种植,为当地居民提供农业供给,同时建立农业产销渠道,将地区特色农产品向外销售,使特色农产品造福于当地人民,也能推进地区经济发展。

榆林地处我国陕西省北部,处于半干旱气候区,生态环境本就较为脆弱,如何处理好种植业、林业和畜牧业之间的结构关系就显得尤为重要,三者应当相辅相成,而不应保持一家

独大的被动局面。在保证当地粮食作物种植面积的基础之上,结合本地区农业经济的特点,通过不断优化种植业的结构,使得地区农业能够产出更大的经济效益,结合畜牧业,推进饲料生产、加工等农业相关产业的发展,延伸当地农业发展产业链。

发展区域特色农业。着力发展马铃薯产业、小杂粮产业、玉米产业、红枣产业、特色林果产业、瓜果产业、油料产业等十大特色优势产业,打造独具"榆林特色"的农业产品,不断发展现代农业。

优化调整农业布局。将不同作物品类依据当地的优势自然条件、地形地势特点进行种植区域的选定,形成某一或某几种农作物综合产区,如依据自然条件等,建立以土豆、玉米、杂粮、油料等为主作物的农业优先发展区和以当地优势品种的苹果、红枣等地域果品为主的榆林特色林果农业培育区,在畜牧区,形成以牧草、畜牧为主的草畜发展区,建立榆林农业产业的完整布局。

在发展农业时,应消除农业发展所面临的不良条件,加强农业地区基础设施的建设,包括灌溉系统、排水系统、乡村道路、农用机械设备的建设和提供相关技术、资金的支持,使农民积极响应区域号召,成为当地特色农业发展的中坚力量,推进当地特色农业的发展建设。

5. 政府加大对区域经济转型的政策和资金支持,为地区经济转型提供动力保障

地区煤炭能源经济转型中,煤炭产业链的延伸、保护环境和节约能源的新型煤炭开采与加工技术的引进、环境友好型的新兴产业的引入都离不开政府对于城市经济转型在资金和政策方面的支持。利用资金能够直接为区域经济转型注入活力,通过财政投入,引进先进的技术与设备,建立较为先进的煤炭开采与加工流程,在提升经济效益的同时,不断关注矿产资源综合利用效率和工业"三废"的综合利用率,在煤炭开采实现经济效益的同时,不断提升其环境效益。通过政策的支持,在一定程度上为新兴产业的发展起到了鼓励和促进的作用,符合地区发展要求的产业可以获得产业发展方面的政策支持,不仅吸纳了新兴产业的不断发展,还在另一方面鼓励了原有产业进行相关的变革与发展。

榆林充分把握国家建设陕西自贸试验区和丝绸之路经济带新起点的发展良机,积极争取国家在其煤炭产业发展中的资金、技术、人才等的投入。以建设国家能源化工基地、建立循环经济城市,加强国家对榆林市的政策倾斜力度,为资源城市转型注入经济力量。同时建立多元融资体系,广泛吸纳民间资本,通过经济产业政策和其他发展政策,将资金技术支持注入经济产业内部,吸引企业接续产业发展、衰退产业转移、新兴产业培育。完善社会财税制度和深化财政金融体系改革,形成良好的社会投资发展风气,建立相关产业转型基金和生态修复基金,为城市工业产业建设提供一定的保障支持,同时通过完善的产业政策,吸引符合城市发展方向的新兴产业的进入,持续推进城市产业结构调整。

（二）绿色转型社会方面路径设计

城市的转型离不开人才的需求,建立一大批高素质的人才才能为城市转型提供更大的发展支持。一方面,在人才引进方面,政府要健全人才引进配套机制,加强对人才的引进,以提高当地工资标准和改善当地工作环境、落户给予一定奖励等方式,建立良好的用人环境,吸引大批高素质的人才进入榆林工作。同时,要完善城市人才市场的建设,促进城市人才公平竞争,通过提高人才市场相关工作人员的素质,加强区域间合作,加大信息网络建设。另一方面,在人才培养的角度,要加大对企业、高等院校、科研院所建立科学人才培养

方面的投入,健全人才培养机制,积极开展政府、企业联合培养项目,根据城市转型需求,加大对专业人才的培养,培养一批专属榆林市的专业化人才,为产业转型提供坚实的人才支撑。

城市转型对科技方面的需求也不言而喻,一味地引进其他先进的技术设备,可能会出现技术不完全符合当地城市转型,尤其是产业转型需求的情况,造成既花费了大量的财力进行技术引进,最后可能还达不到良好收益的窘境。要加强自身科技能力方面的建设,通过建立与城市产业相辅相成的城市科技创新体系,推进各个行业的产业创新,不断利用科技力量改造传统行业、发展新兴行业、推进优势产业发展。强化政府与高校之间的交流与合作,建立产学研一体化的合作体系,不断提升技术应用能力和创新能力,为城市转型提供科技支持。

（三）绿色转型生态方面路径设计

1. 整治当地脆弱生态环境,关注城市环境效益

加大当地环境的整治力度。从当地的环境大问题入手,进行全面、综合、持续的生态环境治理,形成相关治理标准,严格依据环境治理标准对地区环境进行综合治理。深入治理地区河流问题,保护当地本就稀少的水资源保护区,积极开展污染治理、污染防治、区域生态恢复等综合整治项目,不断改善河流流域的生态环境质量,提升水资源保护区生态承载能力,以当地良好的水资源生态整治为范例,推进整体城市生态环境治理变化。在能源产业生产过程中,严格控制工业污染源排放量,降低对环境的污染,同时推进能源产业煤炭开采区的生态环境修复和整治,对煤炭开采过程中可能出现的采空区、废弃矿山进行综合治理,降低煤炭开采对当地生态环境的破坏。在城市生活方面,积极引入绿色能源进行城市的使用能源供给,积极倡导绿色出行,在细微之处改善当地的城市生活环境,促进生态环境不断向好发展。通过对生活垃圾的分类收集、饮用水源地的保护及畜禽养殖污染的全面治理,改善农村生态环境。

2. 建立生态补偿机制,明确污染治理责任和义务

根据"谁污染谁治理、谁开发谁保护"的生态补偿原则,建立榆林市生态环境补偿机制。在污染制造阶段,企业应担负起尽量降低污染物排放,提升"三废"综合利用率的责任,充分发挥企业自身的主观能动性,积极主动引进新技术,降低工业生产对于当地生态环境的损害。在污染治理方面,政府和企业应该联合起来,建立环境保护责任机制,明确企业和政府方面的环境保护义务,出台相应的生态环境补偿政策,规定生态补偿相关标准、生态补偿方式等相关问题,将城市环境保护纳入城市生产总值进行评价和考核,将生态环境相关数据纳入城市经济社会发展要求中,激励政府和企业共同做好城市的环境保护,促进城市环境的逐渐改善。

3. 推进区域绿色经济的发展

发展绿色经济要求在资源开发的过程中,加强资源的综合利用,提升对资源的利用程度,使用先进的技术进行资源产品的加工,提升资源的综合利用水平。在进行工业废水、废气、废弃物的处理时,也要积极融入科技,变废为宝,提升"三废"的综合利用率,将"三废"转换为可以重复使用的产品。

结合自身优势,通过大力发展绿色产业、对工业产业园区的循环化改造,实现地区能源产业的绿色生产。改造城市能源供给结构、加大绿色能源在城市中的使用。乡村中,通过

以秸秆、沼气综合利用为主的农业循环链及以城市污水的再生利用、生活垃圾处理等为主体的生态环保链,实现循环低碳发展的目标。

绿色经济的发展离不开企业、社会、政府的支持,政府应当鼓励城市环保产业发展,为当地的绿色经济发展构建一个循环的社会系统。只有形成一个相对完整的循环系统,绿色经济的发展才能够持续推进,不会由于某一方面的缺失而终止。

三、榆林市绿色转型发展路径经验启示

煤炭能源产业作为榆林市经济的支柱性产业对城市经济发展有不可磨灭的贡献,而同时高比重的工业产值也会使得城市发展出现一些不可避免的问题,如煤炭作为一种不可再生的能源,究竟能为城市的经济发展提供多少年的黄金经济收益增长期,而在度过了这个黄金增长期之后,城市未来的发展又要依靠什么产业,以及怎样解决由于长期从事煤炭行业生产所带来的诸如城市生态环境恶化、城市居民第二产业从业比重较大而城市其他产业发展不足的问题。这些问题都是正处于成长期的煤炭资源型城市所必须考虑的问题。成长型煤炭资源型城市,之所以定义为成长型,也是因为其优势的煤炭资源还能够在未来一定时间内对城市的发展产生出强有力的带动作用,因此城市发展还要大量依靠煤炭开采和加工行业进行发展的经济积累。城市绿色转型的实现,离不开城市已有的社会财富的积累,有了经济实力,城市转型才有强有力的经济支持,才能够持续地推进;城市绿色转型也离不开社会的平稳运行,只有在稳定发展的大环境下,城市绿色转型才能平稳实现;同样城市绿色转型也离不开城市生态环境的改善和优化,只有不断地改善城市环境,提升城市经济发展的生态效益,城市才能持续地维持发展和运行。

经济、社会、生态三方面的进步离不开社会各方参与者的努力,根据榆林的城市转型具体路径,从社会参与者政府、企业、公众的主体角度对城市转型的经验做以下概括。

(一)政府层面

1. 发挥政府财政作用,加大对产业投入力度

城市转型的成功离不开资源产业的转型,而资源产业的进步与发展转型离不开政府的扶持与帮助。资源型产业由于其投资额较大、回收期较长等问题导致其必须与政府展开大量的合作。由于能源产业具有投资巨大、社会影响大的特点,政府部门在其推进转型的过程中必须给予一定的经济财政支持,充分调动能源产业企业绿色转型发展的积极性,帮助能源产业企业进行先进技术设备的引进和人员的培育,促进当地能源产业转型的顺利发展。

同时积极进行人才培养和人才引进方面的投入,制订合理的人才引进计划,提升人才聚集能力,也要加强本地区的人才培养能力,结合地区优势,培养出一批具有高素质、高技术的人才,促进地方转型的顺利实现。

2. 实行经济调控,促进绿色转型

在榆林这样的成长型煤炭资源城市中,政府对于城市经济的控制显得更为重要,如发展能源产业的限制是多少,如何降低城市绿色转型推进的阻力,城市产业发展的结构怎样进行调整。在市场经济为主导的条件下,政府对经济不能够管得太多但是也不能够任其自由发展,由于煤炭资源型城市发展存在路径依赖,如果政府不对经济时时关注并加以控制,很可能出现经济偏离正常轨道发展、增加绿色转型阻力的被动情况。政府对于经济的调

控,对于城市经济尤其是资源型城市的经济来说是十分重要的,有了政府的经济调控,资源型城市的发展才能够进行及时的转型,不至于走上难以实现绿色转型的道路。

3. 利用城市发展经济杠杆,鼓励绿色发展

煤炭资源型城市主要进行煤炭资源直接销售和加工销售,由于发展中的一些不利条件,多数企业生产成本始终较高,很难拿出大量资金用于改进设备和进行环保投入。对此情况,政府部门需要对采用节能环保技术和工艺的企业减免部分税收,或者对废水排放量、废气排放量较少以及固体废弃物综合利用率较高的企业给予一定的奖励,制定一些利税和贴息政策,利用经济杠杆减轻企业生产成本压力。利用"污染付费、利用补偿"的原则提高工业"三废"排放收费标准,增加企业污染成本,迫使污染企业做出转变。充分调动企业生产环保的主观能动性,在能源化工企业中,对于在"三废"减量化、无害化、资源化生产做出突出贡献的企业给予支持和奖励,例如抵消其他排污指标、降低甚至取消对应税费等。

（二）企业层面

1. 制定合适的企业发展目标

目标激励企业在一个领域的不断发展,合理的目标设定能够极大地提升企业的经济效益,促进企业成功实现绿色转型。而企业发展目标的选择,除了要关注企业自身发展优势,结合企业发展实际情况,还要结合社会发展总体目标来确定企业发展的目标,高污染、高耗能的企业更应当科学规划转型发展方向,保证自身在企业竞争中不被淘汰。

对于高污染、高耗能的产业,企业要及时进行设备更新,大幅改进其生产流程,使得其生产过程不断贴近城市绿色发展理念。对于和城市绿色转型发展理念较为贴合的企业,要继续保持其环境保护的优势地位,进一步推进环境保护在工业生产流程中的进步,不断提升其资源综合利用率、降低污染排放、提升资源循环利用率。近年来,国内外有关能源化工行业在新型生产技术、资源节约技术和碳排放回收循环利用等方面的研究取得了丰硕的成果。企业要积极运用新兴环境保护成果,将环境保护先进技术应用于资源开采和施工流程中,在提升经济效益的同时保护环境。

2. 企业应打造绿色发展文化,以企业文化推进产业绿色转型

除了根据绿色转型的要求制定企业发展的目标和方向,逐步推进高耗能产业转型之外,打造企业自身的绿色文化也是绝对不能忽视的重要内容,要把绿色转型的理念和观点,同企业自身的价值观结合在一起,从企业的领导阶层开始,形成企业内部各个层级、部门之间的共识,形成绿色转型理念深刻融入其中的企业文化。以企业文化约束企业行为,以绿色转型文化改变追求自身经济利益的最大化而进行的粗放利用资源、发展能源产业过度破坏生态的行为,推进企业高耗能产业的绿色转型,加快将高耗能产业转变为可持续发展的绿色产业,为城市绿色转型提供经济支持的同时,也为绿色转型积蓄力量。

企业可以通过不断学习外来先进经验、进行定期考察学习、参观浏览绿色企业发展样板、进行绿色发展相关知识培训等方式吸纳绿色发展理念,并以此为依据,形成引导企业发展的绿色文化。如果有需要还可以通过行业专家的指导,解决企业生产过程中遇到的相关问题,为企业在新常态环境下提升市场竞争力提供管理和技术方面的支持,能够使企业管理人员和员工认识到在全球经济发展大环境下企业进行绿色转型发展的重要意义。对于企业一线生产人员,企业可以组织定期内部培训,通过学习的方式培养树立员工绿色转型发展战略意识,形成企业文化,将绿色生产、节能环保理念推广到生产过程

的每个环节。

3. 加强与有关部门的沟通，创造产业绿色转型优势

产业的绿色转型需要社会各方的紧密配合，其中最最主要的就是能源企业与政府之间的沟通交流。政府制定相关政策要及时与企业进行沟通，做到市场信息畅通；企业作为城市产业绿色转型的主导者，有新的技术、设备需要也可以及时向政府求助，争取获得对发展有利的政策，从而获得政策红利，间接提高市场竞争优势。多方共同努力，有利于共同实现资源型城市能源产业绿色转型。

加强政府与企业之间的沟通交流，不仅有益于能源产业转型实现政策支持和资金支持，提升能源产业绿色转型成功率，也有利于政府相关产业绿色转型方面政策的制定，使政策制定更加的科学与合理，既能避免产业政策制定过于严苛，出现企业难以满足的情况，又可以积极促进各个企业之间的竞争，实现城市产业绿色转型。

（三）公众层面

1. 认识绿色转型，自觉支持绿色转型

作为城市市民，当然也是城市转型中的重要一部分，城市的转型成功与否与城市市民对于城市转型的态度密切相关。城市居民需要正确地认识绿色转型，明确绿色转型会给自身所处的资源型城市带来什么，明确绿色转型不是要遏制传统的资源产业的发展，而是要使当地具有优势特色的资源产业发展更加符合城市发展绿色、低碳、可持续的要求，将经济的发展与当地城市生活质量的提升和生活、生产、生态环境的改善紧密联系在一起，建立一种资源型城市可以进行持续发展所必需的经济发达、环境友好的良好社会发展模型所必须面临的重要发展阶段。

城市居民必须正确认识城市绿色转型的必要性，认识到城市的发展不能仅仅依赖于当地资源型产业，城市的经济社会的平稳发展需要多元产业、多元经济发展增长点的支持，仅仅凭借自身的资源优势是很难达到城市经济的持续增长的，在城市资源开采出现难以为继的局面时城市将陷入彻底的经济发展困境，等到资源开采陷入困境再进行转型很容易遇到转型障碍较多或者转型投资巨大的问题。

2. 从自身做起，积极融入城市绿色转型中

城市的居民要从自身的小事做起，积极推进城市绿色转型的发展。在城市生活中，尽量做到绿色出行，节约生活用水、用电，从自身的小事做起，即少用资源，促进当地资源的节约利用。倡导推行城市垃圾分类，在城市生活方面提升城市的资源回收利用率，即会用资源，增强资源总体利用能力，使有限的资源发挥出更大的利用价值，产生更多的社会效益。社会公众要积极接受绿色发展理念的教育，提升对于绿色发展的了解程度，提升整体思想素质，促进整个社会形成尊重绿色发展、追求绿色发展的良好社会氛围，共同促进整个城市绿色转型的顺利实现。

第四节 本章小结

本章通过构建成长型煤炭资源城市绿色转型潜力测度指标，运用灰色关联法，从经济、社会、生态三个角度对成长型煤炭资源城市绿色转型潜力进行测算，并选取典型城市——榆林，对成长型煤炭资源型城市转型路径进行设计，以期为其他成长型煤炭资源型城市绿

色转型提供模式参考,主要研究结论如下:

（1）我国多数成长型煤炭资源型城市绿色转型潜力整体差异不大,城市绿色转型综合潜力数值较为接近,目前绿色转型潜力最高的地级市与县级市分别是榆林市和禹州市。其余成长型煤炭资源型城市绿色转型潜力,尤其生态环境发展潜力还有较大提升空间。

（2）通过成长型煤炭资源型城市绿色转型路径设计发现,成长型煤炭资源型城市的绿色转型离不开其本身具有优势地位的资源开采行业,依托现有的煤炭资源产业优势和煤炭产业发展所带来的经济、社会效益不断推进新兴产业发展,实现新旧动能的更替,实现区域绿色转型发展。同时,成长型煤炭资源型城市转型也需要培育新产业、政府加强对城市经济的调控与引导、完善社会保障和收入分配制度、加大教育科技投入与不断推进城市生态建设。

（3）榆林市以延伸资源产业链,提升资源产业持续发展,以资源产业为区域转型发展动力,积极培育、扶持新兴产业为突破口,不断推进区域绿色转型发展。借由榆林市城市绿色转型发展成果,从政府、企业、公众三方面进行了绿色转型发展经验总结:政府要以经济调控政策推进绿色转型;企业要制定绿色发展目标,以企业文化推进绿色转型;社会公众要认识绿色转型,以自身行动践行城市绿色转型发展理念。

第六章　成熟型煤炭资源型城市绿色转型能力评估与路径选择

为了探索出成熟型煤炭资源型城市的转型路径,本章在对成熟型煤炭资源型城市发展理念和相关实践经验总结的基础上,结合成熟型城市背景构建绿色转型评估方法,分析成熟型煤炭资源型城市转型能力,在构建城市绿色转型发展能力评价指标体系的基础上对成熟型煤炭资源型城市转型能力进行测度,从绿色经济、绿色社会和绿色生态方面提出成熟型煤炭资源型城市绿色转型路径,然后以转型效果较好的济宁市为例,在分析其现状特征、转型历程等的基础上,分析济宁市实施绿色转型的驱动机制,并提出有针对性的完善济宁市绿色转型的路径选择与启示。

第一节　成熟型煤炭资源型城市绿色转型能力评估

一、成熟型煤炭资源型城市绿色转型能力评估研究背景

（一）国内外新的发展方式的探索与绿色转型发展理念的兴起

工业革命时期,在世界经济得到空前发展的同时,也带来了资源浪费、环境污染、人口膨胀等一系列问题。随着煤炭、石油、天然气等不可再生资源耗费的进一步加剧,人地之间的矛盾日益凸显。因此,寻找人类社会与自然环境协调发展的新的发展方式迫在眉睫。

20世纪60年代,人们开始意识到传统经济发展模式给生态环境造成的危害。美国生物学家卡逊《寂静的春天》一书的出版引起全世界的震惊。1972年,在瑞典斯德哥尔摩举办了世界人类环境大会,该会议强调人们不能过度地开发资源,要加强对环境的保护,由此开创了人类保护环境的新纪元。20世纪80年代,西方国家提出可持续发展的概念,并开始研究如何解决经济发展带来的环境问题。世界环境与发展委员会在《我们共同的未来》一书中,把可持续发展定义为"既满足当代人的需求,又不对后代人满足其需要的能力构成危害的发展"。20世纪90年代,联合国环境与发展大会通过了《里约热内卢宣言》与《21世纪议程》,呼吁各国积极妥善对待环境问题,要求各国基于自身国情及具体情况制定相应发展策略,实现人类社会的可持续发展。之后,可持续发展的理念逐渐得到世界各国的广泛接受和重视,各国也不断积极探索新的发展模式。

进入21世纪,随着人们对可持续发展问题的深入研究,由可持续发展衍生的绿色发展思想逐步成为国际组织探讨的新热点。英国著名经济学家皮尔斯的《绿色经济蓝皮书》的出版,开启了绿色经济的新时代。绿色经济强调从社会及其生态条件出发建立"可承受的经济",它是产业经济为适应人类新的需要而表现出来的一种状态,其宗旨是改善

人类福利、提高社会公平度。和可持续发展思想相比,绿色发展更加重视人类福利和社会公平。2002 年,联合国环境开发署进一步强调要向绿色发展模式转变。随着全球资源的不断耗竭以及环境问题的日益凸显,2012 年,联合国可持续发展大会召开了以发展绿色经济为中心主题的讨论大会,该会议明确为全球经济发展指明了方向,即"绿色转型"。

对我国而言,改革开放后,在经济快速发展的同时,也引发了一系列生态环境问题,因此,转变经济发展方式迫在眉睫。1994 年《中国 21 世纪议程》的发布标志着我国正式将可持续发展战略思想融入国民经济和社会发展的实践。1996 年八届人大四次会议进一步确定了可持续发展战略理念。结合我国的国情,我国政府创造性地提出了科学发展观、资源环境友好型社会、建设生态文明等有中国特色的发展理念。但由于我国能源消费结构长期以煤和石油为主,其环境保护形势依然严峻。随着不可再生资源的进一步减少,为进一步巩固发展战果,最终实现经济与生态环境的协调发展,2011 年,国家"十二五"规划提出,要持续推进并解决那些严重制约经济社会中长期发展的重大问题,积极寻找和破解转变经济发展方式的路径和方向,提出切实可行的举措以改善宏观经济环境,持续推进产业结构优化调整,实现国民经济与社会发展的绿色转型。2012 年,党的十八大报告中明确提出要构建包括生态文明在内的"五位一体"的新布局,并把资源消耗、环境损害、生态效益等纳入国民经济与社会发展评价体系,进一步奠定了绿色转型的发展方向。

(二)资源型城市转型的必要性及绿色转型的实践

资源型城市作为一类比较特殊的城市,长期以来为我国经济社会的快速发展提供了重要的战略资源。但随着城市化和工业化进程的加快,以及资源的逐渐枯竭,其经济增长波动、产业结构单一、技术创新缺乏、生态破坏、环境污染等问题日益凸显,严重阻碍了资源型城市的可持续发展。因此,如何在资源尚未枯竭前探索出一条可持续发展的新路,进而实现资源型城市的转型发展,不仅关系着国家经济的发展和社会的稳定,同时也对我国城市化的健康推进具有重要的作用。一直以来,资源型城市的发展问题都备受关注。国家"十五"计划纲要指出要因地制宜地促进矿区城市的资源开采,积极探索矿区城市发展的"新模式";2003—2004 年,中共中央、国务院先后制定了《关于实施东北地区等老工业基地振兴战略的若干意见》和《全国危机矿山接替资源找矿规划纲要》等规划,来指导资源型城市的发展;2005 年,十六届五中全会明确指出"要促进资源枯竭城市的转型";2007 年,温家宝总理主持召开会议,对资源型城市可持续发展的工作进行了专题研究;2008—2012 年,国家分三批先后确定了分布在全国 23 个省的 69 个资源枯竭城市,同时为了促进这些城市的可持续发展,中央财政对这些城市的转型发展进行财政补贴;2013 年年底,国务院印发了《全国资源型城市可持续发展规划(2013—2020 年)》,该规划明确提出到 2020 年,资源枯竭城市转型任务基本完成的目标。

资源型城市的转型问题也受到学术界的广泛关注,许多学者从"低碳转型""生态转型"的角度对资源型城市转型的问题进行了研究,绿色转型发展理念的提出又为资源型城市转型研究开辟了新方向。如:2006 年,山西省太原市积极推进城市绿色转型工作,并制定了相应的法律法规;2007 年,太原政府召开关于推进绿色转型工作的会议,提出要向绿色经济社会全面转型,并进一步明确了绿色转型的方向、推进路径及具体措施;2007 年 11 月,太原市正式发布了太原市绿色转型标准体系并对绿色转型的概念进行了界定。经过几年的努力,太原市绿色转型发展取得了显著的效果,为其他资源型城市特别是资源未枯竭城市的绿色转型开辟了道路,也提供了较好的借鉴。2021 年,太原地区生产总值实现 5 121.61 亿元,历史性突破 5 000 亿元,实际增速 9.2%,居全国省会城市第三,名义增速排名第一。2022 年上半年,太原 GDP 实际增长 3.5%,高于全国 1.0 个百分点,名义增速在省会城市再排第一。比数字更提气的是,太原"十四五"规划提出了经济总量向万亿元规模迈进、新兴产业竞争力进入全国第一方阵等目标。在我国经济由高速增长进入高质量发展阶段、国内外发展环境复杂严峻的今天,5 年翻一番的目标设计称得上"壮志凌云"。

(三)成熟型资源型城市转型的必要性

1. 成熟期资源型城市是我国产业转型的主体

资源型城市受不可再生资源生命周期规律的影响,呈阶段性发展,分为兴建期、成长期、成熟期、衰退期 4 个阶段。据统计,我国资源型城市为 118 座,其中 68% 处于成熟期,12% 进入衰退期或枯竭期,其余城市仍处于开发期。处于衰退期的资源型城市由于长期的无限制开采,已经产生了相当严重的经济、社会、生态问题,产业结构单一,路径依赖性强,转型举步维艰。若要重塑其生产力,必须依靠外力推动、植入新型产业,这与开发一座新城并无较大差别,无论是国家还是地方政府都将为此付出高昂的成本。对于处于开发期的资源型城市,资源型产业发展仍需投入大量的资金,从而没有更多的资金发展其他产业,产业转型为时过早。成熟期资源型城市一方面在经济实力方面比较雄厚,并且其主导产业也未进入衰退阶段,完全可以依靠其内部的创新机制和资金技术实现产业结构的升级,进一步实现城市产业的转型;另一方面,成熟期资源型城市数量较多,且多分布于各大区划中(如东北、西北、西南等),若不及时转型势必影响区域经济的发展。

2. 成熟期是资源型城市转型发展的最佳时期

工业化使资源进入大规模开发阶段,大量生产要素不断投入到生产过程中,生产组织不断扩大,资源产业迅速成长为城市的支柱产业,并把城市经济推向了最高发展阶段,资源产值利润对城市经济的作用已达到临界值,产业进入衰退期。此时,若没有技术的突破或发现质量更好、储量更大的可开采资源或替代资源,城市经济将会随着资源产业的衰落而下滑。同时,资源型城市产业也遵循资源边际收益递减规律,即开采成本随着开采难度的加大不断增加,当资源型产业进入衰退期后,边际收益开始递减。因此,此时选择转型十分有必要。

成熟期作为资源型城市发展的一个重要阶段,具有明显的特征:一是资源型主导产业是城市社会经济发展的主要动力,资源型产业体系发展相对完善,资源型产业产值趋于稳定。二是城市整体处于较高的发展水平。这个时期,资源型城市积累了一定的社会财富和先进技术,培养、吸引了一部分高素质从业人员,社会经济方面均取得了较大进步,已具备发展成为综合性城市的潜力。三是产业结构相对稳定。在成熟期,由于资源型主导产业对城市产业结构演进的带动趋弱,整个城市的三次产业结构相对稳定。处于成熟期的资源型城市面临着两种选择:第一种选择是利用积累的资金、技术和人才等资源,选择发展接替产业,逐步打破城市发展对资源的依赖,实现城市发展的可持续性;第二种选择则是随着资源的枯竭进入衰退期,整个城市逐渐丧失发展动力,城市最终因社会财富耗尽、人员外流而彻底没落。因此成熟期是决定资源型城市未来发展趋势的重要阶段,是资源型城市中急需转型发展的一类城市。

二、成熟型煤炭资源型城市绿色转型发展能力评价指标体系及评价模型的构建

(一)绿色转型发展能力评价指标体系的构建

1. 评价指标体系构建原则

(1)科学合理性。绿色转型发展能力评价指标体系一定要建立在科学合理的基础之上,只有这样才能够科学、客观、真实地度量和反映区域绿色转型发展的实现程度和发展趋势、发展潜力。绿色转型发展主要是使经济社会效益和资源环境效益相协调,只有明确绿色转型发展需要兼顾经济社会发展和绿色生态保护两个方面,才能建立起符合绿色转型发展要求的科学体系。为了保证评价结果的客观可信和公正合理,在指标选取过程中,既要保证选取方法的科学合理、维度划分的切实得当、具体指标来源的有据可依,又要考虑到区域的实际情况,充分体现出绿色转型发展的内涵要义,科学建立绿色转型发展能力评价指标体系。

(2)系统综合性。绿色转型发展系统是一个复杂全面的系统,在评价指标的构建中不仅要考虑经济发展状况,还要综合考虑社会进步水平、资源消耗情况以及环境污染程度。这4个方面之间有很高的关联度,共同影响绿色转型的发展水平。只有构建综合完整性的评价指标体系,全面准确地对地区绿色转型发展能力进行评价,才能发现问题和提出相关建议。

(3)代表权威性。根据前文对绿色转型发展的内涵及相关理论的分析,可知绿色转型发展是个巨大的复杂的系统,许多要素都会对绿色转型发展产生影响,并且要素之间也会存在某种关联。要想把所有要素都罗列出来构建评价指标体系是不现实的,因此,应在不影响评价质量的前提下,舍弃有争议的指标,选取有代表性和权威性的指标,用最少的指标构建最全面的指标体系。

(4)可测可行性。在绿色转型发展能力评价指标体系中,不仅要求指标是具体的,而且要求指标是可以量化的。可以量化是指所选取指标的历年数据可以直接从国家、区域、相关产业及行业等官方统计数据中得来,或可以根据相关官方数据通过数学计算得到,以此确保指标数据的权威、真实、可靠,进而真实地对城市绿色转型发展能力水平进行评价。

2. 评价指标体系的初步筛选

要想客观准确地评价绿色转型发展能力水平就必须有科学合理的评价指标体系。为确保评价结果的可信度,需要在遵循科学合理性、系统综合性、代表权威性和可测可行性的同时用严谨的、科学的方法来筛选指标。本章在指标筛选的过程中主要使用了理论分析法、文献分析法和高频统计法,具体步骤如下:

(1)理论分析法。在对绿色转型发展相关理论有所了解后,本章确定以经济效益、社会发展、资源禀赋和生态环境4个维度架构评价指标体系。为了保证评价指标体系的系统综

合性,需要进一步对经济效益、社会发展、资源禀赋和生态环境4个维度划分子系统:经济效益维度包含两个子系统——经济增长和经济结构;社会发展维度包含3个子系统——生活水平、发展与稳定水平和科教水平;资源禀赋维度包含两个子系统——存有资源和资源利用;生态环境维度包含两个子系统——环境污染现状和环境治理水平。根据这9个子系统来筛选具体的指标。

(2)文献分析法。通过查阅国内外绿色转型发展相关文献,总结出国内外权威机构及相关文献中的评价指标体系。其中,国外权威机构有联合国环境规划署(UNEP)、绿色增长知识平台(GGKP)、世界银行(World Bank)、经济合作与发展组织(OECD)、联合国亚洲及太平洋经济社会委员会(ESCAP);国内权威机构有国家统计局中国经济景气监测中心、西南财经大学发展研究院、北京师范大学经济与资源管理研究院、环境保护部。

(3)高频统计法。在文献分析法所得出结果的基础上,对绿色转型发展能力评价指标体系的具体指标进行统计,并把出现次数高的指标列出来,以此来初步确立评价指标体系,如表6-1所示。

表 6-1　绿色转型发展能力评价指标体系初步筛选的指标

评价指标	出现次数	评价指标	出现次数
GDP 总量	23	万元 GDP 综合能耗	35
人均 GDP	35	人均能源消费量	22
GDP 增长率	25	工业废水排放量	31
公共财政收入	22	工业废气排放量	28
社会消费品零售总额	19	工业二氧化硫排放量	15
第三产业增加值比重	39	工业烟尘排放量	16
居民消费价格指数	12	人均氮氧化物排放量	10
城镇居民家庭恩格尔系数	21	人均二氧化硫排放量	12
农村居民家庭恩格尔系数	18	工业固体废弃物综合利用率	26
人口增长率	12	环境保护支出占财政支出的比重	15
城镇化率	25	污水处理厂集中处理率	22
城镇登记失业率	22	城市环境基础设施投资占 GDP 比重	24
R&D 经费投资占 GDP 的比重	27	建成区绿化覆盖率	25
科教支出占财政支出比重	23	专利授权量	22

3.评价指标体系的建立

在评价指标初步筛选的基础上,根据《全国资源型城市可持续发展规划(2013—2020年)》,结合煤炭资源型城市的发展特征,依据绿色转型理论和可持续发展理论,首先,在绿色经济维度增加了采矿业从业人员占全部从业人员比重与第三产业增加值比重指标构成经济结构子系统,以此来衡量产业结构的变化情况;在绿色社会维度增加了城市每万人大学生人数与城镇化率、城镇登记失业率构成发展水平子系统;在绿色生态维度增加了万元 GDP 用水量、原煤产量与万元 GDP 综合能耗构成资源利用子系统,来反映资源利用率高低,增加生活垃圾无害化处理率、环境保护支出占财政支出的比重、污水处理厂集中处理率以及工业固体废弃物综合利用率共同构成污染治理子系统。其次,综合考虑各具体指标研究期间的科学合理性、权威代表性及指标数据可测可行性,剔除了居民消费价格指数、人口增长率、人均能源消费量、人均氮氧化物排放量、人均二氧化硫排放量、工业废气排放量及城市环境基础设施投资占 GDP 比重这 7 个指标。最后,根据各具体指标的属性,将所选指标分为绿色经济、绿色社会和绿色生态 3 个维度,构建出成熟型煤炭资源型城市绿色转型发展能力评价指标体系,如表 6-2 所示。

表 6-2 成熟型煤炭资源型城市绿色转型发展能力评价指标体系

一级指标	二级指标	三级指标	单位	作用
绿色经济	经济水平	GDP 总量 X_1	亿元	正向
		人均 GDP X_2	元	正向
		GDP 增长率 X_3	%	正向
		公共财政收入 X_4	亿元	正向
		社会消费品零售总额 X_5	亿元	正向
	经济结构	第三产业增加值比重 X_6	%	正向
		采矿业从业人员占全部从业人员比重 X_7	%	负向
绿色社会	生活水平	城镇居民家庭恩格尔系数 X_8	%	负向
		农村居民家庭恩格尔系数 X_9	%	负向
		建成区绿化覆盖率 X_{10}	%	正向
	发展水平	城市每万人大学生人数 X_{11}	人	正向
		城镇化率 X_{12}	%	正向
		城镇登记失业率 X_{13}	%	负向
	科教水平	R&D 经费投资占 GDP 的比重 X_{14}	%	正向
		专利授权量 X_{15}	件	正向
		科教支出占财政支出的比重 X_{16}	%	正向
绿色生态	资源利用	原煤消耗量 X_{17}	t 标准煤	负向
		万元 GDP 综合能耗 X_{18}	t 标准煤	负向
		万元 GDP 用水量 X_{19}	m^3	负向
	环境污染	工业烟(粉)尘排放量 X_{20}	万 t	负向
		工业二氧化硫排放量 X_{21}	万 t	负向
		工业废水排放量 X_{22}	万 t	负向
	污染治理	生活垃圾无害化处理率 X_{23}	%	正向
		环境保护支出占财政支出的比重 X_{24}	%	正向
		污水处理厂集中处理率 X_{25}	%	正向
		工业固体废弃物综合利用率 X_{26}	%	正向

　　本书构建的绿色转型发展指标体系包括 3 个一级指标、8 个二级指标、26 个三级指标。一级指标由绿色经济、绿色社会和绿色生态 3 个维度构成。这 3 个维度是确保绿色转型发展实现的主要维度层次，其中绿色经济维度和绿色社会维度体现了绿色转型发展中的转型发展，绿色生态维度体现了绿色转型发展中的绿色发展内涵，这 3 个维度既相互独立又相互依存，共同推动绿色转型发展，是评价的核心内容。二级指标是对一级指标的进一步表征，将绿色经济维度细分为经济水平维度和经济结构维度，将绿色社会维度细分为生活水平、发展水平和科教水平 3 个维度，将绿色生态维度细分为资源利用、环境污染和污染治理 3 个维度，共 8 个指标，共同构成二级指标。三级指标为基础指标层，由 26 项基础性指标构成，通过查询统计资料或通过统计资料计算获得。

　　4. 具体评价指标的含义

　　绿色转型发展能力评价指标体系反映的是经济、社会、生态 3 个方面的发展现状与变化趋势以及之间的协调状态。为了明确绿色转型发展的核心指标和指标定量化的便利，下面将具体指标的计算方法和含义按划分维度做简要介绍。

　　(1) 绿色经济维度指标

　　经济基础关乎一个国家或地区的兴衰存亡，为人类社会的发展、环境的保护提供坚实的物质支撑，本章绿色转型发展能力评价指标体系中绿色经济维度由经济水平和经济结构两个方面的指标构成，用于评价成熟期煤炭资源型城市在经济方面转型的效果。经济水平维度反映了经济增长状况，具体包括 GDP 总量、人均 GDP、GDP 增长率、公共财政收入和社会消费品零售总额等 5 个基础性指标。经济结构维度反映了经济体系中产值和从业人员情况，具体包括第三产业增加值比重和采矿业从业人员占全部从业人员比重两个基础性指标。从这两个维度对绿色经济维度进行分析，可以看出在追求增长速度的同时，产业结构是否得到了优化、质量和效果是否得到了提高，从而综合反映绿色转型发展中绿色经济系统的能力和水平。

　　① 经济水平维度。GDP 总量 X_1：它是衡量一个地区经济增长状况的最基础也是最核心的指标，可反映该地区的经济发展实力。该指标属于正向指标，其数值越大表明该地区经济实力越强。人均 GDP X_2：人均 GDP＝地区 GDP 总量/人口总数。它能够较完整地体现出地区居民的经济生活水准。该指标属于正向指标，其数值越大表明该地区的人民越富有。GDP 增长率 X_3：GDP 增长率＝(报告期 GDP/基期 GDP－1)×100％。它能反映地区 GDP 的增长速度，是绿色转型发展能力评价指标体系中的核心指标。该指标为正向指标，其数值越大表明该地区经济发展潜力越大。公共财政收入 X_4：它是地区财政参与社会产品分配所取得的收入。该指标属于正向指标，其数值越大表明该地区对资源资金的吸引能力越强。社会消费品零售总额 X_5：它反映了社会商品购买力的实现程度，以及零售市场的规模状况。该指标属于正向指标，其数值越大表明该地区社会商品购买力越强，零售市场规模越大，经济运行状况越好。

　　② 经济结构维度。第三产业增加值比重 X_6：第三产业增加值比重＝第三产业增加值/地区生产总值增量×100％。它表明了第三产业对经济增长的贡献程度。该指标属于正向指标，其值越大表明该地区产业结构越优化。采矿业从业人员占全部从业人员比重 X_7：该

指标表明经济发展对煤炭产业的依赖程度。该指标属于负向指标,其值越小表明该地区产业结构越优化。

(2) 绿色社会维度指标

社会发展的态势可以体现出人们生活的质量和水准、社会发展稳定状况和科技教育水平,因此本章成熟型煤炭资源型城市绿色转型发展能力评价指标体系中绿色社会维度由生活水平、发展水平和科教水平 3 个方面的指标构成。生活水平维度反映了人们生活水平现状,具体包括城镇居民家庭恩格尔系数、农村居民家庭恩格尔系数和建成区绿化覆盖率 3 个基础性指标。发展水平反映了该地区城镇化程度和社会稳定性,具体包括城市每万人大学生人数、城镇化率和城镇登记失业率。科教水平反映了该地区科技创新水平和教育水平,具体包括 R&D 经费投资占 GDP 的比重、专利授权量和科教支出占财政支出的比重 3 个基础性指标。从这 3 个维度对社会发展维度进行分析,可以看出在社会发展进程中人们的生活水平是否越来越高,社会城镇化发展程度是不是越来越高,社会稳定性是不是越来越好,人们受教育程度是不是越来越高,科技创新能力是不是越来越高,突出以人为本的基本原则。这些指标从不同侧面反映了绿色转型发展的能力和水平,以及社会发展维度运行的基本状况。

① 生活水平维度。城镇居民家庭恩格尔系数 X_8:城镇居民家庭恩格尔系数＝城镇居民家庭食物支出金额/家庭消费支出总额。它表现了该地区城镇居民家庭消费结构状况。该指标属于负向指标,其数值越小表明该地区城镇居民的物质生活水平越高。农村居民家庭恩格尔系数 X_9:农村居民家庭恩格尔系数＝农村居民家庭食物支出金额/家庭消费支出总额。它表现了该地区农村居民家庭消费结构状况。该指标属于负向指标,其数值越小表明该地区农村居民的物质生活水平越高。建成区绿化覆盖率 X_{10}:建成区绿化覆盖率是城市建成区各类型绿地面积占城市总面积的比率,用来衡量资源型城市绿化程度以及居民生活福利水平状况。该指标属于正向指标,其值越大表明该地区城市绿化程度越高以及居民生活福利水平越高。

② 发展水平维度。城市每万人大学生人数 X_{11}:该指标是指每万人城市人口中大学生的数量,它主要用于揭示人口的素质。该指标属于正向指标,其值越大表明人口素质越高,社会发展水平越高。城镇化率 X_{12}:城镇化率＝城市人口数/户籍总人口数。它反映了城市化发展的程度。该指标属于正向指标,其数值越大表明该地区城镇化程度越高。城镇登记失业率 X_{13}:城镇登记失业率＝[期末登记失业人数/(期末登记失业人数＋期末从业人数)]×100%。它反映了本地区的就业状况和社会发展稳定状况。该指标属于负向指标,其数值越小表明该地区社会发展越稳定。

③ 科教水平维度。R&D 经费投资占 GDP 的比重 X_{14}:R&D 经费投资占 GDP 的比重＝R&D 经费支出/地区生产总值。它客观反映该地区在社会科技发展上的资金投入力度,是衡量区域社会科技创新能力的重要指标,是推动经济绿色发展的重要力量。该指标属于正向指标,其数值越大表明科技创新能力越高。专利授权量 X_{15}:它是指报告期内由专利行政部门授予专利权的件数,能衡量地区科技创新的成果产出量。该指标属于正向指标,其数值越大表明该地区科技创新能力越高。科教支出占财政支出的比重 X_{16}:科教支出占财政支出的比重＝[(科学支出＋教育支出)/地方财政一般预算内支出]×100%。该指标反映了政府对科学教育

的重视程度。该指标属于正向指标,其数值越大表明该地区政府对科技和教育方面的重视程度越高。

(3)绿色生态维度指标

绿色生态指标体系主要用来评价成熟型煤炭资源型城市在生态方面的转型效果。根据可持续发展理论,经济转型要实现的是经济与环境的协调发展,在发展中加强对环境的保护,减少对环境的破坏和消耗,因而在评价环境转型时,除对资源消耗和污染减排的衡量指标外,还应当引入环境污染排放作为评价环境转型状况的补充,建立3个二级指标:资源利用指标、环境污染指标、污染治理指标。其中,资源利用维度反映了资源开发利用程度,具体包括原煤消耗量、万元GDP综合能耗和万元GDP用水量这3个基础性指标。环境污染维度反映了该地区在生产中对土地、水资源和大气等方面所产生的影响,具体包括工业废水排放量、工业二氧化硫排放量和工业烟(粉)尘排放量3个基础性指标。污染治理维度反映了该地区对环境污染的对应治理能力,具体包括生活垃圾无害化处理率、环境保护支出占财政支出的比重、污水处理厂集中处理率和工业固体废弃物综合利用率4个基础性指标。这3个维度可以反映绿色转型发展的能力和水平,以及生态环境维度运行的状况。

① 资源利用维度。原煤消耗量 X_{17}:它是指该地区煤炭资源消耗量,反映出该地区在经济活动中对煤炭资源的消耗程度。该指标属于负向指标,其数值越小表明经济增长消耗的煤炭资源越少。万元GDP综合能耗 X_{18}:万元GDP综合能耗=能源消耗总量/万元GDP。它是指该地区每万元生产值所消耗的能源量,反映出该地区在经济活动过程中对资源的有效使用程度。该指标属于负向指标,其数值越小表明在经济活动中增长万元生产值所需要的资源越少,说明全社会整体能源消耗水平越高。万元GDP用水量 X_{19}:万元GDP用水量=水资源消耗总量/万元GDP。它是衡量经济发展中每产生万元GDP对水资源消耗程度的指标。该指标属于负向指标,其数值越小表明地区单位经济产值需要消耗的水资源越少,说明该地区用水效率越高。

② 环境污染维度。工业烟(粉)尘排放量 X_{20}:该指标在一定程度上反映出该地区在工业生产过程中对烟(粉)尘颗粒物的过滤和净化力度,工业烟(粉)尘排放量越小,对环境的污染程度越低。工业二氧化硫排放量 X_{21}:该指标反映了工业生产对大气的污染程度,其排放量越高,则该地区绿色经济发展水平越低,同时也表明可提升改进的空间越大。工业废水排放量 X_{22}:它是指某一地区所有企业排放到外部环境的工业废水量的总和。它反映了该地区工业废水的排放情况。该指标为负向指标,其数值越大表明该地区工业对其水资源的污染情况越严重。

③ 污染治理维度。生活垃圾无害化处理率 X_{23}:生活垃圾无害化处理率=无害化处理的生活垃圾量/总处理生活垃圾量。它反映了该地区生活垃圾的无害化处理能力。该指标为正向指标,其数值越大表明该地区生活垃圾处理能力越高,环境污染越小。环境保护支出占财政支出的比重 X_{24}:环境保护支出占财政支出的比重=环境治理支出/财政支出。它反映了该地区对生态环境的重视程度。该指标为正向指标,其数值越大表明该地区生态环境的改善程度越大。污水处理厂集中处理率 X_{25}:污水处理厂集中处理率=污水处理厂处理量/污水排放总量×100%。该指标反映了资源型城市对污水的治理状况,也反映出对环境的重视程度。该指

标为正向指标,其数值越大表明该地区对环境的治理效果越好。工业固体废弃物综合利用率 X_{26}:该指标是指将工业固体废弃物转化成可以被重复使用的各种资源的比率。它反映了该地区工业固体废弃物的再利用水平。该指标为正向指标,其数值越大表明该地区对工业固体废弃物的重复利用程度越高,环境治理水平就越高。

(二)基于灰熵法的绿色转型发展评价模型

1. 评价模型的构建

由于绿色转型发展系统是一个巨大复杂的系统,具有高度开放性,它受经济效益系统、社会发展系统、资源禀赋系统和生态环境系统中各种因素的影响,因此该系统内部要素之间的关系错综复杂,呈非线性结构,存在不确定关系。

灰色关联分析法无须大量样本,也没有太多假设和局限性,不要求数据服从任何分布,并且绝不会出现定量评价分析结果与定性描述相背离的现象,所以对绿色转型发展系统进行评价,采用灰色关联分析法非常合适。灰色关联分析是根据样本数据序列与参考数据序列间的变化态势,确定评价对象的优劣次序,使得各评价指标间的"灰色"关系清晰、明确。

在绿色转型发展评价中,若样本数据序列和参考数据序列变化态势相近,则说明关联度较大,绿色转型发展水平较好;反之,则说明关联度较小,绿色转型发展水平较差。

在绿色转型发展评价指标体系中,一共有26个基础性指标。由于各指标对于绿色转型发展水平的影响程度大小不一,为了定量描述各个评价指标对于绿色转型发展水平的重要性程度,就需要采用一定的方法对其赋予权重。目前,常用的赋权方法有3种,分别为主观赋权法、客观赋权法和组合法。主观赋权法是专家根据以往的实践经验进行赋权。此方法直观易行,高效便捷,但主观性过强。客观赋权法是依据数学理论,根据实际数据通过数学计算得到权重。此方法可信度较高、客观性较强,不依赖于人的主观意志。组合赋权法是主观赋权法和客观赋权法的结合,但目前此方法在实际应用中尚不成熟。因此,本书选择客观赋权法。

熵权法是客观赋权法中的一种,具有较高的可信度。熵于19世纪60年代首次被引入热力学后,又于20世纪40年代被引入信息学,将负熵与信息量结合起来,提出信息熵的概念,用来对不确定性加以定量描述。熵权法是根据各种评价指标信息熵的大小来判断其效用的大小,从而确定指标权重。信息熵的值越小,表明系统的无序化程度越小,反映了其代表的效用越大,因此该指标在综合评价过程中的重要性程度及作用地位也应该越大。它最大程度地利用指标的属性特点来确定评价指标的权系数,通过指标信息熵值的大小来判断该评价指标的价值,从而能够深刻地描述出评价指标的效用。

综上所述,本章根据绿色转型发展系统和绿色转型发展能力评价指标体系的特点选择灰色关联分析法和熵权法相结合的灰熵法来构建绿色转型发展的评价模型。熵权法和灰色关联分析法相结合,构成绿色转型发展能力评价体系,使得评价结果更加科学、可靠。

2. 评价模型的计算步骤

(1)应用熵权法计算权重

① 指标数据标准化。本章指标体系中有 GDP 总量、人均 GDP 等 16 个正向指标和城镇居民家庭恩格尔系数、农村居民家庭恩格尔系数等 10 个负向指标,同时各个指标的单位量级不同。为了使评价结果客观、准确,应首先对指标数据进行标准化处理,可得指标数据的标准化矩阵。

当 x_i 为正向指标时:

$$x_{ij}^* = \frac{x_{ij} - x_{\min j}}{x_{\max j} - x_{\min j}} \tag{6-1}$$

当 x_i 为负向指标时:

$$x_{ij}^* = \frac{x_{\max j} - x_{ij}}{x_{\max j} - x_{\min j}} \tag{6-2}$$

式中　x_{ij}——评价指标值原始数据;

　　x_{ij}^*——指标值标准化后的数据;

　　$x_{\max j}$——研究期内第 j 个指标的最大值;

　　$x_{\min j}$——研究期内第 j 个指标的最小值。

② 计算第 j 项指标下第 i 个样本值占该指标的比重,见下式:

$$P_{ij} = \frac{x_{ij}^*}{\sum\limits_{i=1}^{n} x_{ij}^*} \tag{6-3}$$

式中,x_{ij}^* 表示第 j 项指标下第 i 个样本的标准值。

③ 确定各指标的信息熵,见下式:

$$e_j = -\frac{1}{\ln m} \sum\limits_{i=1}^{m} P_{ij} \ln(P_{ij}) \tag{6-4}$$

④ 确定各指标的效用值,见下式:

$$d_j = 1 - e_j \tag{6-5}$$

⑤ 确定各指标的权重,见下式:

$$w_j = \frac{d_j}{\sum\limits_{j=1}^{n} d_j} \tag{6-6}$$

其中,要满足 $\sum\limits_{j=1}^{n} w_j = 1$。$w_j$ 越大,表明第 j 项评价指标的权重也就越大,该指标在评价指标体系中的地位越重要,对评价结果的贡献率越大。

(2) 应用灰色关联分析法综合评价

① 确定参考数列。在对研究对象定性分析的基础之上,确定资源型城市转型发展能力评价问题的参考数列 R_0 和样本数列 $R_i (i=1,2,3,\cdots,m)$,其中参考数列 R_0 由评价指标体系中各指标的最优值构成,即正向指标取最大值,负向指标取最小值。设参考数列为:$R_0 = \{r_{01}, r_{02}, \cdots, r_{0n}\}$。参考数列 R_0 和样本数列 $R_i (i=1,2,\cdots,m)$ 构成的模型为:$A = \{A_0, A_1, A_2, \cdots, A_n\} (i=0,1,2,\cdots,m)$,其中,$A_i = \{R_{i0}, R_{i1}, R_{i2}, \cdots, R_{in}\}$。

② 指标数据标准化。由于各个指标的作用方向和量纲不同,所以为了评价结果的真实

可靠,在比较之前先需要对样本数据进行标准化处理。计算方法参考熵权法标准化公式。

当 r_i 为正向指标时:

$$r_{ij}^* = \frac{\max(r_{ij}) - r_{ij}}{\max(r_{ij}) - \min(r_{ij})} \tag{6-7}$$

当 r_i 为负向指标时:

$$r_{ij}^* = \frac{\max(r_{ij}) - r_{ij}}{\max(r_{ij}) - \min(r_{ij})} \tag{6-8}$$

式中　r_{ij}^*——指标值标准化后的数据;

r_{ij}——第 i 个子系统中第 j 项指标的数据值;

$\max(r_{ij})$——第 i 个子系统中第 j 项指标的数据值的最大值;

$\min(r_{ij})$——第 i 个子系统中第 j 项指标的数据值的最小值。

③ 计算序列差。参考数列 R_0 与样本数列 R_i 对应期(即第 j 项评价指标)的绝对差值可用下式表示:

$$\Delta_{ij} = |r_{0j} - r_{ij}| \tag{6-9}$$

式中,r_{ij} 表示第 i 个子系统中第 j 项指标的标准值。

④ 计算关联系数。关联系数实际上是对参考数列 R_0 与样本数列 R_i 间曲线相似程度的刻画,因此可用两条曲线间绝对差值的大小进行度量,见下式:

$$\varepsilon_{ij} = \frac{\Delta_{\min} + \rho \Delta_{\max}}{\Delta_{ij} + \rho \Delta_{\max}} \tag{6-10}$$

式中　$\Delta_{\max}$——参考数列 R_0 与样本数列 R_j 之间差的最大绝对值;

$\Delta_{\min}$——参考数列 R_0 与样本数列 R_i 之间差的最小绝对值;

ρ——分辨系数,取值范围为 $(0,1)$,此处取 $\rho = 0.5$。

⑤ 计算关联度。关联系数的大小只反映出第 j 项评价指标 R_i 与 R_0 间的关联程度,而将所有指标的关联系数汇总起来,会出现数据过多、信息过于分散的现象。为了方便比较,应通过赋权的方式将信息集中起来,用来描述样本曲线 R_i 与标准(参考)曲线 R_0 的关联度。在此,将熵权法确定的各个评价指标的重要性程度引入,可得到关联度的计算公式,见下式:

$$E_j = \sum_{j=1}^{n} w_j \varepsilon_j \tag{6-11}$$

E_j 即为计算得出的每个样本的绿色转型发展水平的综合评价值。设样本数列 R_i 和 R_k 的关联度分别为 E_i 和 E_k。当 $E_i = E_k$ 时,表明第 i 个评价对象 R_i 与第 k 个评价对象 R_k 等价;当 $E_i > E_k$ 时,表明第 i 个评价对象 R_i 优于第 k 个评价对象 R_k;当 $E_i < E_k$ 时,表明第 i 个评价对象 R_i 劣于第 k 个评价对象 R_k。关联度越大,说明样本数列越接近理想标准,绿色转型发展水平越高,据此进行优劣排序,得出综合评价结果,从而完成灰色关联分析。

(三)本节总结

本节主要介绍了绿色转型发展能力评价指标体系的构建和评价模型的构建。首先根据指标体系构建的原则、方法,从绿色经济、绿色社会和绿色生态 3 个方面构建了成熟型煤炭资源型城市绿色转型发展能力评价指标体系,并对各个指标做了具体解释。然后根据各个指标之间的关系和对上级指标的作用程度选择了灰色关联法和熵权法作为评价方法,构建了基于灰熵法的绿色转型发展评价模型,并介绍了评价模型的计算方法。

科学合理的评价指标体系和评价模型为下文的绿色转型发展水平评价奠定了坚实的基础。

三、成熟型煤炭资源型城市绿色转型的综合评价结果

本部分将成熟型煤炭资源型城市绿色转型能力分为 3 个子系统,先分别计算各个子系统的绿色转型发展能力,再将子系统加权进行综合评价,评价对象为 16 个典型煤炭资源型城市(地级市)(表 6-3)。

表 6-3　地级成熟型煤炭资源型城市

省份	地级成熟型煤炭资源型城市
山西省	大同市,阳泉市,长治市,晋城市
河南省	平顶山市
山东省	济宁市
湖南省	娄底市,郴州市
内蒙古	赤峰市
四川省	达州市,广元市
黑龙江省	鸡西市
河北省	邯郸市
安徽省	淮南市
陕西省	渭南市
云南省	曲靖市

(一)数据来源

本书选取 2017 年的数据来研究成熟型煤炭资源型城市绿色转型发展,书中所收集的 16 个城市 2017 年的指标数据均来源于各地市统计年鉴(2018)、各地市国民经济和社会发展统计公报(2018)、《2018 中国统计年鉴》、《中国城市统计年鉴—2018》、《中国能源统计年鉴—2018》统计。需要说明的是,在数据的搜集过程中,可能由于统计口径的变化或者其他原因,某项指标数据在某一年份缺失。为了确保数据在时间上的连续性,减少缺失数据带来的影响,需要采用一定的方法对缺失的数据进行补充。本研究采用两端平均法和回归分析法对缺失的数据进行了处理,进而提高模型运行的质量。

(二)数据处理

本书构建的成熟型煤炭资源型城市绿色转型发展能力评价指标体系选取 16 个正向指标、10 个负向指标,共计 26 个代表性指标,利用指标原始数据,将成熟型煤炭资源型城市 2017 年数据视为一个样本,对原始数据做归一化处理,消除指标量纲影响,得到数据如表 6-4 所示。

运用熵权法对绿色转型发展能力评价指标体系中各指标的权重进行计算,得到一级指标、二级指标、三级指标相对应的权重,如表 6-5 所示。

表6-4 2017年成熟型煤炭资源型城市绿色转型发展评价指标标准化数值

地级市	大同市	阳泉市	长治市	晋城市	平顶山市	济宁市	娄底市	郴州市	赤峰市	达州市	广元市	鸡西市	邯郸市	淮南市	渭南市	曲靖市
X_1	0.145 1	0.036 2	0.231 4	0.152 4	0.356 6	1.000 0	0.215 4	0.401 1	0.214 2	0.257 1	0.050 8	0	0.692 1	0.130 2	0.273 3	0.343 7
X_2	0.179 6	0.720 7	0.545 2	0.781 4	0.440 5	1.000 0	0.303 9	0.661 4	0.178 5	0.014 8	0	0.061 4	0.363 0	0.156 2	0.108 8	0.200 0
X_3	0.508 8	0.473 7	0.596 5	1.000 0	0.701 8	0.614 0	0.859 6	0.754 4	0	0.807 0	0.789 5	0.508 8	0.614 0	0.578 9	0.824 6	0.963 2
X_4	0.202 3	0.034 8	0.271 3	0.182 5	0.286 4	1.000 0	0.093 1	0.475 8	0.180 5	0.151 8	0.017	0	0.523 9	0.182 3	0.102 4	0.282 6
X_5	0.110 6	0.014 9	0.097	0.041 0	0.171 5	0.576 5	0.076 6	0.210 8	0.140 7	0.170 3	1.000 0	0	0.406 6	0.087	0.109 8	0.105 0
X_6	1.000 0	0.627 2	0.150 7	0.168 1	0.197 7	0.238 5	0.172 5	0.290 9	0.274 6	0.631 0	0.032 2	0.078 6	0.202 5	0.107 0	0	0.196 5
X_7	0.195 2	0	0.340 4	0.087 6	0.580 8	0.557 7	0.986 6	0.938 8	0.906 3	0.851 1	1.000 0	0.676 1	0.882 9	0.413 3	0.846 1	0.799 9
X_8	0.624 0	0.523 8	0.266 2	1.000 0	0.545 8	0.569 9	0.516 9	0.699 5	0.719 9	0.011 2	0	0.503 5	0.952 3	0.351 9	0.453 7	0.030 5
X_9	0.744 3	0.879 3	0.936 8	1.000 0	0.747 7	0.790 8	0.952 9	0.608 3	0.850 6	0.448 3	0.500 3	0.993 4	0.889 9	0.640 8	0.767 2	0
X_{10}	0.758 7	0.757 4	1.000 0	0.938 3	0.712 7	0.815 3	0.723 3	0.960 7	0.635 8	0	0.550 5	0.648 3	0.889 6	0.891 0	0.622 0	0.315 9
X_{11}	0.134 9	0.183 7	0.765 8	0.331 1	0.629 4	0.184 9	1.000 0	0.373 5	0.161 5	0.213 2	0.355 0	0	0.343 3	0.521 4	0.135 6	0.339 1
X_{12}	0.874 1	1.000 0	0.601 3	0.767 8	0.631 5	0.714 9	0.448 1	0.625 0	0	0.355 7	0.357 2	0.916 9	0.666 1	0.888 3	0.421 1	0.447 3
X_{13}	0.070 1	0.832 8	0.815 5	1.000 0	0.742 7	0.737 4	0.379 8	0.086 7	0.245 2	0.734 2	0.254 7	0.401 8	0.095 3	0.312	0.843 8	0
X_{14}	0.082 9	0.060 4	0.382 2	0.378 1	0.375 6	0.464 8	0.288 2	0.303 6	0.054 0	1.000 0	0.076 1	0	0.172 4	0.185 2	0.450 9	0.173 2
X_{15}	0.093 6	0.018 7	0.059 6	0.029	0.226 9	1.000 0	0.138 7	0.149 9	0.035 1	0.121 7	0.092 4	0	0.336 7	0.324 7	0.089 8	0.129 3
X_{16}	0.430 6	0.666 4	0.507 4	0.577 9	0.617 6	0.859 0	0.486 9	0.543 5	0.543 6	0.649 5	0.400 7	0	0.731 9	0.638 4	0.842 7	1.000 0
X_{17}	0.037 5	0.565 9	0	0.194 9	0.736 8	0.396 7	0.976 7	0.985 7	0.911 4	0.713 1	1.000 0	0.921 1	0.846 5	0.357 1	0.804 6	0.861 8
X_{18}	0.790 1	0.799 3	0.744 0	0.791 9	0.915 3	0.977 9	1.000 0	0.904 0	0.804 8	0.902 4	0.944 8	0.867 4	0.845 3	0.915 3	0	0.941 1
X_{19}	0.895 7	0.653 4	0.842 6	0.831 4	0.775 6	0.801 9	0.960 6	0.973 6	0.982 3	1.000 0	0.991 3	0.973 8	0.989 0	0	0.578 9	0.662 4
X_{20}	0.730 6	0.956 0	0.631 2	0.651 3	0.865 6	0.867 3	0.530 7	0.912 0	0.894 5	0.834 1	1.000 0	0.989 4	0	0.866 9	0.909 8	0.793 8
X_{21}	0.839 7	0.685 1	0.991 6	1.000 0	0.836 7	0.790 3	0.886 7	0.945 4	0.744 8	0.886 7	0.989 9	0.964 3	0.425 2	0.731 0	0.046 8	0
X_{22}	0.939 3	0.994 2	0	0.317 9	0.902 7	0.495 7	0.936 9	0.896 6	0.961 2	0.936 9	1.000 0	0.970 0	0.904 2	0.818 8	0.842 7	0.952 0
X_{23}	0.780 6	0.447 9	0.370 0	1.000 0	1.000 0	1.000 0	0.998 0	0.949 0	1.000 0	0.815 8	0.959 5	0.940 7	1.000 0	0.979 3	0.974 6	0.229 2
X_{24}	0.335 0	0.813 0	0.769 9	1.000 0	0	0.253 2	0.094 6	0.680 3	0.309 5	0.081 5	0.491 0	0.020 5	0.777 5	0.772 4	0.488 5	0.432 2
X_{25}	0.689 8	0.513 4		1.000 0	0.941 2	0.867 7	0.782 0	0.794 5	0.787 1	0.657 5	0.856 4		0.912 4	0.742 7	0.870 0	0.581 9
X_{26}	0	0.643 9	0.341 8	0.435 7	0.864 2	0.943 3	0.858 1	0.741 6	0.189 4	0.827 3	0.973 7	0.239 3	0.920 1	0.807 6	1.000 0	0.538 5

表 6-5　成熟型煤炭资源型城市绿色转型能力评价指标体系各指标权重分配

一级指标	二级指标	三级指标	信息熵	效用值	权重
绿色经济 0.405 6	经济水平 0.307 9	GDP 总量	0.876 1	0.123 9	0.061 1
		人均 GDP	0.870 2	0.129 8	0.064 0
		GDP 增长率	0.967 4	0.032 6	0.016 1
		公共财政收入	0.855 5	0.144 5	0.071 3
		社会消费品零售总额	0.806 8	0.193 2	0.095 3
	经济结构 0.097 7	第三产业增加值比重	0.865 4	0.134 6	0.066 4
		采矿业从业人员占全部从业人员比重	0.936 6	0.063 4	0.031 3
绿色社会 0.370 4	生活水平 0.075 4	城镇居民家庭恩格尔系数	0.913 0	0.087 0	0.042 9
		农村居民家庭恩格尔系数	0.968 1	0.031 9	0.015 7
		建成区绿化覆盖率	0.966 0	0.034 0	0.016 8
	发展水平 0.115 2	城市每万人大学生人数	0.909 5	0.090 5	0.044 7
		城镇化率	0.958 4	0.041 6	0.020 6
		城镇登记失业率	0.898 6	0.101 4	0.050 0
	科教水平 0.179 8	R&D 经费投资占 GDP 的比重	0.877 8	0.122 2	0.060 3
		专利授权量	0.791 4	0.208 6	0.102 9
		科教支出占财政支出的比重	0.966 3	0.033 7	0.016 6
绿色生态 0.224 0	资源利用 0.059 2	原煤消耗量	0.932 7	0.067 3	0.033 2
		万元 GDP 综合能耗	0.975 4	0.024 6	0.012 1
		万元 GDP 用水量	0.972 0	0.028 0	0.013 8
	环境污染 0.054 7	工业烟（粉）尘排放量	0.971 8	0.028 2	0.013 9
		工业二氧化硫排放量	0.950 9	0.049 1	0.024 2
		工业废水排放量	0.966 4	0.033 6	0.016 6
	污染治理 0.110 1	生活垃圾无害化处理率	0.961 1	0.038 9	0.018 9
		环境保护支出占财政支出的比重	0.897 8	0.102 2	0.050 4
		污水处理厂集中处理率	0.971 7	0.028 3	0.014 0
		工业固体废弃物综合利用率	0.945 7	0.054 3	0.026 8

　　在使用熵权法得到各指标权重的基础上，运用灰色关联分析法对绿色转型发展水平进行综合评价，关联度的计算结果如表 6-6 所示。

（三）绿色转型发展状况综合分析

1. 绿色经济维度的分析评价

　　绿色经济效益是体现地区综合发展的重要指标，也是量化城市绿色转型发展水平的重要维度，经济支撑是实现绿色发展的重要支撑。为了更深入细致地分析资源型城市经济发展变化情况，下面从经济水平与经济结构两个方面来评价经济效益。2017 年成熟型煤炭资源型城市绿色经济维度中经济水平与经济结构评价值如表 6-7 和图 6-1 所示。

表6-6 2017年成熟型煤炭资源型城市绿色转型能力评价指标关联度数值

地级市	大同市	阳泉市	长治市	晋城市	平顶山市	济宁市	娄底市	郴州市	赤峰市	达州市	广元市	鸡西市	邯郸市	淮南市	渭南市	曲靖市
X_1	0.022 6	0.020 9	0.024 1	0.022 7	0.026 7	0.061 1	0.023 8	0.027 8	0.023 8	0.024 6	0.021 1	0.020 4	0.037 8	0.022 3	0.024 9	0.026 4
X_2	0.024 3	0.041 1	0.033 5	0.044 6	0.030 2	0.064 0	0.026 8	0.038 2	0.024 2	0.021 6	0.021 3	0.022 3	0.028 2	0.023 8	0.023 0	0.024 6
X_3	0.008 1	0.007 8	0.008 9	0.016 1	0.010 1	0.009 1	0.012 5	0.010 8	0.005 4	0.011 6	0.011 3	0.008 1	0.009 1	0.008 7	0.011 9	0.015 0
X_4	0.027 5	0.024 3	0.029 0	0.027 1	0.029 4	0.071 3	0.025 3	0.034 8	0.027 0	0.026 5	0.024 1	0.023 8	0.036 5	0.027 1	0.025 5	0.029 3
X_5	0.034 3	0.032 1	0.034 0	0.032 7	0.035 9	0.051 6	0.033 5	0.037 0	0.035 1	0.035 8	0.095 3	0.031 8	0.043 6	0.033 7	0.034 3	0.034 2
X_6	0.066 4	0.038 1	0.024 6	0.024 9	0.025 5	0.026 3	0.025 0	0.027 5	0.027 1	0.038 2	0.022 6	0.023 4	0.025 6	0.023 8	0.022 1	0.025 5
X_7	0.022 5	0.031 3	0.018 6	0.026 6	0.014 5	0.014 8	0.010 5	0.010 9	0.011 1	0.011 6	0.010 4	0.013 3	0.011 3	0.017 1	0.011 6	0.012 0
X_8	0.019 1	0.021 0	0.028 0	0.014 3	0.020 5	0.020 1	0.021 1	0.017 9	0.017 6	0.042 0	0.042 9	0.021 4	0.014 8	0.025 2	0.022 5	0.040 5
X_9	0.006 3	0.005 7	0.005 5	0.005 2	0.006 3	0.006 1	0.005 4	0.007 1	0.005 8	0.008 3	0.007 9	0.005 3	0.005 7	0.006 9	0.006 2	0.015 7
X_{10}	0.011 3	0.011 3	0.016 8	0.014 9	0.010 7	0.012 3	0.010 8	0.015 6	0.009 7	0.005 6	0.008 8	0.009 9	0.013 7	0.013 8	0.009 6	0.007 1
X_{11}	0.016 4	0.017 0	0.030 4	0.019 1	0.025 6	0.017 0	0.044 7	0.019 8	0.016 7	0.017 3	0.019 5	0.014 9	0.019 3	0.022 8	0.016 4	0.019 2
X_{12}	0.016 4	0.020 6	0.011 4	0.014 0	0.011 8	0.013 1	0.009 9	0.011 7	0.006 9	0.009 0	0.009 0	0.017 6	0.012 3	0.016 8	0.009 5	0.009 8
X_{13}	0.043 9	0.018 8	0.019 0	0.016 7	0.020 1	0.020 2	0.028 4	0.042 6	0.033 6	0.020 3	0.033 1	0.027 7	0.042 0	0.030 8	0.018 6	0.050 0
X_{14}	0.021 3	0.020 9	0.027 0	0.026 9	0.026 8	0.029 1	0.024 9	0.025 2	0.020 8	0.060 3	0.021 2	0.020 1	0.022 7	0.022 9	0.028 7	0.022 7
X_{15}	0.036 6	0.034 7	0.035 7	0.035 0	0.040 4	0.102 9	0.037 8	0.038 1	0.035 1	0.037 3	0.036 6	0.034 3	0.044 2	0.043 8	0.036 5	0.037 5
X_{16}	0.007 8	0.010 0	0.008 4	0.009 0	0.009 4	0.013 0	0.008 2	0.008 7	0.008 7	0.009 8	0.007 6	0.005 5	0.010 8	0.009 6	0.009 1	0.016 6
X_{17}	0.030 9	0.015 4	0.033 2	0.023 9	0.013 4	0.018 5	0.011 3	0.011 1	0.011 8	0.013 7	0.011 1	0.011 7	0.012 3	0.019 4	0.012 7	0.012 2
X_{18}	0.004 7	0.004 7	0.004 9	0.004 7	0.004 3	0.004 1	0.004 0	0.004 3	0.004 6	0.004 3	0.004 2	0.004 4	0.004 5	0.004 3	0.012 1	0.004 2
X_{19}	0.005 0	0.006 0	0.005 1	0.005 2	0.005 4	0.005 5	0.004 7	0.004 7	0.004 7	0.004 4	0.004 6	0.004 7	0.004 6	0.013 8	0.006 4	0.005 9
X_{20}	0.005 6	0.004 8	0.006 1	0.006 0	0.005 1	0.005 1	0.006 7	0.004 9	0.005 0	0.005 2	0.004 6	0.004 6	0.013 9	0.005 1	0.004 9	0.005 4
X_{21}	0.009 0	0.010 2	0.008 1	0.008 1	0.009 1	0.009 4	0.008 7	0.008 4	0.009 7	0.008 7	0.008 1	0.008 3	0.013 1	0.009 8	0.022 2	0.024 2
X_{22}	0.005 8	0.005 5	0.006 6	0.010 1	0.005 5	0.008 3	0.005 5	0.005 8	0.005 7	0.005 8	0.005 5	0.005 6	0.005 9	0.006 3	0.006 2	0.005 7
X_{23}	0.013 1	0.009 0	0.016 6	0.018 9	0.018 9	0.018 9	0.018 8	0.017 2	0.018 9	0.013 8	0.017 5	0.016 9	0.018 9	0.018 2	0.018 0	0.007 4
X_{24}	0.021 6	0.036 7	0.022 3	0.050 4	0.016 8	0.020 2	0.017 9	0.030 8	0.021 2	0.017 0	0.025 0	0.017 0	0.034 9	0.034 6	0.024 9	0.023 6
X_{25}	0.008 6	0.007 1	0.009 6	0.014 0	0.012 5	0.011 0	0.009 7	0.009 9	0.009 8	0.008 3	0.010 9	0.004 7	0.011 9	0.009 2	0.011 1	0.007 6
X_{26}	0.008 9	0.015 6	0.011 6	0.012 6	0.021 1	0.024 1	0.020 9	0.017 7	0.010 2	0.019 9	0.025 4	0.010 6	0.023 1	0.019 3	0.026 8	0.013 9

表 6-7　经济水平和经济结构评价值

地级市	大同市	阳泉市	长治市	晋城市	平顶山市	济宁市	娄底市	郴州市	赤峰市	达州市	广元市	鸡西市	邯郸市	淮南市	渭南市	曲靖市
经济水平	0.116 7	0.126 2	0.129 5	0.143 0	0.132 3	0.257 2	0.121 9	0.148 5	0.115 4	0.120 0	0.173 1	0.106 3	0.155 2	0.115 7	0.119 6	0.129 5
经济结构	0.100 7	0.070 1	0.058 6	0.057 6	0.061 4	0.077 9	0.058 5	0.064 4	0.062 2	0.074 1	0.117 9	0.055 1	0.069 2	0.057 6	0.056 4	0.059 6

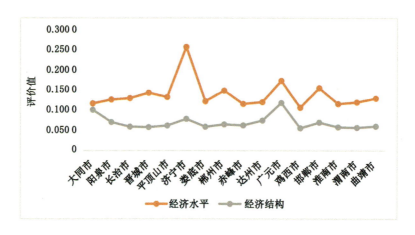

图 6-1　经济水平和经济结构评价值

由表 6-7 和图 6-1 可以看出：

（1）经济水平维度。从经济水平评价值来看，济宁市的评价值最高，达到 0.257 2，其次广元市和邯郸市的评价值较高，分别为 0.173 1 和 0.155 2，表明这些地市的经济发展水平较高。鸡西、赤峰、淮南市的经济水平评价值较低，分别为 0.106 3、0.115 4、0.115 7，表明这些地区的经济发展动力不足，需要经济转型。

（2）经济结构维度。从经济结构评价值来看，广元市和大同市的值比较高，表明其经济结构优化升级状况较好。鸡西市和渭南市的评价值比较低，表明其经济结构的变化不符合其演变规律，急需通过经济转型改善经济结构。

2. 绿色社会维度的分析评价

发展经济的目的就是满足人们的需求来推动社会的进步。绿色社会维度可以衡量地区社会的发展程度，也是度量绿色转型发展水平的重要维度。下面从生活水平、发展水平与科教水平 3 个方面来评价社会发展绿色转型水平。2017 年绿色社会维度各具体指标评价值如表 6-8 和图 6-2 所示。

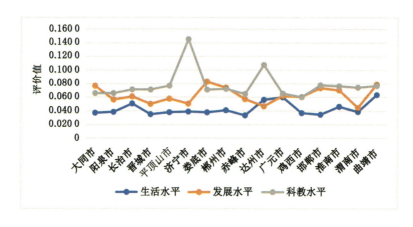

图 6-2　生活水平、发展水平和科教水平评价值

表 6-8　生活水平、发展水平和科教水平评价值

地级市	大同市	阳泉市	长治市	晋城市	平顶山市	济宁市	娄底市	郴州市	赤峰市	达州市	广元市	鸡西市	邯郸市	淮南市	渭南市	曲靖市
生活水平	0.036 7	0.038 0	0.050 3	0.034 5	0.037 5	0.038 4	0.037 3	0.040 6	0.033 1	0.055 9	0.059 6	0.036 5	0.034 2	0.045 9	0.038 3	0.063 3
发展水平	0.076 6	0.056 3	0.060 9	0.049 8	0.057 6	0.050 3	0.082 8	0.074 2	0.057 1	0.046 6	0.061 6	0.060 2	0.073 6	0.070 4	0.044 5	0.079 0
科教水平	0.065 6	0.065 6	0.071 1	0.070 9	0.076 6	0.145 0	0.070 9	0.072 0	0.064 7	0.107 4	0.065 3	0.059 9	0.077 7	0.076 4	0.074 4	0.076 9

由表 6-8 和图 6-2 可以看出：

（1）生活水平维度。从生活水平评价值来看，曲靖市和广元市的评价值比较大，分别为 0.063 3 和 0.059 6，表明这两个地市的人民生活水平较高。整体来看，各个地市的生活水平评价值相差不大，说明各个地市的人民生活水平发展态势基本相同，人们的收入、存款、物质生活水平相差不大。

（2）发展水平维度。从发展水平维度来看，各个地市的发展水平维度和生活水平维度变化较为相似。其中，娄底市、曲靖市、大同市和郴州市的发展水平评价值较高，分别为 0.082 8、0.079 0、0.076 6 和 0.074 2，说明这些地市的城镇化率高，城镇登记失业率低，社会稳定性比较强。

（3）科教水平维度。从科教水平维度来看，各个地市的科教水平的评价值整体比生活水平和发展水平的评价值高，体现了科教事业对社会发展的重要程度及支持力度。分地市来看，科教水平评价值最高的是济宁市，达到了 0.145 0，表明济宁市在科教方面投入较大。最低的是鸡西市，只有 0.059 9，表明其在科教方面需要转型。

3. 绿色生态维度的分析评价

生态环境是人类赖以生存的摇篮。生态环境评价体现的是地区环境的现状，地区环境污染程度越小和治理水平越高，则绿色转型发展水平越高，故生态环境是衡量绿色转型发展水平的重要维度。下面从 3 个方面来评价生态环境绿色转型水平。2017 年各地市生态环境维度各具体指标评价值如表 6-9 和图 6-3 所示。

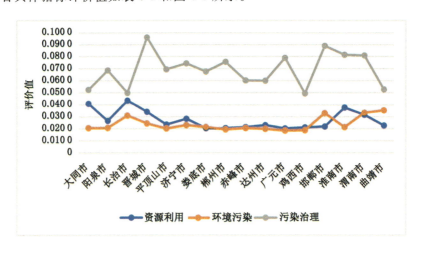

图 6-3　资源利用、环境污染和污染治理评价值

（1）资源利用维度。从资源利用维度来看，长治市和大同市的资源利用评价值较高，分别为 0.043 3 和 0.040 6，表明这两个地市的资源利用程度较高，对资源和环境造成的压力较小。整体来看，16 个地市的资源利用评价值较低，应注重资源利用效率的提升。

（2）环境污染维度。从环境污染维度来看，16 个地市的环境污染评价值也较低，最大值仅有 0.035 3（曲靖市），最低值出现在广元市，其值为 0.018 3。这一方面反映了成熟型煤炭资源型城市工业的快速发展，另一方面表现了其工业对当地环境、水体、大气的污染非常

表 6-9 资源利用、环境污染和污染治理评价值

地级市	大同市	阳泉市	长治市	晋城市	平顶山市	济宁市	娄底市	郴州市	赤峰市	达州市	广元市	鸡西市	邯郸市	淮南市	渭南市	曲靖市
资源利用	0.040 6	0.026 2	0.043 3	0.033 8	0.023 1	0.027 9	0.020 0	0.020 2	0.021 1	0.022 6	0.019 9	0.020 8	0.021 5	0.037 5	0.031 3	0.022 4
环境污染	0.020 5	0.020 5	0.030 9	0.024 3	0.020 1	0.022 8	0.021 2	0.019 2	0.020 4	0.019 7	0.018 3	0.018 6	0.032 9	0.021 2	0.033 3	0.035 3
污染治理	0.052 3	0.068 4	0.049 8	0.095 9	0.069 3	0.074 2	0.067 4	0.075 5	0.060 1	0.059 8	0.078 8	0.049 2	0.088 8	0.081 4	0.080 8	0.052 6

严重,"三废"问题的解决迫在眉睫。

(3)污染治理维度。从环境污染治理维度来看,16个地市的污染治理维度的评价值整体上比资源利用与环境污染维度的评价值高,表明成熟型煤炭资源型城市重视对污染的治理,资源循环利用能力加强。

4. 绿色转型发展状况总体分析评价

绿色转型发展能力综合评价融合了经济效益、社会发展和生态环境3个维度,体现了区域绿色转型发展的总体状况。成熟型煤炭资源型城市2017年绿色转型发展能力综合评价值如表6-10和图6-4所示。

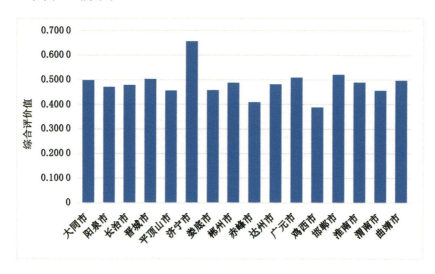

图6-4   2017年各地市绿色转型发展综合评价值

由表6-10和图6-4可以看出2017年成熟型煤炭资源型城市中济宁市的综合评价指数最高,为0.657 0,其次是邯郸市和广元市,分别为0.520 9和0.509 7,表明这3个地市的绿色转型发展能力最高,经济、社会发展与生态环境协调发展。现具体对绿色经济评价值、绿色社会评价值及绿色生态评价值对绿色转型发展能力综合评价值的影响进行分析,结果如图6-5所示。

(1)绿色经济维度。绿色经济维度的综合评价值整体上较高,表明各地市都重视经济发展,经济转型能力都较强。分地市来看,济宁市的绿色经济综合评价值最大,为0.298 3,表明其经济状况发展良好。鸡西市的绿色经济综合评价值最小,仅有0.142 9,表明其经济转型能力较差。

(2)绿色社会维度。从绿色社会维度来看,各个地市保持着相似的发展态势,社会发展势头较为稳定,济宁市、曲靖市、达州市和淮南市的绿色社会综合评价值较高,表明其绿色社会转型能力较强。

(3)绿色生态维度。从绿色生态维度来看,16个地市的绿色生态综合评价值整体上低于它们的绿色社会综合评价值,表明成熟型煤炭资源型城市在生态环境保护方面的转型能力低于经济社会的发展水平,今后应该提高各个地市的生态转型水平。

总体来说,成熟型煤炭资源型城市绿色转型发展整体状况良好,经济不断发展,社会机

表 6-10 绿色经济、绿色社会和绿色生态综合评价值

地级市	大同市	阳泉市	长治市	晋城市	平顶山市	济宁市	娄底市	郴州市	赤峰市	达州市	广元市	鸡西市	邯郸市	淮南市	渭南市	曲靖市
绿色经济	0.205 6	0.195 5	0.172 7	0.194 6	0.172 2	0.298 3	0.157 5	0.186 9	0.153 7	0.169 8	0.206 2	0.142 9	0.192 1	0.156 6	0.153 4	0.167 0
绿色社会	0.179 0	0.159 9	0.182 2	0.155 2	0.171 7	0.233 7	0.191 1	0.186 7	0.154 9	0.209 8	0.186 5	0.156 7	0.185 6	0.192 6	0.157 1	0.219 2
绿色生态	0.113 3	0.115 2	0.123 9	0.153 9	0.112 5	0.125 0	0.108 6	0.114 9	0.101 6	0.102 1	0.117 0	0.088 6	0.143 2	0.140 1	0.145 3	0.110 2
综合评价值	0.497 9	0.470 6	0.478 8	0.503 7	0.456 4	0.657 0	0.457 2	0.488 5	0.410 2	0.481 7	0.509 7	0.388 2	0.520 9	0.489 3	0.455 8	0.496 4

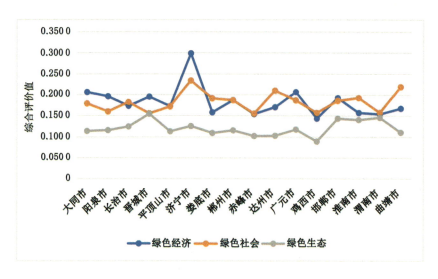

图 6-5   绿色经济、绿色社会和绿色生态综合评价值

能逐步完善,资源日益优化,环境支撑力度加大,绿色转型发展取得了一定的成绩,发展势头良好。

第二节   成熟型煤炭资源型城市绿色转型路径选择

实现成熟型煤炭资源型城市绿色转型发展是一个巨大的工程,需要绿色转型发展的决策者、实施者、参与者等行动主体也就是政府、产业、行业和居民,从经济效益维度、社会发展维度和生态环境维度 3 个方面共同努力。

一、继续推进绿色经济发展,优化产业结构

（一）改造传统产业,提升经济发展质量

经济转型的最终目的就是实现经济效益的最大化,提升区域经济的核心竞争力。一定程度上讲,核心竞争力的强弱取决于制度标准的制定,只有最优化的标准水平,才能获得最强的市场竞争力。企业的发展创新离不开规范化的标准和高质量的制度,只有不断提升标准,才能保证健康可持续发展。品牌产生的影响是大众对某一个产品或者企业产生的看法,而标准则会影响整个行业在人们心中的地位。所以,在推进经济发展的过程中,一定要制定标准,只有不断提升标准,才能为产业发展导航,才能推动经济的转型发展。第一,需要加强政策引导。要将技术标准战略发展的目标贯彻落实,并将其作为政府重点发展目标。第二,要加大宣传力度。可以通过巡回演讲、开办国际标准的培训班以及建设国际型数据库等多种方式,真正地提高企业以及事业单位等参与国家标准化活动的能力。第三,要建设先进的标准体系,促进战略性新兴产业的发展。可以不断地发布最新的高端新型电子信息、LED 等产业专项发展目标和发展现状,从而促进产业先进标准的设立。第四,要积极建立产业转型升级的技术标准导航系统。可以不断地吸取国内外的先进标准,并在相关

产业上首先进行试点运行,积极推动先进标准体系的建设发展,并促进下辖市、县、区标准化的建设,发展城市标准化的新思路。

就目前成熟型煤炭资源型城市的经济结构来看,煤炭采矿业仍是各个城市经济总量的主要贡献者,这在一定程度上制约了经济发展质量的提升。因此,加快重化工业的绿色转型发展,是提升成熟型煤炭资源型城市经济发展质量的关键。对此,未来的发展中成熟型煤炭资源型城市应做好以下两点:一是继续加快高新技术产业、绿色工业发展的步伐,并用新技术、新设备积极改造各城市传统的橡胶轮胎、造纸、化工、采油等污染较严重的行业,促进产业升级,提升经济发展质量;二是引进国内外先进技术,提高煤炭开采效率,促进煤炭开采业的绿色发展;三是资源型城市政府要坚决淘汰掉一些高污染、高排放、低效益的企业,严格对地方企业的节能情况进行评估,切实从各方面抓好经济发展质量。

（二）优化产业结构,促进产业多元化

促进产业结构的转变和协调发展是成熟型煤炭资源型城市经济绿色转型发展的目标,因此:一要结合自身产业发展的优势改造传统产业,实现产业结构转变与产业多元化及内部的协调发展同步。二要加强对产能过剩影响因素的探索,着重从市场环境和体制建设方面进行分析,优化市场竞争机制,合理配置过剩产能。建立系统的统计体系,对产能进行统计分析,实时监控产能情况,设置预警机制。要坚定不移地实施企业"走出去"战略,提升企业投资质量,发展高精尖、高附加值、高产出企业。三要严格把控市场准入原则,对新增产能实现实时监控。要加大对网络化、数字化以及智能化等产业的建设力度,促进传统产业的优化升级,同时将新兴高新技术用于煤、焦、钢铁等产业发展,发展新型煤化工、煤焦油、煤电一体化等生产模式。四要坚定不移地进行技术创新、产品创新,促进传统产业的转型升级,将煤炭、焦炭、冶金、电力等产业向高精尖等专业领域发展,提升产品标准,优化产业结构。五要积极发展风能、太阳能、生物质能等新兴能源产业,并促进轻型通用飞机、纳米材料等制造产业的发展进程,将具有高附加值、高潜力值的产业作为重点发展对象,积极开发节能环保产品。六要将城市的旅游资源进行合理利用,充分发挥资源型城市的发展潜能,大力发展当地的生态旅游、绿色旅游等,建立自己的旅游城市形象。七要重视当地现代物流、创意产业以及健康服务等服务型产业。推动农业的创新式发展,提升高技术成果向现实生产力的转变效率,积极探索研究新型农机技术,引导农民主动根据市场环境调整自己的种植、养殖品种;开发农业标准化示范基地,加大对地理标志产品的保护力度,促进农产品的绿色可持续发展,并树立独特的农产品的形象。

具体来说,成熟型煤炭资源型城市应努力做好以下几点:第一,在促进生态农业进一步发展的同时,可以大力培育特色林木、花草、渔业等,加快绿色农业的多元化发展。不断深化农业产业化发展,充分发挥龙头企业的带头作用,进而做精第一产业。第二,从当前国内煤化工发展情况看,单一的产品结构容易出现产能过剩,煤气化联产将最大化提高效率和降低成本,是煤化工产业的发展方向。因此,成熟型煤炭资源型城市煤化产业应将煤气化作为煤化产业发展的方向,大力发展煤气化的三条产业链:合成氨链、甲醇链和混合链(一氧化碳、甲醇及合成氨);加快培育替代产业,特别是新兴产业的发展,如绿色包装、信息产业、现代服务业等,进而不断增强产业的整体竞争力。第三,可以通过重点扶持技术条件好、科研潜力大的企业率先进行产业技术升级,将先进技术尽快投入到生产中去,然后通过试点推广逐步完成整个产业的技术升级改造,提升整个产业的竞争力。同时可以与本地高校和科研机构合作,探索边生产边升级的技术对接模式,结合实际生产,重点开发产业核心技术,打造科研成果转换渠道,尽快将科研技术转化为产业优势进行推广。

(三)优化投资结构,促进投资结构与产业结构调整相适应

要不断地优化投资结构,谨慎选择投资方向,实现监督的高效性,并重视投资质量和效益发展。在发展新型现代产业体系的过程中,一定要不断地调整投资结构,将对投资增量和投资存量的调整作为主要措施,优化产业投资结构,实现资本使用效率的最大化。要重视对高新技术产业、新能源、新材料、节能环保、现代服务业领域的投资,并积极投资优势项目,提升城市的经济发展。要严格把好项目准入关,提升建设水平和创新水平。要加大技术创新投资力度,积极推动高质量、高标准的产业发展,加快工业技术的优化与创新,促进高新技术成果向现代产业的转变,推动建设有特色的新型现代产业体系,提升产业竞争力,并提高企业技术水平,增加投资行为。通过不断地调整产业结构,加大社会和民间资本的投资力度,并为我国民间投资建设发展提供相关意见,积极制定民间投资的操作管理系统。要加大民间投资的投资力度,拓宽其投资领域,积极发展民间资本的投资方式,促进民间资本对基础产业的投资,并倡导煤炭产业的转型升级,引导民间资本的投资方向,积极发展节能、环保等产业类型。建立健全投资信息网络平台,全面收纳社会各领域的产业政策、发展规划以及市场准入标准等市场信息,提高民间投资的有效性。要严格管控高投入低效率、危害环境的投资项目,并推动企业转型,合理调整产业结构和投资结构,促进社会各产业的发展。

(四)加快发展混合所有制经济,实现所有制结构均衡发展

第一,要加快国有企业的高效化发展,就要积极推进股权多元化的改革。可以通过员工持股、引进资本等方式转变国有企业的股权制度,实现对国有企业的股权改革。国有企业的股权多元化改革可以通过让管理层和员工层共同持股,从而激发员工的工作热情,还可以引入外部资金,实行股权多元化,从而从根本上创新体制。在市场化标准中制定现代企业的制度标准,并引导非公有制资本投资国有企业的改制中,要满足不同阶层的利益诉求。要推动国有企业,贯彻落实国有企业"去行政化"的管理体制转变。积极发展国有企业职业经理人制度,将国有企业的薪酬制度改革进行到底。站在企业负责人的角度上,要建立健全市场化的选人、用人激励机制,优化职业经理人业绩考核办法。为了更好地统筹管理国有企业,应该不断健全相关体制改革,摒弃传统的功能类企业,在关键的领域和项目上,应该完善国有资本投资运营管理,在管理过程中,由浅入深地解决实际问题。此外,为了有效监管国有企业,应该注重监管体系的完善性,实行统一监管,开拓全新的监管模式,重视多个部门的相互合作,从而实现全面监管。对于国有企业来讲,为了改善证券化率,在国有资本改革中,应该重视资本市场的重要性。当开拓信贷融资渠道时,应该合理分析财务的管理模式和结构,基于国家相关标准的政策下,建立相应的试点,有效推动信贷资产证

券化的发展。在混合所有制的经济条件下,对于国有企业来讲,为了实现发展,应该重视同证券化的融合。为了更好地提升企业的综合实力,更好地为人民创造价值,发挥应有的作用,应该充分利用资源优势,结合发展现状中的不足,不断创新,实现转型升级。

第二,对于民营企业来讲,应该注重行业的准入标准,为了提升发展的动力,应该进行混合所有制改革。在竞争过程中,无论是市场主体,还是投资主体,都应该按照相关标准,合理公平竞争。为有效改善企业低效率的发展现状,在进行企业的重组过程中,应该坚持市场的引导作用,从而实现企业的高效率发展。对于金融、公用事业等方面来讲,为了能够有效带动经济的发展,吸引相关投资单位进行融资,应该完善相关企业的市场准入标准,在管理过程中,给予民营企业一定的发展空间,从而实现其自主管理的目标。为有效避免在民间资本中出现垄断现象,应该制定相关的规章制度,将许可的项目列举出来,例如对于通信领域来说,为了鼓励相互之间的竞争,在竞争中获得发展,可以采取混合所有制的措施,可以促使居民参与、购买民间资本,可以建立相关的民营银行等金融机构,从而实现整个垄断行业的"混合化"。在经济全球多元化的背景下,为了实现民营企业的更好发展,在创新发展和混合所有制上,适当给予一定的支持,应该不断完善相应的政策文件。在发展过程中,应该明确相关项目的准入条件,避免出现不足之处,应该及时高效公布相关信息,以便国有企业和民间资本了解项目准入的相关标准。在完善改革中,应该合理进行分类:针对一般竞争类的国有企业来讲,应该促进全面开放、公平公正和公平竞争等;针对特殊的国有企业来讲,为实现共同发展,应结合控股的实际情况,适当地将社会资本以及民间资本融入其中。此外,在国有企业发展中,应该充分重视民营企业,可以适当融合,这在一定程度上能够有利于现代企业制度的完善,还有利于公司法人的管理结构。对于民营企业来说,应该充分重视诸如产业过剩、重复投资等问题带来的影响。

二、加快绿色社会发展,提高城市创新力

(一)建设节约型社会,倡导绿色出行

绿色转型的顺利实现,离不开政府的领导和公众的广泛参与。因此,在未来的发展中,一方面,各个地市的政府要大力提倡节约型机关、绿色家庭、绿色学校、绿色社区的建设,倡导简约适度、绿色低碳的生活方式,合理构建城市绿色交通体系,不断提高公交车辆的舒适性、便捷性,大力推广新能源汽车的使用,让绿色出行成为一种风尚,进而达到交通领域节能减排的目的。此外,在社会公共场所,如道路、大型公共建筑中,普及高效节能和太阳能灯的使用。另一方面,居民要积极参与到绿色转型中,养成资源节约的习惯,特别是要提高生活用水的使用率,降低污水的排放率,加强对绿色产品的使用率,进而将绿色理念贯彻到每一位居民的头脑中,争做绿色社会的建设者。

(二)完善科技创新平台,激发社会创造力

人才匮乏、自主创新能力不强是制约成熟型煤炭资源型城市绿色转型可持续发展建设的主要瓶颈。科技创新对优化产业结构具有基础性作用,重大科技创新不仅可以推动资源型城市新兴产业的发展,还可以助力"旧"产业的新生。对于起步转型阶段的资源型城市在

该阶段需要强有力的技术支撑推动产业转型,进而促进社会与环境的转型。具体加大科技创新投入的做法包括:第一,加大科技研发资金的投入,提高资源开发的技术水平,增加产品的技术含量,开拓新的产业链。第二,积极推进产学研的结合:一方面,职业技术院校、科研院所通过技术转让或合作开发,与企业或者政府开展产学研合作,并为企业培养专业人才等;另一方面,推进教学体制改革,高等院校根据资源型地区经济发展与技术创新的需要,设置专业课程等,培养所需人才。

(三)建立并完善城市社会保障制度,提高生活水平

社会保障关系到国计民生的方方面面,健全的社会保障体系不仅有利于提高居民的生活质量和水平,同时也是一个城市乃至一个国家发展水平的体现,具体表现为对弱势群体的关注程度。在成熟型煤炭资源型城市转型发展的道路上,建立和完善社会保障制度是其顺利实现城市转型过程中不可忽略的一环。首先,为城市就业能力较差的居民提供基本生活保障,尽可能解决其就业问题。城市中的弱势群体是城市发展的短板,其知识层次较低,就业能力较差,政府应积极制定相关政策帮助该群体,提供尽可能多的培训机会,促进该群体居民实现就业,既解决城市剩余劳动力问题,同时为各地市实现转型贡献人力资源。其次,大力发展资源型城市医疗保险事业,成立医保保险基金,不仅可以大大促进医疗普及,同时也为城市转型发展提供保障。最后,除了促进就业和大力发展医疗保险事业之外,居民的教育文化水平、居住条件、社区管理和服务水平等都是社会保障体系的重要组成部分,要实现可持续发展,完善的社会保障制度的建立势在必行。

(四)重视制度顶层设计,完善收入分配调控体制机制

进一步完善现阶段经济社会发展的收入分配制度。结合社会发展各阶段、各阶层、各要素,提升观念水平,以发展的眼光,高要求、高质量地制定和完善收入分配制度。在推进工作发展和进步的过程中,需要加大政策的扶持力度,切合人民群众的发展需要,进一步增强当地中小型企业应对风险的能力,将现有的规章与制度规范化、明确化、体系化,明确初次分配和再分配的意义,发挥两者的作用,并将其归入一个系统中。要建立健全收入信息和社会信息的监测系统,将百姓作为公共监督的最大群体,积极发挥百姓和社会新闻媒体在监督、舆论、评论方面的正面作用,增强信息的透明化程度,进一步完善收入分配制度。同时,完善按要素分配的收益分配制度,将税务部门、工商部门和各类金融机构的信息进行整合,进一步调整各个要素之间的关系,制定出较为公平有效的分配制度,建立收入监测体系。

找准影响区域发展的关键环节作为改革发展的突破口,进一步推动薪酬制度的纵深发展。着力规范央企、国企等企业高层管理人员的工资福利待遇和公务消费,完善上述高管工资福利的监督管理制度和机制。针对大多数劳动者的工资待遇问题,建立工资讨论协商制度,为稳步提高劳动者工资福利待遇提供坚实的制度保障,适当地提高最低收入水平。建立和完善公务员收入分配制度,推动公职人员工资福利待遇宏观调控机制和薪酬稳步浮动机制。推动事业单位分类改革和收入分配制度改革,规范公职人员各种不当收入,增强信息的透明度。推行高效的公益事业发展机制,维护基层人民的权利,比如农民的利益。

深化税务体制改革,减轻中小型企业的赋税压力,为中小型企业的发展和进步提供良好的发展环境。保证公益事业的质量,制定出完善的工资标准制度,加大公益组织人员的工资透明度,从而维护社会公正的环境。落实各个地区的收入分配制度和财产信息系统,深化改革体制,维护财产信息管理系统的完整性。

三、加强生态环境保护,建设美丽城市

（一）先污染后治理转变为事前预防、事中治理、事后补偿

1. 事前预防机制

一是完善资源价值补偿机制。资源产品的价格结构不合理,外部成本没有内部化,资源生产过程中破坏生态环境和污染环境的价值损失和管理成本不包括在价格上,这导致在经济上缺乏对生产者破坏生态环境的约束。深化矿产资源有偿使用制度改革,严格落实矿业权有偿收购制度,完善反映市场供求关系、资源稀缺程度和环境破坏成本的矿产资源价格形成机制。二是完善资源节约促进机制。实施阶梯资源价格,制定资源浪费惩罚性价格,鼓励资源节约,鼓励发展新型、现代服务业。三是完善生态环境影响评价机制,建立宏观重大决策环境影响评价体系,扩大公众参与环境影响评价的范围。四是完善主体功能区规划。根据开发模式,将土地空间划分为优化开发区、重点开发区、限制开发区和禁止开发区。五是建立生态保护的激励机制。建立地方政府生态保护与建设绩效评价体系,建立生态发展激励基金,制定地方性法规,明确生态激励的方式和方法,确定合理的激励和补偿标准。

2. 事中治理机制

一是完善治理责任机制。根据"谁发展谁保护,谁破坏谁恢复,谁污染谁支付,谁治理谁受益"的原则,负责保护和治理生态环境的主体被明确界定。二是创新生态环境保护投资机制。加强政府在公共生态环境中的主导地位,加强企业在资源开发和环境影响范围内的环境保护投资,制定有利于生态环境保护的绿色投资和绿色信贷政策,引导银行、企业和社会投资生态环境保护。三是建立环境公益监督机制。扩大公众和中介组织参与环境监管的范围,并通过公共媒体、互联网自我媒体和公众代表视察加强公共外部监管机制。

3. 事后补偿机制

首先,实施不同类型的补偿机制。按照内容,可以分为资源补偿和生态环境补偿。按照时间顺序,可以分为预防性补偿、即时性补偿和恢复性补偿。根据补偿形式,可以分为实质性补偿、功能性补偿和价值性补偿。

其次,完善环境权救济机制,逐一推进公益诉讼便利化。我国民事诉讼法规定了环境公益诉讼的程序和主体,这使得环境公益诉讼成为可能。然而,由于制度设计不完善、诉讼主体的局限性、诉讼成本高、证据证明困难、损害鉴定困难等原因,近年来接连发生的重金属和水污染事件不能被归咎和追究责任,环境公益诉讼成为难以实施的"纸质法律"。

（二）加大环境治理力度,提高生态环境承载力

环境污染严重仍是制约成熟型煤炭资源型城市绿色转型发展的重要问题,提升环境质

量,建设美丽资源型城市的举措主要包括以下几点:第一,持续实施大气污染防治行动,鼓励企业不断引进先进的加工和生产技术,减少污染物的排放,尽可能从源头上控制污染物的排放量,进而真正改善成熟型煤炭资源型城市环境状况。此外,作为煤炭资源型城市,在煤炭开采过程中会对土壤造成一定的污染,对此,成熟型煤炭资源型城市要加快建立土壤污染防治体系,并对遭到污染的土壤进行修复,同时也要不断提高煤炭开采技术,尽量减少对土壤的污染。第二,继续健全并完善生态环境管理制度,加快形成以政府为领导,企业、公众共同参与的环境保护和治理体系。同时,提高污染排放标准,对环境污染问题采取"谁污染谁治理"的原则,并不断健全环保信用评价制度等。第三,各地市要以绿色城市的建设为契机,在推进生态环境恢复重建的同时,加大植树造林的力度,重点抓好中心城防护林带、沿黄生态林带、主要河流干渠等的绿化建设,以及城市绿地面积的建设;完善天然林保护制度,扩大退耕还林还草,健全耕地草原森林河流湖泊休养生息制度,推动形成人与自然和谐发展的新格局。

(三) 发展循环经济,提高生态效益

循环经济不仅是一种新的经济发展模式,也是一种新的生态治理模式。对于高能耗、高物耗、废料集中、生态环境脆弱的资源型地区,大力发展循环经济不仅有坚实的物质基础,而且有明显的成本优势和经济效益,还有可观的生态效益。在不断延伸的循环产业链中,趋于封闭物质和能量流动将有3种渐进的经济现象。首先,循环共性的关键技术不断突破并在实践中得到应用,没有使用价值的废物不断开发成新功能或成为新材料的原料,从而实现资源化利用。其次,由于新材料和新功能的发展,将会创造一个或几个新产业,从而形成新的经济增长点。最后,由于新技术的应用、新材料的应用以及新产业的培育和增长,传统的资源型产业正在逐步进行技术改造,完善产业链,进一步实施产业替代,逐步形成新的产业结构,从而加快了资源型经济的转型步伐。

一是从生产环节完善产业链,构建微观循环经济。在资源开发过程中,应改进开采技术和设备,加强共生和伴生矿产资源的开发利用,提高资源利用率,特别是稀缺资源的利用率。在资源加工利用过程中,以采矿、分类、提纯、添加和合成等新工艺和新技术为切入点,提高科技创新能力,不断提高资源综合利用水平。在废物和可再生资源的利用方面,将大力发展"静脉产业",利用先进适用的技术将生产和消费过程中产生的废物转化为可重复使用的资源和产品。

二是从生产系统和经济系统层面进行闭环运行,构建宏观和中观循环经济。全面实施企业、园区、社区、地区等多层次循环经济模式,加快形成覆盖全社会的资源循环体系。① 循环经济可以从企业内部循环开始,实现资源和能源的充分利用以及废物的回收;② 与企业之间的供求关系进行产业耦合,再次消化废物,尽一切可能"吃干榨尽",建设园区内部循环;③ 逐步从园区扩展到社区层面,从生产扩展到消费和流通,形成社会与企业的良性互动;④ 在局部流通的基础上,企业、园区、社区等形成的"微循环",通过基础设施建设、政策协调和利益导向进行渗透,形成整个区域的大循环。

三是变劣势为优势,大力发展节能环保产业。通过政策创新和技术创新,将资源型产

业和资源型经济的劣势,如高能耗、高材料消耗和严重污染,转化为发展环保产业和生态经济的市场优势。它主要包括节能、资源回收和环境保护领域的技术、设备、供应品和服务,一般包括节能技术和设备、高效节能产品、节能服务行业、先进环保技术和设备、环保产品和环保服务。

第三节　成熟型煤炭资源型城市转型典型案例分析——以济宁市为例

由前文分析可知,济宁市的绿色转型发展能力最高,因此本节通过分析济宁市的发展现状,探究济宁市城市转型的实施路径,从而为其他成熟型煤炭资源型城市转型提供路径参考,为实现可持续发展奠定坚实的基础。

一、济宁市转型发展背景与特征分析

济宁市位于山东省西南部,交通便利,历史久远,是山东省西南部的中心城市,总面积为 1.1 万 km²。济宁市的地形地貌以平原洼地为主,地势东高西低,地貌比较复杂。济宁市属于温带季风气候,四季分明,夏季高温多雨,冬季多晴寒天气。济宁市自然资源丰富,拥有丰富的水资源、生物资源、矿产资源,截至 2017 年 7 月,已发现和探明储量的矿产有 70 多种,主要是煤炭资源。据估计,济宁市煤炭储量为 260 亿 t,占山东省煤炭总储量的 50%。作为典型的煤炭资源型城市,丰富的煤炭资源为济宁市的经济发展提供了极为有利的条件,煤炭产业为济宁市的工业化进程作出了巨大贡献。

（一）济宁市转型发展的背景

1. 煤炭资源型城市的发展规律

生命周期理论作为城市发展规律的重要理论基础,起源于生物理论的概念,后来被引入经济学和管理学领域,并由美国学者路易斯·萨杰维拉(Luis Suazervilla)提出了城市生命周期理论。宋飏等(2011)结合我国资源型城市的发展实际,认为资源型产业经历导入期、成长期、成熟期、转型期和衰退期,如果城市依赖资源型产业惯性发展,则城市的生命周期就与资源型产业的生命周期同步,导致"矿竭城衰";如果城市能够转型成功,实现产业多元化,城市的生命周期将不再主要受资源型产业的生命周期的影响,最终发展为综合性城市(图 6-6、图 6-7)。

我国煤炭资源型城市遵循其内在的发展规律。以济宁市为例,济宁市总体上经历了计划经济体制下的繁荣时期到改革开放后的逐渐衰落时期,再到 21 世纪煤炭资源价格改革后的快速发展时期,再到去产能背景下煤炭资源型城市的波动发展时期的演化过程,城市建设则经历了煤窑—煤矿—矿区—综合型城市的发展历程。总体上来看,由于我国工业化和城镇化进程较快,一定程度上加速了煤炭资源型城市的生命周期运转。在基本上遵循煤炭资源型城市发展一般规律的同时,我国的煤炭资源型城市发展波动呈现为更为显著的状态,面临的阶段性矛盾也更为突出。

2. 新时期济宁市转型发展的必要性

党的十九大明确了生态文明建设和绿色发展的路线图,要求"不以牺牲环境为代价去

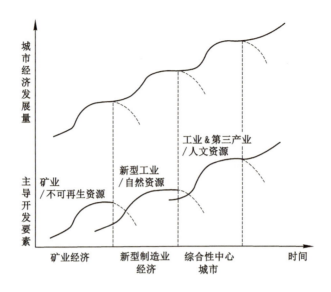

图 6-6　矿业城市产业转型发展模型

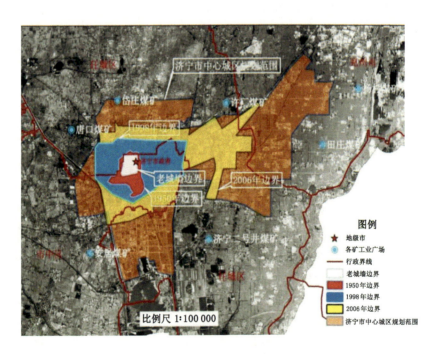

图 6-7　济宁市城市发展历程

换取一时的经济增长",彻底改变原有高投入、高消耗、高污染的经济增长模式,积极探索低投入、低消耗、低污染的绿色发展模式,建立健全绿色低碳循环发展经济体系,从源头上推动经济实现绿色转型。按照"十九大"提出的新时期发展总体要求,基于以下考虑,济宁市必须提前谋划新时期转型发展的路径与策略。

（1）转型发展是煤炭资源型城市发展客观规律的要求

2013 年国务院颁布《全国资源型城市可持续发展规划（2013—2020 年）》,将济宁市列入成熟型煤炭资源型城市;《济宁市矿产资源总体规划（2016—2020 年）》提出,按照 2015 年当年开采量和已探明储量计算,济宁市煤矿仍可开采近 100 年。尽管如此,依据城市生命周期理论,煤炭城市必须提前谋划转型发展,充分利用成熟期较好的城市经济实力,推进城市生命周期领先于煤炭产业生命周期,避免出现"矿竭城衰"、转型乏力的困境。《济宁市"十四五"生态环境保护规划》坚持以习近平生态文明思想为指导,全面践行"绿水青山就是金山银山"的发展理念,以满足人民日益增长的美好生活需要为根本目的,聚焦市委建设"智造济宁、文化济宁、活力济宁、美丽济宁、幸福济宁"总体目标要求,以改善生态环境质量为核心,以减污降碳为总抓手,锚定生态济宁建设目标,坚持源头治理、系统治理、整体治理,不断提高精准治污、科学治污能力,坚持依法治污,深入打好污染防治攻坚战,加快推进环境治理体系和治理能力现代化,推动绿色低碳集约发展,全面开创新时代生态强市建设新局面。基本原则:做到四个坚持,即坚持以人民为中心、坚持减污降碳协同增效、坚持人与自然和谐共生、坚持统筹协调和制度创新。主要目标:到 2025 年,生态强市建设取得突破,绿色低碳发展加快推进,能源资源配置更加合理、利用效率大幅提高,生态环境质量持续向好,主要污染物排放总量大幅减少,生态安全得到有效保障。该规划确定了环境治理、应对气候变化、环境风险防控、生态保护等 4 大类 21 项主要指标,其中约束性指标 11 项、预期性指标 10 项。

(2) 转型发展是济宁市实现经济发展的现实需求

济宁市是一座典型的煤炭资源型城市,近年来主要依托丰富的煤炭资源,逐渐发展为中等规模的工业化城市。济宁市的煤炭产业以煤炭开采和洗选为主并已经逐渐发展成熟,形成了相对完善的资源产业体系,煤炭产业的产能趋于稳定状态。城市发展的三次产业结构比较稳定,煤炭产业在整个城市的产业结构中占绝对主导地位。但随着社会经济和城镇化的快速发展,产业结构单一、经济效益下滑、生态环境恶化、资源开发成本上升等一系列问题开始逐渐凸显,煤炭产业对济宁市经济发展的带动效用逐渐减弱。这种现象表明,济宁市已经步入资源型城市发展周期的成熟期阶段。理论上来说成熟期的资源型城市在以后的发展历程中往往面临两种选择:第一种选择是利用积累的资金、技术和人才等资源,选择接替产业,积极寻求产业转型,继续保持城市良好的发展势头,实现城市的可持续发展;第二种选择则是随着资源的逐渐枯竭而进入衰退期,整个城市逐渐丧失发展力,最终会因社会财富耗尽、人口流失而彻底没落。因此,济宁市正处于决定城市未来发展趋势的重要阶段,选择合适的接替产业实现绿色发展具有重要意义。

(3) 转型绿色发展符合国家政策要求

改革开放以来,中国的工业化取得了重大成就,中国逐渐发展为世界制造大国。然而,长期的高污染、高消耗和先污染后治理的经济增长模式造成了资源浪费、环境恶化、结构失衡等一系列问题。2011 年国务院印发了《中华人民共和国国民经济和社会发展第十二个五年（2011—2015 年）规划纲要》(以下简称"十二五"规划),并提出要树立绿色发展理念,以节能减排为抓手,完善激励与约束机制,加快建立资源节约、环境友好的生活方式与消费形式,增强可持续发展能力。2013 年中共十八届三中全会提出要"加快生态文明制度建设",用制度保护生态环境,引导工业向绿色方向转变。2015 年 3 月,工信部印发了《2015 年工业绿色发展专项行动实施方案》,明确指出在推动工业绿色发展中,以重点领域、重点区域节能减排为重点,加快运用信息技术促进节能减排。2015 年国务院审议通过了"中国制造 2025"规划,以加快推进并实现制造业升级。绿色发展相关政策的持续出台,为城市绿色发展的实施提出了具体目标,推动济宁市经济、社会、生态等有条不紊地实现绿色转型。

(二)现状特征分析

1. 济宁市区位及自然资源概况

(1)独特的经济区位条件和发达的综合运输网络

济宁地处鲁、苏、豫、皖 4 省交界,是亚欧大陆桥和京九铁路的交汇点,是山东省重点发展的京九产业带和鲁南经济带的连接点,同时也是东部地区与中西部地区的结合点,东接山东的沿海港口,西连中国的中原市场,承东启西、引南联北,区位条件非常优越。济宁市交通便利,各种运输方式俱全。京九、京沪、新石铁路在境内穿越,4 条国道和京福、济菏、日东高速公路交织成网,京杭大运河贯穿南北。随着京沪高速铁路、鲁南铁路、迁建机场的建设运营,济宁拥有更加便捷、更加密集的高速交通网络,成为重要的区域交通枢纽。2022 年,济宁市交通基础设施建设加速推进,济微高速济宁新机场至枣菏高速段、G327 曲阜至任城改建工程(东段)、环湖大道东线太白湖段、龙拱港一期等重点项目相继建成投入使用,城市承载能力大幅提升。内环高架全面完工,京杭运河济宁至台儿庄段航道"三改二"、湖西航道(二级坝—苏鲁界)改造工程竣工,建成省内首条智慧化内河航道。雄商高铁梁山段、邹城至济宁高速公路等一批重点项目开工建设。

(2)人文、自然旅游资源丰富

2021 年,济宁市全市共接待游客 6 373.2 万人次、增长 28.1%,实现收入 632.5 亿元、增长 39.6%,其中接待国内游客 6 372.2 万人次、入境旅客 1.0 万人次。全市 A 级旅游景区 104 个,其中 5A 级 1 个、4A 级 20 个、3A 级 63 个。微山湖 5A 级旅游区顺利通过省级评审,2 家景区成功创建为国家 4A 级旅游景区。新增全国乡村旅游重点村 1 家,市级研学旅游示范基地 10 家。近 5 年来,济宁市文化"两创"特色彰显,民生福祉日益增进。尼山世界儒学中心、孔子博物馆、孟子研究院挂牌成立,高标准承办世界儒学大会、孔子文化节、尼山世界文明论坛、央视中秋晚会等重大活动,复兴之路文化科技项目、河道总督署遗址博物馆提速推进,新增 4A 级景区 6 处,入选国家文化和旅游消费试点城市,尼山圣境成为文化旅游新高地。民生支出占比稳定在 80%左右,新增城镇就业 36.2 万人,城乡低保标准分别提高 51%、84%,居民人均可支配收入年均增长 7.8%。

济宁是中国古代文明的发源地,有 7 000 多年的历史。在春秋战国时期,分别诞生了孔子、孟子等圣人。孔子和孟子的诞生地分别是曲阜和邹城。曲阜著名景点主要有闻名遐迩的孔庙、天下第一家的孔府、最大的家族化的墓地孔林。孔府、孔庙、孔林顺利进入世界文化遗产的行列。在孟子的家乡邹城,有著名的孟府、孟庙,孟母林也是深受各类人群喜欢和吸引无数游客的古迹。

济宁市任城区西界的京杭大运河是国家水运的运输动脉,使得古代和现代的商品经济的发展得以很大促进,也使得济宁有了丰富的历史文化。李白、杜甫曾经在这里饮酒作诗。得名于李白的太白楼和古建筑王母阁等著名景点,特点不一,构筑了济宁独特的旅游文化。运河径直穿过南阳岛,而南阳古镇也是运河的名镇之一,古镇经济发达,商品种类繁多,有着很多的古式店铺,青石巷、青砖墙很有韵味,很好地代表了运河悠久的历史文化。

汶上县宝相寺,因在著名的太子灵踪塔中发现了舍利子而闻名中外。寺中建有博物馆、雄伟壮观的大雄宝殿。四大名著之一的《水浒传》,使得水泊梁山闻名遐迩,名著中的很多地点也成了现在的著名景点,例如水浒寨、黑风口、忠义堂等。梁山伯与祝英台的故乡就在现在的济宁市微山县,我国著名的文学家郭沫若就根据前人的记录,专门派人到这一带来详细调查有关情况。1952 年,在修复白马河时发现了梁山伯与祝英台的墓碑。20 世纪 70 年代,梁山伯与祝英台的墓碑又一次被埋到地下,一直到 1993 年才又被挖掘出来。

济宁在进行城市转型的具体道路中,可以借助境内大量的人文、自然旅游资源,大力发展本市的旅游业,使其成为经济增长的突破点和带动点。

（3）产业基础雄厚

济宁矿产资源丰富,已发现和探明储量的矿种有 40 种,探明储量的矿产主要有 19 种,以煤为主,其次为铁、稀土、水泥用灰岩、建筑石料用灰岩、建筑用花岗岩等。全市含煤面积 3 920 km²,占全市总面积的三分之一以上,主要分布于中、西部平原地区。全市累计查明煤炭资源储量 151.58 亿 t,保有资源储量 132.23 亿 t,保有可采储量 23.00 亿 t,为全国重点开发的八大煤炭基地之一。其煤层稳定,煤质优良,煤种多为气煤和肥煤,低硫、低磷、低灰,开发利用价值高。微山县境内的郗山稀土矿是华东地区唯一的轻稀土矿产地,是国内重要的轻稀土原料矿区,稀土氧化物保有资源储量 23.32 万 t,据预测周边 12 km² 范围内均有稀土,资源开发利用潜力巨大。铁矿是济宁市唯一的黑色金属矿产,多数矿石品位较低,保有资源量 24.92 亿 t,主要分布在兖州、汶上、泗水、邹城、金乡。铜矿分布在泗水县境内北孙徐和小富庄,铅矿分布于汶上县毛村。这些矿储量小,品位低,有的埋藏较深,开采不易,因此仅具有远景意义。

济宁市全市特别是泗水、微山的水资源非常丰富,全市约有 50 亿 m³,占了山东省的近 20%。其中储水量最大的就是微山湖,约有 20 亿 m³ 的水量。

济宁是全国的粮油基地,农产品非常出名,有很多地方特色产品,如柳编、鲁西黄牛等。种植业一类的特色产品主要有大麦、小米和水稻、红皮蒜和白皮蒜、莲藕等。除了农牧业产品,济宁的手工艺品也非常有名,例如鲁锦、彩布、陶器等。在产业转型具体实施措施中,可以考虑充分利用自身资源优势,发展地方特色经济。

2. 济宁市煤炭及非煤产业转型历程

历史上,早在宋代时期济宁市境内便有采煤活动。而伴随着 1949 年之后境内矿井的不断兴建,其煤炭产量也经历了由少到多的过程。其中,从 1959 年境内有矿井投产至 20 世纪 70 年代末,济宁市的煤炭产量虽然增幅较大,但总量仍较少,占山东省煤炭总产量的比例也仍旧较低。随着 80 年代施工建设的大批具有较高年设计生产能力的矿井于 90 年代陆续投产使用,济宁市的煤炭产量开始突飞猛进,并成为山东省极为重要的产煤区。至 2012 年,济宁市的煤炭产量达到 9 710.6 万 t,占山东省煤炭产量 55.0% 的比例,详见表 6-11。

表 6-11　1978—2012 年间济宁市煤炭开采状况

年份	济宁市煤炭产量/万 t	山东省煤炭产量/万 t	所占比重/%
1978	267.5	4 200.0	6.4
1985	680.0	4 922.0	13.8
1990	1 253.2	5 995.0	20.9
1995	2 265.0	8 827.0	25.7
2000	2 898.9	8 039.0	36.1
2005	7 477.6	14 029.8	53.3
2006	7 585.1	14 059.0	54.0
2007	7 968.1	14 518.3	54.9
2008	7 964.0	14 700.6	54.2
2009	8 115.0	14 377.7	56.4
2010	8 809.0	15 653.9	56.3
2011	8 381.5	16 113.6	52.0
2012	9 710.6	17 667.6	55.0

伴随着 20 世纪 90 年代以来煤炭产量的迅速增长,济宁市境内因采煤引发的地质灾害也以前所未有的速度推进。问题更为严重的是,这些逐年被制造出来的沉陷区不断积聚,并在当地地质条件的影响下,由原来的良田转变为星罗棋布、吞噬周围区域的积水区,"桑田"由此成为"沧海"。针对上述情况,济宁市开始了资源型城市转型发展。

(1) 第一阶段(2007—2009 年)

在资源型城市产业转型初始阶段,政府发挥着不可替代的作用,我国以公有制为主体的基本经济制度也决定了政府对经济宏观调控的力度。煤炭资源奠定了济宁的产业基础,但也引发了一些突出矛盾。2007 年,济宁市下决心走"依靠资源起步、凭借转型跨越"的发展新路,告别"煤炭依赖症",成为资源鼎盛期城市主动转型的先行者之一。《济宁市人民政府 2007 年政府工作报告》中提出,要抓好主导产业培植工作,紧扣煤炭精深加工、机械制造产业链拉长的年度目标,年内争取规划定点为国家级煤化工基地,力争在煤化工、机械制造、生物医药、纺织新材料等领域突破一批共性、关键和核心技术。

在此期间,济宁市还确立了工程机械、生物技术、医药食品、纺织服装、电子信息等优势产业的主导地位,加紧传统产业的改造升级,加紧培育壮大高新技术示范企业群体。

(2) 第二阶段(2010 年至今)

2010 年,济宁市在全省率先出台《新能源产业发展规划》,深度调整结构,培植产业竞争新优势,制造业增加值开始超过了煤电产业。2011 年,济宁高新区晋升为国家高新区,在高新技术产业领域,以新能源为代表的战略性新兴产业形成集聚效应,建成 5 个国家级产业基地。2012 年,开始扭转煤电产业居主导地位的格局,大力发展非煤优势主导产业,制造业增加值占规模以上工业的比重上升到 56%。2013—2014 年,推进工业强市战略,解决重点企业困难问题,规模以上工业企业新增 475 家、达到 1 950 家。2015—2016 年,实施百千亿产业培植工程,惠普、中兴、甲骨文等一批 IT 产业大项目集群式落户。2017 年境内外上市企业 4 家、挂牌企业 75 家,新增规上服务业企业 275 家。2018 年兖矿集团首次上榜世界 500 强,"四新"经济快速成长。新增"四新"经济企业 3 469 家。2019 年煤炭产业非煤收入占比达到 72%,新兴产业加速成长,新一代信息技术制造业产值 120 亿元,创新能力持续增强,新增高新技术企业 103 家。

（三）济宁市产业转型取得的成效

1. 煤炭产业、三次产业结构不断优化

（1）煤炭产业结构调整

济宁市煤炭产业结构调整包括淘汰落后产能、化解煤炭过剩产能、实行煤炭清洁化利用、发展煤炭深加工等。"十二五"期间,济宁市关闭煤矿 15 处,关停城区周边小火电机组 7 个,压减煤炭产能 2 739 万 t;通过采取污染物深度脱除技术,将燃煤发电厂污染物排放控制在燃气机组的排放水平;2016 年 9 月,济宁市主城区取缔了散煤销售点,禁止燃烧散煤,2016 年 12 月底,完成了济宁主城区、所有县（市、区）城区的高污染燃料禁燃,禁燃区面积达到城市建成区面积 80% 以上,同时,在农村推广使用新型节能环保炉具和洁净型煤,有条件的地区鼓励使用电、气等清洁能源;济宁市以精细化、深度化、高端化为方向,重点延伸煤焦化、煤气化、煤液化产业链,实现年转化本地煤炭 2 000 万 t、年生产焦炭 1 000 万 t、年焦油加工 100 万 t。

"十三五"时期,是济宁经济社会加速转型的 5 年。面对错综复杂的国际形势、艰巨繁重的改革发展稳定任务,全市上下在省委、省政府和市委的坚强领导下,坚持以习近平新时代中国特色社会主义思想为指导,全面落实党的十九大和十九届二中、三中、四中、五中全会精神,坚持稳中求进工作总基调,坚持新发展理念,在主动转型中蓄能增势,在攻坚克难中砥砺前行,"十三五"规划圆满收官,全面建成小康社会胜利在望,高质量发展跃上新台阶。全力打赢蓝天、碧水、净土三大保卫战,出台 27 个治污导则,建设市、县、乡三级智慧环保平台,狠抓"十条工作线"落实,强力推进"四减四增",压减煤炭消费 430 万 t,PM$_{2.5}$、PM$_{10}$ 浓度分别比 2015 年改善 37.8%、43.3%。山能、华能带头响应,全市关停煤电机组 28 台。国控省控断面水质全部达标,入选淮河流域水生态保护"十四五"规划编制试点,南四湖生态保护和高质量发展上升为省级战略。治理采煤塌陷地 16.7 万亩,中央和省环保督察及"回头看"反馈问题全部按时整改到位,获评国家森林城市、全国绿化模范市,微山县荣获中国生态文明奖。

（2）一、二、三产业的比重变化

2021 年济宁市全市生产总值为 5 070.0 亿元、同比增长 8.5%,两年平均增长 6.0%。其中:第一产业产值为 583.8 亿元、增长 7.6%,两年平均增长 4.9%;第二产业产值为 2 034.6亿元、增长 8.2%,两年平均增长 5.9%;第三产业产值为 2 451.6 亿元、增长 8.8%,

两年平均增长 6.3%。分行业看,农林牧渔业产值为 627.8 亿元、增长 7.7%,工业产值为 1 743.4 亿元、增长 8.8%,批发和零售业产值为 774.1 亿元、增长 14.4%,交通运输、仓储和邮政业产值为 189.7 亿元、增长 9.1%,住宿餐饮业产值为 85.6 亿元、增长 16.6%,金融业产值为 263.4 亿元、增长 5.0%,房地产业产值为 218.5 亿元、增长 7.5%,其他服务业产值为 869.9 亿元、增长 5.0%。三次产业结构由 2020 年的 11.80∶38.20∶50.00 调整为 11.50∶40.10∶48.40。人均生产总值达 60 728 元,增长 8.6%。图 6-8 给出了济宁市 2013—2021 年地区生产总值中三次产业结构的比例。

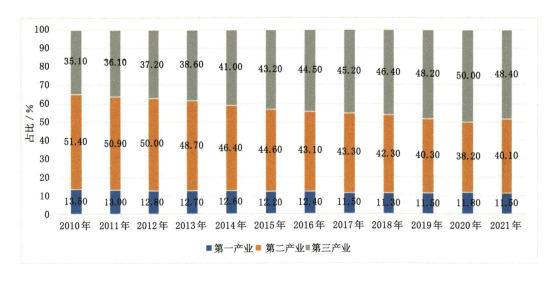

图 6-8　济宁市 2010—2021 年地区生产总值中三次产业结构的比例

2. 新产业新业态不断涌现

一是机械制造产业。借助大型公司,如山推工程机械股份有限公司,尝试进行一些重卡、挖掘机之类的产品,改革产品形式,扩大产品规模,创新产品样式,将资金用于技术变革,使整个产业能够得到良性发展。

二是生物技术产业。把本省或者本市内的一些大型企业作为自身发展的依托和方向,比如雪花、百盛等,将自身的科技专利转变成产品,增强项目的合作性,增大力度加快速度,主要集中在生物领域开发如葡萄糖酸钠、氨基酸等以材料和新能源为主的生物制品。

三是纺织服装产业。依托樱花、如意等公司,借助他们的发展模式,立足于自身充足的资源,创新面料的生产加工技术,提高布料印染质量,并对布料进行深加工。

四是信息技术产业。2015 年,济宁市实施了信息技术产业基地计划,以惠普、中兴通讯、甲骨文等知名企业为依托,围绕大数据产业、智慧城市、软件产业等打造信息技术产业基地,建设济宁市千亿产业"硅谷"。

五是高新技术改造传统产业。高新技术企业通过进一步优化合成工艺,降低生产成本,提高产品的质量;关联煤矿的高新技术企业通过信息平台的建设,实现矿井安全信息的上传、数据查阅及管理；高新技术应用于工业"三废"的回收与再处理的设计与制作，减少对环境的污染，降低生产成本。

3. 第三产业比重增加

通过改革企业形式、增大企业规模、拓宽产品市场等方式，增强第三产业对于经济发展的作用。"十二五"期间济宁市新增 296 家规模以上服务业企业，增量居全省首位，总数达到了 1 407 家，服务业生产明显改善。全市规模以上服务业实现营业收入 340.0 亿元、增长 9.2%，十大行业门类中 7 个实现增长，其中信息传输、软件和信息技术服务业增长 8.3%，租赁和商务服务业增长 23.5%，水利、环境和公共设施管理业增长 70.8%，合计拉动全市服务业增长 6.9 个百分点。经过不懈努力，济宁相继建设了金宇装饰城、薛口建材市场、贵和购物中心、银座购物中心、运河城、万达、世通物流等 20 多家大型商贸物流企业。

4. 非煤产业竞争力不断提升

"十二五"期间，济宁市累计新增规模以上工业企业 1 220 家、达到 2 631 家。高新技术产业产值累计完成 6 166 亿元、占比提高 9 个百分点。9 家企业销售收入过百亿元，4 家企业进入中国企业 500 强。信息产业实现主营业务收入 480 亿元、同比增长 50%，惠普、中兴、甲骨文等一批 IT 产业大项目集群式落户。粮食生产实现"十二连增"，新增新型经营主体 1.5 万户。全国小型农田水利重点县实现全覆盖。粮食高产创建经验在全国推广。聚焦打赢"十三五"和全年收官战，迅速启动"十大攻坚行动"，一个山头一个山头地攻，坚决把疫情耽误的时间抢回来，20 个省重大、41 个省优选项目分别完成年度投资计划的 160.7%、134.5%，87 个新旧动能转换项目竣工投产；进出口总额、实际利用外资分别增长 18.3%、80%；GDP、一般公共预算收入分别增长 3.6%、1.7%；综合防灾减灾救灾体系全面加强，生产安全事故起数比"十二五"时期下降 90%。

济宁市一直把品牌带动战略作为转方式调结构的关键举措，持续加大政策扶持力度，培育形成了一批品牌标杆，涌现出以山推股份、太阳纸业、如意科技、辰欣药业等为代表的品牌企业。截至 2015 年年底，全市共有 7 个中国名牌产品、201 个山东名牌产品、44 个山东服务名牌，拥有 42 件中国驰名商标、151 件山东省著名商标、86 件国家地理标志商标；金乡大蒜、梁山专用车、微山渔湖产品等区域品牌和好品济宁、文化济宁等公共品牌影响力持续扩大。

5. 煤炭产业非煤产业科技创新能力不断提升

近年来，济宁市及各县（市、区）不断增加科技投入力度。"十二五"期间，全市承担国家、省的计划项目数量和资金补助大幅度增长。2011—2015 年，全市完成省级以上科技项目 700 多项，取得重要科技成果 1 200 余项。"十二五"期间，煤炭行业累计投入科研经费 115 亿元，承担"863""973"等国家重点计划课题 20 余项，获得省部级以上科技成果奖 278 项。2015 年，济宁市在研省级以上科技计划项目共 150 项，通过申请与实施这些项目，争取了中央和省资金共 1.26 亿元。济宁国家惠普软件产业国际创新园于 2015 年被认定为国家国际科技合作基地，济宁高新技术创业服务中心于 2015 年荣获国家科技创业孵化链条建设示范单位，邹城省级食用菌农业科技园于 2015 年年底由科技部批准晋升为国家级农业科技园区。2015 年,济宁市取得重要科研成果共 248 项,获得国家科学技术进步奖 3 项、省科学技术进步奖 5 项。全年申请专利共 8 699 项,其中发明专利 2 005 项。新认定的国家级高新技术企业有 66 家、总数达到了 277 家,新增的科技企业孵化器面积有 20.6 万 m^2、总量达到了 160 万 m^2。2015 年,规模以上的高新技术产业产值达到了 1 562.92 亿元,同比增长 12.4%,占工业总产值的比重为 28.87%,同比增长 2.6%。2015 年,新建 6 家院士工作站、总数增至 55 家。

济宁市着力建设高能级科创平台,充分发挥济宁高新区引领作用,实体化运作"创新谷",持续放大市产业研究院等平台作用,组建国家大学科技园联盟济宁分中心,启动"十城百校"科技合作计划,新建孵化空间 3 万 m^2。推动大院大所在济宁建设产业基地、科创园区,重点培育 8 个重大牵动性平台、20 家高水平新型研发机构,每个县(市、区)至少引进 3 家与济宁市产业紧密结合的科研院所,新增省级以上平台 60 家以上。以"231"产业集群"链主"企业为主体,构建"1＋N"协同创新体系,率先在高端装备、高端化工两个领域突破,三年实现全覆盖。着力培育高质量创新企业。实施高新技术企业倍增计划,构建"种子高企—准高企—高企"梯次培育体系,打造 10 家高企培育示范基地,将高企招引纳入招商引资考核,每个县(市、区)引进 5 家以上,新增高企 400 家、总量达到 1 300 家以上。鼓励龙头企业牵头组建创新联合体,支持中小微企业开展协同创新,对研发投入强度 3% 以上的企业重点支持,企业自建研发机构达到 1 000 家,有研发活动的规模以上工业企业占比达到 50% 以上,5 个以上产品入选全省首台(套)技术装备和关键核心零部件。着力吸引高层次创新人才。成立市科技、人才招引指挥部,制定突破性人才政策,完善顶尖人才"一事一议"机制,实施重点企业引才"配额制"、科研项目"人才优先制"、科研经费"包干制",精心打造"赢在济宁"创业大赛和人才发展大会"一赛一会"引才品牌,年内新增省级以上重点人才 10 人,引进培育产业领军人才、海外高层次人才 200 人以上。实施高层次人才服务标准化提升行动,打造青年和人才友好型城市。鼓励异地济宁籍人才、企业家回乡就业创业,吸引天下英才汇聚东方圣城、共创美好未来。着力构建高磁场创新生态。出台科技支撑产业发展政策措施,基础研究投入增长 10% 以上。完善"全球揭榜"攻关模式,推行技术总师负责制,发布 10 个以上重大技术方向,突破 50 项关键技术。加快建设 14 家省级中试基地,打造 5 家市级科技成果转化示范基地。强化科技金融保障,开展科技银企对接活动 20 场以上。打造"两图谱三平台"升级版,高标准办好院士济宁行活动,开展 12 场专题产学研对接,实现攀登企业高层次产学研合作全覆盖。加强知识产权保护,争创国家(济宁)知识产权保护中心。每年评选"十强研发企业""十大创新成果""十佳科创人才",让创新在全社会蔚然成风。

(四) 济宁市产业转型过程中面临的问题

1. 煤炭产业非煤产业创新能力较弱,产业空间布局分散

济宁具有较强的煤炭产品、工业产品加工能力,科技投入力度不断增加,取得的科技成果也不断增多,但技术创新、产品开发、管理能力与市场开拓能力这 4 个方面与国家的相关要求、与其他地区相比依然较弱,济宁市绝大多数企业科学技术开发能力薄弱,特别是产业核心技术仍依靠国外,企业尚未成为技术创新的主体。

从布局上看,产业分布比较散乱,集聚效应没有得到充分发挥。这种布局不利于提高中小企业的生存和发展能力,也会增加新企业创建时人员组建、技能寻求等方面的成本。分散布局不利于形成人才、信息以及企业和科研机构之间的协同作用和推动区域经济、社会和文化发展的动力作用。所以,分散布局成为阻碍济宁产业转型发展的又一限制因素。

2. 企业之间合作较少,非煤产业内部竞争过度

济宁市煤炭产业中多为兼并重组后的大集团,如兖矿集团、济矿民生、碳素集团等,煤炭产业内企业合作共识度较高,而非煤的其他优势产业多为中小企业,并且大中小企业规模结构不合理,大型企业大而不强的居多,产业带动作用不大,小型企业大都小而不专,互相之间协作能力差。企业之间的专业化协作水平低,同类大企业之间以及它们与本地其他企业之间的合作甚少,对中小企业有意识地带动作用甚微,没有形成完整的产业链,产业内各企业同构现象十分严重,不同县(市、区)之间也存在较为严重的产业同构现象,缺乏分工和协作的企业之间会形成这样的一种结果,即同行业企业之间是"冤家",企业易陷入过度竞争状态。据调查,济宁及各县(市、区)的产业结构相似系数在55%以上,而济宁企业与本地同行无任何联系的占40%。

3. 煤炭产业非煤产业产学研合作机制不健全

体制不规范,政策体系不完善,国家优惠政策难兑现,煤炭产业、机械制造、医药产业中,国有企业和集体企业仍占有一定比例,企业负担较重,人员安置就业困难,且仍然存在着铺摊子、比数量、地区分割等封闭保守的思想和做法,妨碍了产业升级和区域间专业分工的发展。济宁市重点产业应该是科技含量较高的产业,例如医药产业、机械产业、纺织等,均是需要科技支撑创新发展的,这类产业的竞争优势应该主要来源于科技创新,而产学研机构的支持与合作则是创新的主要来源。目前,济宁部分产业已经加大了产学研的投资力度,加大了科研的经费投入,但研发成果较少,科技转化能力不强,效果不是很明显。另外,企业与地方高等专业院校之间的合作不够紧密,高等教育和职业教育与产业发展的现实需求不相适应。所以,建立有效的产学研机制,使其与企业接轨、促进科技成果转化,成为济宁市各产业发展的当务之急。

4. 非煤产业龙头企业数量偏少、品牌优势不突出

济宁市非煤产业中龙头企业的培育和品牌建设仍存在明显的短板和薄弱环节。济宁市大中小企业规模结构不合理,大型企业大而不强的居多,产业带动作用不大,小型企业大都小而不专。济宁市大多数产业缺乏龙头企业的带动,全市除了医药、工程机械两大产业外,其他产业都缺乏能够支撑全局的龙头企业。有影响力的大型企业较少,不利于各产业的发展。

截至2015年,全市有2.1万件有效注册商标(全省51.2万件),占山东省4.1%;35件马德里国际注册商标(全省1 666件),占2.1%;3家中华老字号(全省66家),占4.5%;拥有的省名牌产品比潍坊市少472个,并且多数品牌企业集中在传统制造业,新兴产业和服务业品牌非常少。企业品牌意识薄弱,品牌培育机制、品牌竞争的市场环境、宣传推介等方面也有较大差距。济宁市中小企业占70%以上,主要工业产品达到国际知名水平的企业仅占3%,企业主要产品的知名度不高,区域品牌优势不明显,影响了产业扩张速度和竞争力提升。

二、济宁市绿色转型的动因分析

济宁市煤炭经济区的煤炭产业虽然是地区的主导产业,产业带动作用明显,但是随着煤炭工业的调整与经济新常态的提出,煤炭产业系统自身面临可持续发展的困境,对外与地区经济发展匹配度也越来越差。面对内忧外患的情况,我们需要深度厘清济宁市煤炭产业转型的动因,将煤炭产业发展的外部困境表现内因化,探索困境产生原因,从而为转型措施的选择做出正确的判断。

（一）煤炭产业转型的内部动因

1. 煤炭产业链短小,有待拉伸延长

长期以来,煤炭行业一直是济宁市的重要支柱,虽然区域内资源型产品众多,但是并没有得到充分重视。地区经济发展过分依赖煤炭采掘业和煤矿生产,长期片面追求高产量,过度开采,低利用率使煤炭深加工程度低、拉长产业链条的优势不明显。近十年来,济宁经济区内原煤产量均保持年产 5 000 t 以上,其中 30% 用于经济区内居民生活、工业生产和自有电厂发电,70% 以上的煤炭输出到省外,特别是南方地区。济宁市的煤炭产业停留在初级加工的阶段,煤炭产品附加值低,现有矿产资源优势没有获得充分的开发,形成经济优势,在面临煤炭市场产销过剩的困境时,往往自身难保。在现有煤矿全部投产并继续扩大生产的情况下,大部分矿井将面临资源枯竭,产量、效益急剧下滑的困境,济宁市将由煤炭输出地沦为煤炭进口地。如果不能及早挖掘替代产业,合理利用迅速递减的煤炭资源尽快实现经济转型,济宁市经济区域将不可避免地陷入煤竭矿衰、矿竭城衰的困境。

煤炭产业作为济宁市地区经济发展支柱产业,基本属于传统产业,生产具有不可分性,对高新技术产业带动能力差,产业结构单一。近年来,济宁市发展了煤化工、电解铝等产业。归根到底,这些产业仍然是煤炭产业这一生产链条上的附属品,相对单一的煤炭工业链条抗击市场冲击的能力弱,市场回旋余地小,地区经济发展受市场和价格波动影响大。过度强调上游延伸产业的发展,使济宁市忽视了周边地区的其他丰富资源。例如:区域内已经形成的高科技产业、物流产业、文化旅游产业等多条产业链条未受到充分的重视,煤炭产业链延伸方向单一,产业发展缺乏规模效应。

2. 产业模块分散,重复建设突出

济宁市的产业链延伸主要停留在上游阶段,以煤炭资源的开采、洗选、冶炼及初级生产加工为主,所生产的产品科技含量低,市场需求弹性小。煤炭产业在济宁市作为一级优势产业,随着煤炭资源逐渐枯竭即将丧失主导产业地位。在产业生命周期更替阶段失去具有竞争力的主导产业会导致地区经济发展"断档",进而影响经济社会的健康发展。近年来,为规避传统煤炭产业衰退带来的危险,实现地区煤炭产业的综合可持续发展,济宁市发展了煤化工、电解铝、轻纺、机电装备制造等产业,并在煤炭基地上建设煤化工,在产业链扩张规划上向焦炭、醋酸、煤基合成氨(化肥行业)、PVC、煤制甲醇等多种传统煤化工行业进军,大力投产矸石烧砖、物流产业链、能源化工等项目,以期缓解煤炭工业的困境。

这些产业生产的产品缺少精细化的加工,科技含量低,属于中低档初级产品,并且仍然以煤炭作为原始资源,没有摆脱对煤的依赖。在布局这些产业时,政府部门自身通常抱有急于求成的心理,力求短时间内快速引进建成并能够产生最大化的产出,缺乏科学的规划。现有的产业是一个个的"分散体",相互之间并没有较强的关联,从而很难形成集群效应。

自"十一五"以来,各主要煤炭工业区纷纷将煤化工项目作为煤炭衍生产业进行重点培养,甚至出现"遇煤即化"的行业现象。从整个煤炭工业的角度来看,不仅是煤炭产业产能过剩,传统煤化工产业也出现了同样的情况,产能过剩比率高达30%。由于受到技术条件的限制,我国煤炭在工业产业链中的转换效率并不高,重复建设的煤化工项目并没有大幅提高济宁市的经济利润,使其走出煤炭资源枯竭的困境。相反,由于传统的煤化工项目建设周期长、投资资金巨大、耗水量巨大及对技术和工程管理水平要求比较高,济宁市正承受着巨大的市场风险和经济代价。盲目新建导致产业模块之间如同散沙,缺乏黏合。重复建设使现有的煤化工项目难以深挖原有煤资源的利用价值,新的产品不但无法开拓新的市场,而且会成为济宁市新的经济包袱。

3. 产业动力缺乏,生产陷入不良循环

济宁市煤炭产业动力面临两个问题,使其生产陷入不良循环:对内,经济区内煤炭资源储量已经有枯竭的势头;对外,全国煤炭工业"去产能""去库存"呼声高涨,然而,济宁市的煤炭产量却仍保持较高的增长速度,越稀缺,越要求降产,越生产,济宁市煤炭产业陷入不良循环。

济宁市煤炭储量约为260亿t,含煤地层均在10 m左右,煤炭品种以肥煤和气肥煤为主,质地优良,具有低灰、高热能的特点,是冶炼和化工原料的首选。近年来,由于片面追求经济效益的增长,人为降低煤炭行业进入门槛,导致新建矿井陆续投产,加之缺乏合理规划,长期的高强度过度开采使煤矿后备储蓄能力急剧下降。以年产值最大的鲍店煤矿为例,建成投产时,该矿原设计年产量为300万t,但从2010年开始年产量均超过600万t,超产120%,原煤回采率仅为70%。这样大规模、超强度的开采现象在济宁市的煤矿中普遍存在。长此以往,优质的煤炭资源面临枯竭。随着经济"新常态"的提出,经济结构不断调整,煤炭行业作为继钢铁行业之后的第二大产能过剩行业,煤炭市场供需矛盾格外突出,去产能化倾向日益明显。

济宁市现有的煤炭企业大都是大型国有企业,这些国有企业长期以来承担着沉重的地方税赋以及银行贷款等资金压力。计划经济以来,企业内部形成沉重的社会保障、退休职工养老、职工转岗分流等负担。煤炭工业是资金密集型、劳动力密集型行业,即使利润微薄,济宁市的煤矿也会继续生产,以保持地区经济支柱的主导地位,保证煤炭产业资金链不断裂,国有企业不至于破产清算。因此,济宁市煤炭产业陷入生产怪圈,产能不去反升,资源不足却高产。

从产业生命周期的角度来看,济宁市的煤炭采掘业早已过了扩张的阶段,煤炭产业进入成熟转型时期。随着煤炭资源的耗竭,后续开发难度系数提高,按照现有的超强度开采模式,生产成本将会大幅上升,若不及时转型,煤炭产业将会失去动力,煤炭企业生存空间急剧萎缩。因此,要实现济宁市煤炭经济区产业成功转型,需要结合煤炭产业发展的生命周期特点。

（二）煤炭产业转型的外部动因

1. 行业自身成本制约性

济宁市煤炭产业转型是缩减生产成本的需要。当前我国煤炭市场低迷，大部分煤炭企业处于亏损经营状态。现阶段济宁市煤炭资源赋存锐减，综采生产设备作为长期固定资产投入，短时间内难以调整技术，导致煤炭生产成本不断增加，而济宁市持续新建的煤化工项目不断投产，这些都需要本部资金的大力支撑，使得济宁市煤炭产业生产成本居高不下。煤矿继续开采生产，不仅意味着显性的生产成本增加，还会产生隐性成本。济宁市一直以来都是省内的税费大户，尽管煤炭资源税率已经有所下调，但下调幅度远远不及煤炭价格下滑的速度。针对煤炭征收的税费中还存在个别税种重复征收的现象，这就导致只要煤矿运营，就要继续缴纳环境治理保证金、耕地占用税、塌陷地补偿费等诸多繁杂税种。此外，济宁市还面临沉重的社会成本，经济区内现有的所属煤矿行政区划的学校、医院、物业以及离退休人员、政策内清退员工补偿、伤残职工保障、职工养老等问题使济宁市煤炭产业面临高昂的生产成本。

2. 可持续发展环境压力

近年来，全国多数地区频繁出现雾霾天气，这与取暖燃煤、汽车尾气、工业废气污染等密切相关。国家能源局、发改委、工业部等纷纷出台环保措施，倡导工业节能减排，提高工业废弃物综合利用率。对高能耗的大型煤炭行业来讲，未来将面临复杂的低碳减排压力。济宁市每天产生超过16万t左右矿井水、生产及生活废水，年均二氧化硫排放量10 000 t以上，工业用水重复率常年低于国家平均水平。在国家环保政策压力下，济宁市近几年虽然积极节能减排，加大科技创新投入，对煤矸石和煤泥进行氨法脱硫，制造工业化肥原料和发电，利用粉煤灰井下注浆防止采空区塌陷，采取诸多积极措施再利用煤炭采掘产生的废物、废水和废渣等，但是由于煤炭产业具有资源型产业的特殊性，加之区域内开采历史由来已久，压煤严重，传统的高污染开采模式已经在一定程度上对地区生态环境造成了严重的破坏。截至2014年，济宁市积压的煤矸石山超过20余座，地表塌陷区超过45万亩。大量的塌陷坑和矸石山破坏地表植被，影响了生态景观，大面积吞噬当地农耕土地，造成生态恢复难度系数越来越大。散煤粗放燃烧，煤炭运输产生的煤尘飞扬，使区域内空气污染较重，全年空气质量良好天数稀少。一方面是地区生态环境的恢复工作，另一方面是绿色科学发展的高要求，济宁市煤炭产业实现人与自然的协调发展任重而道远。

经济"新常态"政策强调改变粗放型的经济增长方式，放慢发展步伐，优化产业结构，实现经济绿色共享的发展。国家能源发展"十三五"规划中着重强调控制煤炭消费，提高传统化石能源利用率，严格控制能源消费总量与结构。济宁市煤炭产业技术水平总体偏低，创新需求不足，煤炭综合回采率与利用率还有较大的空间。作为重型工业基地，转变产业发展方式需要从源头着手，煤矿机电装备、综采机井、巷道缆车等大型生产设施的创新再利用是难点。如果不能及时做好转型规划，将会产生资源的双重浪费。

3. 人才流失现象突出

虽然济宁市内人口稠密，拥有丰富的劳动力资源，但是人才匮乏。由于济宁市的经济一直以煤炭为主，区域内的人才大都集中于煤炭行业，劳动技能单一。当他们处于产业转轨期时，既不熟悉又不了解除煤炭行业之外的其他新兴领域产品行业，更没有能力适应转轨后的新兴产业，加上现有劳动力主体观念转变困难，再就业能力有限，难以适应转型后的竞争氛围。因此,大量的采掘工人选择从事其他体力劳动或外出谋生,生产技术工人的流失对于煤炭产业来说是一种损失。近年来经济区内产业结构有所变动,煤炭国内产能过剩,煤炭市场不景气,煤炭地位有所下降,煤炭产业从业人员面临"下岗潮"。面对经济萧条的情况,大量蓝领工人选择另谋出路,高层技术管理人员也大量流失,济宁市煤炭经济区人才资源后备力量不足。

(三)煤炭产业转型的内在优势

1. 区域位置优势

济宁市所在地交通便利,铁路、公路、航空、内河纵横交错,形成立体交通运输网络。煤炭经济区内拥有日兰高速、京九铁路、京沪高铁等多条陆路干线,京杭运河贯穿辖区,连接日照港和青岛港,曲阜机场也已开通多条航线,经济区内拥有完善的煤炭专用铁路网。目前,济宁市已发展成为鲁西南地区为数不多的大宗货物商品集散中心,便利而又完善的交通网络对拉动济宁市经济发展和产业转型提供了良好的外部环境和发展机遇。

2. 文化资源优势

济宁市具有深厚的历史文化底蕴,文化旅游资源丰富,种类繁多,各具特色。如周边枣庄市的红色旅游、山川旅游、农业旅游在国内具有较高的知名度,以曲阜的儒家文化、泰安的泰山景观、梁山的水浒影视城、微山湖地区的湿地文化等为基础的旅游业具有较强的聚集效应和规模效应,已成为旅游产业发展的聚集地。每年举办的"孔子文化节"也为济宁市向外界展示新形象,吸收外界投资提供了机遇,为其发展工业旅游拓展了空间。第三产业对经济区产业的推动作用日益加强。文化旅游产业作为第三产业的重要支撑,也是济宁市未来发展的潜在资源。

3. 产业基础优势

济宁市发展历史悠久,是重要的能源基地和重化工基地,工业基础雄厚,煤炭生产矿区内生活配套设施齐全,通水、通电、通信设施以及相应的绿化工程自成体系,形成了比较完整的生活单元。目前,区域内煤炭产业基础完善,与煤炭相关的机电制造业、煤化工产业、轻纺工业等发展势头良好,形成一套比较完备的工业体系。文化产业、食品加工业,特别是文化旅游产业发展迅速,经济区工业旅游呈现出良好的发展态势,可以作为接续替代产业进行重点培育。

4. 人力资源优势

煤炭工业属于劳动密集型产业,济宁市众多煤矿发展历史久远,煤炭产业从业人口基数较大。受传统观念的影响,世代生活在矿区的煤矿职工子女多愿选择回矿区择业,煤矿从业人员往往是一家几代都从事煤矿或与煤炭相关的工作,"三代同矿"是最好的说明。绝大部分煤矿工人长期工作和生活在济宁市,已形成深厚的城市文化意识,且这些煤矿职工长期从事井下作业劳动,大多形成了吃苦耐劳的特点。与其放任大量蓝领技术工人和煤矿管理人员流失,不如采取有效合理的职业技能培训,就地实现人才转化。我们可以在产业转轨时期通过转型规划组织对他们进行转型技能培训,使他们以新时代煤矿工人的身份参与到其他产业当中,一方面减轻了人力资本沉淀的压力,另一方面解决了新入产业用人的问题,有利于地区经济社会的和谐稳定。

5. 技术条件优势

济宁市内拥有多个国家级高新技术科技园示范基地,发展了生物制药、轻工纺织、金融服务外包等多种战略性新兴产业,大大提高了经济区内科技成果转化的效率,为煤炭产业转型铺垫了坚实的技术基础。作为大型煤炭生产基地,济宁市在煤炭产业方面拥有一套完善的技术开发、产品设计、技术创新、技术管理体系,在煤炭、煤化工、煤制油等多个领域拥有多家大型企业。这些企业拥有多项自主知识产权,并陆续在煤炭液化、气化、甲醇制造和燃烧技术、煤制油等技术方面取得了斐然的成绩。2015年,济宁市确立了100个传统重工业项目,集中优先重点培养,优先引进高新技术产业,并积极纳入政府财政资金保障范围,为传统工业创新发展创造了良好的技术环境和氛围。

(四)国家对煤炭产业转型的政策支持

2015年,习近平总书记提出了供给侧结构性改革,提高供给质量水平,引导经济结构调整,从生产源头加强创新动力,加大对落后产能的淘汰力度。针对煤炭产业,逐步淘汰过剩产能,从长远的角度考虑,改变煤炭供给现状,减少库存。实行大型煤炭基地兼并重组的措施,加强煤炭产业集群,减少生产成本的损耗,对煤炭产业从数量和质量上进行结构优化。李克强总理在2016年全国两会上也提出,煤炭行业去产能化,化解剩余产能,对煤矿职工做好分流工作。从整个政策层面上分析,主要包括职工分流、财政税收和转型引导3个方面。济宁市的煤炭产业转型正处于政策推行时期,转型试水对济宁市来说既是机遇又是挑战。

1. 职工分流

煤炭产业转型的过程中,政府始终强调"以人为本"的主线,职工的利益始终是煤炭产业转型的重中之重。针对职工安置问题,主要采取两条线路并行的措施:一方面,在原有煤炭企业、煤炭生产基地进行内部消化,对煤矿职工进行转岗培训,鼓励职工再创业。通过减员分流、内部退养等措施合理安置矿工,保障其合法权益;另一方面,煤炭企业要不断拓展新业务,配合当地政府部门积极引入新产业,化解过剩危机,创造新的就业岗位,多方位安置富余劳动力,合理解决职工安置保障问题。

2. 财政支持

中央政府设立了工业企业结构调整专项奖补资金、失业保险补贴等专项资金,用于兼并重组的煤炭企业分层补偿、新入工业企业的财政支持以及职工再就业保障。同时,加大金融扶持力度,从银行等金融机构入手,支持不良资产的快速处置,对深化改革、积极转型的煤炭产业基地给予一定力度的金融服务与支持,适度放宽融资限额。从社会资金入手,鼓励并提倡煤炭企业参与资本运作,提高资金使用效率,开发煤炭产业自身"造血"功能,配合政府的"输血"财政支持,引导煤炭产业健康发展。

3. 转型引导

在煤炭产业转型过程中,政府积极引导企业进行结构调整和技术升级。通过制定相关政策和提供指导,鼓励煤炭企业向清洁能源、可再生能源等新兴领域转型,推动产业多元化发展。同时,政府支持企业进行技术创新,提升生产效率和环保水平,帮助企业在新市场中占据竞争优势。此外,政府还鼓励企业与科研机构、高校合作,推动技术研发和成果转化,培养专业人才,以适应产业转型的需要。通过这些引导措施,政府希望实现煤炭产业的可持续发展,促进经济结构的优化升级。

三、济宁市绿色转型路径选择与经验启示

按照熵权法评价的步骤对所建立的评价指标体系原始数据进行计算,得到济宁市各评

价指标的权重(表 6-12)和济宁市 2008—2017 年的转型发展绩效得分(图 6-9),评价结果
如下:

表 6-12　基于熵权法的各评价指标权重

一级指标	二级指标	三级指标	变异系数	权重
绿色经济	经济水平	GDP 总量	0.877 6	0.033 7
		人均 GDP	0.878 3	0.033 5
		GDP 增长率	0.893 3	0.029 4
		公共财政收入	0.872 0	0.035 2
		社会消费品零售总额	0.876 2	0.034 1
	经济结构	第三产业增加值比重	0.855 9	0.039 7
		煤炭采选业产值占工业总产值的比重	0.787 8	0.058 4
		采矿业从业人员占全部从业人员比重	0.915 6	0.023 2
绿色社会	生活水平	城镇居民家庭恩格尔系数	0.879 8	0.033 1
		农村居民家庭恩格尔系数	0.858 4	0.039 0
		建成区绿化覆盖率	0.835 2	0.045 4
	发展水平	城市每万人大学生人数	0.881 4	0.032 6
		城镇化率	0.896 6	0.028 5
		城镇登记失业率	0.794 4	0.056 6
	科教水平	R&D 经费投资占 GDP 的比重	0.913 4	0.023 8
		专利授权量	0.886 5	0.031 2
		科教支出占财政支出的比重	0.700 1	0.082 5
绿色生态	资源利用	原煤消耗量	0.931 9	0.018 7
		万元 GDP 综合能耗	0.892 0	0.029 7
		万元 GDP 用水量	0.904 6	0.026 2
	环境污染	工业烟(粉)尘排放量	0.913 8	0.023 7
		工业二氧化硫排放量	0.839 2	0.044 2
		工业废水排放量	0.787 9	0.058 4
	污染治理	生活垃圾无害化处理率	0.871 9	0.035 2
		环境保护支出占财政支出的比重	0.759 9	0.066 1
		污水处理厂集中处理率	0.928 5	0.019 7
		工业固体废弃物综合利用率	0.933 6	0.018 3

(1)济宁市绿色转型发展能力整体上呈现逐年上升趋势,并具有明显的阶段性特征。
在 2011 年之前,绿色转型发展绩效呈现出缓慢上升的趋势,并且在 2011 年出现下降的现
象,这主要是由于 2011 年济宁市的生态转型绩效出现下降,表明这一年济宁市更多地注重
于经济转型,对环境保护的投入减少。总体上来看,济宁市这 4 年间转型绩效得分增加值不
到 0.1,转型成效不明显。2011—2014 年,转型发展加速,绩效得分由 0.3 增加到了 0.5 左右。
2014—2017 年,转型发展速度增加得更为迅速,4 年内绩效得分增加了 0.28,这主要是由于

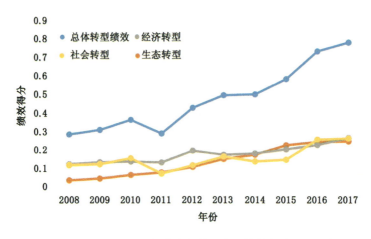

图 6-9 2008—2017 年济宁市转型发展绩效得分变化趋势

社会转型和生态转型作出了巨大贡献。这表明成熟型煤炭资源型城市转型发展有一定的调整准备期,从而为后期加速转型发展奠定基础;成熟型煤炭资源型城市转型发展非常困难,今后需要进一步加强转型思路的改变,增强转型发展绩效。这一点与济宁市区域经济的发展实际情况相吻合:以 GDP 和城镇登记失业率为例,济宁市的 GDP 由 2008 年的 2 122.16 亿元,增加到了 2017 年的 4 650.57 亿元,增加了 119.14%;人均 GDP 则由 26 721 元增加到 55 595 元,增加了 108.06%;城镇登记失业率由 3.9%下降到 3.1%。济宁市的绿色转型发展取得了较大成效。

(2)绿色转型发展内部差异不大。绩效增幅最大的是经济转型,10 年间增加了 0.210 8;其次是生态转型绩效,增加了 0.143 7;社会转型绩效增幅最小,为 0.141 7。整体来看,各转型发展内部相差不大,特别是社会转型和生态转型发展取得的成效几乎相同。

(3)造成各评价目标层得分变化的因素差异显著。变化最为显著的生态转型绩效,在 2012 年以前得分一直较低,这主要是由于政府当时处于探索发展转型的早期,更多地关注经济转型,特别是 GDP 快速增长,导致前期的发展多投入到经济发展方面,缺乏对生态保护的投入。2013 年以后,随着资源型城市名单的公布,社会对转型内涵的认知更为深刻,生态转型成为资源型城市转型发展的重要内容。同时,转变城市职能、营造良好的居住和创业环境也是实现经济转型的重要基础,资源型城市地方政府加大了对城区环境的改造力度。此外,为了促进第一产业和旅游业的发展,加大了对采煤塌陷区的治理投入和奖励力度,从而激发了各个主体对采煤塌陷地的治理热情。

资源型城市在不同的发展阶段采取的发展模式不同,各项具体措施也不同。从资源开发利用现状来看,目前济宁市煤炭生产仍属于快速发展阶段,但随着煤炭资源的不断减少,增长速度在放慢,预计 2040 年以后,大部分煤矿将逐渐关闭,到 2050 年,煤炭资源将面临枯竭,开采活动将基本终结。同时从工业增加值来看,煤炭行业的增长速度也在放慢。

由此可见,济宁市的煤炭生产正处于高产稳产的鼎盛时期,但煤炭储量不断减少,产量的上升空间已不大。因此,济宁市正处于资源型城市发展的壮年期,这个时期是资源型城市进行产业转型、提升可持续发展的关键时期,产业模式的构建思路如下:

(1)资源产业的深加工。依托济宁市丰富的煤炭资源,发展后向加工产业,延伸产业链条,建立资源深度加工和利用的产业群,创造新的增长点,为发展接续产业完成资金积累,最终形成煤气化、煤焦化和煤液化 3 条产业链。煤气化产业链以精煤为原料,以兖州矿务局国宏化工有限责任公司为龙头企业,生产甲醇、乙烯等产品;煤焦化产业链则以高硫煤为原料,通过炼焦及焦油分离,生产焦炭、焦油、粗苯等深加工产品,主要依托兖州矿务局国际焦化有限公司进行生产;煤液化产业链可以利用水煤浆或煤干粉为原料生产汽油、煤油等燃料品。这些产业又可以互为配套、不断加粗拉长产业链,如甲醇又可以生产二甲醚、烯烃等产品。通过煤炭产业的深加工,扩大其竞争优势,为接续产业的发展赢得时间和积累资本,形成"以强济弱、以大带小"的产业发展格局。

（2）接续产业的培育。济宁市政府应积极利用煤炭资源开发所积累的资金、技术和人才,或借助外部力量,建立基本不依赖原有资源的全新产业群。以竞争优势较强的机械制造业为例,政府应积极规划、引导、扶持该产业的发展,可以依托小松山推、小松叉车等大型龙头企业,发展为之配套的众多中小企业,通过这种产业链的不断延伸,构建一个巨大的网络体系,形成极具竞争力的机械制造业集聚区,最终替代资源型产业,成为济宁市的支柱性产业。同时,适时发展高新技术产业,着重培育有发展潜力的生物医药制造业,如依托山东鲁抗集团发展抗生素药品,实现产业结构的升级,提升产业结构的整体水平。同时,完善医药辅料、制药机械、医药包装、药品销售和配送等配套环节的产业链条,并且逐渐与医疗器械、医疗服务、医学与药学科研相衔接。

（一）大力发展接续产业

1. 做优做精第一产业

按照"生态、安全、优质、集约、高效"的农业发展方向,着力培育和壮大具有地方特色的优质粮油、蔬菜、畜牧和林木花卉四大产业体系,改造提升传统农业,依托产业基础,规划和建设一批高标准的农副产品基地,培育、引进优质新品种,提升种养规模和档次,不断加快传统农业向现代农业的转变。在粮油生产方面,按照稳定面积、提高质量的原则,发展粮食产业;在蔬菜生产方面,实施"菜篮子"工程和都市农业,发展绿色蔬菜、有机蔬菜,推动蔬菜专业合作组织和基地的发展,并实现农超对接;在畜牧方面,以生猪、肉牛、山羊等养殖和加工为重点,建立公共卫生、产品质量、生态环境三大现代畜牧产业体系;在林木花卉方面,以林木建设和花卉栽培为重点,提高林木花卉业的比重。

一是树立典型做好引导。在某一地区进行现代农业试点成功后,将这个农业产品作为典型,进行宣传引导,辐射周边乡镇、村庄,以此来吸引更多人的关注和了解,带动周围其他相同或者同类产业的发展,在农村形成产品规模化,使得辐射区域大幅度增加,产业链和产业带也得到良好发展。

二是改革与建设基地发展。以自身需求为基础,立足自身发展情况,因地制宜,借助自身的产业,在此基础上,提高标准,建设更好的产品基地,如国家、省、市各级农业科技示范园区,增大规模,提高层次。健全产品质量检查机制,对生产出的产品进行严格检测,确保投向市场的产品全部为无公害食品,真正创建绿色食品基地。

三是增强龙头企业的领头羊作用。在政府政策上,要鼓励个人资产或者外部资产进入本地区进行投资,从而使产品得以深加工,增强龙头企业的辐射作用。促进龙头企业与农村合作社或基地的合作,紧密领头羊与农村之间的纽带,增强联系,从而加大订单量,从源头上进行绿色发展。

　　四是落实政策,推动调整。采取多种优惠政策,减少农产品各项税收,适当增加补贴力度,对农户大型机器的购置采用优惠政策。建立健全济宁市土地承包责任制,使农民能够放心地生产、生活、经营。

2. 做大做强第二产业

　　煤炭产业在第二产业中是济宁的重中之重,所以,必须将整个产业链进行扩大和延伸,对产品进行加工再加工深加工,发展创新型产业,从而真正地实现资源优势。由于煤炭资源是有限的,不论储量有多大,最终会被开采完毕,这也造成这一类型的城市不可能一直依托矿产资源的开采进行自身发展。所以,依靠煤炭资源发展起来的城市,要未雨绸缪,发展到一定阶段以后,必须将城市产业转型提上日程,适时进行结构调整,提前做好规划部署,将资源做到最大化利用,对产业链进行适度延伸,以保证城市的良好发展。有良好的产业结构以后,济宁将不必完全依赖煤炭资源的开采,其他的产品加工业也可以保证城市的高速发展。

　　未经加工的原煤价值很低,而将原煤加工成焦炭后,其价值会有很大的提升,若将其提取成焦油,其价值又会几十倍地增长,将其制成药品以后,其价值又会有一个质的飞跃。对煤炭进行深加工,要以气化、间接液化和焦化的方向为主,借助国家的优惠政策,扩大企业规模,加大合作力度,并且带动其他相关产品的发展,达到利益最大化。在兖州黄屯镇、邹城北宿镇以及任城区、嘉祥县、汶上县等地集中规划布局煤化工产业区,加快煤炭深加工项目建设。

　　在此基础上,重点发展电力产业,使得煤炭电力实现一体化,从最初的输送煤炭转换成输送电力,完善电网传输系统,尽快解决"窝电"问题。建成重要的煤电化生产基地,形成煤—焦—化、煤—电—化、煤—电—特钢、煤—建材等产业链条,使得煤炭由原来的单一资源变成综合性的优势,继而转换成更大的经济收入。为此,应制定鼓励政策,引导社会资金和煤炭企业投资发展煤炭深加工,鼓励和支持发展具有自主知识产权、规模大、效益好的煤电化工项目,拉长煤炭产业链条,实现煤炭产业的良性循环。要注重高新技术和规模效益,防止低水平的重复建设。

　　做大做强第二产业的同时还要控制超能力过度开采,减缓产业转型压力。

　　为防止资源被过度开采,可以调整产业结构,进行产业转型,发展第二产业先进制造业和第三产业,这样煤炭产业的比例相应会减小。同时也可以通过放慢开采速度,增加使用年限,延长使用周期的方法,在很大程度上减小压力,完成城市的转型。所以,在开采过程中必须始终坚持可持续发展的原则,合理制定开采计划,转变又快又好的发展模式,树立又好又快的发展理念。首先要积极争取省政府及省直有关部门的支持,在一定期间,原则上不开采新的矿井,对已经发现的煤炭资源进行保护和规划,用于以后的发展;然后是适当地调整现在的开采速度,防止进行超速开采,超出矿井的承受能力,对于新建的矿井,在建造上必须遵循国家的标准,不允许私自增加开采量;最后是对于矿井进行充分的开采,对于不符合国家规定的、进行盲目不合理开采的,在征得相关管理部门同意之后,对其进行罚款或者采取其他处理措施。

3. 立足济宁实际,发展非煤替代产业

　　寻找合适的替代产业,要充分考虑自身情况。要壮大一批主导产业,目前主要发展方向有4种,即机械制造、生物与新医药技术、纺织服装和高新技术改造传统产业,要充分利用

技术创新,使得产业得以多元化发展。以体系建设为指引,促进新型产品的发展,形成产业集群。在基础生产方面,大力发展制造业,同时注重质量提升,并带动交通运输、物流业等相关服务业的发展。把煤炭与非煤企业纳入全市工业结构调整总体布局和规划之中。要积极引进和培育关联性大、带动性强的大企业、大集团,引导社会资源向龙头企业集聚,提高龙头企业的核心竞争力,发挥其辐射、示范、信息扩散和销售网络的产业龙头作用。

4. 做细做亮第三产业

产业转型顺利进行需要完善的生产型服务体系的支撑。应更多地注重于增强企业间的合作,在为生产型产业提供生产、通信、软件支持、环保处理等全方位服务的同时,增加销售量,提高自身服务业务水平以及服务能力。同时还应大力发展科研服务、技术服务、中介咨询等行业,形成功能网络化的服务体系。为此,一要提高金融服务水平,完善金融组织体系。实施中小企业金融支持工程,使中小企业享受从征信、担保、贷款到风险防范和分担的"一条龙"式综合金融支持,解决中小企业的融资贷款瓶颈问题。探索建立科技创新投资机制,积极吸收资金,为一些技术型的、潜力型的产业创造机会,进行服务。二要完善中介的各项体系。对一些提供科研服务、法律服务、物业管理以及各类咨询的中介,进行不断调整和完善,使服务更加细致;大力开创和发展为技术密集型、研究型等未来拥有较大生产力和创造更多社会价值的新型企业进行服务的中介机构。三要创新流通业发展。一改以往的传统模式,发展创新新型模式,大型超市和现代化的批发市场是创新的重点。通过吸收国外的先进技术和经验来完成自身的变革,实现产业的迅速转型。大力研发与生产有关的服务项目。加快物流业的发展,合理地进行规划,创办现代化的大型物流中心。四要发展旅游业。强化"三孔"的龙头带动作用,整合景区景点资源,突出抓好旅游资源深度开发。修建一批人文景观、山水风光、民俗风景、休闲度假等重点旅游项目;开发健康文明、参与性强的娱乐项目;强化对旅游从业人员的管理和培训,提高接待服务水平;抓好旅游环境的综合整治,规范旅游市场秩序。

（二）提高产业转型的软件环境

1. 加大科技投入,促进产业核心技术进步和升级

不断推进核心技术进步和升级是产业健康、持续发展的重要前提。由于传统产业领域缺乏研发机构的支撑,产业内的小企业也缺乏自我升级的能力,致使济宁市一些产业竞争优势难以保持和提高。要改变这种情况就必须做到:发挥政府对创新的激励作用,为区域创新活动提供良好的制度环境,通过制定激励创新的科技、经济、产业、财政、税收、教育、知识产权保护等一系列政策和法规,来激发创新热潮。

增加建设高新技术平台。通过这一举措,用先进的技术促进其他行业的发展,增加信息技术的应用和推广,最大限度地将优势转化成生产力,使高新技术起到一个催化剂的作用,提高办公、生产等的自动化水平。要把对于一些高新技术产业和影响范围大的公司的支持和帮助作为重点,建立健全产品质量检验中心和相关领域服务研究中心,促进技术共享。

探索产学研合作机制与科技投入机制。一是要引导企业加强与高等院校、科研机构等的合作,加快企业技术创新的步伐;二是要充分利用好市技术改造专项资金和中小企业发展专项资金,鼓励一些有经验和有发展潜力的公司进行技术上的变革,加快改造速度,加大创新投资力度,促使企业在关键环节上有强有力的资金和技术支持,从而带动产业链上企

业加快技术进步的步伐,提高整个产业的技术水平;三是要面向各产业的共性和关键技术,通过整合技术资源,建立一个可以为社会所共用的平台,由政府牵头,在平台上解决各项难题,在技术创新的关键环节上进行引导,而且搭建可以实现企业之间相互合作交流技术经验的平台,使得各个企业的先进技术和经验得以分享和整合,从而得到充分利用,带动各企业迅速发展,达到共赢的效果。

为此,必须确保政府科技投入持续增长,增强政府调动和配置全社会科技资源的能力;鼓励企业不断加大科技研发投入,引导和支持大型骨干企业增加对战略性技术和重大装备的研发投入,支持企业加强自主创新能力建设;引导社会逐渐加大科技投入。

2. 实施人才战略,完善人才引进与培养机制

缺乏高层次的技术研发人员,高水平、多语种的翻译人才,专业化的招商人才,精通国际经贸规则的经营人才等,是济宁市产业转型的又一制约因素。为改善这一境况,就必须重视人才的引进和培养。

一是要加快人力资源开发,保障劳动力供给。加强对于所需求人才的评估,建立基地,进行人才培训,主要进行中高等职业培训,使得培养出的人才能够适应建立集群化产业的需要。通过政府措施和社会调整手段,使农民工务工的环境得到一定程度的改良,废除一些不合理的收费规定,建立高效的培训组织,通过培训机构使得农民工的务工手段更加丰富,劳动技术更加全面,以此解决闲置劳动力的问题。

二是要建立人才集聚机制,高起点引才。发挥市场对人才资源配置的作用,加强政府调控和政策指导,形成尊重人才的良好社会环境。支持海外留学人才、省内外科技人员来济宁市创办高新技术企业、从事高新技术研究;支持高学历、高素质研发人才来济宁市领办企业。围绕特色产业,积极建设博士后科研流动站,扩大进站人员规模并不断提高水平。

三是要建立人才培养体系,高质量育才。以重大科研项目为依托,在创新实践中识别人才,在创新研究中培育人才,培养一批领军人物、科研骨干和人才团队,造就一批素质优良的科技创新人才。设立专项资金,用于优秀人才到高校和科研机构学习培训,按照高起点、高素质、高效益的原则,重点培养学术带头人,注重后备人才培养和人才梯队的形成。加强职工的在岗培训,实行职业资格证书制度,整体推进人才队伍建设。

四是要建立人才激励机制,高效益用才。建立科学的人才评价和使用机制,对在科技领域贡献突出的科技人才和经营者,给予荣誉和物质重奖。

3. 建立多元投入体系,引导资金向新技术产业投入

建立和完善风险投资机制,建立中小企业产业贷款的担保基金,合力形成政府投入为引导、企业投入为主体、社会投入为补充的多元化产业投入机制。另外,地区与煤矿单位之间要进行协商合作,促进双赢,既可以保证当地经济的高速发展,又可以使煤炭产业更加壮大,发展更为迅速。

必须很好地把握住目前煤炭行业利润高、资本积累大的优势,以控、参股的形式,引导煤炭企业将实现的利润重点投向已有的机械制造、生物技术、纺织服装、高新技术改造传统产业等优势主导产业及骨干企业。要及时将全市工业结构调整重点规划的优势产品和项目推介给煤炭企业,让煤炭企业积极参与济宁市鼓励发展的市场潜力大、技术先进、效益好的重点制造业项目建设。例如,中国重汽济宁商用车项目,就是由政府搭台出政策,兖矿、济矿出资金,中国重汽提供技术、管理,共同组建的极具发展潜力的股份公司,这一发展模

式可以大力推广。

（三）加强生态环境保护，建立生态文明

1．多渠道筹集资金，因地制宜治理采煤塌陷地

采煤塌陷地的治理情况，对于本地区的安全发展有着至关重要的影响，这是广大人民群众所关心的问题，影响着社会稳定。采煤塌陷地治理的情况较好，有利于济宁经济的持续、快速、健康发展和全面建成小康社会目标的实现。必须进一步提高认识，强化措施，切实解决好因采煤塌陷造成的不良影响。煤矿的开采规模越大，开采速度也就越快，煤炭下降量越多，土地塌陷情况也就越严重。如果不及时进行整治，随着土地塌陷情况越来越严重，范围越来越大，整治的困难程度也就越高，需要的资金投入量也就越大。济宁市目前正处于发展中期，治理条件非常有利，采取适当的治理措施，会收到良好的效果。

一是要从根源上进行治理。首先对于全市范围内的塌陷地进行全面的了解和深入的调查，对于数量、规模和塌陷的程度有一个基本的掌握，绘制平面图，对于塌陷地的情况进行标注，通过顶尖的侦测系统，对于塌陷程度较高的土地进行先期治理，对于塌陷程度不高的土地，制定合理措施，有计划有针对性地进行改良，并且邀请权威专家提出合理化建议，将探测情况上报给上级部门，争取得到上级政策上和资金上的支持，把边开采边治理落到实处。

二是要根据当地的实际情况进行塌陷地的治理。让一些已经取得很好治理效果的地区广泛推广他们的先进治理经验。不同程度的塌陷，采取的治理方式也就不同，适合进行种植的就种植农作物，需要进行恢复的就进行恢复，种养结合，从而提高土地的总体效益。一些地区的土地塌陷程度较低，只需要进行适当的平整，就可以继续种植相应的产品；而对于一些土地塌陷程度较大的地区，适合进行渔业或者旅游业的发展。对待不同区域的塌陷土地，治理措施也不相同。塌陷地在城区附近的，可以建造公园或者煤炭博物馆，使得土地能够得到最大程度的利用。

三是要广泛地募集资金用于塌陷地治理。通过与政府部门进行交涉，设立专门的治理资金，资金可以由国家或者政府提供，也可以从地方的煤矿产业中收取。煤矿公司上交的各项费用，例如土地使用税、农田补偿金等，应该主要用于修复塌陷地；同时建议参照淮南等地的做法，从煤炭企业销售收入中按照吨煤 3 元的比例提取专项资金，这样全市每年可筹集资金约 3 亿元。对这些资金，要成立管理小组，进行严格的管理，保证资金只用于塌陷地的治理，以确保治理及时。另外，还要建立相应的制度来保障失去土地的农民的相关利益，保证其有基本的生活条件，满足其正常的生活需求，从而保证社会的稳定发展。

2．地上地下统筹规划，改善济宁城市环境建设

按照可持续发展战略，正确处理济宁市地下采煤、环境系统保护与地上城市建设的关系，遵循目前的实际情况，合理规划生态环境未来的发展，使经济的提高和资源的使用纳入环境的大系统中，努力使其相互协调、相互促进、平衡发展，使得城市产业的转型、经济的提升不以破坏自然资源为代价，不造成社会环境巨大改变。

一是开采煤炭资源要服从都市区城市发展规划。当前应结合煤炭资源的分布情况，抓紧制定都市区详细规划，煤炭开采地点和区域要服从这一规划，不得超越开采范围，影响都市区城市建设。要尽快确定哪些地区的煤炭资源是可以进行先期开采的，哪些地区的煤炭资源是需要进行暂时保护的，分步管理、规划。尤其是一些煤矿上面有各类风景区、历史文

化古迹和重要交通干道时,煤炭的开采必须非常慎重,如果要进行开采,必须做好相应的防范准备。而且,位于农村的矿区,在进行搬迁时,要做好城镇合理规划,增加城镇化建设规模,使得搬迁农民有一个较好的生存发展环境。

二是要做好对煤炭企业相关污染的治理。提升煤炭企业的申请和建造标准,使其合理进行能源结构的调整,引进先进的加工和生产技术,减少污染物的排放,并通过先进技术,对污染物进行回收和再利用。实行严格的环境保护法律法规,按照国家和政府制定的相关要求和政策实施煤炭的开发和产品的生产。加速建造污水处理厂,并且提高处理污水的价格。对于产生的煤灰等污染物,除了将其用于制造新型节能砖外,还可推广先进的治理措施,并通过种植树木和易生长的植被,来保护土壤,锁住水分,达到绿化的目的,在改善环境污染的同时增加城市的绿化率。对于开采煤炭时产生的各种微生物,实行严格的控制和测试,矿井水在进行其他的使用时,必须经过严格的消毒,减少生物污染造成的影响。

第四节 本章小结

本章从成熟型煤炭资源型城市入手,评估该类城市的绿色转型能力,从而进行路径选择,并选取典型城市——济宁为研究区展开实证研究,主要研究结论如下:

(1)综述了成熟型煤炭资源型城市绿色转型能力评估的研究背景,从绿色经济、绿色社会和绿色生态3个方面构建了成熟型煤炭资源型城市绿色转型能力评估指标体系,根据各个指标之间的关系和对上级指标的作用程度,构建了基于灰熵法的绿色转型发展能力评价模型。选取16个成熟型煤炭资源型城市进行评价,发现其绿色转型发展整体状况良好,经济不断发展,社会机能逐步完善,资源日益优化,环境支撑力度加大,绿色转型发展取得了一定的成绩,发展势头良好。

(2)梳理了成熟型煤炭资源型城市绿色转型路径选择。从推进绿色经济、绿色社会、绿色生态3大方面着手,成熟型煤炭资源型城市绿色转型主要采取优化产业结构、提高城市创新力、加强环境保护等措施,从而建设美丽城市。

(3)选取山东省济宁市为研究区,在分析其发展背景、特征、历程的基础上,分析济宁市产业转型的成效,剖析其在转型过程中面临的问题。济宁市煤炭经济区的煤炭产业是该地区的主导产业,但是由于煤炭工业的调整和经济新常态的提出,济宁市煤炭产业转型迫在眉睫。济宁市在转型过程中,不仅面临产业链短小、产业模块分散、产业动力缺失等内部问题,还面临行业自身成本的制约、可持续发展环境压力、人才流失等外部困境,但是,济宁市通过利用区位、文化、产业基础、人力资源、技术条件等优势,并借助国家对煤炭产业转型的政策支持,成功实现绿色转型。

第七章　衰退型煤炭资源型城市绿色转型
阻力测算与路径优化

衰退型煤炭资源型城市处于煤炭资源型城市发展后期,城市经济效益不佳、社会条件滞后、生态环境退化等矛盾日益突出。合理测度衰退型煤炭资源型城市绿色转型阻力,并有针对性地设计其转型路径,对挽救此类城市经济、改善城市生态、唤醒城市活力具有重要意义。本章所构建的衰退型煤炭资源型城市绿色转型阻力测算指标体系通过系统反映经济建设、社会发展、环境保护、企业运营、政府管理五大系统的发展现状,对衰退型煤炭资源型城市进行综合评价,并从产业和生态视角提出衰退型煤炭资源型城市绿色转型路径,最后以衰退型煤炭资源型典型城市——阜新市为例进行转型分析,以期为其他衰退型煤炭资源型城市绿色转型提供参考依据。

第一节　衰退型煤炭资源型城市绿色转型阻力分析

一、衰退型煤炭资源型城市绿色转型阻力来源分析

煤炭资源型城市进入衰退期后,煤炭资源产业产品销售利润额急剧下降,产业生产规模亦随之下降,部分企业开始因煤炭资源供给量的减少而关闭破产,煤炭资源产业对城市经济的支撑能力开始显现不足,如果其他产业没有明显增长,城市产业总体水平会下降,城市经济出现长期停滞徘徊状况,城市社会经济发展状况将全面衰退。在这一阶段,虽然煤炭资源产业的产值贡献、利税贡献和就业贡献还相当可观,在短期内城市的生存还没有受到真正威胁,但是,煤炭资源产业已经衰退,产业的主导地位趋于弱化,支撑整个城市的经济社会发展越来越力不从心。煤炭资源产业从成熟阶段向衰退阶段过渡的标志是:宏观上,煤炭资源开采总计超过已探明资源经济可采储量的70%,保有可采储量的服务年限已不足15年,煤炭资源产业的销售额、利税额和就业人数开始出现连续且非周期性的下降,煤炭资源产业对城市经济社会发展的支撑能力呈现不足;微观上,煤炭采掘成本上升,企业市场竞争力下降,亏损企业增多,企业普遍感到经营规模扩张受到煤炭资源供给的较强约束。

煤炭资源型城市因煤炭资源开发而兴,之后相对长时期内以煤炭开采与粗加工为支柱产业。衰退型煤炭资源型城市要转型,必须改变以煤炭资源产业作为城市的支柱产业的局面,将非资源型产业培育成城市的支柱产业。然而,我国煤炭资源型城市转型不仅波折叠起而且任重道远,许多问题需要总结与克服,具体表现为以下几方面。

（一）经济效益不佳（经济角度）

1. 资金方面

资金匮乏是目前很多煤炭资源型城市转型速度缓慢的主要原因。煤炭资源型城市的主导产业为上游基础性产业，产品附加值远低于下游加工业，经济效益较低。而煤炭资源型城市的财政收入主要来源于煤炭资源产业，这是导致煤炭资源型城市资金短缺的根本原因。且我国长期以来对生产要素价格的人为压低造成煤炭资源型城市普遍经济效益低下。煤炭企业的单一国有又使煤炭资源型城市长期处于传统经济体制的束缚之下，缺乏具有竞争力的市场主体。这种不合理的煤炭资源开发利用机制，是造成煤炭资源型城市资金短缺的一个重要原因。

2. 产业方面

煤炭资源型城市是因为煤炭资源开发而兴建或发展起来的城市，大多走上了追求煤炭资源产品生产数量扩张的道路，煤炭产业在整个城市产业结构中占据支柱产业的地位，这导致煤炭资源型城市主导产业单一，给城市转型和发展带来诸多问题。第一，产业技术水平不高。煤炭资源型城市主要工业部门的产业技术基本处于全国的中下等水平，技术装备趋于老化，新技术应用程度不高，技术进步速度较为缓慢，导致经济发展后劲不足。第二，产品结构不合理。煤炭资源型城市的产业结构以劳动密集型产业为主，因此其产品结构表现为以初级产品和基础原材料为主的粗放性特征，产品技术含量、附加值低，失去了市场竞争力。第三，产业布局分散。由于煤炭产业的发展客观受煤炭资源赋存条件及地理因素的限制，企业大多分散在边远郊区，城市空间布局比较分散。第四，产业组织单调。煤炭资源型城市产业组织的单调性在所有制结构上表现为全民所有制企业较多，而集体企业、私营企业较少；在企业的规模上表现为大、中型企业较多，而小型企业较少；在组织结构上表现为综合化的大企业比较多，而专业化分工协作的企业或企业集团较少。第五，产业效益较低。煤炭资源型城市的经济增长方式是粗放型的，知识密集型和资本密集型的企业比较少，劳动密集型的企业比较多，产业结构趋同化现象严重，从而导致经济效益低。

（二）社会条件滞后（社会角度）

煤炭资源型城市往往是临煤炭资源而建，所在地开始时大多是经济与社会不发达地区，通过货币与人力资源的迅速聚集，在很短时间内形成的城市。其不像一般城市发展那样，先有市场再有城市，经过较长时期经济与文化的积累与沉淀过程。这直接导致煤炭资源型城市转型系统要素发育不全、质量不高。

首先，企业职工与城市居民受教育程度相对低下，经营管理人才相对缺乏，人才综合素质相对偏低。在煤炭资源型城市建立后的较长时期内，城市居民以煤炭企业职工、家属为主。企业职工中除科技人员、管理人员和部分技术工人外，其他都直接来自周边农村，受教育程度很低。其次，教育基础薄弱。煤炭资源型城市往往因经济发展缓慢，教育经费紧张，师资力量不足，难以培养大批高层次人才，满足不了城市发展及城市转型的需要，且研发机构、高校、各种中介机构非常缺乏。再次，人才流失严重。由于煤炭资源型城市大部分处于偏远山区或欠发达地区,交通及信息的落后、艰苦的生活环境、恶劣的工作条件及较低的工资福利待遇,均难以对人才产生较强的吸引力,人才外流的现象严重。最后,煤炭资源型城市作为移民城市,缺乏经济与文化的积累与沉淀,虽为城市但保留很多的乡村色彩,自然经济文化相对浓厚,市场观念、创新冒险意识比较淡薄。

（三）环境问题严重（环境角度）

资源与生态环境是密切联系的有机整体。衰退型煤炭资源型城市的煤炭资源开发已处于后期阶段,过去的煤炭开采在促进当地经济发展的同时,也带来了严峻的生态环境问题。表面上看,衰退型煤炭资源型城市的环境问题似乎与转型关系不大,其实不然,日益恶化的环境问题已经成为衰退型煤炭资源型城市转型的严重障碍。一方面,环境问题的治理需要投入大量资金,这将意味着用于转型及其相关方面的资金会更加不足;另一方面,如果严峻的环境问题得不到及时治理,则衰退型煤炭资源型城市的招商引资、人才引进和居民的正常生活等都将受到不利影响,最终影响衰退型煤炭资源型城市的转型。从衰退型煤炭资源型城市的现实来看,环境破坏程度之大,修复之难,让人难以想象,尤其是报废了的旧矿区,环境破坏更为严重。煤炭资源型城市生态环境破坏主要表现为大气污染、水体污染、工业"三废"排放污染,还包括占用和破坏土地、地面塌陷问题,生态环境质量较之非资源型城市的平均水平相差许多,煤炭资源开发中生态破坏严重、环境污染加剧是煤炭资源型城市普遍存在的现象。

（四）企业改制困难（企业角度）

一方面,煤炭企业创新能力先天不足。煤炭资源型城市因煤炭企业而兴,煤炭企业不但塑造了煤炭资源型城市而且是城市中的经济主体。在城市形成后的很长时期内,作为煤炭资源型城市核心企业的煤炭企业,其创新能力先天不足,这是由于煤炭企业的垄断性导致企业创新的动力不足。煤炭资源开采一般都需要经过政府特许,拥有煤炭资源开采权的煤炭企业具有一定的垄断性。特别是在我国,煤炭企业主要是国有企业,拥有政府无偿配置的垄断性资源开采权,无须在竞争性市场中购买资源开采权。这样,企业仅仅依靠坐收拥有资源开采权所带来的资源经济租金就可以取得良好的经济效益,而无须通过创新来提高企业运营效率。在产品上,煤产品同样缺乏创新余地。首先,煤产品不具有产品生命周期,无须进行产品升级换代;其次,煤产品也难以进行产品创新,因其主要是初级产品。在市场上,市场对煤炭企业管理创新的要求低。非资源型企业的产品主要为异质商品,市场营销、售后服务等显得很重要,在市场竞争中必须进行企业管理创新;而煤产品一般为同质商品,竞争主要体现在价格上。

另一方面,煤炭资源型城市封闭型的经济社会网络制约了其转型的脚步。第一,煤炭企业通过塑造城市社会环境、集中城市存量人才资源,而制约煤炭资源型城市转型系统要素质量的提高。煤炭资源型城市因煤炭企业而兴,整个城市的社会环境也是由资源型企业塑造的。我国煤炭资源产业作为我国计划经济的"堡垒",计划经济色彩最浓,市场经济改革步伐最慢,这导致煤炭资源型城市普遍缺乏竞争意识、改革开放意识、创新精神和冒险精神。可是,煤炭企业在很长时期内一直是当地最先进、最有经济实力的经济组织。在煤炭资源型城市中,长期存在以就职于煤炭企业为荣的传统。因此,煤炭企业吸引了城市中绝大多数的优秀人才与资源。这导致城市中其他机构与组织甚至是政府人才资源质量相对低下,使其缺乏转型的人才资源基础。第二,煤炭企业的建立普遍先于煤炭资源型城市,企业所需的基础设施、配套系统基本是自行建立起来的。煤炭企业通过建立附属企业,成为高度纵向一体化、高度自给自足的封闭型企业组织。即使煤炭企业与城市中其他企业之间存在市场交易,那也是通过长期交易关系进行的。因此,煤炭资源型城市社会经济网络具有自给性和封闭性的特征,导致城市转型系统核心要素之间缺乏联动。在这种情况下,城市中新创立的企业缺乏可自由进入的市场空间,且由于城市投资与创业环境比较差,外地与外资企业不愿进入,难以与外地各类机构与组织进行互动或联动,缺乏模仿式创新所需的学习机会。

(五)政府调节不力(政府角度)

衰退型煤炭资源型城市由于煤炭资源产业优势丧失,新的支柱产业没有形成,导致长期处于利润率低下或者亏损状态。然而煤炭资源产业的退出存在着很大障碍:一是在煤炭资源开采过程中,设备、钻井、硐室等资产约占固定资产总量的35%,资源性固定资产具有很高的技术利用锁定性,这部分资产不能完全回收利用,且很少能转作他用,形成沉淀成本。沉淀成本的存在加大了煤炭企业退出枯竭的煤炭资源产业的机会成本,也就缺少了进入其他行业和市场必要的固定资本的支撑,只能低效率地运营,形成恶性循环,最终导致产业结构的刚性。若不能得到政府特别援助,煤炭资源型城市的调整转产非常困难,这需要政府具有一定的财政实力。二是由于衰退型煤炭资源型城市的煤炭资源产业在国家的经济发展过程中曾发挥过重要作用,产业资本和就业人数庞大,为避免大的社会动荡,政府需要在较长时期内对煤炭资源产业采用税收减免、优先贷款、财政补贴、限制同类商品进口等措施,使煤炭企业得以维持。而结构调整过程的延误,会引起明显的效率损失甚至引发更大的经济和社会问题。如果政府不能采取有效措施帮助一部分特别困难的煤炭企业退出,让它们继续留在不适合发展的煤炭资源产业内,长期低效率地使用趋于枯竭的煤炭资源,不仅会影响企业生产效率,而且财政包袱将越来越重,今后调整将更难。

煤炭资源型城市的绿色转型,其阻力可从"为什么要进行绿色转型"和"怎样进行绿色转型",即原因和方法两个维度方向考察。在原因维度上,人类在发展进程中,为了满足不断增长的物质需求,保证经济社会的持续快速发展,不断向资源进行索取,向环境进行排放,一直采取"高投入、高消耗、高污染"的传统发展模式。尤其是众多煤炭资源型城市,经过常年大规模、高强度、大面积的煤炭资源开采,各类高耗能工业的迅速发展,使得煤炭资源损耗严重,城市环境急剧恶化。然而,人们推动经济发展和社会进步的愿望并没有减退,物质追求也在与日俱增,因此人们无限需求与资源环境有限供给之间产生了矛盾,直接影响着煤炭资源型城市的绿色发展能力,也迫使衰退型煤炭资源型城市进行绿色转型。在方法维度上,企业是绿色转型的微观主体,煤炭资源型城市绿色发展能力的提升,离不开对市场经济微观主体的绿色塑造,因此必须提高煤炭企业运营全过程的绿化程度,创造新的企业生态经济系统;政府是绿色转型的宏观主体,是确保衰退型煤炭资源型城市绿色发展能力的重要因素,作为推进科学发展和增长方式转变的主导力量,政府必须承担起保护环境和自然资源的责任，构建并实施人与自然和谐、生态与经济协调的绿色管理。

绿色转型是综合反映经济、社会、资源、环境长久健康发展的根本要素，是衡量企业运营、政府管理的一把标尺，是考察衰退型煤炭资源型城市绿色发展能力的基础。从绿色转型内涵出发，考察并测算衰退型煤炭资源型城市绿色转型阻力，有助于观察经济社会发展中无限需求与煤炭资源环境运行中有限供给之间的矛盾，有助于发现企业运营、政府管理中的问题与不足，从而协调因素与主体间的关系，推进绿色转型顺利进行。

二、衰退型煤炭资源型城市绿色转型阻力测算方法

衰退型煤炭资源型城市绿色转型是经济、社会和环境三要素集合系统运作的结果，三要素的发展不足构成衰退型煤炭资源型城市绿色转型的直接阻力，因此从该三要素角度出发对绿色转型阻力进行测算，有助于观察绿色转型发展中的无限需求与经济、社会、环境运行中的有限供给之间的矛盾，分析矛盾的激化缓和程度。衰退型煤炭资源型城市绿色转型的具体方法和实现途径是企业与政府两大市场主体的绿色转型，因此企业的绿色运营度和政府的绿色管理度便直接关系着资源型城市在微观层面与宏观层面进行绿色转型的可操作性，直接决定着衰退型煤炭资源型城市的总体绿色转型能力。总之，衰退型煤炭资源型城市的绿色转型是三大要素——经济、社会、环境，两大主体——企业、政府综合作用的结果，绿色转型若想顺利进行，必须关注各要素、各主体的发展，协调要素间、主体间的关系。

(一) 衰退型煤炭资源型城市绿色转型阻力测算指标体系构建

因此，研究绿色转型阻力可对上述 5 个系统加以分析。衰退型煤炭资源型城市绿色转型阻力测算指标体系所反映的应当是经济建设、社会发展、环境保护、企业运营、政府管理五大系统的发展现状。所建的指标体系要突出下述功能：一是要能反映出城市经济发展的质量和规模，尤其要高度重视产业结构现状；二是要反映出社会系统的运行状况，其中关键是要对人口结构、人民生活质量等方面做出明确的分析；三是要反映出环境，特别是自然生态环境治理和区域可持续发展能力；四是要反映出企业生产规模及科技文化的发展水平；五是要反映出政府宏观调控的能力及在经济社会发展过程中对创新能力的投入。按照这个思想和原则，初步确定了衰退型煤炭资源型城市绿色转型阻力测算指标体系，如表 7-1 所示。

(二) 衰退型煤炭资源型城市绿色转型阻力测算指标含义

衰退型煤炭资源型城市绿色转型阻力测算指标体系反映的是经济、社会、环境、企业、政府复合系统内各大子系统的发展现状。为便于定量化研究，现将测度指标做以简要介绍。

1. 经济建设指标

(1) 经济规模

GDP 总量 X_1：该指标是反映煤炭资源型城市全部生产活动最终成果的重要指标，用以测算煤炭资源型城市的经济发展实力。

表 7-1 衰退型煤炭资源型城市绿色转型阻力测算指标体系

目标层	准则层	指标层	单位	指标类型
资源型城市绿色转型阻力 A	经济 B_1 经济规模 C_1	GDP 总量 X_1	亿元	正
		社会固定资产投资额 X_2	亿元	正
		实际使用外资额 X_3	万美元	正
	经济效益 C_2	人均 GDP X_4	元	正
		社会消费品人均零售额 X_5	元	正
		第三产业产值比重 X_6	%	正
	社会 B_2 人口结构 C_3	人口密度 X_7	人/km²	负
		城镇登记失业率 X_8	%	负
		城镇化率 X_9	%	正
		第三产业从业人员比重 X_{10}	%	正
	人民收入 C_4	在岗职工平均工资 X_{11}	元	正
		城镇居民人均可支配收入 X_{12}	元	正
		农村居民人均可支配收入 X_{13}	元	正
	环境 B_3 废物排放与处理 C_5	万元 GDP 工业废水排放量 X_{14}	t	负
		万元 GDP 工业粉尘排放量 X_{15}	kg	负
		工业固体废物综合利用率 X_{16}	%	正
		污水处理厂集中处理率 X_{17}	%	正
	城市绿化 C_6	市辖区人均公共绿地面积 X_{18}	m²/人	正
		建成区绿化覆盖率 X_{19}	%	正
	企业 B_4 企业科技研发实力 C_7	规模以上企业科技活动经费支出 X_{20}	万元	正
		规模以上企业从事科技活动人员数 X_{21}	人	正
	工业生产经营状况 C_8	工业企业数 X_{22}	个	正
		工业企业利润总额 X_{23}	万元	正
		工业企业流动资产比重 X_{24}	%	正
	政府 B_5 财政收支 C_9	财政一般预算收入 X_{25}	万元	正
		财政一般预算支出 X_{26}	万元	正
	科教支出 C_{10}	科学事业费 X_{27}	万元	正
		教育事业费 X_{28}	万元	正

注:指标类型为"正"表示该指标对衰退型煤炭资源型城市绿色转型有促进作用,指标类型为"负"表示该指标对衰退型煤炭资源型城市绿色转型有阻碍作用。

社会固定资产投资额 X_2:以货币表现的建造和购置固定资产的能力,用以反映煤炭资源型城市固定资产投资规模、速度、比例关系和使用方向。投资强度的大小直接关系着绿色转型阻力的强弱,经济增长潜力、新经济增长点的培植、新产业发展后劲、就业岗位的扩大等均与固定资产投资密切相关。

实际使用外资额 X_3：该指标反映煤炭资源型城市对外资资源的引进、利用情况。实际使用外资额指我国各级政府、部门、企业、中国银行和其他单位通过对外借款、吸收客商直接投资和商品信贷及其他方式，从国外筹措的资金总额。

（2）经济效益

人均 GDP X_4：人均 GDP＝GDP 总量/人口总数。该指标是综合反映煤炭资源型城市经济社会发展水平的最重要的指标，是对整个煤炭资源型城市社会物质生产发展水平的高度概括，人均 GDP 越高，说明该区域支持绿色转型的能力就越强。有些煤炭资源型城市从 GDP 总量上看占有优势，但由于人口多，社会财富平均到每个人就相对较少，所以这个煤炭资源型城市的经济社会发展水平就要大打折扣。

社会消费品人均零售额 X_5：社会消费品人均零售额＝社会消费品零售总额/人口总数。该指标是体现经济效益的重要指标，体现煤炭资源型城市经济发展所带来的消费能力以及内需对该城市经济发展所能起到的作用。

第三产业产值比重 X_6：第三产业产值比重＝第三产业产值/GDP 总量×100％。该指标是体现产业结构优化的重要指标，反映煤炭资源型城市产业结构演进的变化状况。

2. 社会发展指标

（1）人口结构

人口密度 X_7：人口密度＝人口总数/地区总面积。该指标是反映人口分布疏密程度的常用数量指标。它通常用于计算一个国家、地区、城市的人口分布状况。合理的人口密度应当与本地的资源承载力相适应。因此，煤炭资源型城市的人口密度也在很大程度上反映着人们的生活质量。

城镇登记失业率 X_8：失业率的高低不仅与经济发展水平有关，还与经济景气周期有一定的关联，因此失业率低不一定是经济发展水平高，关键是将失业率控制在一个适当的范围内。一般情况下，煤炭资源型城市在资源濒临枯竭时，导致煤炭资源产业的衰落，失业率将明显上升。因而，将失业率控制在一个适度的范围内，是衰退型煤炭资源型城市绿色转型过程中一项极为重要的目标。

城镇化率 X_9：城镇化率＝城镇人口数/人口总数×100％。该指标反映城市化发展的程度。

第三产业从业人员比重 X_{10}：第三产业从业人员比重＝第三产业从业人员总数/全部从业人员总数×100％。该指标反映煤炭资源型城市劳动力就业的结构状况。

（2）人民收入

在岗职工平均工资 X_{11}：该指标用来反映煤炭资源型城市就业职工收入的变化。在煤炭资源型城市中，煤炭资源产业从业职工属于特殊群体：一方面，他们所从事的工作往往技术含量较低，技术单一，社会应用面较窄，再就业范围十分有限；另一方面，多数职业处于阴暗潮湿的地下，常有职业病伴随。因此，收入的高低对于下岗再就业或者煤炭资源开采不景气后的职工生活质量等问题至关重要。

城镇居民人均可支配收入 X_{12}：该指标是指单个城镇居民得到的可用于最终消费支出和其他非义务性支出以及储蓄的总和，即居民可以用来自由支配的收入，它是家庭总收入扣除交纳的所得税、个人交纳的社会保障费以及记账补贴后的收入。该指标反映煤炭资源型城市居民家庭生活水平。

农村居民人均可支配收入 X_{13}：该指标既可反映农民生活水平，与城镇居民人均可支配收入共同考察，还可反映城乡收入差距。煤炭资源型城市绿色转型方向之一是发展以高新技术为支撑，以高效循环利用为基础的绿色农业，如果城乡居民人均可支配收入差别较小，将有利于加快农村社会绿色转型，融合城乡经济发展。

3. 环境保护指标

(1) 废物排放与处理

万元 GDP 工业废水排放量 X_{14}：万元 GDP 工业废水排放量＝工业废水排放总量/GDP总量（以万元为单位）。

万元 GDP 工业粉尘排放量 X_{15}：万元 GDP 工业粉尘排放量＝工业粉尘排放总量/GDP总量（以万元为单位）。

工业固体废物综合利用率 X_{16}：工业固体废物综合利用率＝工业固体废物综合利用量/固体废物产生总量×100%。工业固体废物综合利用量是指通过回收、加工、循环、交换等方式，从固体废物中提取或者使其转化为可以利用的资源、能源和其他原材料的固体废物量（包括当年利用往年的工业固体废物累计贮存量），如用作农业肥料、生产建筑材料、筑路材料等。该指标反映煤炭资源型城市对固体废物的利用程度。随着煤炭资源型城市的发展和人口的增加，固体废弃物特别是工业固体废弃物迅速增加。固体废弃物的大量产生，既占用耕地和土地，又污染地下水和水源地，同时还会释放有毒有害气体。固体废弃物的无害化处理和综合利用是十分紧迫的问题，理应成为测算煤炭资源型城市绿色转型阻力的重要指标。

城镇生活污水集中处理率 X_{17}：该指标是指经管网进入污水处理厂处理的生活污水量占污水排放总量的百分比。该指标反映煤炭资源型城市对污水处理的重视程度。

(2) 城市绿化

市辖区人均公共绿地面积 X_{18}：市辖区人均公共绿地面积＝城市公共绿地面积/市区人口。市辖区公共绿地指供游览的各种公园、动物园、植物园、陵园以及花园、游园和供游览用的林荫道绿地、广场绿地，不包括一般栽植的行道树及林荫道。该指标主要用于衡量煤炭资源型城市环境的改善程度。

建成区绿化覆盖率 X_{19}：该指标是城市建成区各类型绿地（公共绿地、街道绿地、庭院绿地、专用绿地等）合计面积占城市总面积的比率。其高低可衡量煤炭资源型城市环境质量及居民生活福利水平。

4. 企业运营指标

(1) 企业科技研发实力

规模以上企业科技活动经费支出 X_{20}：科技活动经费支出是煤炭资源型城市科技发展的重要保障，直接决定了煤炭资源型城市科技研发发展的前景。

规模以上企业从事科技活动人员数 X_{21}：从事科技活动人员数从一定程度上可以反映出煤炭资源型城市规模以上企业对科技研发的重视程度。

（2）工业生产经营状况

工业企业数 X_{22}：工业企业数是指为满足社会需要并获得盈利，从事工业性生产经营活动或工业性劳务活动、自主经营、自负盈亏、独立核算并且有法人资格的经济组织的数目。

工业企业利润总额 X_{23}：工业企业利润总额是指所得税前工业企业在一定时期内经营活动的总成果。按收益总括观点，工业企业的利润总额包括工业产品销售利润、投资净收益和营业外净收入三部分。工业企业利润总额是衡量煤炭资源型城市工业企业经营业绩的十分重要的经济指标。

工业企业流动资产比重 X_{24}：工业企业流动资产比重＝工业企业流动资产/工业企业总资产×100％。该指标用于揭示衰退型煤炭资源型城市工业企业资产结构的流动性，可反映煤炭产业退出和煤炭资源型城市调整转产在资金方面的周转能力。

5. 政府管理指标

（1）财政收支

财政一般预算收入 X_{25}：财政一般预算收入是城市发展真正可支配的部分，也是检验煤炭资源型城市经济增长效果的重要指标。

财政一般预算支出 X_{26}：该指标可与财政一般预算收入指标一起综合反映煤炭资源型城市财政总收入与总支出的平衡关系，体现当地经济自主发展能力。多数衰退型煤炭资源型城市，在发展的黄金时期，产品被调拨、利润上缴，最终留下的往往是荒芜的山梁、满目的灰尘、艰难运行的基础设施。因此，在国家财政支持有限的情况下，煤炭资源型城市自我发展能力是成功实现绿色转型的关键。充裕的财政收入对当地环境建设、文化教育事业发展、基础设施建设、科技投入等可持续发展能力建设至关重要，同时也可减轻对外界的经济依赖。

（2）科教支出

科学事业费 X_{27}：这是体现煤炭资源型城市绿色发展能力的重要指标。如果科学事业费用投入不足或者缺乏，科技创新则无从谈起，绿色转型更难以实现。

教育事业费 X_{28}：教育投入是实现现代化的手段，尤其是第二次现代化要从工业化社会进入知识社会，关键是要以技术进步为先导，大力提高人口素质，先决条件是要加大对教育的投入。教育的发展和完善有赖于国家财政的支持，政府大力投入教育是促进社会公平稳定发展的主要杠杆，可以减少弱势群体，从而促进全体人民实现共同富裕，为煤炭资源型城市绿色转型蓄积人才储备。

（三）衰退型煤炭资源型城市绿色转型阻力测算方法简述

通过前面的研究，我们已建立起一个比较科学的能够较全面反映资源型城市绿色转型阻力的测算指标体系，但是仅有测算指标体系是不够的，还要选用适当的测算方法，建立相应的数学模型。测算方法和模型如下。

1. 熵值法

这里采用熵值法确定各指标的权重。熵值法是一种客观赋权法，拥有较高的可信

度。该法通过计算各指标的信息熵,再根据信息熵的大小来决定权值的大小。具体步骤如下:

(1)选取 m 个衰退型煤炭资源型城市为测算对象,测算指标共有 n 项,则 x_{ij} 为第 i 个煤炭资源型城市第 j 项指标的数值($i=1,2,\cdots,m$;$j=1,2,\cdots,n$)。

(2)指标的标准化处理:即异质指标同质化。由于各项指标的计量单位并不统一,因此在用它们计算综合指标前,先要对它们进行标准化处理,即把指标的绝对值转化为相对值,从而解决各项不同质指标值的同质化问题。而且,由于正向指标和负向指标数值代表的含义不同(正向指标数值越高越好,负向指标数值越低越好),因此,对于正负指标我们用不同的算法进行数据标准化处理。其具体方法如下:

正向指标:

$$y_{ij} = \frac{x_{ij} - \min\{x_{1j},\cdots,x_{mj}\}}{\max\{x_{1j},\cdots,x_{mj}\} - \min\{x_{1j},\cdots,x_{mj}\}} \tag{7-1}$$

负向指标:

$$y_{ij} = \frac{\max\{x_{1j},\cdots,x_{mj}\} - x_{ij}}{\max\{x_{1j},\cdots,x_{mj}\} - \min\{x_{1j},\cdots,x_{mj}\}} \tag{7-2}$$

式中,y_{ij} 为第 i 个煤炭资源型城市第 j 项指标的标准化数值($i=1,2,\cdots,m$;$j=1,2,\cdots,n$)。

(3)计算第 j 项指标下第 i 个煤炭资源型城市占该指标的比重 W_{ij}:

$$W_{ij} = \frac{y_{ij}}{\sum_{i=1}^{m} y_{ij}} (i=1,2,\cdots,m;j=1,2,\cdots,n) \tag{7-3}$$

(4)计算第 j 项指标的熵值 e_j:

$$e_j = -k \sum_{i=1}^{m} W_{ij} \ln W_{ij} (i=1,2,\cdots,m;j=1,2,\cdots,n) \tag{7-4}$$

式中,$k = \frac{1}{\ln m}$,满足 $e_j \geqslant 0$。

(5)计算信息熵冗余度 d_j:

$$d_j = 1 - e_j (j=1,\cdots,n) \tag{7-5}$$

(6)计算各单项指标的权重 W_j:

$$W_j = \frac{d_j}{\sum_{j=1}^{n} d_j} (j=1,\cdots,n) \tag{7-6}$$

2. 障碍度模型

障碍度模型有助于系统分析各项指标,测算并识别出各衰退型煤炭资源型城市绿色转型过程中的主要阻力因素,以便采取有针对性的措施推进衰退型煤炭资源型城市绿色转型顺利进行。因此,本书引入障碍度模型,发掘各煤炭资源型城市绿色转型的主要阻力因素。具体计算步骤如下:

(1)选择要分析的某个衰退型煤炭资源型城市,计算因子贡献度 F_j:

$$F_j = R_j \times W_j \tag{7-7}$$

式中:R_j 为第 j 项指标所属的准则层的权重;W_j 为第 j 项的权重。

（2）计算指标偏离度 I_j:

$$I_j = 1 - y_j \tag{7-8}$$

式中,y_j 为第 j 项指标的标准化数值。

（3）计算障碍度 Y_j:

$$Y_j = \frac{F_j \times I_j}{\sum\limits_{j=1}^{n}(F_j \times I_j)} \tag{7-9}$$

三、衰退型煤炭资源型城市绿色转型阻力综合测算结果

（一）衰退型煤炭资源型城市选取

根据对煤炭资源型城市发展周期的划分标准,并结合《中国煤矿城市经济转型研究》和《全国资源型城市可持续发展规划（2013—2020 年）》,我国典型煤炭资源型城市中,处于衰退期的有 25 个,其中地级市 15 个、县级市 10 个,具体见表 7-2。

表 7-2　全国衰退型煤炭资源型城市名单

省份	城市	级别	省份	城市	级别
山西	孝义	县级市	山东	枣庄	地级市
	霍州	县级市		新泰	县级市
内蒙古	乌海	地级市	河南	焦作	地级市
辽宁	阜新	地级市	湖北	松滋	县级市
	抚顺	地级市	湖南	资兴	县级市
	北票	县级市		耒阳	县级市
吉林	辽源	地级市		涟源	县级市
	白山	地级市	广东	韶关	地级市
黑龙江	七台河	地级市	广西	合山	县级市
	鹤岗	地级市	四川	华蓥	县级市
	双鸭山	地级市	陕西	铜川	地级市
安徽	淮北	地级市	宁夏	石嘴山	地级市
江西	萍乡	地级市			

由于地级市是地级行政区的主体,行政区划级别较高,与县级市相比经济社会发展水平普遍更发达,绿色转型的需求更加迫切,两者可比性的意义不大,故这里选取乌海、阜新、抚顺、辽源、白山、七台河、鹤岗、双鸭山、淮北、萍乡、枣庄、焦作、韶关、铜川、石嘴山这 15 个地级衰退型煤炭资源型城市为研究对象,搜集了 2017 年的各指标数据测算各市的绿色转型阻力。数据来源于《中国城市统计年鉴—2018》、各省份的地方统计年鉴（2018）以及 2017 年的各衰退型煤炭资源型城市的国民经济和社会发展统计公报。

（二）指标权重确定

通过熵值法确定指标权重，计算结果如表 7-3 所示。

表 7-3　衰退型煤炭资源型城市绿色转型阻力测算指标权重统计

准则层	权重	指标层	权重
经济规模 C_1	0.174 0	GDP 总量 X_1	0.047 5
		社会固定资产投资额 X_2	0.053 8
		实际使用外资额 X_3	0.072 7
经济效益 C_2	0.077 0	人均 GDP X_4	0.022 3
		社会消费品人均零售额 X_5	0.020 6
		第三产业产值比重 X_6	0.034 1
人口结构 C_3	0.093 5	人口密度 X_7	0.019 7
		城镇登记失业率 X_8	0.024 8
		城镇化率 X_9	0.024 0
		第三产业从业人员比重 X_{10}	0.024 9
人民收入 C_4	0.079 0	在岗职工平均工资 X_{11}	0.031 3
		城镇居民人均可支配收入 X_{12}	0.024 3
		农村居民人均可支配收入 X_{13}	0.023 4
废物排放与处理 C_5	0.054 6	万元 GDP 工业废水排放量 X_{14}	0.007 8
		万元 GDP 工业粉尘排放量 X_{15}	0.011 7
		工业固体废物综合利用率 X_{16}	0.023 9
		污水处理厂集中处理率 X_{17}	0.011 1
城市绿化 C_6	0.053 1	市辖区人均公共绿地面积 X_{18}	0.045 5
		建成区绿化覆盖率 X_{19}	0.007 6
企业科技研发实力 C_7	0.135 0	规模以上企业科技活动经费支出 X_{20}	0.071 6
		规模以上企业从事科技活动人员数 X_{21}	0.063 4
工业生产经营状况 C_8	0.137 4	工业企业数 X_{22}	0.052 0
		工业企业利润总额 X_{23}	0.074 4
		工业企业流动资产比重 X_{24}	0.011 0
财政收支 C_9	0.095 6	财政一般预算收入 X_{25}	0.056 4
		财政一般预算支出 X_{26}	0.039 2
科教支出 C_{10}	0.100 9	科学事业费 X_{27}	0.067 4
		教育事业费 X_{28}	0.033 5

（三）障碍度测算

表 7-4 列出了 2017 年制约各衰退型煤炭资源型城市绿色转型的阻力因子及其障碍度。

表 7-4　2017 年 15 个地级衰退型煤炭资源型城市绿色转型障碍度统计

阻力因子	指标	乌海	抚顺	阜新	辽源	白山	鹤岗	双鸭山	七台河	淮北	萍乡	枣庄	焦作	韶关	铜川	石嘴山	总计
经济规模	X_1	8.9	6.7	8.4	7.2	7.5	7.9	7.9	8.1	8.8	8.2	0	2.6	6.9	8.3	7.9	105.3
	X_2	10.4	10.4	10.1	8.1	7.9	9.0	9.6	9.2	8.4	7.0	6.1	0	11.3	8.2	8.8	124.5
	X_3	14.7	14.5	10.0	8.1	8.7	11.9	13.0	12.5	3.4	11.1	26.7	0	19.4	13.0	13.8	180.8
	总计	34.0	31.6	28.5	23.4	24.1	28.8	30.5	29.8	20.6	26.3	32.8	2.6	37.6	29.5	30.5	410.6
经济效益	X_4	0	1.1	1.9	0.3	0.6	1.5	1.5	1.5	1.6	1.0	1.0	1.6	1.8	1.1	0.1	16.6
	X_5	0.3	0	1.3	1.0	0.5	1.3	1.7	1.3	1.7	1.5	1.4	3.7	1.4	1.0	1.4	19.5
	X_6	2.6	2.6	0.7	2.6	2.4	2.0	0	1.5	3.8	2.7	5.4	4.5	1.2	2.1	2.9	37.0
	总计	2.9	3.7	3.9	3.9	3.5	4.8	3.2	4.3	7.1	5.2	7.8	9.8	4.4	4.2	4.4	73.1
人口结构	X_7	0.7	0.3	0.3	0.4	0	0	0	0.1	2.4	1.6	4.3	8.6	0.4	0.3	0.2	19.6
	X_8	1.5	1.1	2.6	0.8	1.9	2.0	2.0	2.2	0.4	1.7	0	3.3	0.1	1.0	1.8	22.4
	X_9	0	1.2	2.0	2.6	1.2	0.6	1.5	1.6	2.4	2.1	4.5	8.7	3.3	1.6	1.1	34.4
	X_{10}	1.4	1.7	0.1	2.0	1.1	2.3	0	1.6	3.4	2.2	4.1	9.5	1.7	0.8	1.1	33.0
	总计	3.6	4.3	5.0	5.8	4.2	4.9	3.5	5.5	8.6	7.6	12.9	30.1	5.5	3.7	4.2	109.4
人民收入	X_{11}	0	1.8	2.1	2.8	2.8	1.9	1.4	2.0	0.5	1.4	3.1	11.0	0.4	1.5	1.2	33.9
	X_{12}	0	1.1	1.6	1.7	2.0	1.9	1.8	1.7	1.6	1.0	2.4	5.0	1.1	1.1	1.3	26.1
	X_{13}	0	1.2	1.3	1.4	2.1	0.8	0.9	1.3	2.3	0.1	1.8	0.8	1.3	2.0	1.2	18.5
	总计	0	4.1	5.0	5.9	6.9	4.6	4.1	5.0	4.4	2.5	7.3	16.8	3.6	4.6	3.7	78.5
废物排放与处理	X_{14}	0.1	0.1	0	0	0	0.4	0.1	0	0.1	0	0.2	0.4	0.3	0	0.1	1.8
	X_{15}	0.6	0.2	0.1	0	0.1	0.4	0.2	0.2	0.1	0	0.2	0	0.1	0.2	0.4	3.1
	X_{16}	0.7	1.5	0.2	0	0.7	0.5	0.7	0.3	0.2	2.0	0	2.5	0.9	0.1	1.4	11.7
	X_{17}	0.1	0.2	0	0	0.5	0.6	0.1	0.3	0.3	0.2	0	0.3	0.6	0.2	0.4	3.8
	总计	1.5	2.0	0.3	0	1.3	1.9	1.1	0.8	0.7	2.5	0.4	3.2	1.9	0.5	2.3	20.4
城市绿化	X_{18}	0.2	2.3	1.8	2.1	2.7	1.6	1.5	1.8	2.0	3.8	5.7	8.3	3.2	2.5	0	40.1
	X_{19}	0.1	0.1	0.1	0.2	0.5	0.1	0.1	0	0.1	0.1	0.2	0.5	0	0.1	0.1	2.3
	总计	0.3	2.4	1.9	2.3	3.2	1.7	1.6	1.8	2.1	3.9	5.9	8.8	3.2	2.6	0.1	42.4
企业科技研发实力	X_{20}	10.3	9.3	10.0	10.8	10.9	9.5	9.8	8.9	10.4	12.2	0	0.8	10.0	10.0	9.6	132.5
	X_{21}	9.5	7.7	8.3	9.1	9.5	8.4	8.7	8.2	7.0	11.4	5.9	0	8.3	8.9	8.2	119.1
	总计	19.8	17.0	18.3	19.9	20.4	17.9	18.5	17.1	17.4	23.6	5.9	0.8	18.3	18.9	17.8	251.6
工业生产经营状况	X_{22}	8.0	7.3	7.1	6.7	6.3	6.8	7.2	7.1	5.0	6.6	0.4	0	7.3	6.8	7.1	89.7
	X_{23}	11.0	10.9	11.2	10.8	11.3	10.0	10.8	9.9	11.8	11.2	12.2	0	13.3	10.6	9.9	154.9
	X_{24}	0.3	0.6	0.6	1.0	1.1	0.8	0.7	0	1.2	2.4	1.2	3.6	1.0	0.6	0.3	15.4
	总计	19.3	18.8	18.9	18.5	18.7	17.6	18.7	17.0	18.0	20.2	13.8	3.6	21.6	18.0	17.3	260.0
财政收支	X_{25}	3.6	2.9	5.0	6.2	5.7	5.1	5.5	5.1	5.5	2.8	0	2.3	3.9	5.6	5.8	65.0
	X_{26}	4.4	2.6	3.1	3.6	2.4	3.3	2.9	3.7	4.1	2.3	2.6	5.6	0	3.5	4.1	48.2
	总计	8.0	5.5	8.1	9.8	8.1	8.4	8.4	8.8	9.6	5.1	2.6	7.9	3.9	9.1	9.9	113.2

表 7-4(续)

阻力因子	指标	乌海	抚顺	阜新	辽源	白山	鹤岗	双鸭山	七台河	淮北	萍乡	枣庄	焦作	韶关	铜川	石嘴山	总计
科教支出	X_{27}	7.1	7.8	7.3	7.4	6.9	6.5	7.2	6.5	7.8	1.0	10.6	12.9	0	6.4	6.5	101.9
	X_{28}	3.7	2.9	2.7	3.0	2.6	2.9	3.0	3.3	3.1	2.2	0.1	3.6	0	2.5	3.4	39.0
	总计	10.8	10.7	10.0	10.4	9.5	9.4	10.2	9.8	10.9	3.2	10.7	16.5	0	8.9	9.9	140.9

从表 7-4 中将 15 个地级衰退型煤炭资源型城市的 10 个阻力因子的障碍度全部提取出来,得到各地级衰退型煤炭资源型城市绿色转型障碍度统计表(表 7-5)、我国地级衰退型煤炭资源型城市绿色转型障碍度总计图(图 7-1)和各地级衰退型煤炭资源型城市绿色转型障碍度比较图(图 7-2)。

表 7-5 15 个地级衰退型煤炭资源型城市绿色转型障碍度统计

城市	经济规模	经济效益	人口结构	人民收入	废物排放与处理	城市绿化	企业科技研发实力	工业生产经营状况	财政收支	科教支出
乌海	34.0	2.9	3.6	0	1.5	0.3	19.8	19.3	8.0	10.8
抚顺	31.6	3.7	4.3	4.1	2.0	2.4	17.0	18.8	5.5	10.7
阜新	28.5	3.9	5.0	5.0	0.3	1.9	18.3	18.9	8.1	10.0
辽源	23.4	3.9	5.8	5.9	0	2.3	19.9	18.5	9.8	10.4
白山	24.1	3.5	4.2	6.9	1.3	3.2	20.4	18.7	8.1	9.5
鹤岗	28.8	4.8	4.9	4.6	1.9	1.7	17.9	17.6	8.4	9.4
双鸭山	30.5	3.2	3.5	4.1	1.1	1.6	18.5	18.7	8.4	10.2
七台河	29.8	4.3	5.5	5.0	0.8	1.8	17.1	17.0	8.8	9.8
淮北	20.6	7.1	8.6	4.4	0.7	2.7	17.4	18.0	9.6	10.9
萍乡	26.3	5.2	7.6	2.5	2.5	3.9	23.6	20.2	5.1	3.2
枣庄	32.8	7.8	12.9	7.3	0.4	5.9	5.9	13.8	2.6	10.7
焦作	2.6	9.8	30.1	16.8	3.2	8.8	0.8	3.6	7.9	16.5
韶关	37.6	4.4	5.5	3.6	1.9	3.2	18.3	21.6	3.9	0
铜川	29.5	4.2	3.7	4.6	0.5	2.6	18.9	18.0	9.1	8.9
石嘴山	30.5	4.4	4.2	3.7	2.3	0.1	17.9	17.3	9.9	9.9
合计	410.6	73.1	109.4	78.5	20.4	42.4	251.6	260.0	113.2	140.9

（四）测算结果分析

由表 7-5 和图 7-1 可知,总体而言,制约我国衰退型煤炭资源型城市绿色转型的阻力因子依次是经济规模、工业生产经营状况、企业科技研发实力、科教支出、财政收支、人口结构、人民收入、经济效益、城市绿化、废物排放与处理。10 个阻力因子的障碍度差距较大,表明各阻力因子对我国衰退型煤炭资源型城市绿色转型的阻力作用相差较大。其中经济规

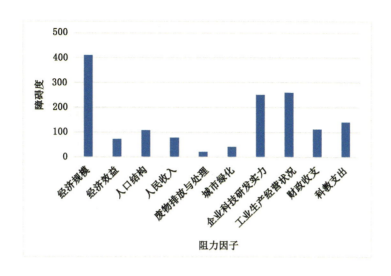

图 7-1　我国地级衰退型煤炭资源型城市绿色转型障碍度总计

模的障碍度遥遥领先,表明经济体量不够强大是制约我国衰退型煤炭资源型城市绿色转型顺利进行的主要阻力因素;工业生产经营状况和企业科技研发实力的障碍度次之,表明企业是影响未来我国衰退型煤炭资源型城市绿色转型的主力军。

从图 7-2 可以看出,除了焦作和枣庄以外,包括乌海、抚顺、阜新、辽源、白山、鹤岗、双鸭山、七台河、淮北、萍乡、韶关、铜川和石嘴山在内,绝大部分衰退型煤炭资源型城市绿色转型阻力因子的障碍度高低排行基本符合我国的总体趋势。对于这些城市,经济规模、工业生产经营状况和企业科技研发实力这 3 个阻力因子的障碍度远高于其余 7 个阻力因子的障碍度,表明束缚这些衰退型煤炭资源型城市绿色转型的首要因素是经济体量不够庞大,其次是城市企业经营状况的不善和科研投入的不足。要想成功实现绿色转型,这些城市未来应着力于发展经济实力以及城市煤炭企业的高效运营与改革。

从焦作绿色转型障碍度饼图(图 7-3)中可以看出,焦作的阻力因子障碍度高低排行与其他衰退型煤炭资源型城市有很大不同。一方面,焦作地处河南省,具有很强的地理优势,市内聚集了很多综合实力较强的企业,经济发展水平较大部分衰退型煤炭资源型城市高,2017 年焦作的 GDP 总量达到 2 342 亿元,在 15 个地级衰退型煤炭资源型城市中仅略低于枣庄,故经济规模和企业运营状况对焦作绿色转型的障碍作用很小;另一方面,焦作人口过多,但是城镇化进程缓慢,从事第三产业的人口比重不足 40%,严重畸形的人口结构成为制约焦作绿色转型的主要阻力因子。因此,要想促使焦作绿色转型成功,应聚焦于抑制人口膨胀,改善城乡结构,调整产业从业人员结构,使焦作的人口结构趋于合理。

对于枣庄,从枣庄绿色转型障碍度饼图(图 7-4)中不难发现,其阻力因子障碍度高低排行与其他地级衰退型煤炭资源型城市较为一致,但存在些许差别。枣庄的企业多注重创新和研发新技术,故企业科技研发实力的障碍度远低于其他衰退型煤炭资源型城市,而人口结构的障碍度略高于其他衰退型煤炭资源型城市,究其原因,也是枣庄地处山东

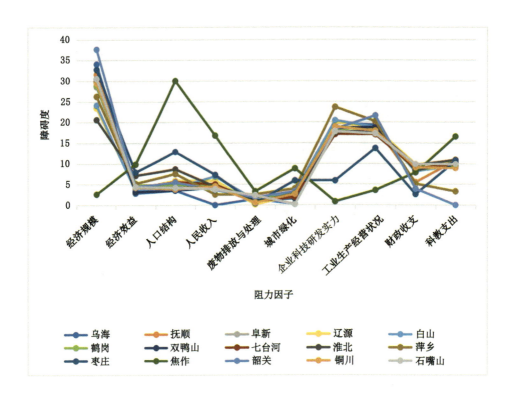

图 7-2　15个地级衰退型煤炭资源型城市绿色转型障碍度比较

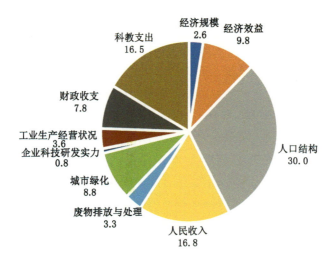

图 7-3　焦作绿色转型障碍度

省,人口拥挤,人口密度过大的结果。因此,枣庄的绿色转型,需要在壮大经济规模的基础上,致力于优化人口结构。

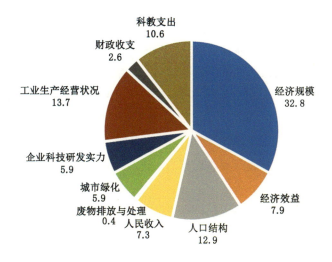

图 7-4　枣庄绿色转型障碍度

第二节　衰退型煤炭资源型城市绿色转型路径优化

一、衰退型煤炭资源型城市煤炭产业退出

(一) 政府援助

对于我国而言,政府的财政能力尤其是地方政府的财政能力,远不如其他发达国家,所以我国针对衰退型煤炭资源型城市的援助政策,不能单一靠财政援助,还要有其他的手段。

1.促进增值税向消费税的转换

煤炭资源产业作为煤炭资源型城市的基础性产业,在煤炭资源的价格没有完全理顺的情况下,按照增值税征收税收,对于煤炭资源型城市的影响很大,负担较重,可以考虑推行取代增值税的消费税政策,以减轻煤炭企业的负担,筹集资金加快发展替代产业。另外,国家还可以统筹考虑将矿业的税费体系,调整到低于制造业的平均税费水平。

2.建立衰退型煤炭资源型城市补偿的财政专门账户

应该从资源税中提取部分税收,用于煤炭资源型城市的转型和安置。对于煤炭资源开发进入后期的城市来说,这样的政策具有一定的可行性。因而,可以考虑在中央财政中设立相应煤炭资源型城市税收专户,将由中央财政提取的税收加以保管,在一定年份后返还城市,专门用于转型支出和职工安置。

3.国家给予一定的经济援助

对于煤炭资源进入衰竭期或者资源即将耗尽的城市,可以考虑设立衰老报废矿山技术改造专项基金。对于衰退型煤炭资源型城市转型中的技术改造和技术创新,由国家予以一定的补贴和支持;对于衰退型煤炭资源型城市吸引技术人员、消化吸收先进技术的重大项目,可以考虑由国家予以一定的鼓励和支持。

4. 在衰退型煤炭资源型城市转型上用好国债资金

我国近年来注重财政政策和货币政策的配合与灵活运用,在经济增长周期的不同阶段,采取不同松紧程度的财政政策。通常,在经济处于增长低谷时,更多地采取相对扩张型的积极的财政政策,通过增发国债推动基础设施建设、生态环境治理等形式促进经济增长;而在经济增长速度较高的情况下,更多地使用相对紧缩型的财政政策。一般来说,国家的国债资金会维持在一定规模上。从国家目标实现上看,可以考虑将更多的国债资金用于煤炭资源型城市转型上,可以考虑设立煤炭资源型城市基础设施建设和生态环境治理的专项,为衰退型煤炭资源型城市落后的基础产业和恶劣的生态环境治理提供支持。

（二）人员安置

在煤炭资源产业退出的过程中会出现许多社会问题,比较突出的是失业人员的安置问题。煤炭资源产业是典型的劳动密集型产业,从业人员数量大,知识结构片面,工作技能单一,且由于煤炭资源开采行业的特点,劳动力主要是青壮年,如何解决这么多失业人员的再就业,对于任何一个衰退型煤炭资源型城市都不是一件容易的事情。

我国的衰退型煤炭资源型城市失业人员同国外相比较,数量巨大,社会保障的任务十分繁重。我国不仅仅要像其他国家那样在培训新技能、鼓励自谋职业以及在就业管理现代化和制度化等方面下功夫,更重要的是要有完善的社会保障体制。

1. 加强衰退型煤炭资源型城市的社会保障

应该充分动员国家、企业和劳动者个人的力量,为衰退型煤炭资源型城市相对沉重的职工养老、大病统筹等提供支持,加强衰退型煤炭资源型城市的社会保障机制的建设。资源大开发导致城市纷纷建立的高峰期已经过去,第一批开发者基本上都进入离退休状态,养老和医疗的支出大幅度上升;而这些职工进入离退休之前的工资性收入相对较少,面对医疗、食品等价格的不断上升,单纯依靠职工个人难以支付起沉重的养老和医疗费用。在健康状况日益好转寿命不断延长的情况下,医疗、养老等方面的社会保障支出将更多,需要全社会加以关注和支持,确定基本的医疗、养老保障制度,实现国家、企业和个人共同支持的社会保障机制,为衰退型煤炭资源型城市的职工提供必要的保障。各个煤炭资源型城市应该完善相应的管理机构,按照国家的相关规定,完善医疗和养老保障制度,确保衰退型煤炭资源型城市企业中离退休人员基本养老金按时足额发放和大病统筹部分的支出,并委托银行、邮局等相关中介机构完成。实现规范运转,使养老基金和医疗大病统筹基金的使用建立在规范、透明运作的基础上,使基金能够在投资中实现保值增值,确保职工养老、医疗中的相关支付当期足额发放。对于特殊阶层实行社会救济制度。对于低收入家庭、五保户、残疾人员,实行一定的社会救济,可以通过发放食品券、免费乘车证明、提供大病统筹援助等形式减免这些弱势群体的日常支出。

2. 大力拓宽衰退型煤炭资源型城市的就业渠道

应该通过多渠道多方式为从煤炭企业退出来的职工提供丰富的就业岗位,促使这些企业职工在退休之前为社会提供进一步的服务,以维护城市的社会稳定和职工的家庭稳定。对城市的产业进行多元化经营,有针对性地发展初始投入较少、就业门槛相对较低的产业。

对矿山土地进行再开发,全国有400多座矿山已经或将要闭坑,可以利用矿山的废弃土地和周边的荒废土地,开展环境修复、土地复垦、种树种草、发展养殖、种植经济作物等经济活动。要以优惠政策吸引民间资本参与沉陷矿区改造。推动民营中小企业因地制宜地发展,为企业在注册登记、税收优惠、场地安排等方面提供便利,充分发挥民营企业吸纳职工就业的巨大潜力。以下岗职工再就业服务中心为基地,对下岗职工进行职业技能培训和提供再就业信息。将富余劳动力通过规范性的中介机构向外输送,实现异地就业。制定衰退型煤炭资源型城市就业特别援助政策,设立职业培训资助金。

二、衰退型煤炭资源型城市主导产业培育

(一)投资环境建设

改善投资环境,包括硬环境建设与软环境建设。在硬环境方面主要有基础设施的建设,环境治理等;软环境方面主要是建立有序的经济秩序,制定优惠政策等。良好的投资环境是吸引外来投资,促使企业进入和建立的先决条件。

1.加强基础设施建设和环境污染治理

衰退型煤炭资源型城市的基础设施一般都比较落后,而城市基础设施是地区产业发展的重要条件。必须加大对衰退型煤炭资源型城市基础设施的投资力度和建设速度,才能使城市对经济的服务功能快速增强,服务档次稳步提高。只有具备完善的基础设施、完善的综合服务功能和良好的人文环境,才能对产业的转型和经济的发展起到推进作用,才能有利于吸引外资,促进外向型经济的形成和发展。环境可持续发展是经济可持续发展的基础,必须加大环保设施的投入力度和环境污染的治理力度,对工业生产产生的废水、废气、废物必须进行严格的处理,将污染造成的损失及处理费用计入生产成本;在城市中推进清洁生产,大面积推广使用清洁能源;在工业生产中采用节水方式并加大废水循环利用的研究。力争在较短的时间内,提高环境质量。可建立衰退型煤炭资源型城市的环境治理基金。在煤炭资源开发以后,煤炭资源型城市的环境治理需要大量的投入,世界各国的煤炭资源型城市无一例外。据有关资料,美国的矿山环境基金就从煤炭中提取,每吨20美分。我国也可以从煤产品出售中提取基金,中央和地方各拿出一块,企业也拿出一块,以作为环境治理的资金来源。生态环境治理基金和国债项目可以配套运用,并进行效果评估。

2.完善制度环境和制定优惠政策

应使衰退型煤炭资源型城市地方政府有充分的自主权,尽可能营造一个比经济特区还要优惠的发展环境,制定一些用地优惠、融资优惠和税制优惠等政策。但无论多优惠的政策都要有明晰的制度环境去保障,这是政府的主要任务。衰退型煤炭资源型城市的政府要面对市场化转轨过程中的政府职能转变需要,提高政府的行政效率。应该在强化政府服务职能的同时维持一种小政府、大社会的局面。政府应该将目标转向为全社会提供公平、公开、公正的竞争秩序,鼓励各种所有制的企业进行有序竞争,注意改善城市的投资环境,简化由政府审批的各种商业程序,积极采取措施吸引内资和外资。对衰退型煤炭资源型城市转型过程中的政府考核指标进行调整,以往对于政府考核的指标相对偏重经济指标,对于

社会发展指标考核重视不够,对于衰退型煤炭资源型城市来说,政府的考核指标可以更多地注重社会指标,尤其是失业者再就业指标,将其作为至少与经济指标一样重要的指标来对待。

(二)鼓励发展民营企业与中小企业

发展替代产业一方面要吸引外来投资,解决经济调整资金不足的问题,另一方面也要大力发展本地民营企业与中小企业,形成产业集聚,组成企业网络,提高衰退型煤炭资源型城市的竞争力。强调民营经济、中小企业是因为:民营经济是一种资源,是对国有经济的补充,对国有经济资源稀缺状况的补充;民营经济有体制上的灵活性,容易存活;民营经济比较容易进入的领域是服务业,服务业就业空间大,其他领域当然也希望民营经济进入,作为国有经济的补充;民营经济往往与中小企业相联系,而中小企业也是吸纳就业的重要领域。我国煤炭资源型城市普遍存在着经济结构中传统国有企业比重过大、民营经济比较脆弱、地方财政积累不足等问题,导致城市转型动力缺乏,发展活力不够。随着社会主义市场经济体制的建立,要利用民营经济机制灵活、市场适应能力强、吸纳就业潜力大等优势,鼓励发展民营经济与中小企业,尽快形成一批有竞争力的民营企业带动转型。

1. 放宽非公有制经济市场准入

允许非公有资本进入法律法规未禁入的行业和领域,允许外资进入的行业和领域也允许国内非公有资本进入;允许非公有资本进入垄断行业和领域、公用事业和基础设施领域、社会事业领域、金融服务业领域;鼓励非公有制经济参与国有经济结构调整和国有企业重组。

2. 加大对非公有制经济的财税金融支持

加大财税支持力度,逐步扩大国家有关促进中小企业发展专项资金规模,省级人民政府及有条件的市、县应在本级财政预算中设立相应的专项资金,加快设立国家中小企业发展基金;加大信贷支持力度,提高对非公有制企业的贷款比重;拓宽直接融资渠道,非公有制企业在资本市场发行上市与国有企业一视同仁,鼓励非公有制经济以股权融资、项目融资等方式筹集资金,允许符合条件的非公有制企业依照国家有关规定发行企业债券;鼓励金融服务创新,改进对非公有制企业的资信评估制度,对符合条件的企业发放信用贷款;建立健全信用担保体系,支持非公有制经济设立商业性或互助性信用担保机构,鼓励有条件的地区建立中小企业信用担保基金和区域性信用再担保机构。

3. 完善对非公有制经济的社会服务

大力发展社会中介服务和创业服务,各级政府要支持建立创业服务机构,鼓励为初创小企业提供各类创业服务和政策支持,对初创小企业,可按照行业特点降低公司注册资本限额,允许注册资金分期到位,减免登记注册费用;支持开展企业经营者和员工培训,各级政府应给予适当补贴和资助。

4. 优化国有经济布局

调整国有经济布局,坚持有所为、有所不为,有进有退、以退为主的方针,解决资源型城市国有经济比重过高、国有资产质量较差的问题,基本完成国有经济布局的战略性调整和国有企业的战略重组,提高混合所有制经济和非公有制经济的比重。政府要大胆放手让城市内外的各类企业包括民间资本和国外资本参与城市的转型。政府不要代替企业和市场去争投资、选项目或分配资源,而应集中精力改善投资经商的软硬环境,积极创造由地区比较优势向经济优势转化的制度条件和市场条件。

三、衰退型煤炭资源型城市生态环境治理

长时间的煤炭资源开采与废水废渣的随意排放,导致沉陷土地大量出现、煤矸石山自燃、露天开采引发滑坡、流域水系污染、城乡绿地被破坏等一系列的生态问题在衰退型煤炭资源型城市中较为突出,并深刻影响着城市面貌与人民群众生命财产的安全。衰退型煤炭资源型城市的生态环境治理已成为我国当前所面临的紧迫任务之一,也是衰退型煤炭资源型城市实施绿色转型应先关注的问题之一。

(一)生态修复

生态修复是通过人为措施,使退化的生态系统恢复到能进行自我维持的正常状态,使其能够按照原来的自然规律运行演替,进而达到恢复生态系统自稳定性的目的。通过对相关研究成果查阅发现,衰退型煤炭资源型城市面对的主要生态环境问题,均有相应的生态修复方法予以应对。

1. 矿井水和煤矸石的无害化、资源化

通常矿井水都含有悬浮物,因此首先要进行悬浮物的去除,这和一般污水的处理工艺相同。其他的处理工艺技术的采取取决于矿井水的性质和处理后的用途。按污染物的特性,矿井水一般可分为洁净矿井水、含悬浮物矿井水、高矿化度矿井水、酸性矿井水、碱性矿井水及含特殊污染物矿井水。对高矿化度矿井水关键是脱盐处理,脱盐的方法主要有化学法、热力法、膜分离法(包括电渗析和反渗透),其中电渗析脱盐技术较为可靠,且这种处理方法在我国北方许多矿区已经应用。我国大同矿务局同家梁矿、甘肃阿干煤矿、徐州张集煤矿都采用电渗析法来处理矿井水,并且取得了很好的效果。酸性矿井水水质复杂,主要分布在南方,若处理成生活用水,成本高,一般处理后达标排放或回用于对水质要求较低的工业用水。酸性矿井水的主要处理方法有中和法、生物化学法、湿地生态工程法、反渗透法等,其中石灰中和法是目前普遍采用的处理方法。福建省永定矿务局瓦窑坪煤矿就是采用这种方法,酸性矿井水经过中和、沉淀、过滤后,出水可达到排放标准。对于含有毒、有害元素或放射性元素的矿井水首先去除悬浮物,然后对其中不符合水质标准的污染物进行处理。对含氟水,可用活性氧化铝吸附去氟,也可用电渗析法除盐的同时除氟;对于含铁、锰的水,通常采用混凝、沉淀、吸附、离子交换和膜技术等处理方法。

煤矸石的回收利用技术主要有烧砖、生产水泥、生产混凝土和铺路,回收煤炭、黄铁矿,提取氧化铝及制备无水三氯化铝、结晶氯化铝、聚合氯化铝和水玻璃,生产硅铝系合金、代替燃料发电等,但国内外在煤矸石综合利用方面以煤矸石制硅酸盐水泥最为成功。

2. 土地恢复

土地恢复是指重新开垦已被破坏的土地,恢复其应有的使用价值,同时消除或防治土

地破坏所带来的各种危害。根据用途可以将复垦分为农业复垦、林业复垦、农牧业复垦、自然保护复垦、水资源复垦和工业复垦等。根据技术方法可将其分为工程技术复垦和生物技术复垦两种。目前,国内外在采煤塌陷地、露天开采以及废弃物堆积地等复垦方面已有比较成熟的技术。从总体来讲,土地恢复分为两个部分,即稳定化处理和土壤改良。稳定化处理主要指对采矿形成的洼坑进行回填形成平地,对排土场的边坡进行处理,不致造成塌陷,形成渗漏和边坡。对于出现地面积水、土壤盐渍化等现象的土地要进行脱盐排水。对于积水塌陷区,可以采取充填复垦和疏排法等非充填方法治理。由于采矿活动对地表的破坏,以及固体废弃物堆积造成的污染,煤炭资源型城市的土壤系统生物多样性低,重金属含量过高,pH值太低,植物生长所必需的营养物质缺乏,给当地生态重建带来不利的影响。对土壤进行改良,最简单的方法就是覆盖土壤,但该方法的费用很高,因此在具体实践中适用于经济条件好、生态环保意识较强的煤炭资源型城市。对于pH值过低的酸性土壤可以通过施用石灰或磷矿粉来调节酸性。大部分煤矿区土壤缺乏氮、磷等营养元素,解决这类问题的方法是添加肥料和利用豆科植物的固氮能力。在植物根系接种真菌菌株,可以促进植物根系对土壤中磷、钾、钙等矿质元素的吸收,扩大根系吸收面积,提高植物抗旱、抗涝能力,增强植物对病虫害的抵抗能力。

3. 植被恢复

植物种类的选择是煤炭资源型城市植被恢复成败的关键因素之一。植物种类的选择一般是根据植被恢复的目标和城市当地的气候、土壤等自然条件、现场植被调查等确定的。选定的植物一般具有较强的适应能力,如固氮能力强、根系发达、耐瘠薄、播种栽植较容易等。而且应尽量选用优良的土著种或先锋品种,还可应用生物工程选择抗逆性强的优良品种。选用优良植物品种只是植被恢复工作的一部分,维持植被的覆盖度,建立一个能够自我调节的生态系统是相当重要的。根据生态学原理,物种多样性是生态系统稳定性的基础,使用多物种,特别是将乔、灌、草、藤多层配置结合起来进行植被恢复,建立的生态系统稳定性及可持续性均比单物种或少物种效果好。

4. 土壤重金属污染治理

煤炭资源型城市重金属污染主要是由于煤矸石风化自燃及淋溶而迁移到土壤、水体中的。因此,煤炭资源型城市重金属污染的治理首先要从清洁生产入手,发展煤矸石资源化技术,减少煤矸石堆放量,其次采取方法治理被污染的土壤、水体。目前,对重金属土壤污染进行治理的方法通常有使用土壤改良剂、客土法、排土法、化学冲洗法、酸淋法和电化学法等。这些方法各有优缺点,如电化学法虽然治理效果较为彻底、稳定,但投资大,易引起土壤肥力减退,适于小面积的重度污染。在现有的土壤重金属污染治理技术中,生物恢复技术被认为是最有生命力的。

5. 水土流失与沙漠化防治

我国的煤炭资源型城市大多处于干旱、半干旱的生态脆弱区,故水土流失和沙漠化治理更应引起高度重视。水土流失和沙漠化治理分为工程治理和生物治理两种。用工程措施治理水土流失的方法有建立防洪护矿拦渣工程、涂层法、网格法、抗侵蚀被法等。涂层法是国外广泛采用的方法之一。涂层材料包括沥青乳液和棉籽醇树脂乳液等黏性物质,通过对排土场表面做固结处理,可有效地防止风蚀和水蚀。网格法是将易侵蚀的坡面用草席或纤维织网压草覆盖坡面,防止坡面侵蚀。抗侵蚀被法和网格法类似,侵蚀被由一面能光降解一面能生物降解的草等材料组成。沙漠化的工程治理是利用杂草、树枝以及其他材料,在沙丘上设风障或覆盖在沙面上。工程治理的优点是能够立即奏效,但成本高、费工、不能长期保存。生物治理主要指植物治理。植被稀少是造成煤炭资源型城市煤矿区水土流失和沙漠化的直接原因,因此要加强煤矿区的林草建设。林草建设要做到因地制宜,宜林则林宜草则草,根据当地自然状况,选择合适的植物种类。煤矿区水土保持选用的植物应当具有固氮能力、根系发达、生长迅速等特点,油松、华北落叶松、山杏、小叶杨、小黑杨、沙棘、荆条、沙打旺、紫花苜蓿、羊草等比较适合。煤矿区内的林草措施,主要有采掘场内平台林草措施,排土场平台、边坡林草措施,排土场外围防护林,铁路防护林等。沙漠化土地中水是最大的限制性因子,植物因缺水而不能成活和成活后难以生存,因此在选择物种时要选择适合沙地环境、易繁殖、速生、耐风蚀沙埋、灌丛大、生产力高、耐瘠薄、生长稳定、寿命长的树种。沙漠地种植的一般树种有合作杨、沙枣、毛条、柠条、花棒、杨柴、沙拐枣、中间锦鸡儿等。

（二）生态修复与相关资源的整合

衰退型煤炭资源型城市转型的生态修复路径不应该仅是技术层面的问题,单纯的生态修复可以使城市所处的生态环境更为优良,却并不能从根本上解决煤炭资源型城市的有效转型。生态修复作为衰退型煤炭资源型城市转型的一条切实可行的路径,不应单集中在受损生态空间的治理上,更须将生态系统的修复与城市其他相关资源相搭接与整合,使城市政府投入巨资进行的生态整治发挥出放大效应,事实上这也是煤炭资源型城市采用生态修复路径引导城市转型的重点与难点,具体来说,方向有以下几个:一是加强生态保护与修复的法治化管理,防止生态系统的进一步恶化。二是将生态修复与城市居民的就业相搭接,以环境产业解决民生问题。可针对衰退型煤炭资源型城市多类型的生态功能恶化问题,开展生态修复活动,吸收矿区下岗待就业人员从事环保产业,从事废弃物回收、治理,山体绿化种植等环境产业。三是将生态修复与城市建设相搭接,发挥城市生态空间的溢出效应。衰退型煤炭资源型城市开展的生态修复,有利于营造城市良好健康发展的基础条件,同时,鉴于煤炭资源型城市大量受损生态资源的区位条件,如位于城市周边、限制城市发展的沉陷土地,穿越城市的污染河流等,考虑到生态修复的高额成本,将生态修复与城市建设相搭接,发挥城市生态空间的溢出效应,可以凸显生态修复对于城市转型及城市建设的放大效应,如唐山南湖公园的建设及以其为背景的南湖生态城的筹划建设就是其中的典型代表。

第三节　衰退型煤炭资源型城市转型典型案例分析——以阜新市为例

辽宁省阜新市,是一座因煤而立、因煤而兴又因煤而衰的城市。开采煤炭数百年,这座城市享有"共和国的发动机""煤电之城"等美誉,让全世界人民刮目相看。然而,英雄暮年,阜新市的煤炭资源正逐步走向枯竭。2000年,阜新矿务局下属的新邱露天矿、东梁矿和平安矿关闭破产,涉及全面下岗并失业职工 3 万余人,全部职工及家属共 15 万人。2005 年,阜新矿务局也面临着倒闭的局面。阜新市作为衰退型煤炭资源型城市的典型代表,为解决其煤炭资源枯竭导致的经济、生态以及就业方面的危机,自 2001 年开始,党中央、国务院把阜新市确定为首批全国资源型城市转型试点城市,至此,阜新市迈上了转型振兴的伟大征程。阜新市经历了十几年的转型探索,积累了丰厚的转型经验,对其他衰退型煤炭资源型城市的转型有一定的参考意义。

一、阜新市转型发展成就与问题分析

(一)阜新市转型发展成就

1. 产业结构发生变化

阜新市作为资源型城市,是我国重要的煤炭基地之一,自 1897 年以来,阜新市为国家贡献了 5 亿多吨的煤炭。但随着自然资源的减少甚至衰退,很多以煤炭生产为主的企业倒闭,资源型产业的退出及转型是社会主义经济发展的需要。阜新市以煤炭为主导的经济发展模式已经转变,煤炭产业成为阜新市的一般性产业。现在,阜新市通过对煤炭资源的深加工来解决自身供给问题,同时也提高了煤炭的利用率。阜新市还建立了全国第一个工业遗址旅游地,作为辽宁省唯一的矿山公园,吸引了影视制作团队和旅游开发商,带动了辽宁省旅游产业的发展。阜新市凭借自身农业的优势,还创办了多个农产品加工产业链,使阜新市的农产品加工业得到蓬勃发展,成为主导产业之一。

2. 现代化农业快速发展

阜新市的光照、土壤、气候等条件都十分适合农作物的生长,这为阜新市现代产业化农业的发展提供了优势。为了更好地发展现代化农业,阜新市建立了现代农业科技园区,为阜新市的农业向现代化发展提供科技支持的同时,还增加了失业再就业的岗位。现如今,阜新市的经济转型已经见效,现代农业的发展,使阜新市的产业结构得到融合,为阜新市创造了新的城市形象。

3. 就业机会增加

近年来阜新市煤炭资源枯竭,导致以煤炭资源开采为主的企业倒闭、破产,这就使近一半以上的矿区职工面临下岗再就业的问题。为了解决再就业问题、使人民的生活水平得到提高和改善以及确保城市转型的顺利进行,阜新市政府把职工再就业问题作为城市转型的重中之重。为了解决再就业的问题,政府通过建设农业科技园区为下岗工人提供工作岗位、鼓励民营企业发展、劳务输出以及就业培训等相关政策,总共开辟了 7 条就业通道,这使阜新市的新兴产业如雨后春笋般崛起并发展,为下岗职工的再就业提供了机会。

4. 城市建设得到强化

阜新市通过城市规划,改造老城区、建立新城区、完善交通,为市民提供更好的居住环境。首先,政府改造了老城区,到 2011 年年底,棚户区改造工程彻底完成,使棚户区的居民住进新家;其次,阜新市共建立了 5 个新城区,分别是沈张新城、现代皮革新城、玉龙新城、温泉新城以及蒙古贞新城;最后,在交通方面,修建沈彰、铁阜和阜朝 3 条快速路,建立城市道路系统,使道路网由城市快速路、主干道、次干道、支路构成。

5.生态环境得到重视并有所改善

阜新市坚持恢复煤矿区的生态,植树造林,使阜新市的森林覆盖率得到大幅度提升,环境绿化率的提升使阜新市沙尘暴天气减少,城市空气得到净化。在荒废的煤矿区,土地得到重新开垦利用,不仅增加了农作物的产量,同时对净化空气也起到了很大作用。

(二)阜新市转型发展问题分析

1.产业结构性矛盾尚未根本改变

阜新市位于辽宁省西北部,1940年建市,是我国最早建设起来的重要能源基地之一。阜新的煤炭开采史已达100多年,号称"煤电之城",产业结构是典型的以能源生产为主,整个产业比例和结构失衡,第一产业基础薄弱,第二产业比重偏高,第三产业发展缓慢。随着煤炭资源的枯竭,以煤炭为主导的产业开始衰退,地方经济发展迟缓。自2001年转型以来,阜新市在产业结构上大力培育接续替代产业,着力改变以煤炭为主的单一产业结构,取得较大进展。但是,多数产业集群还没有真正形成支撑能力;项目引进和储备不足,特别是缺少牵动力强的大项目,企业合资合作步子不大,接续替代产业尚处于培育和发展阶段;由于长期受计划经济的理念和实践的影响较深,在城市工业中既有煤炭工业畸形发展而遗留的负面影响,又有地方工业上追求面面俱到、门类齐全"体系"的双重弊病,使产业结构调整压力较大,依然面临着工业产业结构、产品结构单一,不够优化,支柱产业不强的问题。

2.经济总量依然不足

资源型城市主要是依托资源型企业而形成和发展起来的,资源型企业在资源型城市中的经济地位举足轻重,其工作人员、财政支出、工业产值等指标均在40%以上,有的甚至高达80%~90%。因此,煤炭企业的发展不利必然会导致煤炭资源型城市的"瘫痪",给煤炭资源型城市带来前所未有的困境。2001年年末,阜新市人口占辽宁省总人口的4.7%,地区生产总值却只占辽宁省的1.4%,居全省倒数第一。2000年,阜新市GDP增长率竟创下了0.2%的最低纪录,整个城市经济几乎处于停滞状态,财政状况非常困难,财政入不敷出,是全省14个市中唯一1个市级和7个县区全部享受财政补贴的市。转型以来,阜新市的地方财政一般预算收入实现了快速增长。但由于其他市也在发展,阜新市基础又差,经济总量还是排在全省最后,人均生产总值仅达到全省平均水平的40%和全国平均水平的50%,城镇居民人均可支配收入、农村居民人均纯收入仍不到全省人均水平的80%,特别是财政刚性支出多,收支矛盾突出,没有摆脱"吃财政饭"的困境。

3.就业形势依然严峻

随着煤炭资源的枯竭,阜新市下岗失业人员剧增,尤其是矿区下岗人员所占比例更大,到2001年年末,下岗失业人员15.6万人,占市区人口的20%,其中下岗职工占全市职工总数的36.7%,矿区下岗职工已占城市下岗职工总量的50%,城镇人口登记失业率高达7%,高居全省首位。2001年开始转型,2017年城镇人口登记失业率下降到4.39%,就业总量供求矛盾有所缓解。但由于新上项目不多且规模不够大,实体经济提供新就业岗位的能力有限,劳动密集型的企业少,创造的就业机会少,以往开发的促进就业的渠道变窄,有的企业经济效益不景气,无人愿意去就业,新的劳动力又不断增加,已缓解的就业总量矛盾再次凸显,就业形势严峻,就业再就业任务依然繁重。

4.社会保障体系不完善

阜新市自然资源的枯竭导致大部分以自然资源为生产对象的企业倒闭,失业人数剧增,在短时间内找不到工作,政府必须向其提供经济扶持。在经济转型期间,劳动力结构也为适应经济发展作出调整,这使年龄相对较大的人员缺少竞争优势,很难再就业。目前国家为了适应人口老龄化而推迟退休年龄,显然这二者之间产生了矛盾,这对于养老金缺口较大的阜新市来说,亟须建立完善的社会保障体系。

5.人才队伍问题严重

阜新市人才既多又少。一方面,下岗职工人数众多,剩余劳动力资源丰富,但文化程度低,知识结构和劳动技能单一,学习新知识的能力较差,难以满足经济转型对劳动力资源的需要。另一方面,真正懂技术、善经营、会管理的人才严重短缺,而且人才流失严重。由于经济总量较小,没有形成一定规模的财政积累,导致社会服务能力不强,城市各方面的发展都比较滞后,如基础设施差、污染严重等问题,影响了人们的基本生存条件。而且,经济和社会发展滞后,企业大面积亏损,工资待遇较低,出于个人发展的考虑,有一定技能的农民工、专业技术人员、管理人员流向经济发达地区,这都加剧了人才缺乏形势。

6.生态环境的恶劣得不到彻底改善

第一,大气环境质量。2013年,全国各地遭受雾霾天气的困扰,阜新市的大气环境质量综合指数处于中度污染(空气污染指数API在201~250),污染物主要来源于燃煤产生的总悬浮颗粒物和降尘。且阜新市冬季以燃煤取暖为主,粉尘灰末等颗粒物对大气的污染是必然的,每到冬天采暖期,阜新市的 SO_2、NO、PM(可吸入颗粒物)浓度均比非采暖期数值有所增加。第二,水环境质量。由于阜新市人口多,生活用水排放量逐年增加,所以出现了污水处理能力相对不足等问题,阜新市水污染治理面临巨大的压力。细河是阜新市人们心中的母亲河,但如今细河的水已经被污染,主要污染源有洗煤废水、有机化工原料生产废水、食品制造有机废水、煤气生产含酸废水等及大量生活污水,从综合污染指数看,属严重污染。第三,固体废物现状。固体废物主要指农业固体废物、生活垃圾、一般工业固体废物和危险废物4种。由于阜新市属于煤炭类城市,必然会产生粉煤灰和煤矸石等有害物质,其受长期雨水的冲刷,给地下水带来严重污染。

二、阜新市绿色转型路径优化与经验启示

(一)政府需要树立公共服务意识

阜新市经济转型需要政府宏观上的协调、监督与沟通,只有使各方利益达成一致,才能积极主动地为发展好各项事业而努力。政府应该转变自身的职能,把服务重点放在对市场经济的宏观调控和微观服务上,进而提高政府的工作效率。政府为市场经济创造健康发展空间的同时,完善自身的服务意识,能够面对和处理好公共突发事件。总而言之,政府要完善公共服务体系,更好地发挥自身的服务职能。与此同时,政府要树立责任意识,明确自身的责任,坚持"以人为本"的服务宗旨,维护人民群众的合法权益,集中政府的权力,管好范围内的公共事务。

（二）利用招商引资的方式借力发展

招商引资对阜新市的经济转型及发展有着重要的影响,因此要建立良好的招商引资环境。这就要求政府改变过去招商引资复杂烦琐的审批标准、过高的招商标准以及高额度的收费标准,全方位实施"一站式"的办公方式,这样有助于实现具有中国特色的资源转型道路。在接下来的招商引资中,阜新市应做到重点引进经济实力强大的上市公司,深入一线城市,创新招商体制,坚持在领导的带动下"走出去,引进来",使招商引资更好地服务于本市经济的发展。阜新市农业产业链日益强大,当地政府可以依托农业发展进行招商引资,与周边城市进行合作,共同发展经济。政府应制定关于招商引资方面的法律法规及优惠政策,这样做不仅可以吸引更多的投资对象,同时也能净化投资环境。

（三）促进就业

由于自然资源枯竭,导致开采企业的关闭,大批企业员工失业,陷入生活的苦境,这一现象严重影响了阜新市的社会稳定。面对阜新市近二十万下岗人员,就业成了阜新市政府急需解决的问题。这就要求政府创造更多的就业机会,增加就业岗位。阜新市得天独厚的地理环境促使现代化农业经济迅速发展,政府通过对农业科技园区的建设,创造就业机会,解决了一部分员工的就业问题。与此同时,阜新市建立了灵活的就业形势,通过创业知识的培训来鼓励民营经济的发展,通过劳务输出的方式增加就业机会。由于就业问题一直困扰着阜新市的经济转型,即使积极发展农业和第三产业来吸收失业人员,但是以目前的经济发展状况来看,大量的农村劳动力进城务工,加重了阜新市失业人员就业的竞争力,致使阜新市的失业再就业问题加重,因此解决这一问题需要相当长的一段时间。

（四）建立完善的社会保障系统

作为衰退型煤炭资源型城市,要想顺利地完成经济的转型,就必须以完善的社会保障体系做后盾,这样一方面能有效缓解因失业造成的生活贫困、职工的医疗以及养老等问题,另一方面,经济转型不仅需要漫长的时间,同时还需要抓住发展机遇,这就需要完善的社会保障系统给予充分支持。要建立完善的社会保障系统就需要企业做到:第一,制订具体计划。根据阜新市经济的发展水平,制订适应其自身的发展计划,只有这样才能明确发展方向,按部就班地实施计划。根据我国相关法律方面的规定,每一位劳动者都应参与到社会保障系统中,所以阜新市政府要意识到完善社会保障系统的重要性。第二,发挥社会保险项目的功能。社会保险服务是为了促进社会的和谐稳定、保障劳动者的生活而建立的。阜新市要想更好地发挥社会保险的功能,就应该做到完善社会保险信息的管理系统、建立社保档案并使之完善、做好相关工作的管理等。通过以上工作的具体实施与完善,就可以使社会保险这一项目得到扩大并发挥自身的功能,为广大劳动群体提供基本的生活保障。

（五）加大人才培养和引进的力度

人才是阜新市经济转型的重要保障,阜新市政府已经把"人才强市"纳入发展宏图,但随着阜新市现代化发展步伐越来越快,对人才的需求量也越来越大,这就要求政府创造良好的社会环境和发展空间,为人才的引进打好基础。所以政府要完善培养人才和引进人才的人力资源制度,比如社会保险制度等福利政策。只有政府做到注重培养高端人才、加大对科技的投入来发展经济、建立平等的就业竞争机制,才能培养出人才,吸引更多优秀人才回到家乡,全身心地投入到城市转型的建设中。

（六）启动生态工程，彻底改善生态环境

良好的生态环境是城市实现经济转型的基础，阜新市的生态环境长期处于恶劣的状态，已经严重制约了城市自身的发展。传统的生态治理走的是先污染后治理的道路，自党的十八大以来，生态文明被纳入社会主义现代化的总布局中，赋予了新内涵，并提到了更高的位置上。阜新市虽然在经济转型过程中采取了一系列的政策，但是由于阜新市长期依靠自然资源发展经济，很难在短时间内从根本上恢复生态环境。所以，要想彻底改变生态环境，就应该贯彻生态文明建设，改变思想观念。保护生态环境追求的是人与自然和谐、经济社会与自然资源相协调的发展，做好保护生态环境的普及与宣传，让人民群众树立尊重自然、顺应自然、保护自然的科学生态环境理念，打好思想基础，营造生态文明建设的良好社会风尚；优化土地开发，按照人口资源与环境相均衡、经济发展与社会生态相统一的原则，科学布局城市的土地，打造宜居的生态环境；建立完善的生态保护制度，坚持节约资源与保护环境的基本国策，加大修复生态环境的步伐，使改善生态环境与发展城市经济共同前进。

第四节　本章小结

本章对衰退型煤炭资源型城市绿色转型阻力进行测算，并以阜新市为例探究优化衰退型煤炭资源型城市绿色转型路径，主要研究结论如下：

（1）衰退型煤炭资源型城市阻力来源与各阻力障碍度测算发现，经济建设、社会发展、环境保护、企业运营、政府管理五大系统是主要制约衰退型煤炭资源型城市绿色转型的阻力因素，运用熵值法与障碍度模型建立相关指标体系并测算了各地级衰退型煤炭资源型城市阻力值，结果表明，制约我国衰退型煤炭资源型城市绿色转型的阻力因子依次是经济规模、工业生产经营状况、企业科技研发实力、科教支出、财政收支、人口结构、人民收入、经济效益、城市绿化、废物排放与处理。

（2）衰退型煤炭资源型城市绿色转型优化路径探究得出，应从煤炭产业退出、主导产业培育、生态环境治理三大角度探究衰退型煤炭资源型城市绿色转型路径。

第八章　再生型煤炭资源型城市绿色转型效率评价与模式总结

再生型煤炭资源型城市属于转型较为成功的城市,以科学的方法对该类型城市进行转型效率测算,以此衡量其绿色转型效率,可为其他类型煤炭资源型城市转型发展提供经验参考。本章通过构建再生型资源型城市绿色转型效率评价指标体系,运用数据包络分析(DEA 模型)对生态效率进行测算,并且从城市层面、地域层面、资源层面、规模层面进行分析,对再生型资源型城市的绿色转型效率进行排序和评价,最后以再生型煤炭资源型典型城市——徐州市为例进行转型分析,以期为其他煤炭资源型城市绿色转型提供模式参考。

第一节　再生型煤炭资源型城市绿色转型效率评价

一、再生型煤炭资源型城市绿色转型效率研究背景

2013 年,国务院颁布的《全国资源型城市可持续发展规划(2013—2020 年)》中明确了我国再生型资源型城市包括唐山、徐州、淄博、丽江、张掖等 16 个地级行政区,涉及我国河北、江苏、山东、云南、甘肃等 11 个省份。依据这些城市的发展现状,本书认为再生型资源型城市是指经济发展已经基本摆脱了对资源的依赖,非资源产业在经济社会发展中的比重超过资源型产业,城市的产业结构和社会经济发展逐步进入良性发展轨道,成功转变经济发展方式的地区。这类城市并不是亟须转型的城市,而是转型成功的城市,需要进一步优化产业结构。因此,对再生型资源型城市进行研究,剖析其产业结构的特点,不仅能够帮助这些再生型资源型城市进一步加快发展,对引领其他资源型城市实现产业结构优化调整也具有重大示范作用。

依据相关统计资料,1995—2015 年我国再生型资源型城市的 GDP 由 3 220.31 亿元增至 38 921.02 亿元,占全国 GDP 的比例由 5.30% 增至 5.75%,年均增长率为 14.93%,是全国平均增速的 2.1 倍;三次产业的比例由 21.14∶50.48∶28.38 转变为 8.43∶49.32∶42.25。可见,再生型资源型城市的产业结构演变的经济增长效应高于全国,但是因为城市的地理区位、资源禀赋、发展基础不同,所以不同城市的绿色转型效率也不尽相同。本章拟以再生型煤炭资源型城市为研究对象,构建绿色转型效率评价指标体系,对城市现阶段的转型效率进行排序和评价。

生态经济效率的概念由瑞士学者 Schaltegger 和德国学者 Sturm 于 1990 年首次提出,

用于描述经济产出价值与资源、环境消耗量之间的关系,其概念模型为"产品和服务价值/自然资本消耗量"。1992年,随着世界可持续发展工商联合会著作《改变航向:一个关于发展与环境的全球商业观点》的出版,生态经济效率的概念被正式提出并迅速得到广泛传播。随后,国内外学者从不同角度出发对其内涵做了深入研究和探讨,在研究成果中,生态经济效率的名称存在微小差别,如称之为生态效率、环境效率或者资源生产率,不一而足,但究其本质,则均为"增加的经济价值与增加的环境影响之间的比值"。从生态经济效率的概念模型解读,产品或服务的价值可具体由企业、行业或某经济主体的产能、产值或销售额表示,而自然资本消耗量,即对环境造成的影响以及资源损耗则可以通过总能耗、原材料总量、废弃物排放量等指标来表示。生态经济效率的提高,也就意味着对资源环境消耗的减少与产品服务价值的增加,实现了生态和经济双赢的效果。

生态经济效率与传统发展模式中所强调的经济效率最显著的区别就在于,生态经济效率更加关注资源与环境的稀缺性和不可再生性,认为资源与环境作为不可或缺的生产成本参与了社会经济活动。此观点为生态、经济、社会之间的协调发展搭建了纽带和桥梁,提高生态经济效率,不仅是实现三者协调发展的切入点,同时也提供了具体措施和方案。

2001年,我国在《国民经济和社会发展第十个五年计划纲要》中明确提出要增强全民环保意识,并以"绿色食品""绿色通道""城市绿化""推行绿色消费方式"作为关键词,为绿色发展理念的进一步深化奠定了基础;2006年,《国民经济和社会发展第十一个五年规划纲要》在前期基础上,增加了"绿色工业"和"绿色建筑"两方面内容;2011年的《国民经济和社会发展第十二个五年规划纲要》更是将"绿色"提升到"绿色发展"的高度;2012年,党的十八大确定了"五位一体"的发展布局,生态文明建设成为整个社会可持续发展的基础;十九大报告提出坚持全面贯彻新的发展理念,即创新、协调、绿色、共享、开放,"五位一体"的总体布局与五大发展新理念的交集皆在绿色发展。

绿色发展与传统发展有着本质区别。传统发展方式以物质资本和自然资源大量投入作为经济发展动力,高能耗、高污染是其典型特征。以资源损耗、环境污染为代价来换取经济迅速增长,虽然促进了社会物质财富快速累积,但导致资源环境问题日益严重,使得忽略经济增长与资源环境承载力相协调的传统经济发展模式难以为继。当前生态脆弱、资源匮乏、气候多变、环境污染造成的经济损失大幅增加,在此约束下的经济社会可持续发展也面临严重挑战。绿色发展是追求经济生态协调发展的模式,也是对传统发展模式的革命与创新。习近平总书记多次强调"既要金山银山,也要绿水青山",而且"绿水青山就是金山银山"。坚持绿色发展,就是从根本上转变粗放型发展方式为集约型发展方式,改变重数量、轻质量,重速度、轻效益,重投入、轻产出的生产方式,优化经济结构,提高资源利用率,降低污染排放,走资源节约、环境友好的绿色可持续发展道路。从以上可以看出,生态经济效率与绿色发展的内涵不谋而合。

生态经济效率,是基于投入和产出的视角,将资源、环境、经济3个指标联系起来,在最优的经济目标和最优的环境目标之间建立一种最佳的联系,通过资源、资本等要素投入的高效优化配置,减少污染物的排放,最大限度提高区域经济效率。在早期粗放型经济发展模式的背景下,耗能高、污染多、风险大以及效益和效率低的特点导致城市发展与生态环境系统胁迫压力加大,在生态文明理念融入城市发展和提高城市效率、发展绿色经济背景下,定量测度生态经济效率、协调城市发展与环境的关系,对于推动经济社会发展与资源环境高效协调可持续可提供重要指导和理论价值。

二、再生型煤炭资源型城市绿色转型效率评价方法

通过前面的论述分析可以得出结论:再生型资源型城市是资源型城市转型的领头羊,测算再生型城市的转型效率对了解城市现状、辨别未来发展方向具有重要作用。因此,选取科学的方法对煤炭资源型城市进行转型效率测算,是衡量煤炭资源型城市绿色转型效率的重要基础。本书选取了我国再生型资源型城市作为研究样本,构建评价再生型资源型城市绿色转型效率的指标体系,搜集 2015—2017 年的数据,运用 DEA 模型对生态效率进行测算,并且从城市层面、地域层面、资源层面、规模层面进行分析,对再生型资源型城市的绿色转型效率进行排序和评价。

（一）样本选取及评价指标体系构建

搜集数据后发现地级市以下的数据难以获取,考虑到数据的可得性,本节选取再生型资源型城市中的地级市及以上的城市作为研究样本(不包括县级市和县区),样本总数为14 个,包括唐山市、徐州市、淄博市、临沂市、包头市、鞍山市、盘锦市、通化市、宿迁市、马鞍山市、洛阳市、南阳市、丽江市、张掖市(表 8-1)。

表 8-1　再生型资源型城市地级市名单

序号	城市名称	所属省份	资源类型	地理区位	城市规模
1	唐山市	河北	煤炭	东部	大型
2	徐州市	江苏	煤炭	东部	大型
3	淄博市	山东	石油	东部	大型
4	临沂市	山东	金属加工	东部	大型
5	包头市	内蒙古	黑色金属加工	西部	中型
6	鞍山市	辽宁	黑色金属加工	东北	大型
7	盘锦市	辽宁	油气	东北	小型
8	通化市	吉林	森工	东北	中型
9	宿迁市	江苏	金属加工	东部	大型
10	马鞍山市	安徽	黑色金属加工	中部	中型
11	洛阳市	河南	金属加工	中部	大型
12	南阳市	河南	金属加工	中部	大型
13	丽江市	云南	天然气	西部	小型
14	张掖市	甘肃	金属加工	西部	小型

DEA 模型是评价具有多投入和多产出的同一部门或类型(称为决策单元 DMU)资源配置效率的有效工具,其中 CCR 模型是目前应用最为广泛的模型。由于各个国家的实际情

况不同,在统计数据的获取程度上也有很大差距,因此国内学者所设置的评价指标体系更有实际的参考价值。笔者在借鉴德国经济账户中对生态效率指标的设定基础上,系统研究了近几年用 DEA 模型测度生态效率的若干国内学者根据我国的实际情况所给出的指标设定方案,对比如表 8-2 所示。

表 8-2 国内学者关于生态效率测算指标体系设定的主要观点

学者	研究层面	研究时间	投入指标	产出指标
王恩旭等	中国 30 个省、自治区、直辖市	2011	耕地面积、建设用地面积、用水总量、能源消费总量、污染物排放指数、碳排放量	地区生产总值(地区 GDP)
成金华等	中国 30 个省、直辖市	2014	废水排放量、化学需氧量、二氧化硫排放量、工业固体废物排放量、万元 GDP 能耗、用水总量、建设用地面积、就业人数	地区生产总值(地区 GDP)
郑家喜等	长江中游的湖北、湖南、江西及安徽四省	2016	农村劳动力人数、农业用水量、农业种植面积、农业机械总动力、农业用电量、化肥使用量、农膜使用量、农药使用量	农业总产值
许罗丹	中国 31 个省、市、自治区	2018	能源消费总量、用水总量、从业人数、固定资产形成总额、工业废水排放量、工业废气排放量、工业固体废弃物排放量	地区生产总值(地区 GDP)

在众多对资源型城市转型效率评价的基础上,考虑数据的可得性和 DEA 模型要求决策单元的下限为所选投入和产出指标综合的两倍以上,建构了本章测度绿色转型效率的评价指标体系,涉及 2 个一级指标、6 个二级指标,具体如表 8-3 所示。

表 8-3 绿色转型效率的测算指标体系

一级指标	二级指标	单位
投入指标	第三产业固定资产投资比重	%
	科学教育支出	万元
	城市建设用地面积	km²
产出指标	第三产业 GDP 占 GDP 的比重	%
	环境污染程度	—
	环境优化程度	—

本节测算所用指标数据主要来自《中国城市统计年鉴》《中国环境统计年鉴》《中国能源统计年鉴》,获得方式为直接查询。

本书选取第三产业固定资产投资占总固定资产投资的比重作为资本投入指标,教育和科技支出经费总额作为科技创新投入指标,城市建设用地面积作为土地投入指标。资源型城市转型最主要的是产业结构的优化,因此本书在选取指标时,偏重城市对第三产业的投入。资源型城市绿色转型不仅体现在第三产业结构的占比变化,同时也体现在对科学教育的重视，所以本书选取科教经费支出来反映城市科教事业的发展情况。

产业结构优化最直接体现为经济持续增长和发展能力的提高，所以选取第三产业GDP占GDP的比重来反映经济现阶段的增长水平和未来持续发展的能力。因为资源型城市在资源开采的过程中会破坏环境，造成生态环境恶化，所以资源型城市绿色转型也要对生态环境进行改善和优化，本书选取环境污染程度和环境优化程度两个指标来反映生态环境改善的情况。其中，环境污染程度是通过熵权法将工业二氧化硫排放量、工业废水排放总量、工业废气排放总量赋予权重得出污染指数进行衡量；环境优化程度是将环境空气质量优良率、建成区绿化覆盖面积、固体废弃物综合利用率、污水处理厂集中处理率、生活垃圾无害化处理率合成环境优化指数，作为生态环境的产出指标。

（二）再生型资源型城市绿色转型效率测算方法

DEA交叉评价包括以下模型，假设 n 个决策单元，其中：

$$\text{DMU}_i = \left[\frac{\boldsymbol{x}_i}{\boldsymbol{y}_i}\right] (1 \leqslant i \leqslant n) \tag{8-1}$$

$\boldsymbol{x}_i = [x_{1i}, x_{2i}, \cdots, x_{mi}]^\mathrm{T}$，$\boldsymbol{y}_i = [y_{1i}, y_{2i}, \cdots, y_{si}]^\mathrm{T}$ 分别是 DMU_i 的 m 项输入 $x_{1i}, x_{2i}, \cdots, x_{mi}(x_{ti} > 0)$ 和 s 项输出 $y_{1i}, y_{2i}, \cdots, y_{si}(y_{ji} > 0)$ 的向量。

设 $\boldsymbol{v} = [v_1, v_2, \cdots, v_m]^\mathrm{T}$，$\boldsymbol{u} = [u_1, u_2, \cdots, u_s]^\mathrm{T}$ 为输入、输出的权向量（$\boldsymbol{v}, \boldsymbol{u} \geqslant 0$），则 DMU_i 的效率评价值（记作 E_{ii}）：

$$E_{ii} = \frac{\sum_{j=1}^{s} u_i y_{ji}}{\sum_{t=1}^{m} v_i x_{ti}} = \frac{\boldsymbol{y}_i^\mathrm{T} \boldsymbol{u}}{\boldsymbol{x}_i^\mathrm{T} \boldsymbol{v}} \tag{8-2}$$

DEA 的 CCR 模型为：

$$\begin{cases} \max \dfrac{\boldsymbol{y}_i^\mathrm{T} \boldsymbol{u}}{\boldsymbol{x}_i^\mathrm{T} \boldsymbol{v}} = E_{ii} \\ \text{s.t.} \ \dfrac{\boldsymbol{y}_i^\mathrm{T} \boldsymbol{u}}{\boldsymbol{x}_i^\mathrm{T} \boldsymbol{v}} \leqslant 1 (i = 1, 2, \cdots, n), \boldsymbol{u} \geqslant 0, \boldsymbol{v} \geqslant 0 \end{cases} \tag{8-3}$$

利用 Charnes-Cooper 变换，可以将式（8-3）变为等价的线性规划问题：

$$\begin{cases} \max \boldsymbol{y}_i^\mathrm{T} \boldsymbol{u} = E_{ii} (\boldsymbol{x}_i^\mathrm{T} \boldsymbol{v} = 1, \boldsymbol{u} \geqslant 0, \boldsymbol{v} \geqslant 0) \\ \text{s.t.} \ \boldsymbol{y}_i^\mathrm{T} \boldsymbol{u} \leqslant \boldsymbol{x}_i^\mathrm{T} \boldsymbol{v} (1 \leqslant i \leqslant n) \end{cases} \tag{8-4}$$

若式（8-4）存在最优解 $\boldsymbol{u}_i^*$ 和 $\boldsymbol{v}_i^*$（称作 DMU_i 的最佳权重，记作 $\boldsymbol{w}_i^* = \begin{bmatrix} \boldsymbol{v}_i^* \\ \boldsymbol{u}_i^* \end{bmatrix}$），则最优解 $E_{ii} = \boldsymbol{y}_i^\mathrm{T} \boldsymbol{u}_i^*$ 为决策单元 DMU_i 的自我评价效率值。若 $E_{ii} < 1$，则 DMU_i 非有效；若 $E_{ii} = 1$，则 DMU_i 有效。

然而，在一些实际问题中，可能会有很多的决策单元达到最优效率，一是因为 E_{ii} 不能完全识别众多 DMU_i 的优劣，二是因为每一 DMU_i 总是选用最有利于自己的权重来求出 E_{ii}。为了解决这一问题，需要引入交叉评价机制，用每一个决策单元的最佳权重 $\boldsymbol{w}_i^* =$

$\begin{bmatrix} v_i^* \\ u_i^* \end{bmatrix}$ 去计算其他决策单元的效率值,得到交叉评价值 $E_{ik} = \dfrac{y_i^{\mathrm{T}} u_i^*}{x_k^{\mathrm{T}} v_i^*}$,然后利用自我评价效率值,构建交叉评价矩阵:

$$ E = \begin{bmatrix} E_{11} & E_{12} & \cdots & E_{1n} \\ E_{21} & E_{22} & \cdots & E_{2n} \\ \cdots & \cdots & \cdots & \cdots \\ E_{m1} & E_{m2} & \cdots & E_{mn} \end{bmatrix} $$

式中,元素 E_{ii} 为自我评价效率值,其余元素 $E_{ik(i \neq k)}$ 为交叉评价效率值。将矩阵 E 的第 j 列的平均值 $e_j = \dfrac{1}{n} \sum_{k=1}^{n} E_{kj}$ 作为衡量 DMU_i 优劣的指标,e_j 越接近 1,则 DMU_i 效率越优,反之,则 DMU_i 效率越低。

三、再生型资源型城市绿色转型效率测度结果

2015—2017 年 14 个再生型资源型城市的绿色转型效率的测度结果如表 8-4 所示。

表 8-4　2015—2017 年再生型资源型城市绿色转型效率一览表

城市	2015				2016				2017				均值	排名
	crate	vrste	scale	R-S	crate	vrste	scale	R-S	crate	vrste	scale	R-S		
唐山	1.000	1.000	1.000	—	1.000	1.000	1.000	—	1.000	1.000	1.000	—	1.000	1
徐州	1.000	1.000	1.000	—	1.000	1.000	1.000	—	1.000	1.000	1.000	—	1.000	1
淄博	0.710	0.745	0.954	drs	0.861	0.862	0.999	irs	0.805	0.807	0.997	irs	0.792	10
临沂	0.842	0.864	0.974	drs	0.699	0.699	0.999	irs	0.786	0.804	0.978	drs	0.775	11
包头	0.976	1.000	0.976	drs	0.905	1.000	0.905	drs	1.000	1.000	1.000	—	0.960	5
鞍山	0.742	0.751	0.988	irs	0.776	0.776	1.000	—	0.604	0.605	0.998	irs	0.707	13
盘锦	1.000	1.000	1.000	—	0.992	1.000	0.992	drs	0.710	0.943	0.753	drs	0.901	7
通化	0.984	1.000	0.984	drs	1.000	1.000	1.000	—	1.000	1.000	1.000	—	0.995	2
宿迁	1.000	1.000	1.000	—	1.000	1.000	1.000	—	0.781	0.789	0.979	irs	0.927	6
马鞍山	0.788	0.931	0.846	irs	0.913	1.000	0.913	irs	0.896	0.969	0.925	irs	0.866	9
洛阳	0.966	0.966	0.999	irs	0.981	0.982	0.999	drs	1.000	1.000	1.000	—	0.982	3
南阳	0.521	0.823	0.633	irs	0.717	0.873	0.822	irs	1.000	1.000	1.000	—	0.746	12
丽江	0.973	0.987	0.933	drs	0.943	1.000	0.943	drs	1.000	1.000	1.000	—	0.972	4
张掖	0.913	1.000	0.913	irs	0.993	1.000	0.993	irs	0.700	1.000	0.700	irs	0.869	8
平均值	0.887	0.933	0.943		0.913	0.942	0.969		0.877	0.923	0.952		0.892	

注:crate 代表规模报酬不变技术效率(综合效率),vrste 代表规模报酬可变技术效率(纯技术效率),scale 代表规模效率,R-S 为规模报酬,irs 为规模报酬递增,drs 为规模报酬递减,"—"为规模报酬不变。

从计算结果中可以看出,我国再生型资源型城市绿色转型效率较高,部分城市 DEA 模型评价处于有效状态。其中,2017 年综合效率均值为 87.7%。从再生型资源型城市绿色转

型效率的各个城市具体分析,转型效率最高的城市是唐山市和徐州市,排名并列第一。唐山和徐州都是较早进行转型的城市,转型成效明显,转型效率为 1.000,说明这两个城市绿色转型综合效率达到了最佳状态,生态投入和生态产出的协同效应较好。鞍山的综合效率为 0.707,是再生型城市中最低的,说明虽然该市找到了转型的路径,但是在所有再生型城市中,绿色转型的效率还有待提高。2015 年,鞍山、马鞍山、洛阳、南阳、张掖规模报酬递增;淄博、临沂、包头、通化、丽江规模报酬递减;其他地区规模报酬不变。2016 年,淄博、临沂、马鞍山、南阳、张掖规模报酬递增;包头、盘锦、洛阳、丽江规模报酬递减;其他地区规模报酬不变。2017 年,淄博、鞍山、宿迁、马鞍山、张掖规模报酬递增;临沂、盘锦规模报酬递减;其他地区规模报酬不变。从规模报酬来看,马鞍山规模报酬递增,还可以加大对生态效率的投入;盘锦应该减少对生态效率的投入。

从时间序列上看,再生型资源型城市的技术效率呈现先增长后下降的趋势,可能是对于生态效率的投入比重的变化,导致纯技术效率发生变化;规模效率呈现与技术效率同样的态势,说明生态产业规模较之前没有改善,行业规模并未好转。

从再生型资源型城市区位差异分析,位于我国东部地区的有唐山、徐州、淄博、临沂、宿迁等城市,位于中部地区的有马鞍山、洛阳、南阳等城市,位于西部地区的有包头、丽江、张掖等城市,位于东北地区的有鞍山、盘锦、通化等城市。2017 年不同区位的再生型资源型城市绿色转型效率如表 8-5 所示。

表 8-5 2017 年分地区再生型资源型城市绿色转型效率表

地理区位	综合效率	纯技术效率	规模效率
东部地区	0.874	0.874	0.874
中部地区	0.965	0.990	0.975
西部地区	0.850	1.000	0.850
东北地区	0.771	0.849	0.917

从表 8-5 中可以看出,中部地区绿色转型效率最高,东部地区和西部地区次之,东北地区最低。中部地区资源型城市矿产资源多样,为我国大规模的工业化建设贡献了巨大的力量,在国家颁布的《全国资源型城市可持续发展规划(2013—2020 年)》中明确指出,要有序开发综合利用资源,构建多元化的产业体系,加强生态环境保护。中部地区的许多城市是我国经济转型改革的试验区,受到中央和地方政府的高度重视;并且,中部地区积极探索转型之路,重点培育接替产业,延长产业链,大力发展旅游业。西部地区资源型城市近些年经济发展迅速,资源储备较为充足,在发展资源产业的同时大力发展第三产业,且西部地区的环境质量相对较好,所以绿色转型效率也较高。东部地区转型效率不如中部地区是因为东部地区城市经济发展和资源城市发展处于割裂状态,城市依靠资源发展活力不足,使得资源型城市发展相对落后,国家对东部资源型城市转型的政策支持力度也不如对中西部地区。但是东部地区的唐山市和徐州市是我国再生型资源型城市成功转型的典型地区,为其他区域的再生型资源型城市转型提供了有效的经验参考。东北地区绿色转型效率最低是

因为东北地区的资源型城市发展较早,大部分城市已经步入了资源枯竭期,城市发展动力不足,城市转型困难重重。

从资源差异分析,在我国 14 个再生型资源型地级市中,属于煤炭型的有唐山和徐州等城市,属于金属加工型的有临沂、宿迁、洛阳、南阳、张掖、包头、鞍山、马鞍山等城市,属于石油型的有淄博、盘锦等城市,属于森工型的有通化市,属于天然气型的有丽江市。不同资源类型的再生型资源型城市绿色转型效率如表 8-6 所示。

表 8-6　不同资源类型的再生型资源型城市绿色转型效率

资源类型	综合效率	纯技术效率	规模效率
煤炭型	1.000	1.000	1.000
金属加工型	0.846	0.896	0.948
石油型	0.758	0.875	0.875
森工型	1.000	1.000	1.000
天然气型	1.000	1.000	1.000

从表 8-6 可以看出,不同资源类型的资源型城市绿色转型效率也不尽相同。煤炭资源型城市的绿色转型效率较高,是因为随着煤炭的日益减少和环境污染的加重,煤炭型城市积极寻找清洁能源,发展替代产业,大力发展区域物流、旅游等现代特色产业。石油型城市经济发展较快,还未面临资源枯竭的现状,且城市有雄厚的资金和创新能力来支持城市非资源型产业的发展,第三产业的占比也较高,所以城市的转型效率相对较低。

借鉴已有的研究成果,以 2017 年年末总人口指标对城市规模进行分类,年末总人口在 150 万人以下的城市属于小型城市,有盘锦、丽江等城市;大于 150 万人且小于 300 万人的属于中型城市,有通化、马鞍山等城市;大于 300 万人的属于大型城市,有唐山、徐州等城市。不同人口规模的再生型资源型城市绿色转型效率如表 8-7 所示。

表 8-7　不同人口规模的再生型资源型城市绿色转型效率

城市规模	综合效率	纯技术效率	规模效率
大型城市	0.965	0.990	0.975
中型城市	0.872	0.876	0.994
小型城市	0.803	0.981	0.818

从表 8-7 中可以看出,随着城市规模的增大,城市绿色转型效率也随之增加,大型城市的绿色转型效率明显优于中小型城市,说明城市绿色转型的效率和城市规模呈一定的正相关关系。相较于中小型城市,大型城市的产业结构更加多元和合理,第三产业发展更为成熟且具有一定的规模,城市的经济发展对资源型产业依赖较小;同时由于大型城市科教支出的增加和科教事业的蓬勃发展,以及地方政府对环境保护事业的重视程度不断提高,城市绿色转型效率较高。中小型城市的产业结构通常比较单一,第三产业发展程度较低,基

本处于起步阶段,与资源相关的产业及其衍生产业在推动城市经济发展中所起的作用较大,经济容易受资源产业的影响,更具脆弱性和波动性,科学教育事业发展相对滞后,环境保护意识相对较低,许多城市还是走"先污染、后治理"的老路,因此城市的绿色转型效率较低。

第二节　再生型煤炭资源型城市绿色转型模式总结

一、科学技术驱动煤炭资源型城市绿色转型

煤炭资源型城市是依托煤炭资源而建立的,在资源开采业的初期,对生产技术水平的要求很低;同时,由于资源产品的竞争力主要由资源禀赋条件决定,其更新的速度很慢,因此煤炭企业缺乏进行技术研发的动力。此外,大部分煤炭资源型城市都将煤炭企业作为发展战略的核心,这造成大量的专业人才集中在优势产业——煤炭产业,其他产业科技力量明显不足,这使得产业协同的优势无法实现,造成技术的溢出效应无法发挥。同时,虽然有大量的专业人才集中在煤炭产业,但是其中作为研发团队的高科技人才比较稀缺,无法实现有效的科技研发。最后,研发投入不够是影响煤炭资源型城市走科技驱动发展路径的最大掣肘。无论是技术的研发,还是高科技人才引进与储备,都需要投入大量的资金。这部分资金见效慢,产生收益的周期往往很长,甚至在很长的时间内看不到回报,加之缺乏创新动力,许多采煤企业不重视研发投入。科技创新力量不足,不但直接影响煤炭产业的发展,同时也导致其他产业发展乏力,城市便无法实现有效的发展,只能逐渐走向衰退。因此,政府和采煤企业必须对科技研发予以重视,一方面加大研发投入,提升自主创新能力;另一方面促进科技成果转化,确保科技成果能够快速应用到生产环节,带来收益。

（一）加大研发投入,提升自主创新能力

中国煤炭工业协会在 2016 年发布的《关于推进煤炭工业"十三五"科技发展的指导意见》中提出,到 2020 年我国的煤炭工业要实现自主创新能力的大幅提升,核心关键技术要实现关键性突破,建成有中国特色的创新型煤炭行业科技体系。随着新能源和可再生能源快速发展对煤炭的替代作用不断增强,按 2020 年、2030 年我国能源消费总量 50 亿 t、60 亿 t 标准煤分析,将有 2.7 亿 t 和 7.5 亿 t 煤炭被新能源和可再生能源替代。煤炭行业必须依靠科技进步实现生产力总体水平的提升。据中国煤炭工业协会副会长刘峰介绍,科技进步对煤炭生产力总体水平的贡献率显著提升,行业科技贡献率从"十一五"末的 39.2% 大幅提高到"十二五"末的 49.5%。

《关于推进煤炭工业"十三五"科技发展的指导意见》明确提出,"十三五"煤炭行业科技贡献率要达到 60%,规模以上工业企业研究与试验发展（R&D）经费支出占营业收入比重达到 1.1%,万人发明专利拥有量达 14 件。该意见还提出,要形成一批有国际竞争力的创新型企业,积极培育国家级工程中心和重点实验室,建立行业工程研究中心达 100 家。有关安全绿色开采、清洁高效利用、煤炭高效转化的基础理论研究要实现重大突破。大型煤机、露天开采装备、洗选加工设备与煤化工设备关键零部件和控制系统实现国产化,逐步实现整

机装备高端化,推动重大成套技术与装备出口。这些都表明在宏观层面上,国家已经充分认识到科技创新对煤炭资源型城市发展的重要性和迫切性,与此同时,在微观层面上,越来越多的采煤企业开始意识到科技研发的重要性。例如神华集团在 2016 年对研发投入进行了大幅度增加,将企业的发展目标定位为世界一流清洁能源供应商、世界一流清洁能源技术方案提供商;将页岩气开发技术、核能技术、风能和太阳能新能源技术、煤制氢技术列入战略性新兴产业培育和发展规划;将储能技术、分布式能源技术、CCUS(碳捕捉、封存和利用)技术以及智能能源系统技术则列入战略储备技术规划;此外还致力于在传统产业的思维上耦合互联网思维,不断提升竞争力。

(二)加强产学研合作,建立科技成果转化机制

研发投入的增加,能够为采煤企业进行新技术的研发和科技创新提供基础和保障,能够为企业引进和储备高科技人才提供支持,但是企业的自主研发只是科技创新的渠道之一,产学研合作是科技创新的另一条有效渠道,产学研作用的有效发挥,依赖于有效的科技成果转化机制。高校及研发机构有很强的科研实力,聚集了大量的高素质人才,但是由于缺乏有效的科技成果转化机制,高校及研发机构的科技成果难以得到有效转化。一方面采煤企业需要投入大量资金引进人才进行科技研发,另一方面高校及研究机构的科技成果难以转化,造成资源的极大浪费。因此,企业需要加强与地方高校及科研院所的合作,通过建立行之有效的产学研合作机制,促使产学研三方接轨,为科技成果的转化提供条件,这是当前亟待解决的问题。

二、循环经济加速煤炭资源型城市绿色转型

当前我国对煤炭资源的回收利用非常不充分。综合实力强的大型煤矿能够对煤炭资源实现相对高的回收率,但是也只有 40%～50%,而小型煤矿不具备相应的技术和实力,对煤炭资源的回收率较低,仅为 10%～15%,全国煤炭资源回收率的平均水平约为 35%。同时,由于当前我国对原煤的洗选率比较低,造成大部分原煤在未经充分加工的情况下被投入使用,不但形成了大量的污染物和废弃物,还造成资源的极大浪费。此外,煤矸石和煤炭资源初加工所产生的废弃物渣不能得到有效地利用;煤炭开采过程中产生的伴生资源(如煤层气等)没有得到充分利用;当前我国燃煤发电机组的热效率偏低,仅为 33%～35%。由此可见,当前煤炭资源的利用是很不充分的。

循环经济建立的基础是对资源进行不断的循环利用,这是促进煤炭资源得以充分利用的有效途径,尤其对于煤炭资源型城市而言,能够有效地改善其发展情况。原煤在洗选过程中会产生煤矸石和煤泥,焦炭的生产过程中会产生焦油和煤气,这些废弃物和副产品并没有得到有效地利用,这不但是资源的浪费,也是对环境的破坏。许多煤炭资源型城市的矿区都有堆积如山的煤矸石,这说明循环经济有很大的发展空间。

此外,从产业的角度看,当前我国煤炭资源型城市的产业结构单一,产业关联度偏低,循环经济是煤炭资源型城市进行产业融合的重要途径。循环经济倡导的是经济与环境资源的共赢,是从资源到产品再从产品到再生资源这样一种资源的闭合回路、循环利

用。因此,通过发展循环经济,促进煤炭产业链的延伸,让上下游产业能够相互支撑,下游产业对上游产业的废弃物进行回收利用,打造一个促进资源循环利用的闭合循环发展回路,是煤炭资源型城市实现绿色发展的有效路径之一。发展循环经济可以通过以下两个途径实现。

(一)建设循环经济生态工业园

循环经济生态工业园是一种新型的工业组织形态,也可以看作是一种新型的产业集群,其建立依据循环经济理论,并立足于工业生态学的原理。在这样的生态工业园区内,煤炭在加工过程中产生的废弃物或副产品,可以成为其他产业的资源投入。因此在设计生态工业园时,一方面要考虑空间聚集的经济性,集中共性产业,另一方面也要考虑生态的共生性,兼顾企业之间在资源利用上的关联性。建设循环经济生态工业园可以从宏观、中观和微观三个层面考虑。宏观层面主要指的是园区内部不同产业之间的循环。全面考虑在煤炭工业领域内具有关联性、共生性的产业,通过煤炭资源型城市的努力,创造条件促使其在空间上聚集起来,实现社会分工协作和专业化经营的优势局面。例如,在原煤洗选过程中会产生煤泥,可以将其用于生产型煤;煤炭炼焦过程中会产生焦油、苯和煤气,焦油和苯可以投入煤化工产业,煤气则可以用来民用以及发电;火电厂在发电时产生的余热可以对居民进行供热,产生的粉煤灰能成为水泥的生产辅料。因此,煤炭资源型城市在宏观布局方面,综合考虑各产业的关联性,建立一个或几个生态工业园,能够带动整个社会循环经济的发展。中观层面主要指的是在生态工业园区内部各煤炭企业之间的循环。园区通过合理规划,让建材厂、热电厂等能够对煤炭企业的废弃物和副产品进行有效利用的企业形成共生体系。煤矸石和煤泥可以提供给热电厂做燃料,热电厂反过来给煤炭企业供电供热,提高整个园区的规模效益。微观层面指的是在企业内部发展小循环,通过打造循环经济示范企业,倡导清洁生产,降低废弃物的排放量,从源头上减少污染和浪费。

(二)重建优化产业链

将有生产关联、能够实现资源循环利用的产业进行横向和纵向的耦合,打造一个资源循环高效利用的产业网络。从纵向来看,煤炭资源型城市需要将主导产业链进行适当的延伸。主导产业指的是在城市发展中,依靠科技创新获得快速增长,对经济发展和产业调整有主导性作用的产业。为了发展循环经济,煤炭资源型城市需要对煤炭主导产业进行产业链的延伸,可以考虑拓展煤化工产业,发展煤-气-化联产,发展煤-焦-化联产,打造煤、电、化、焦、冶一体化的产业链。从横向来看,考虑对煤炭工业副产品和废弃物的循环利用,可以衍生出煤矸石(煤泥)热电厂—热电,煤矸石—充填、复垦—土地资源(旅游资源),煤矸石(灰渣)—建材厂—建材产品(水泥等),矿井排水—污水处理—供水等多条共生产业链。

三、吸引外资优化煤炭资源型城市绿色转型

煤炭资源型城市主要依靠煤炭资源的增长来形成经济的增长,产业结构单一,生态环境较差,投资服务环境及法治环境一般,不具备吸引外资的优势条件。而外资对于煤炭资源型城市的发展有非常重要的拉动作用,通过营造更好的投资环境、制定更优的投资政策,规范外资的投资项目,提高外资的使用效率,能够成为推动煤炭资源型城市绿色发展的有效路径。但是也需要注意到,以外向型经济为主体的经济,其经济发展在很大程度上是由外资的大量涌入带来的,主要依靠这种外部的刺激,内部的自主增长动力比较缺乏,当出现经济危机或其他特殊变化时,经济将受到很大冲击,甚至形成危机。因此,在促进引入外资时,还需要注意对自身的全面优化,在利用外资的同时做到不依赖外资。具体地说可以通过以下几个方面来营造良好环境,促进外资的进入。

（一）打造良好空间环境

作为经济欠发达的资源型城市,要实现城市转型不宜采用多部门齐头并进的均衡增长模式,而应该借鉴生长极理论和核心边缘模式来寻求核心城镇和边缘城镇的合理划分及空间增长区别对待的多元发展策略,实施组团式发展模式。以安徽省淮南市为例:该市东部以田家庵区为核心,大力开发经济技术开发区,将其建成以政治、科教、文化、服务和居住为主的现代化城市中心区;西部以谢家集区和八公山区为核心,形成以发展商业、居住、旅游、服务和地方工业为主,具有较强的生态功能、经济功能的城市副中心城区;南部将舜耕山以南的地区开发建设成具有综合功能的城市新区。在推进以上三大组团建设基础上,大力发展潘集、凤台、大通（部分地区）、毛集等卫星城镇。通过组团式发展模式,将淮南建设成为一座综合功能高、聚集效益强、对外资具有强大吸引力的现代化城市。

（二）创造优势产业环境

优化产业结构需要打破经济对煤炭主导产业的依赖,通过发展接续替代产业来拓展产业链,创造其他的经济增长动力,例如发展煤化工行业、新型建材业、机械铸造业等。这些行业可以借助煤炭产业的优势,实现共赢,例如机械铸造业可以借助焦炭优势。除了在第二产业延伸产业链,还可以在第三产业和第一产业发展优势产业。例如部分煤炭资源型城市形成大面积塌陷区水域,在深度适中,水资源不存在化工污染的前提下,可以发展渔业;如果水域深度太大,或是有化工污染,无法进行渔业养殖,可以利用其发展资源型城市的特色旅游业,还可以在国家政策的许可下发展光伏发电产业。这些都是充分结合煤炭资源型城市的实际情况,对发展其他优势产业所进行的探索。多元化的产业结构能够为外资投入的项目提供一定的支持。

（三）建设美好生态环境

生态环境的改善对于外资的吸引作用明显,多数外资在进入某个地区时,会首先对当地的生态环境进行考察,如果生态环境恶劣,即使投资政策良好,也多会选择其他地区。因此推进生态环境建设,是吸引外资进入的优势条件之一。在环境保护方面需要做出相应的努力,通过排污治理和提高对"三废"的回收利用来改善环境;例如淮南市建立了多个污水处理厂,用以处理废水,改善环境;建设生态工程,以此来推动企业进行技术升级、减少"三废"排放;保护并建设生态风景区,通过开发自然景观,建设城市公园,改善城市生态环境。良好的生态环境是一个城市形象很重要的部分,在吸引外资时有较强的作用。

（四）推动和谐法治环境

法治因素是影响投资行为的最重要的因素之一。能否通过立法和执法的公平公正来给予外商安全感,是立法和执法中需要注意的关键所在。这要求政府的行政管理要逐步公开化,通过政务公开让社会公众对政府部门的职能、办事流程有清晰的认知,既能提高政府部门的办事效率,又能让外来投资者感受到政务的规范性。同时,各级政府必须打破地方保护主义,在发生相应的争议和纠纷时,政府部门不干涉法院的审判,充分尊重法院的独立审判权,这样可以大幅提升外商的安全感。提供一个安全、稳定、有序的法治环境,才能让外商对所投资金的安全有把握,而安全是盈利的前提,更受到外商的重视,因此法治环境的建设尤为重要。

(五)营造优质服务环境

外商投资的服务环境能够直接影响到外商在投资活动中开展各项经济活动时的直接感受。优化投资服务,营造优质并且高效的投资环境,有助于形成口碑效应,带动连锁投资。在决策前可以为外商提供的服务搭建信息平台,为资金和项目牵线搭桥,提供金融、税收等相关优惠政策,提供基础设施等,让外商对本地的劳动力情况、合作伙伴情况、当地企业情况等有比较充分的预知。同时通过组织促进各种商会、行业协会等方式,促进信息的沟通交流,帮助企业实现优势互补、资源共享。此外还要注意相关投资服务举措必须是常态化的稳定机制,才能够在吸引外资方面形成长效化的作用。

第三节 再生型煤炭资源型城市转型典型案例分析——以徐州市为例

一、再生型资源型城市徐州的基本概况

徐州市地处江苏省西北部,位于苏、鲁、豫、皖交界处,陇海、京沪两大铁路干线在徐州交汇,京杭大运河从中穿过,素有"五省通衢"之称。徐州现辖 5 个市辖区、3 个县、2 个县级市,地形主要以平原为主,面积约占全市土地总面积的 90%,平原总地势由西北向东南降低,中部和东部存在少数丘陵山地,是资源富集且组合条件优越的地区,是我国重要的煤炭产地、华东地区的电力基地,且是典型的煤炭资源型城市。

2013 年出台的《全国资源型城市可持续发展规划(2013—2020 年)》将徐州定位为资源再生型城市,证明徐州基本摆脱了对资源的依赖,转型成果显著。徐州市的贾汪区、鼓楼区先后被列为全国第三批资源枯竭型城市、全国老工业区搬迁改造试点。作为选择产业链延伸发展模式的代表,加强对徐州再生型资源型城市转型发展研究具有重要的意义。

徐州是江苏省资源较为富集的城市,拥有煤炭、铁矿、岩盐、大理石、石膏、石灰石等各类矿产 47 种,占全省矿种的 1/3。矿产资源分布比较集中,煤炭主要分布在贾汪、沛县、铜山、丰县、鼓楼等区县。中华人民共和国成立以来,徐州累计开采原煤 8 亿多吨,为国家的发展和建设贡献了巨大的力量。

为了避免"矿竭城衰",徐州市政府超前规划转型发展,把握振兴徐州老工业基地的机会,坚持新型工业化和新型城镇化同步发展,坚持"宜农则农、宜水则水、宜建则建、宜生态则生态"的综合治理原则,全力推进采煤塌陷地综合治理工作,努力创建国家环保模范城市,着力推动经济总量由小到大、产业层次由低到高、城市功能由弱到强、生态环境由灰到

绿、人民生活由安居到宜居"五个转变",走出了老工业基地振兴的新路子,探索积累了中国内陆资源城市以环保优化发展的成功经验。同时,徐州也清楚认识到,经过长期大规模矿产资源的开采,矿产资源总量日益减少,历史遗留问题不断凸显,再加上内外部因素叠加、新旧矛盾交织,徐州再生型资源型城市的可持续发展面临严峻挑战,集中表现为"四大压力"。

(一)矿产濒临枯竭,面临再生发展压力

徐州煤炭资源开采已有130余年的历史,最高年产量约2 500万t,近年来呈逐年下降态势。贾汪区煤炭资源已开采量约占保有储量的70%,面临资源枯竭的困境。沛县煤炭资源占全市探明储量的60%,按目前的开采规模测算,20年后大部分矿井将关闭停产。铜山区铁矿保有基础储量仅1 020万t,邳州市石膏矿实际可供开采量仅4亿多吨。经过几轮结构调整,徐州已先后关闭大多数矿井,随着开采量逐年下降,矿区经济将失去产业支撑和依托。

(二)资源加工粗放,面临产业转型接续压力

中华人民共和国成立初期,为支持国家发展和经济建设,国家在徐州建立了一批煤炭、电力等资源产业,构建了以重工业为主的工业体系。目前不少行业仍处于产业链的中低端,特别是煤焦化、煤电铝、水泥、冶金、铸造等高耗能、高污染行业占有一定比重,直接影响了生态环境改善与提升。近几年来,徐州高新技术产业和新兴产业连年保持高速增长,但总量仍然偏少、占比仍然偏低,接续替代产业发展明显不足。

(三)历史遗留问题较多,面临化解矛盾压力

采煤塌陷地治理任务繁重,仅在沛县境内全部矿井闭坑后,将形成24万亩塌陷地,搬迁村庄196个,涉及17万人,需解决22万失地农民的保障问题。随着资源产业的衰退和资源企业的退出,矿业职工失业人员大量增加,专业化锁定效应导致就业和再就业成本高、困难大。

(四)矿地责任不明确,面临矿区持续发展压力

长期以来,采矿企业特别是省属企业与地方条块分割,地方政府不具备资源管理职能,在资源分配、矿山规划布局以及生产能力核定等方面基本没有话语权。采矿企业为了自身利益,重地下采矿轻地上建设,以租代征、未征先采,土地征用和房屋搬迁补偿标准偏低,造成治理主体缺位,失地农民生活困难,保障难以落实到位。矿井关闭后的生态环境修复与治理、下岗矿工和失地农民的生活保障成为地方政府难以承受之重,影响地方经济社会可持续发展。

再生型资源型城市转型发展的主题是创新发展,目标定位要求高,改革创新的空间大,必须坚持以邓小平理论、"三个代表"重要思想、科学发展观、习近平新时代中国特色社会主义思想为指导,深入贯彻党的十九大精神、习近平总书记视察徐州重要指示,按照国际眼光、国内一流、创新驱动、系统完整的要求,以加快转变经济发展方式为主线,以改革开放和体制机制创新为动力,着力培育壮大接续替代产业,着力推进新型城镇化,着力加强生态环境保护和治理,着力化解历史遗留问题,着力保障和改善民生,努力实现产业转型、城市转型和生态转型,走出一条具有徐州特色的再生型资源型城市可持续发展新路。围绕上述目标,徐州转型发展与生态文明建设的总体构想为以下五个方面。

(一)坚持经济整体转型升级与发展接续替代产业有机统一,构建多元化现代产业体系

发挥区域比较优势,加快产业转型升级步伐,深入实施《中国制造 2025 徐州行动纲要》,发展多元化接续替代产业,全力打造国内一流的营商环境,全面提升徐州产业竞争力,打造徐州经济"升级版"。将资源优势转化为经济优势,延伸产业链,推动资源型产业在宽度和深度上延伸,发展循环经济。引导各县(市)发挥自身优势,重点培育一批新兴产业,积极创建一批创新型园区。集聚具有鲜明区域特色的现代服务业。加快建设淮海经济区经济、商贸物流、金融服务、科教文化"四大中心",着力打造服务业核心品牌,着力突破工业设计、科技研发、总部经济、资源产业托管服务、工程管理咨询服务、服务外包等新业态,推动现代服务业发展提速增效。重点培育文化创意产业集群,突出抓好淮海文化创新产业园、动漫文化产业园等一批服务业集聚区建设,使文化创意成为徐州彰显特色、富有活力、规模化发展的大产业。以打造品牌、提升功能为重点做强物流业,深化物流业与制造业融合发展,加快建设亿吨大港和专用铁路线,推动物流业由传统向现代、由企业向产业、由服务徐州向辐射淮海经济区"三个快速跃升"。

(二)坚持城镇转型与矿区建设相互促进,统筹推进地矿融合发展和城乡一体化建设

推进资源型城市城镇化转型,要抓住江苏省支持徐州建设淮海经济区中心城市的重大机遇,优化城镇布局,拓展城镇规模,增强城镇功能,推动城镇与矿区互动并进、融合发展。一是加快优化城镇化布局。按照国际化城市标准加快中心城市建设,推动老城区、新城区、开发区、高铁生态商务区融合发展,促进铜山区和贾汪区更好融入主城区,加快提升 5 个中等城市,加快发展 30 个重点中心镇和小城镇。争取在国家层面尽快启动实施徐州淮海经济区中心城市发展规划,发挥徐州在区域一体化发展中的辐射带动功能。二是加快拓展城市空间规模。加大城市重点区域、重点片区、重大工程和工矿棚户区、城中村改造力度,综合开发城区塌陷地,盘活利用工矿废弃地,实现"变废为宝",拓展城市发展新空间。分类推进采煤塌陷村庄搬迁,科学编制压煤村庄搬迁规划,在充分尊重民意的基础上,对距离镇(街)驻地较近的搬迁村纳入城镇社区,对距离镇(街)驻地较远的搬迁村向中心村聚集,共享公共资源,同时积极探索有序分流新办法,鼓励和引导有条件的搬迁户向城镇集中。三是加快推进矿地公共服务功能对接融合。重点推进城镇公共服务设施向矿区延伸对接,解决矿区基础设施落后、基本公共服务缺失的突出问题。加强地方与矿区企业的沟通联系与协作配合,共同推进地矿在城镇规划、基础设施、就业社保、生态文明、社会管理等方面的一体化发展。

(三)坚持资源有序开发与生态修复治理同步推进,切实加强生态徐州建设

把生态文明理念融入可持续发展工作全过程,坚持开发与保护并重、防治与修复并进、利用与节约并举,标本兼治,综合施策,精心打造美丽徐州。一是加强环境治理和生态保护。多措并举、综合施策,坚决打赢蓝天保卫战,强化重点污染物防治,矿区和产业集聚区实行污染物统一收集和处置,规范危险废物管理,推动重大节能技术产品规模化生产和应

用。按照因地制宜、分类治理的原则,加快推进塌陷地治理,力争多出耕地、出鱼塘、出湖面、出湿地、出景观、出效益。进一步改造提升九里湖、潘安湖、沛县千岛湿地等景区,大力推进"故黄河二次开发",打造全国生态修复治理示范区。大力开展荒山绿化,抓好采石宕口和矿山地质环境恢复治理。二是发展绿色生态矿业。转变矿业发展方式,将绿色生态贯穿于矿业发展全过程,进一步加强监督矿业生产,督促矿业企业改进开发利用方式,切实落实企业责任。生态环境的改变,起到了筑巢引凤的效果,许多知名企业选择入驻徐州,产业结构实现由"二三一"向"三二一"的转变,形成了交通、产业、公共服务设施等一体化发展的新型区域发展格局,城市形态逐步向高层次转型。

(四)坚持体制机制创新与化解发展难题、解决历史遗留问题紧密结合,激发可持续发展的内生动力

以问题为导向,把资源型城市发展中面临的难题和问题作为全面深化改革的主攻点来抓,努力实现体制机制更富活力、转型发展更具动力、社会建设更显和谐性,最大限度地释放改革红利。着力破解发展难题。积极支持和配合部省属资源型企业深化改革,加快建设现代企业制度,推动优势企业跨地区、跨所有制兼并重组。对徐州利国铁矿和市属替代接续型产业企业,鼓励民营资本进入能源资源开发、接续替代产业发展等领域。强化发展要素支撑,构建多元化投资体系,实施引银入徐战略,加快徐州金融集聚区建设,加强各类投融资平台建设,培育更多企业上市融资。完善用地机制,用足用好城乡建设用地增减挂钩、重大项目点供、工矿废弃地和采煤塌陷地修复利用置换建设用地等国家和省有关土地政策,同时对所有招引项目综合考虑亩均就业、亩均GDP和亩均投资强度,提高土地集约节约利用水平。进一步扩大开放,积极对接国家"一带一路"重大战略,积极推进综合保税区建设,拓展对内对外开放新空间。完善医疗和社会保障机制,加大对尘肺病等矿业工人职业病和常见病的预防救治力度,做好失业矿工、失地农民、棚户区改造回迁居民、工伤残疾人员等困难群体再就业和保障工作。完善企业安全生产管理和标准化制度建设,全面加强煤矿、非煤矿山、交通运输、建筑施工、危险化学品、冶金等行业和领域的安全生产。完善群众诉求表达和利益协调机制,针对资源开发、征地拆迁、环境污染等突出矛盾和问题,改进信访工作,化解社会矛盾。

(五)坚持重点突破与全面推进统筹兼顾,积极探索不同区域发展模式

推进徐州再生型资源型城市转型发展,必须突出重点、分类指导、分层施策,努力实现徐州再生型资源型城市不同片区的特色化发展。一是贾汪探索资源全面枯竭片区转型发展新模式。用足用好列入国家第三批资源枯竭城市的重大机遇,着力建设徐州生态修复先行区,规划建设采煤废弃矿井遗址示范公园,探索自然生态与采煤塌陷地修复利用新途径;着力建设徐州传统产业转型升级实验区,努力打造资源枯竭城市新能源应用、现代装备制造业配套和循环经济产业示范基地;着力建设徐州城市副中心和"后花园",为徐州的发展提供广阔空间。二是沛北探索资源濒临枯竭片区转型发展新模式。坚持以城湖互动发展、地矿融合发展、城乡统筹发展、水文景协调发展为重点,走沛北地矿一体化发展道路。三是鼓楼探索摆脱资源依赖片区转型发展新模式。紧紧抓住鼓楼区纳入全国老工业基地调整

改造试点城市和省级高新区建设的难得机遇，修复城市棕地，开发采煤塌陷地，有序实施鼓楼老工业区整体搬迁改造，加强区内交通、水、电、气等基础设施建设，大幅提升环境面貌、增强吸纳力和承载力。全面推进主城区工业企业搬迁和退城入园工作，做大做强商贸、物流、文化创意、旅游服务等现代服务业集聚区。

二、徐州绿色转型路径——产业链延伸

产业链延伸模式也称培养接续产业模式。这种模式是以城市的资源为基础，以发展接续产业为着力点，避免产业结构单一化，积极发展多元经济。充分利用原有产业的优势，不断促进技术进步和产业结构升级，从深度和广度两个层面对原有产业的上下游进行延伸，拓宽产业链，增强产品的加工深度，增加产品的附加值，从而优化产业结构，提高城市产业的核心竞争力。对于处于成长期的煤炭资源型城市，煤炭资源对于城市的发展有巨大的推动力，应该目光长远，立足城市的综合发展，根据"自然资源生命周期"判断城市所处阶段，及时转型，避免产业单一化，从改造煤炭产业、延伸产业链入手，发展非煤炭资源的产业，及时规避风险。这种模式的优点在于在转型初期可以充分利用本城市原有产业的优势，实施转型的难度相对较小。

徐州九里湖片区为京福高速公路西绕城段、黄河故道、茅夹铁路所包围的区域，该区域面积 $81.57\ km^2$，行政权属涉及刘集、柳新两个镇域和庞庄、拾屯、桃园 3 个街道办事处。其内原有煤矿矿井 7 对，分别是徐矿集团的庞庄矿（含庞庄井、东城井、张小楼井）、夹河矿，天能集团的柳新矿，扬州煤炭工业公司的王庄矿、宝应矿。其中庞庄矿、夹河矿的采煤塌陷地对该区域生态环境造成的影响较大。

徐州市缺乏提供休闲服务和产业发展服务的区域。徐州西部片区虽然没有产业结构和产业基础方面的优势，但以九里湖为中心的周围区域，在生态修复的基础上，可依托塌陷地所形成的大面积水域，大力发展相关配套的休闲服务产业，充分发挥徐州城市后花园的功能。所以从整个徐州产业布局的角度考虑，适宜将九里湖区域定位成为徐州整体经济提供服务的平台，承担着作为徐州城市后花园的功能，作为其他区域的辅助功能提供中心。

徐州矿区塌陷地生态恢复规划依据塌陷地现状条件，遵照规划原则和依据，结合对徐州矿区塌陷地的定位研究，将徐州矿区塌陷地实验区规划形成"一核四轴两片区"的结构（图 8-1），实现了对该区域进行有重点、有序列的综合开发和保护。"一核"是指通过对采煤塌陷形成的湖面水系进行整理和疏浚，串联起九里北区新水系，形成以九里湖水面及生态湿地为核心的生态恢复用地，提升整个九里湖的生态品质。"四轴"一是以九里湖水面及生态湿地为核心，向东扩展参观型景观轴线，服务于南北两块建设用地，向西延伸形成体验型景观轴线，依托轴线，串联起观光工业、体育休闲公园、花卉种植基地、观光农业等功能，形成贯穿九里湖绿核的生态景观轴线；二是以茅夹铁路、黄河故道防护绿地为轴线，形成地块南片区的防护绿轴；三是以四环高速防护绿地为轴线，形成地块北片区的防护绿轴；四是城市沿徐丰公路向北拓展，形成城市南北向的发展轴线。"两片区"是指在九里湖以南形成围绕湖面的建设用地，在此片区内整合了工业、居住、办公、商贸、物流、城市副中心等功能；在九里湖以北形成围绕湖面的以柳新镇、刘集镇为中心的城镇聚居区。

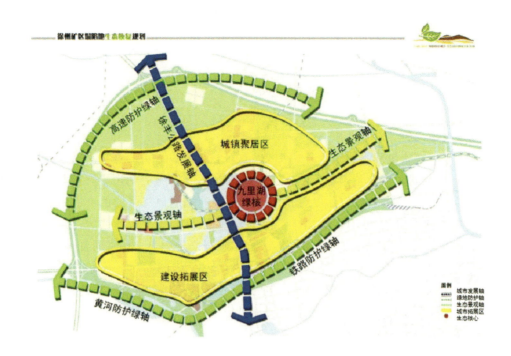

图 8-1　九里湖片区生态修复与转型的实践方案

三、徐州市绿色转型效率提升与经验启示

（一）以培育壮大主导产业为突破口，走出老工业基地产业振兴的新路子

坚持"工业立市、产业强市"鲜明导向，紧紧围绕建设区域性"一中心一基地一高地"，做好增量带动和存量提升两篇文章，以产业振兴带动全面振兴。一是着力打造一批在世界有知名度、在全国有地位的主导产业。以国际化、高端化为方向，加快构建具有全球知名度的智能装备制造基地、新能源产业基地。二是着力培育一批特色明显、优势突出的新兴产业。紧盯新兴产业发展趋势，促进"四新经济"茁壮成长，力争新材料、节能环保等产业尽快成长为支柱产业。三是着力壮大一批产业融合度高、带动作用显著的现代服务业。抓住用好徐州列入国家级服务业综合改革试点的机遇，重点突破现代物流、金融服务、服务外包等业态。

（二）以建设淮海经济区中心城市为龙头，走出功能型城市发展的新路子

一是加快完善城市功能，进一步提升城市承载集聚辐射力。按照区域中心城市建设标准，顺时应势、超前布局，扎实推进徐宿淮盐铁路、徐连客专、轨道交通等重大工程，加快完善公共交通、防洪排涝、海绵城市、地下综合管廊等基础设施，提升公共服务设施配套水平。二是加快提升城市品质，实现由"靓丽徐州"到"品质徐州"的跃升。深入实施棚户区和老旧小区改造，促进城市有机更新。挖掘城市人文内涵，彰显楚韵汉风特色，使城市有神有魂、有品位有魅力。三是加快构建新型城镇体系，不断缩小城乡差距、提升城镇化质量。坚持以点带面，抓好新型中心镇、特色小镇、新型社区、美丽康居村庄试点，统筹推进城乡规划、产业布局、社会治理等"八个一体化",释放新型城镇化的巨大潜力。

（三）以参与江淮生态大走廊建设为牵引，走出生态优先、绿色发展的新路子

一是高起点制定实施生态空间规划。围绕打造江淮生态大走廊建设示范区，加快实施"2＋2＋10＋20"生态空间规划，建设生态景观、新型城镇、经济发展、综合交通、文化旅游"五大走廊"。二是高强度推进"263"专项行动。以省环保督察为动力，狠抓"两减"严控污染物排放，狠抓"六治"实施多领域治污，狠抓"三提升"构建长效保护机制，切实解决好群众身边的污染问题。三是高标准实施生态修复工程。继续抓好采煤塌陷地、工矿废弃地综合整治，统筹实施山水林田湖生态保护和修复工程。

（四）以深化改革开放创新为引领，走出后发崛起、弯道超越的新路子

聚焦改革开放创新，大力吸引要素集聚、加速动能转换，增强全面振兴转型的内生动力。一是倾力构建辐射周边的创新高地。集中资源打造江苏淮海科技城、徐州科技创新谷、潘安湖科教创新区等高端产业科技平台，完善区域创新体系，深入实施"彭城英才"计划，加快产业研发、产业化发展、创新产业孵化、高层次人才"四个集聚"。二是全力打好全面深化改革攻坚战。深入实施供给侧结构性改革，确保去彻底、降到位、补精准。持续深化"放管服"改革，进一步优化营商环境、激发市场活力。同步推进科技创新、投融资体制、农村土地制度等关键领域改革。三是大力构建双向开放新格局。主动融入"一带一路"建设，加快打造综合保税区、铁路口岸等"十大开放平台"，推进各类开发园区提档升级，抓好全产业链、专业化、精细化招商，构建新亚欧大陆桥沿线开放高地。

（五）始终坚持以新发展理念引领实践

曾经一段时期，徐州经济因资源而兴、靠资源发展，忽视了对环境的影响、对资源的消耗，造成了沉重的包袱，导致了长远的转型之痛。徐州痛定思痛，明白了"经济增长不等于经济发展"的道理，着眼全面转型、全面振兴，从根本上摒弃陈旧落后的发展理念，推动新发展理念成为全市上下发自内心的坚守和追求。发展理念的蜕变和升华，无异于一场思想革命，在全市凝聚起以转型促振兴、促跨越的高度共识，形成了推动高质量发展的强大合力。

（六）始终坚持以人民为中心提升境界

在推动转型发展的过程中，徐州全面贯彻以人民为中心的发展思想，始终把人民利益放在最高位置、以造福百姓为最大政绩，老百姓的获得感幸福感明显提升、自豪感荣誉感明显增强。坚持大力推进民生幸福工程，每年办好一批民生实事，着力解决老百姓"衣食住行、生老病死"等民生热点难点问题，让振兴转型成果更多更公平惠及人民。正是因为得到了广大人民群众的理解、信任和支持，徐州这些年办成了许多过去想办而没有办成的大事、解决了许多过去想解决而没有解决的难事，取得了令人刮目相看的发展成就。

第四节　本章小结

本章通过构建再生型资源型城市绿色转型效率评价指标体系，运用 DEA 模型，基于投入和产出的视角，对再生型城市的绿色转型效率进行测算，并以徐州市为例进行转型分析，

以期为其他煤炭资源型城市绿色转型提供模式参考,主要研究结论如下:

(1)我国再生型资源型城市绿色转型效率较高,目前转型效率最高的城市为唐山市和徐州市,排名并列第一。从时间序列上看,再生型资源型城市的生态效率逐年提高,近年来资源型城市的转型富有成效。

(2)通过模式总结认为,再生型煤炭资源型城市的成功转型离不开科学技术驱动、循环经济创新和外资引入,其中加大研发力度投入、发展生态经济和延伸产业链尤为重要。以徐州市为例,徐州市通过加大生态修复力度,将产业发展与生态保护有机结合,并通过建设高校集群推动创新和引入人才,取得了较好的转型效果。

(3)徐州以培育壮大主导产业为突破口,走出老工业基地产业振兴的新路子。徐州坚持"工业立市、产业强市"鲜明导向,紧紧围绕建设区域性"一中心一基地一高地",保持增量带动和存量提升两方面并重,以产业振兴带动全面振兴的转型路径可以为其他资源型城市提供参考。

第九章　国外煤炭资源型城市转型模式与经验借鉴

前文从成长型、成熟型、衰退型、再生型四种类型分析了我国煤炭资源型城市转型的模式与路径。在实证研究的基础上，本章从欧盟模式，美、加、澳模式与日本模式三种主要模式入手，分析国外煤炭资源型城市转型成功经验，以便为我国煤炭资源型城市转型提供经验借鉴。

第一节　欧盟模式——政府主导、统一规划

第二次世界大战后，欧洲的煤炭资源型城市面临着廉价燃料竞争、煤炭日益枯竭、生态环境日益恶化等重重压力，煤炭产业逐渐失去竞争优势，大量煤炭企业倒闭、工厂停产、工人失业，城市和区域经济停滞不前甚至倒退，各煤炭资源型城市不得不走上转型发展道路。其中，最为典型的转型成功案例是德国的鲁尔区和法国的洛林区。由于德国和法国具有相似的国家政治经济体制，使得鲁尔区和洛林区的转型模式具有极大的相似之处，即政府在转型中处于核心地位，可概括为政府主导、统一规划模式。该模式具有以下特点：

（1）设立专门的机构、制定系统规划。政府通过设定专门机构，系统指导城市转型。鲁尔区设立煤管区开发协会，对城市建设、工业生产、交通及环境保护进行统一规划；洛林区成立土地整治与地区行动领导办公室和洛林工业促进与发展协会，来制定地区规划、引导产业转型。

（2）制定优惠政策、吸引外来投资。在科学规划的基础上，给予企业充分的优惠政策，引入资金和先进管理经验，提升地区经济发展活力。

（3）改造传统产业、调整产业结构。对煤炭行业进行整顿，大企业兼并小企业；对矿区进行改造，提高开采技术水平，同时引进新兴产业，优化产业结构。

（4）建立产业园区、引入高新技术。通过建立新型工业园区引进新型产业和先进技术，通过兴建大学、科研机构、技术中心等不断提升地区持续创新能力，为区域发展注入源源不断的活力。

（5）注重环境治理，改善生态环境。通过关闭高污染企业、限制污水和有害气体排放等一系列措施不断改善生态环境，并以此为基础发展旅游业和服务业。

现以德国鲁尔区为例进行典型案例分析。

一、鲁尔区概况

鲁尔区位于德国的中西部，地处欧洲心脏地带，通常将鲁尔煤管区规划协会所管辖的地区作为鲁尔区的地域界限。鲁尔工业区主要包括北威州的 4 个县区和 11 个直辖市的共计 61 个大小城市的所辖区域。

鲁尔区煤炭资源丰富，大约蕴藏着 2 190 亿 t 煤炭地质储量，占全国总储量的3/4，其中

经济可采储量约 220 亿 t,占全国可采储量的 90%。鲁尔区从 14 世纪就有煤炭开采的记录,19 世纪中叶之后,伴随着第一次世界大战失败后的《凡尔赛和约》经济赔偿规定,鲁尔区引进 15 万矿工和 45 万家属,自力更生发展采掘业,使得鲁尔工业区一跃成为德国重要的经济中心与欧洲最重要的工业地区。20 世纪中叶左右,100 多万移民进入鲁尔区,同时,煤炭产业和钢铁产业比重持续上升,鲁尔区达到一定繁荣。

但自 1960 年以后,受到国际市场廉价石油、天然气等燃料的冲击,并伴随着煤炭资源的逐渐枯竭,鲁尔区煤炭钢铁工业损失惨重,大量冶炼厂关闭,许多其他关联部门也受到严重影响,鲁尔区人口随之急剧下降。鲁尔工业区的急剧衰退和地区形象的不断恶化,引发了鲁尔区传统工业的转型。

二、鲁尔区经济衰退原因剖析

(一)产业结构单一

鲁尔区衰落的主要原因之一是煤钢主导产业结构单一。一旦煤炭工业和钢铁工业发生危机,就会致使整个地区经济发生衰退。鲁尔工业区以采煤、钢铁、化学、机械制造等重工业为核心,是重要的能源基地、钢铁基地和重型机械制造基地,其发展是以完全依托煤炭和钢铁工业形成的区域经济产业链,即采煤—炼焦、电力—炼铁、炼钢—钢铁加工—重机制造和煤—炼焦—煤化工这两条完整的产业链为特征的。鲁尔区的产业结构是典型的重型化工业结构,而且以传统工业部门生产为主,采掘工业、原材料工业占绝对比重,产业结构具有强烈的资源依赖性、初级性和低层次特点。

结构转型之前的鲁尔区是单一垄断性的产业结构,煤炭工业和钢铁工业主要以大型企业为主,这种企业结构以生产高度集中化为主要特点。然而,任何工业基地都是形成、成长、成熟、衰退不同发展水平产业部门的综合体。从时间上看,这些不同发展水平产业部门的变化是一个连续的发展过程,工业基地主导部门依次更替,在时序上形成主导产业链条。如果工业基地在时序上没有形成一个主导产业链条,当主导产业进入衰退时,没有及时形成新主导产业,工业基地必然走向衰退。

(二)市场竞争力下降

从横向上看,20 世纪中叶,西方国家能源消费结构开始变化,相对廉价的石油和天然气冲击着煤炭市场,煤炭作为能源和原材料在消费中所占比重不断降低。从纵向上看,由于技术的进步,钢铁冶炼所消耗的煤炭量不断降低,煤炭需求量不断下降,供过于求导致价格下降。与此同时,发展中国家的民族工业日趋发展壮大,对鲁尔区的煤炭与钢铁需求不断减少。在以上因素的共同作用下,鲁尔地区的产品市场竞争力处于劣势,工业基地很快也陷入困境。

由于鲁尔工业区内的主导产品处于生命周期的成熟后期或者衰退期,在这一时期,区域主导产品几乎丧失了创新的特质,只能依靠相对成本来维持已有的销售市场。但是,在技术不变的前提下,由成本决定的价格优势是非常有限的,同时,由于煤炭的长期开采,矿井越来越深,增加了采掘难度,成本也越来越高,长此以往,会导致老工业区主导产品的竞争力下降。同时,鲁尔区的主导产业是煤炭采掘业和钢铁工业,产业结构和技术结构缺乏弹性,在主导产品竞争力持续下降时,煤炭采掘业和钢铁工业就会日渐衰退,从而造成地区经济的总体衰落。

（三）区位优势丧失

区域优势的转变也是鲁尔工业区衰落的一个重要原因。区域优势是指某一地区存在有利于产业发展与布局的区域因素，是由区位条件、资源和社会经济条件、历史基础与产业发展现状等要素构成的，这些要素决定着工业区的类型、发展的规模和水平，且直接决定着工业区的劳动生产率、生产成本及市场竞争能力的高低。然而区域优势是一个动态的系统，随着技术的进步和经济的发展，产业区位会不断地发生变化，区位优势也会因此不断转变。区域优势的转变必然会导致工业区结构和功能的变化，工业区如不能及时调整经济结构，就会走向衰退。

煤炭的枯竭和交通成本的降低，改变了鲁尔区及其周边原有的产业分布格局。鲁尔区是在占有区域优势基础上发展起来的，丰富的资源和优越的地理位置起到了重要的推动作用，由此产业密集布局在鲁尔区之中以及周边。随着煤炭工业和钢铁工业的飞速发展，资源储量相对枯竭，资源质量下降，企业竞争力整体下降，同时，由于交通工具的极大改进，以煤铁产地为轴心的区域经济格局也发生了巨大变化，原来依赖煤钢产地而生存的化学工业和机械制造业，由于交通成本的降低，开始脱离煤钢产地，大量企业、人才、资金外流，鲁尔区逐渐丧失了原有的工业中心的区位优势，导致整个地区经济逐渐衰落。

（四）模式僵化、企业缺乏活力

在德国的企业中，股权比较集中，政府持股率居高不下，政府通过控制银行在企业中占据绝大部分股份。股权的集中造成决策权的相对集中，导致企业决策缺乏科学性和有效性。同时，由于企业内部有严格的层级制，内部结构固定，层层管制，并且缺乏有效的外部监督，导致企业发现并解决问题的效率极低。政府长期对煤炭、钢铁企业进行补贴，在一定程度上降低了企业管理层以及工人的劳动积极性，导致企业产品产出率增长缓慢甚至停滞，生产技术和工人知识水平难以提高，企业竞争力下降，面对外来冲击的抵御能力低下。再者，路径依赖导致企业自我封闭，与外界协同能力极差，即便是发现了市场需求的变化，也缺乏有效措施及时转型发展。模式的僵化，使得企业缺乏活力，企业管理层和企业员工缺乏劳动积极性和创造力，因而从根源上遏制了企业的进步。

三、鲁尔区的转型历程

（一）以改造传统产业为主（20 世纪 50 年代至 60 年代末）

鲁尔区产业结构单一，过度依赖煤炭产业和钢铁产业是鲁尔区的核心弊端。20 世纪 50 年代到 60 年代末期，鲁尔区以改造传统产业为重点，其中，政府发挥了主要作用。

德国政府分为三个层级：联邦政府、州政府和市政府。联邦政府进行综合调控，制定基本发展原则以及联邦空间结构发展计划，发布联邦建设法令以及联邦土地使用条例；州政府负责本州的目标实现和原则制定，制定联邦州建设法规，明确发展方向等；市政府确定土地使用规划和城市发展规划，保证土地开发建设按照规划计划实行。鲁尔区在联邦政府、州政府和市政府之间起到承接作用。联邦政府、州政府和市政府共同制定有利于鲁尔区转型发展的政策，在此期间，政府组建了多个专门性机构，用以保证政策的实施。如：经济部下设的联邦地区发展规划委员会和执行委员会负责鲁尔老工业区的改造；鲁尔区设立地区发展委员会,为鲁尔区的改造提供意见建议和咨询帮助;市政府设立劳动和经济促进机构,进行政府和商界、工人之间的联系,引进资金、技术和新型产业。

德国各级政府不仅提供政策上的支持,还给予经济上的帮助,主要包括:为传统企业补贴生产成本和市场售价之间的逆差;对煤炭企业税收进行优惠;投入资金,用于改造生产和安顿员工;对煤炭实行定量收购,予以储备;限制煤炭进口,保护国内企业;投入大量资金,承担环境治理任务。

在产业改造方面,政府引导矿区企业进行合并,大企业合并小企业,关停高污染、高能耗的企业,并且对产业布局进行调整。在对传统企业结构改造的同时,引进先进设备,研发先进生产技术,争取盘活传统企业。

在产业改造以外,加强基础设施建设,完善运输网络,通过水运与陆运联合,加强鲁尔区与其周边各个地区、德国与周边国家的经济联系。同时鲁尔区还加强了教育投资,1962年,在鲁尔区建立战后德国新建的第一所大学——波鸿鲁尔大学。此后鲁尔区又先后建立了多特蒙德大学、埃森大学等5所综合大学。

（二）以发展新兴产业为主,同时继续改造传统产业（20世纪70年代）

初期以保护传统产业为主的发展策略,不但没有有效遏制鲁尔区经济的衰退,还给政府带来了巨大的财政压力,由此,鲁尔区改变策略,开始以发展新兴产业为主导。

在政府层面,联邦政府及各级地方政府协同工会制定《1980—1984年鲁尔区行动计划》;鲁尔区煤管协会大力推行有利于新兴产业发展的产业政策,对落户于鲁尔区,从事新材料、信息科技等新产业的企业给予经济补贴;为了保障鲁尔区新兴产业开发,州政府开始推行市镇重组改革,还成立北莱茵-威斯特法伦州开发协会,用于联通州政府和地方城镇,并对开发新产业所需要的土地资源进行规划管理。在政府的大力支持下,鲁尔区的新兴产业得以迅速发展,信息技术、能源产业、环保产业、生物科技等产业迅速崛起,世界著名的拜尔化学公司和西门子公司也都在鲁尔区设厂。同时,鲁尔区的传统产业也进行了优化,煤化工和石油化工产业得以发展。

鲁尔区还采取了一系列措施治理环境问题。鲁尔区成立专门的环保机构,在区域总体规划中制定了营造"绿色空间"的计划,兴建自然保护区。此外,鲁尔区投入大量资金治理水污染和大气污染,地区整体环境得以美化。再者,鲁尔区对关停的矿区和采矿造成的塌陷土地进行综合治理,在原址上兴建湿地公园、工业旅游场所等,大力发展第三产业。

在稳定和扩大就业方面,鲁尔区政府采取企业投资补贴与企业所创造的就业岗位相挂钩的政策,在引导创业的同时,创造出更多的就业岗位,与此同时,建立大量职业培训机构,提高失业人员的专业技能,为失业人员再就业创造条件。

（三）以发展优势产业为主,推进产业结构多样化（20世纪80年代至今）

经历了新兴产业的培育时期的鲁尔区,产业结构与以往大不相同,已经由以煤炭、钢铁主导的单核结构转变为煤炭、房地产、电气、能源、信息技术等多核心结构。而如今需要做的就是继续支持有优势、有前景的产业,并且引导产业向多样化方向发展。

鲁尔区注重技术创新在产业结构转变中的关键作用,为了加快科研成果的应用,把经济中心和研究中心互通互联,政府从多特蒙德到杜伊斯堡建立了一条横贯全区的技术创新基地。与此同时,鲁尔区财政补贴的重点偏向了新兴产业,并对多个产业进行扶持,面对传统产业,改变了对传统行业的补贴模式,以引进技术为主,尽量减少直接的资金投入。

鲁尔区在整治生态环境的基础上发展特色旅游业,不仅发挥了景观的生态服务价值,还带来了巨大的经济收益。传统工厂改建为颇具文化气息的博物馆、公园、休闲度假区,周围配置相应的购物广场,形成了旅游业、商业、文化产业协同发展的局面。鲁尔区的工业旅游在世界上都颇具盛名,工业旅游已经成为鲁尔区的一大标志性产业。

第二节 美、加、澳模式——市场主导、政府扶持

美国、加拿大、澳大利亚这三个国家有很多相似之处,如国土辽阔、矿藏丰富、人口相对较少。同我国以及很多欧洲国家不同,这些国家的矿产开发多是由私营企业完成的,矿产价格、产业规模很大层面上取决于市场,尽管政府也会提供扶持和帮助,但是不会像德国的鲁尔区和法国的洛林区那样,为传统企业"买单"。一般来说,政府会提供政策上的支持,如减免一定税款、提供一些福利政策来辅助地方合作性组织完成转型,也会提供基础设施上的帮助,如完善交通网络等。这些国家资源型城市的兴盛和衰败,主要取决于市场和企业自身转型,有的城市倚仗先天区位优势和发展机遇能够转型成功,而有的城市则无法摆脱衰败的命运,甚至成为空城、鬼城。尤其是在美国,城市之间竞争激烈,有很多资源型的小城镇,在资源枯竭、城市丧失竞争力之后,人口往往会迁移到区位相对较好的城镇。由于企业、社会组织和政府之间的纽带不强,协同效果较差,所以美国转型失败的城市相对较多,但也有社会各界与政府紧密协同成功转型的案例,匹兹堡就是其中之一。

一、匹兹堡概况

匹兹堡位于美国东海岸的宾夕法尼亚州,坐落在阿勒格尼河、莫农加希拉河与俄亥俄河的交汇处,是宾州第二大城市。匹兹堡借助其丰富的烟煤、铁矿石等矿藏资源,以及便捷的交通条件,大力发展钢铁工业,最终成为美国著名的工业城市、美国钢铁工业的中心,并有"世界钢铁之都"之称。第二次世界大战期间,由于修筑铁路和战争对钢铁的巨大需求,匹兹堡的钢铁工业进入鼎盛时期。

但从20世纪70年代开始,美国中西部工业区进入了衰退期。匹兹堡由于其单一的产业结构和严重的污染问题,也面临着经济衰退、大量工人失业的重重困境。在经历了转型发展后,匹兹堡得以"复兴",成为以高新技术、医疗、金融为主的新型城市。

二、匹兹堡经济衰退原因剖析

(一)单一的产业结构

匹兹堡的产业结构类似于德国的鲁尔区,以大型煤炭工业和钢铁工业为主,当主导产业进入衰退期时,没有及时形成新的主导产业,工业基地必然走向衰败,当经济发展过分依赖主导产业时,一旦资源耗尽或者受到外界的冲击,城市就会面临经济衰退的危机。

(二)钢铁产业的落寞

匹兹堡的兴起很大程度上依赖于第二次世界大战带来的巨大的钢铁需求,随着战争的结束,钢铁需求量大大降低,钢铁产业走向落寞,再加上美国中西部多个工业城市的崛起,

匹兹堡的钢铁产业受到挤压,城市经济发展停滞不前。

(三)恶劣的环境条件

匹兹堡在成就"钢都"盛名的同时,也是著名的"烟雾之城"。烟煤为城市发展带来了动力,同时也造成了严重的空气污染,匹兹堡的烟雾困扰,在工业城市之中已经属于极端情形。烟煤燃烧产生大量的煤烟进入大气,使整个城市笼罩在一股死气沉沉的烟雾之中,如同地狱一般,如此恶劣的环境极易诱发疾病,导致匹兹堡成为肺结核高发地区。城市居民难以忍受恶劣的环境大量外迁,城市劳动力大量流出,城市活力下降。

(四)国际竞争的冲击

资源条件的限制和外部冲击是导致许多资源型城市衰退的直接原因。20世纪后期,大量发展中国家崛起,受到国际竞争的影响,美国的许多产业都受到挤占,美国的整体经济下滑。

三、匹兹堡的转型历程

(一)以兴建基础设施为主(1980—1994年)

1981年,匹兹堡最重要的民间机构阿勒根尼社区发展会议组建了经济发展委员会,对匹兹堡的经济发展进行深度研究和全面了解。1984年,该会发表了一份重要的报告——《增长的战略:匹兹堡地区经济发展计划》,明确了以下基本观点:第一,肯定了匹兹堡衰落的不可避免性,否定了以钢铁制造业和耐用品制造业为主要产业发展的可能性;第二,提出实行多样化发展,大力发展制造业和服务业,培育新型产业;第三,提出发展的长期化和可持续化;第四,提出以私有部门和市场为主要推动力,辅之以公共部门支持;第五,强调战略的制定和多部门的协作,否定权力过度集中的发展模式。1985年,由阿勒根尼社区发展会议、宾夕法尼亚经济联盟、政府代表、匹兹堡大学和卡内基-梅隆大学参加的会议制定了"21世纪战略",匹兹堡在商界、政界以及学术界合作的基础上开始了经济转型。

以报告和发展战略为指导,结合时任市长卡利久里所提出的"匹兹堡的第二次复兴"项目,匹兹堡这一时期主要以兴建基础设施为主,主要包括兴建高速公路、机场,开发滨河新区,在中心商业区兴建会议中心、高层写字楼、文化设施等。在交通改善指导委员会(于1985年由阿勒根尼社区发展会议成立)的指导下,被称为"在21世纪世界经济中竞争的关键"的匹兹堡市新机场及连通机场的高速公路同时竣工。1985年,匹兹堡在第二大道和蒙农加亥拉河之间的琼斯-劳克林钢铁厂的旧址上修建了生物技术中心。

除此之外,匹兹堡种子基金、CEO风险基金等一些为新型企业提供资金支持的基金组织应运而生,协助公司进行技术商业化,提高公司的竞争力。对于保留下来的传统产业,在延伸产业链的同时,研发新型技术,提高产出率,并且注重污染物的处理,保护周边环境。与此同时,匹兹堡注重发展文化产业,于1984年设立匹兹堡文化信托基金会,新建、改建了众多艺术中心。

(二)以发展高新技术产业为主(1994年至今)

1994年以来,在进一步完善基础设施建设的基础上,匹兹堡把重点转向了发展高新技术产业和旅游业。1994年,匹兹堡出炉了题为"协同工作,竞争全球"的地区经济复兴计划,开始了以发展高新技术为主的多元化发展模式。

匹兹堡有许多闻名于世的高等院校，围绕这些高等院校，匹兹堡建立起了一系列的科研经济转化机构，如 1993 年卡内基-梅隆大学创建了技术转让办公室，1996 年匹兹堡大学创立了技术管理办公室，1998 年迪凯纳大学成立了迪凯纳研究办公室。这些机构有效地把科研专利、技术发明等进行转化。匹兹堡对生物技术、信息通信、化学材料和生态环境领域进行重点培育和技术转化。依托以医疗和生物技术闻名的匹兹堡大学和以计算机、工程技术、数学闻名的卡内基-梅隆大学，协同匹兹堡超级计算中心这样的科研机构，匹兹堡的医院、诊所数量空前提高，新型企业迅速崛起，还吸引了一大批诸如谷歌、英特尔等知名科技公司的入驻。1996 年，在匹兹堡技术委员会的帮助下，高级制造业网络成立，致力于匹兹堡制造业的升级，为制造业提供最好的人力资源、生产技术和设备。

除了发展高新技术产业，匹兹堡还着重改善娱乐休闲设施，发展旅游业。匹兹堡凭借丰富的工业化遗产资源，兴建工业纪念馆和文化馆，在市中心兴建艺术中心和商业大厦，对城市进行不断翻新，发扬其文化特色，培育文化产业，一度因为其优质的艺术环境和丰富的娱乐生活，被评为"美国最适合居住的城市"，不仅使当地的第三产业得到长足的发展，还吸引了一大批的外来人口，为其发展注入了长足的动力。

在匹兹堡的复兴过程中，为了提高城市环境状况和促进土地集约利用，当地投入了大量精力在棕地的综合治理上。城市再开发局在联邦、州和当地政府的支持下，通过一系列的金融手段，推动棕地的再开发利用，彻底治理了匹兹堡的棕地污染、设备陈旧等问题。

第三节　日本模式——政策指导、社会协同

在日本资源型城市转型过程中，政府发挥着主要的作用，这一点与欧盟类似，但是具体情况与欧盟有所区别。日本政府主要是通过制定有利于产业转型的政策来引导市场，并不是像欧盟一样政府直接插手企业、主导企业，更多的是产（企业）、学（研究机构）、官（政府）相互协调，紧密配合完成转型过程。

一、北九州概况

北九州位于日本的南部，包括北九州岛和周围的一些群岛，总面积约 4.2 万 km²，占日本总面积的 11.2%。北九州交通便利，地理位置优越，最主要的资源为煤炭资源，在整个日本占据着重要地位，所以日本九州的工业主要集聚在北九州。从"明治维新"到产业革命，资本主义在日本得到了快速的发展，煤炭为工业的发展贡献了巨大力量。从 1887 年开始，北九州的工业得到了快速发展，在此期间，与钢铁、煤炭相关的工业生产部门相继建立，北九州的工业带的基础逐步形成。经过第一次世界大战，因为生产和资本的进一步集中，垄断资本得到巩固，北九州的钢铁工业得到了迅速的发展。20 世纪 20 年代左右，北九州成为日本的四大工业带之一，这时的北九州已经成为以钢铁、煤炭、化工等为中心的重工业基地。之后又经过近 20 年的发展，直至第二次世界大战前，北九州的发展迎来了巅峰。但是第二次世界大战给北九州带来了毁灭性的打击，经济出现了极大的混乱，人民生活艰难维持。随着日本政府的经济政策改变，重点扶持资本密集型产业，基础产业和原材料产业让位于新兴的加工工业，加之"能源革命"导致煤炭工业的逐渐衰落，北九州的工业开始衰败。煤炭、钢铁产业的衰落，带来了严重的失业问题，工业结构单一，大量人口外流，难以留住高

素质人才,北九州逐渐沦落为日本的问题区,转型迫在眉睫。

二、北九州经济衰退原因剖析

(一)矿产资源短缺导致经济紊乱

北九州的兴盛与战争密切相关,虽然北九州本身拥有丰富的煤炭资源,但是由于日本整体的资源匮乏,北九州发展工业的相当一部分资源来自战争掠夺。第二次世界大战之前凭借从中国和朝鲜等国掠夺的大量矿产资源,北九州得以长足发展。但是第二次世界大战结束,世界进入和平年代,北九州的矿产资源供给出现断裂,加上本地区的矿产资源逐渐枯竭,北九州的经济出现了极大的紊乱。

(二)廉价石油冲击,经济加速衰退

北九州产业以煤炭和钢铁工业为主导,在后来廉价石油的冲击之下,煤炭能源丧失原有的价格优势,再加上资源的短缺和采掘难度的提高,采掘成本越来越大,多重因素导致北九州的煤炭和钢铁行业彻底衰败,甚至达到了不可挽回的地步。

(三)工业污染严重,城市丧失活力

北九州的工业化引发了大气污染、水污染、噪声污染等一系列问题。1968 年,北九州及周边地区突然爆发了一次几十万只鸡暴毙的巨大污染事件,被称为"火鸡事件",北九州也因此被列为环境危机的 500 座城市之一。

三、北九州的转型历程

(一)以恢复煤炭产业为主(20 世纪 50 年代至 60 年代初)

第二次世界大战后,北九州的煤炭产业和钢铁制造业遭受重创,日本政府为了对煤炭产业进行扶持,制定了一系列的政策,试图通过物资、价格和资金的倾斜性帮扶,恢复煤炭产业,并以煤炭产业来促进钢铁产业的发展,最终带动多种产业发展,以促进经济增长。对外,日本通过限制石油进口来支持煤炭工业;对内,又通过设备更新和技术改进推动煤炭工业降低成本、提高效率,增强市场竞争力。

(二)调整产业结构,发展加工工业(20 世纪 60 年代)

20 世纪 50 年代后期,由于煤炭资源的日益枯竭和廉价原油的大量进口,日本的煤炭工业仍旧难以支撑下去,不可避免地成了衰退产业,日本预见了其不可逆转的颓势,调整发展战略,转向了贸易立国的发展战略。九州的产业界也于 1961 年成立了九州-山口经济联合会,着手将煤炭产业的劳动力转移并且引入其他产业,拟定建造新型工业园区。至此,煤炭产业开始逐步退出北九州的舞台。

(三)推动高新技术产业形成、发展(20 世纪 70 年代以来)

这一时期,北九州的产业结构逐渐改变,由原来的煤炭、重工业为主转变为以加工装配工业为主,并且大力发展知识密集型产业。其中,北九州重点引入集成电路产业。凭借北九州发达的运输网络和大量廉价劳动力,九州先后吸引了三菱、松下、东芝、索尼、富士通、日本电气等大型科技公司,其半导体、新能源以及汽车产业闻名于世界。

这一期间,日本政府在国际上寻求稳定的煤炭供给源,逐步转移煤炭开采地,并通过研发先进的煤炭开采工艺,通过技术转让与国外开采地达到长期合作的目的。2002 年 1 月太

平洋煤矿的关闭,宣告日本煤炭工业彻底退出历史舞台。

为了培养人才,为城市转型发展提供长足动力,北九州建立了世界著名的"亚洲学术研究城",到2018年已有1所大学的本科、4所研究生院、16家公立(私立)的科研机构以及47家从事科研活动的企业进驻。

第四节 本章小结

本章分析国外煤炭资源型城市主要转型模式,以期为我国煤炭资源型城市转型发展提供借鉴,主要研究结论如下:

(1)欧盟模式——政府主导、统一规划。欧盟主要采取的模式为由政府设立专门的机构,制定系统规划,统一指导转型,并在科学规划的基础上制定优惠政策、吸引外来投资。除此之外,政府对煤炭产业进行整顿,引进高新技术,调整产业结构。

(2)美、加、澳模式——市场主导、政府扶持。由于这些国家的矿产资源开发均是由私人企业完成,因此政府对煤炭资源型城市的转型多是给予政策上的支持,通过政策优惠辅助地方合力完成转型,这种模式建立在相对完善的市场环境的基础上,需要政府与企业、社会组织间加强协作,才能进行成功转型。

(3)日本模式——政策指导、社会协同。在资源型城市转型过程中,日本政府仍发挥着主要的作用。政府通过制定有利于产业转型的政策来引导市场,但不直接插手企业,更多的是产(企业)、学(研究机构)、官(政府)相互协调,紧密配合完成转型过程。日本模式为欧盟模式和美、加、澳模式两种模式的折中选择。

(4)资源型城市发展受到生态环境、基础设施、资源本底条件、市场环境、市场主体与管理主体等多重约束。要结合资源型城市自身特点,因地制宜选择转型发展模式,从多重约束因素视角出发改善内外部条件。

第十章　研究结论与政策建议

本书通过对煤炭资源型城市起源与演变、现实概况和转型困境进行剖析,分析了煤炭资源型城市转型驱动机制、驱动因素以及煤炭消费与经济增长的关系,结合绿色转型和可持续发展的概念,分别对成长型、成熟型、衰退型和再生型煤炭资源型城市的绿色转型效率进行评价,并且选取典型的城市进行实证分析,最后总结概括国外典型煤炭资源型城市成功的转型经验和转型模式,以期为我国亟须转型的煤炭资源型城市提供经验参考。通过研究,得出以下结论,并提出相应的政策建议。

第一节　主要研究结论

(1)长期以来,煤炭资源型城市发展注重经济指标提升,城市偏重单要素开发,使得煤炭资源型城市在发展中面临着大量问题,如经济增长缓慢、社会矛盾突出、生态环境恶化、空间结构失衡等。煤炭资源型城市转型发展中,又面临产业结构固化、转型技术落后、制度保障缺乏、管理体系滞后等诸多难题。

(2)煤炭资源型城市转型的驱动因素主要有技术创新、制度创新、资本积累水平、经济外向度、环境保护力度和经济发展水平,抑制转型的因素主要有传统守旧观念、失业人口再就业、产业结构单一、资源产业周期。煤炭与经济增长关系的计量分析结果表明,土地非农化和煤炭消费波动趋势都与经济增长整体变动态势基本一致,经济增长主要依靠土地、资本和煤炭能源,煤炭能源对经济增长具有正向作用。

(3)绿色转型由"低碳转型"和"生态转型"组成,是经济、社会和生态"三效"的统一。基于绿色转型的煤炭资源型城市转型措施立足于产业、生态、人力、社会四方面,且由于煤炭资源型城市发展阶段差异,在实际操作中有所不同。依据现有自然资源生命周期理论,煤炭资源型城市可划分为成长型、成熟型、衰退型和再生型四种,且对应不同的生命周期阶段其转型要求也各有所异。例如,成长型煤炭资源型城市开发处于上升阶段,资源保障潜力大,经济社会发展后劲足,需促使其自然资源的利用,使其快速向成熟型城市过渡。而成熟型城市资源开发处于稳定阶段,资源保障能力强,经济社会发展水平较高,在稳定的进程中需积极寻求其可持续性发展。衰退型城市资源趋于枯竭,经济发展滞后,民生问题突出,生态环境压力大,需积极寻求再生发展转型。而再生型城市基本摆脱了资源依赖,经济社会开始步入良性发展轨道,需促使其向成熟型城市转型。

(4)通过对成长型煤炭资源型城市绿色转型潜力进行评价,发现成长型煤炭资源型城市绿色发展潜力总体保持在一个较为均衡的水平,各个城市差距不大。其中,在四个地级市中,榆林市的绿色转型潜力综合评价指数最高,达到了 0.701 6,其次是朔州,综合评价值达到了 0.588 2,与六盘水市和毕节市相差不大。其余成长型煤炭资源型城市绿色转型潜力,尤其生态环境发展潜力还有较大提升空间。通过成长型煤炭资源型城市绿色转型路径设计发现,成长型煤炭资源型城市转型也需要培育新产业、政府加强对城市经济的调控与引导、完善社会保障和收入分配制度、加大教育科技投入与不断推进城市生态建设。榆林市城市绿色转型发展案例分析表明,政府要以经济调控政策推进绿色转型;企业要制定绿色发展目标,以企业文化推进绿色转型;社会公众要认识绿色转型,以自身行动践行城市绿色转型发展理念。

(5)通过对成熟型煤炭资源型城市绿色转型发展能力进行评价,发现成熟型煤炭资源型城市绿色转型发展整体状况良好,经济不断发展,社会机能逐步完善,资源日益优化,环境支撑力度加大,绿色转型发展取得了一定的成绩。其中济宁市的综合评价指数最高,为0.657 0,其次是邯郸市和广元市,分别为0.520 9 和0.509 7,表明这三个地市的绿色转型发展能力最高,经济、社会发展与生态环境协调。成熟型煤炭资源型城市绿色转型路径选择研究表明,应当采取优化产业结构、提高城市创新力、加强环境保护等措施推进转型发展。济宁市的典型案例分析表明,济宁市应当利用区位、文化、产业基础、人力资源、技术条件等优势,并借助国家对煤炭产业转型的政策支持,成功实现绿色转型。

(6)对衰退型煤炭资源型城市阻力来源与各阻力障碍度进行分析与测算,结果表明,制约我国衰退型煤炭资源型城市绿色转型的阻力因子依次是经济规模、工业生产经营状况、企业科技研发实力、科教支出、财政收支、人口结构、人民收入、经济效益、城市绿化、废物排放与处理。束缚我国衰退型煤炭资源型城市绿色转型的首要因素是经济规模不够庞大,其次是城市企业经营状况的不善和科研投入的不足。要想成功实现绿色转型,这些城市未来应着力于发展经济实力以及城市煤炭企业的高效运营与改革。本书还从煤炭产业退出、主导产业培育、生态环境治理三大角度探讨了衰退型煤炭资源型城市绿色转型路径优化。

(7)典型再生型资源型城市绿色转型效率评价结果表明,我国再生型资源型城市绿色转型效率较高,目前转型效率最高的城市是唐山市和徐州市,排名并列第一。从时间序列上看,再生型资源型城市的生态效率逐年提高,说明近年来资源型城市的转型富有成效。从再生型资源型城市区位差异分析,中部地区绿色转型效率最高,东部地区和西部地区次之,东北地区最低。从资源差异分析,不同资源类型的资源型城市绿色转型效率也不尽相同,煤炭资源型城市的绿色转型效率较高,是因为随着煤炭的日益减少和环境污染的加重,煤炭资源型城市积极寻找清洁能源,发展替代产业,大力发展区域物流、旅游等现代特色产业。从城市规模差异分析,随着城市规模的增大,城市绿色转型效率值也增加,大型城市的绿色转型效率明显优于中小型城市。通过模式总结认为,再生型煤炭资源型城市的成功转型离不开科学技术驱动、循环经济创新和外资引入,其中加大研发力度投入、发展生态经济和延伸产业链尤为重要。以徐州市为例,徐州市通过加大生态修复力度,将产业发展与生态保护有机结合,并通过建设高校集群推动创新和引入人才,取得了较好的转型效果。

(8)通过总结提炼欧盟、美国、加拿大、澳大利亚、日本等地区和国家的特色资源型城市转型成功经验,发现欧盟采取的是政府主导、统一规划的管理模式,美国、加拿大、澳大利亚三个国家在煤炭资源型城市转型上呈现的是市场主导、政府扶持的模式,日本在资源型城市转型过程中呈现的是政策指导、社会协同的模式。欧盟模式以鲁尔区为例进行深入分析,发现该模式具有以下特点:一是设立专门机构并编制地区规划引导产业转型;二是制定优惠政策、吸引外来投资注入;三是改造传统产业、调整产业结构;四是建立产业园区、引入高新技术。市场主导、政府扶持的模式以匹兹堡为案例进行研究,发现这些煤炭资源型城市都面临过经济衰退、大量工人失业的困境,产业结构单一、主导产业落寞、环境条件恶化、国际竞争加剧都会对资源型城市经济发展带来负向影响,通过加强基础设施建设、发展高新技术产业、土地综合整治等措施可以促进城市转型发展。政策指导、社会协同的模式以北九州为例进行研究,发现资源枯竭、资源价格下降、环境污染与城市经济发展存在负相关关系,北九州通过政策扶持、调整物价、更新设备技术、引入集成电路产业、建立学术研究城等方式推进产业结构调整与高新技术产业形成。

第二节　政策建议

一、宏观布局

(一)以融合发展为抓手,推进城乡融合发展多方面共通互补

根据生态文明建设和资源型城市转型的要求,构建和谐的城市生态新秩序,推进城乡环境、空间、产业、资源等多方面共通、兼容和互补,实现融合发展。

1. 产城融合

产业是城市发展的基础,城市是产业发展的载体,产业与城市融合要求功能融合、空间整合。

一是注重城市的产业、交通、建筑、能源、市政等体系的有机循环,促进城市与园区、生活与产业、居民与产业工人共融共生。

二是实施生态低碳的发展模式,以加快产业低碳化发展、引导绿色低碳消费、转变能源利用方式为重点,鼓励立体公共交通系统组合的绿色出行方式,提升交通信息化管理水平,建设现代化物流运输服务体系,实现交通运输协调可持续发展。

三是推动产业转型和清洁生产,对电力、冶金、纺织、造纸、化学、建材等高耗能行业进行升级改造,淘汰落后工艺技术和装备,降低能源消耗水平,加快产品升级换代,提高产品附加值,不断提升产业层次和水平,加快循环化改造,减少资源消耗和污染排放,减弱生产活动对生态环境的影响,打造绿色循环园区。对战略性新兴产业,以核心关键技术和前沿技术为主攻方向,强化企业自主技术创新能力建设,积极培育新型产业。

2. 产业融合

通过接续替代产业发展机制建设,推进资源型产业与非资源型产业融合发展,实现产业多元化,破解产业锁定效应。

一是产业升级。依靠技术进步实现产业素质与效率的提升,包括生产要素的优化组合、技术水平和管理水平以及产品质量的提高。

二是产业延伸。根据资源型产业的类型,向产业基础和技术大体相同、具有一定地方优势的产业领域拓展,寻求生产要素在产业间的横向转移;在纵向上可在原有产业链的基础上进行延伸,增加产品的加工深度,提高资源的附加价值。

三是产业配套。围绕主导产业和龙头企业,实现生产、经营和销售中具有紧密联系的上下游产业、产品、人力资源、技术资源、消费市场主体的相互支持。

四是引入合适的新型产业。建立新的区域产业体系,改变城市对原有资源与产业的

依赖。

3. 多规融合

资源型城市转型发展更应坚持多规融合导向,推进功能区规划、产业规划、城乡规划、土地利用规划、环境保护规划、林地与耕地保护、水资源规划等统筹衔接,推动"多规"确定的保护性空间、开发边界、城市规模等重要空间参数衔接一致。严格按照土地利用总体规划划定的"三界四区"(城乡建设用地规模边界、扩展边界和禁止建设边界,允许建设区、有条件建设区、限制建设区和禁止建设区),将城镇建设用地管制边界和用途管制区域落到实地,坚持惜地如金,绿色发展。以主体功能区划以及减少碳排放影响的双重约束来确定不同强度的土地利用组合方式。落实生态红线区域保护规划,通过实施生态红线区域保护,形成满足生产、生活和生态空间基本需求,符合资源型城市实际的生态红线区域空间分布格局。合理布局产业集群、城镇建设用地功能分区,使城市产业、居住、交通、游憩等功能活动相互协调发展。

(二)以共享发展为契机,合理分配转型发展资源与成果

党的十九大报告强调坚持新发展理念,"必须坚定不移贯彻创新、协调、绿色、开放、共享的新发展理念"。共享发展是新时代城市转型发展的出发点和落脚点,是新发展理念的价值要义。

1. 共享社会资源

共享经济在解决资源枯竭型城市就业问题的同时,也可以构建新型的社会保障体系,用互助的方式让所有人都能享有一定的保障,从而实现精准扶贫,对于百姓就医、养老等社会保障的中心问题,用所有人的投入资金来分摊每个人在大病、养老等问题上的资金困难,以类似众筹的方式来弥补传统的社会保障中的不足。在共享模式下的社会保障中,准入门槛低,保障方式多样化,降低个体的获得保障成本,以风险补偿机制来推动社会保障问题的不断完善,从而解决资源枯竭型城市中一些中低收入群体获得的足额保障的稀缺问题,也有助于维护社会稳定。

2. 共享转型成果

以党的十九大精神与习近平新时代中国特色社会主义思想为统领,以满足人民日益增长的美好生活需要为出发点和落脚点,注重城市发展的公平与正义,城市低碳发展要为了人民,也要依靠人民,发展成果由全民共享。在推动资源型城市转型的同时,统筹兼顾农业农村高质量发展,按照"产业兴旺、生态宜居、乡风文明、治理有效、生活富裕"的总要求,大力实施乡村振兴战略,让农村成为安居乐业的美丽家园。在资源型城市转型发展方面,可以参照"潘安湖"模式,通过转型发展当地优势产业,来促进当地就业,解决环境问题,从而使群众能够真正感受到煤炭资源型城市转型带来的实惠和"获得感"。

(三)以创新发展为根本,促进资源型城市产业升级优化

统筹产业结构、资源利用与生态环境协调发展,构建资源型城市绿色技术创新机制。通过绿色技术创新,对资源进行精深加工,提高资源产品附加值,优化资源利用方式,提高资源利用效率,改善生态环境。

1. 改善城市创新环境

创新包括政府创新、企业创新、技术创新、金融创新、互联网创新等,核心是科技创新,

重点是企业创新。改善城市创新环境,完善城市创新体系,以科技管理、人才管理、环境管理等方面体制机制改革创新为重点,完善政策支撑体系,建立推进可持续发展的长效机制。建设高水平的创新平台,如江苏省国土(自然)资源厅与中国矿业大学联合共建自然资源协同高效利用与乡村振兴研究中心,以政府联合高校创新的形式,为资源型城市转型提供有力支撑。同时,加大绿色科技创新专项资金投入,加大对具有公共品性质的基础设施、创新平台等方面的投入,形成万众创新的社会氛围。

2. 建设绿色产业体系

坚持绿色技术创新导向,加快绿色产业体系建设。在创新驱动中推进产业转型,集聚新的发展动能,加快形成多元化中高端绿色产业体系;通过园区建设等方式培育产业集群,改善产业集群的成长环境,发挥技术创新的溢出效应,形成创新型的产业集群;突出资源利用与生态环境修复对绿色技术的需求,鼓励通过绿色技术创新实现绿色开采、循环经济、生态修复。

3. 推进城市人才集聚

重视人才集聚,吸引高端人才。集聚生产要素的能力是城市转型发展的关键动力,集聚高端生产要素的核心是人才特别是高端人才。注重顶尖人才的引进,在科研团队引进、科技成果孵化、重大成果的产业化等方面出台扶持政策,加强智库人才队伍建设,制定完善的智库建设方案,如《江苏国土资源智库建设方案》等,指导资源型城市转型,提升资源型城市发展水平。

4. 提高城市创新能力

激励多部门参与,提高创新动力与能力。企业有熟悉市场、了解需求的优势,有创新的动力,大学和科研院所拥有大量技术人才优势,产学研结合可以减少企业的研发成本,缩短企业开发新产品的周期,从而提升企业的技术创新能力。激励企业、大学、科研机构等参与资源型城市转型研究及创新研究,推进产学研结合,引导企业走产学研结合的技术创新道路,与高校研究院所密切合作,共同开发新产品,借助"外脑"发展企业自身。鼓励企业与高等院校和科研院所联合建立研发机构,加速对现有各类科技成果的转化进程。

(四)以和谐发展为保障,统筹生态文明建设协调发展

坚持以人为本,人与自然和谐发展,统筹资源、生态环境、经济社会协调发展,是资源型城市转型的重要保障。

1. 坚持以人为本

资源型城市转型发展中"以人为本"的首要前提在于提供全体市民就业、乐业和乐活的均等机会,增加民生工程与惠民工程,打造城市转型发展的软实力。完善城市基础设施和区域环境综合整治,加强城市集中供水、供电、供热及污水、垃圾集中处理等设施的建设,把宜居乐业城市建设作为资源型城市转型发展的目标。

2. 坚持人与自然和谐发展

党的十九大报告提出"牢固树立社会主义生态文明观,推动形成人与自然和谐发展现代化建设新格局"。加强生态环境治理和保护,依据资源型城市特点,构筑独具特色的生态体系,推进环保"绿盾"专项行动等,不断提升城市生态功能,实现资源节约、环境友好的内涵式发展。

3. 实施农业生态建设

对基本农田实行特殊保护,严格控制开发区域建设用地较快增长的速度,合理利用农业用地资源。加强耕地质量建设,提高耕地质量水平,建设田成方、林成网、渠相通、路相连的高产稳产农田,保持农田土壤生态系统的长期稳定。发展生态农业,根据资源型城市当地自然环境与气候条件,积极示范推广先进种养模式,选育和引进优良品种,推广优质高产品种。

4. 推进林业生态建设

增加森林资源总量,严格林地林木管理,形成有利于林地资源发展的管理机制。提升林地质量水平,重视林地经营,积极实施林地质量提升工程,推进河湖林网、绿色通道、生态片林、村镇绿化、果茶基地建设,构建稳定、健康的森林群落结构。加强公益林保护,科学制定公益林建设保护规划,加强保护管理,使城市生态公益林保有量逐步上升。开展城市绿化建设是资源型城市转型发展的一个有效手段。以提升绿化水平、改善生态环境为出发点,提高绿地系统规划的整体质量,通过生态型、节约型园林绿化建设,提高资源型城市绿地系统城乡绿地系统的社会效益和生态效益。推进城市绿地增长与城市扩展的同步发展,开展采石宕口复绿、绿色廊道和城市道路绿化建设,建设城市公园、小游园以及立体绿化项目。实施节约型园林绿化,优化林木种类,选择性地种植固碳效果较好的植被种类,维护并提高生物多样性。同时充分发挥立体绿化的优势,结合绿色建筑发展导向,推进屋顶绿化和墙体绿化建设,增加绿地覆盖面积。

5. 注重水土资源调控

黄淮海地区煤炭资源型城市开采遗留了大量的沉陷积水洼地,可按照人工景观生态湿地进行规划,结合地表水梯级调控技术,减少水体对于地表的占压,降低地下的潜水位,提高水土资源的产出率。建立湿地生态系统,不仅具备景观功能,且配套布局的沉水植物、挺水植物和浮水植物,可吸附水体中的重金属等有害物质,增强水体自净能力。

6. 加强生态文明教育

教育作为点燃人类心灵的火把、唤醒人类意识的重要手段,担负着为国家培养人才、通过人才改造社会的重任。绿色教育在生态文明建设中起到基础作用,对于促进绿色发展、保护社会的环境安全、推动生态文明建设都具有十分重要的意义。

(五)以绿色发展为指引,多措并举推进绿色转型顺利实现

要使城市能够在生态环境约束条件下实现最大限度的发展,就需要持续推进绿色转型进程。

1. 找准城市定位,发扬自身优势

煤炭资源枯竭型城市绿色转型时,需要政府站在城市发展的战略高度,发掘城市自身的优势,找准城市的定位。我国各个煤炭资源枯竭型城市分布较为分散,虽然目前面临的环境、社会和经济问题是类似的,但是由于自身区位、经济特征、资源禀赋的不同,其经济转型的破局方式也有所差异。要实现城市绿色转型,政府应当立足于城市自身优势,首先要了解目前城市的产业特征,可以从有一定基础的产业中选择煤炭的接续产业,为城市的发展和转型提供持续动力。

2. 政府提供充分的政策和资金支持

在绿色转型的过程中,存在着市场、制度、环境等各方面的阻力。要实现城市的转型,

就要求政府提供政策和资金的双重支持。从政策方面来看,在煤炭产业退出的过程中,需要政府对煤炭企业进行引导和干预,对于不符合要求的采煤企业,坚决予以关停,从而实现煤矿的去产能,并且推动优质煤炭产能的兼并与重组。同时政府需要加大对新兴产业的扶持,给予新兴产业税收、土地等各方面优惠,降低其发展门槛,通过宏观规划、开设工业园区、积极招商引资和项目建设等政府手段,吸引外来投资,承接产业转移,加快新兴产业的发展进程,早日实现产业结构中主导产业的替代和切换。从资金方面来看,煤炭资源枯竭型城市应当将转型项目纳入政府预算和收支中,调动政府的财政力量,分别以垫息、贴息、资本金投入、无偿资助等方式调整资金的供给范围和方式,为转型项目设立基础设施建设的专项资金,对接续产业和新兴产业给予财政资金的补贴和支持。在发挥政府本身的力量之外,政府还可以积极调动社会资本为经济转型贡献力量,对于大型的需要建设的基础设施,政府可以通过 PPP(Public Private Partnership)等方式进行社会融资,为转型提供资金支持。对于大型的城市改造和公共项目,政府可以借助金融体系,发行政府债券和城市改造专项债券,实现政府和金融体系、社会资本的有效对接,为城市转型提供资金保障。

3. 逐步推进转型,减少转型冲击

由于经济的转型势必带来旧产业的衰落和企业的退出,转型政策的实施往往以大量劳动力的下岗和经济的衰退为代价,如果不能快速建立新的经济模式,会使得城市明显陷入衰败,社会剧烈波动。因此,对于社会稳定性差、产业基础赢弱的城市来说,要逐步推进过渡政策,一步步实现转型。渐进式的转型意味着对难以维系的煤炭企业不要一次性关停,而是逐步减少采煤行业的企业和就业人数,妥善处置好下岗职工和破产企业,建立好完善的再就业制度,积极将煤炭产业人员分散到其他行业中去,同时在产业转移的进程中也应当进一步拉长采煤产业链的链条,逐步进行产业结构改革和转移,缓冲产业调整的冲击。这种转型方式速度相对较慢,但是从长期来看相对有效。对于社会稳定度高、产业基础丰厚的城市来说,良好的产业基础能够在产业结构调整中缩短产业替代的时间,促使新的主导产业迅速发展。

二、微观设计

(一)产业政策

1. 强调规划布局,引导产业结构和产业空间重构

首先,加大煤炭资源下游相关产业的投资,引进煤炭精深加工、煤炭资源应用等下游企业,延伸煤炭产业链条,加快煤炭产业转型升级。其次,推动煤炭产业集聚发展,培养多个煤炭企业,加强煤炭企业之间竞争的同时,完善煤炭企业之间的配套和合作,以此提升煤炭企业的科技水平、管理水平,从而提高煤炭产品的质量和煤炭企业的生产效率。同时,协助煤炭企业拓宽国内外市场,积极鼓励煤炭企业在国内外积极并购扩张,加强与行业内重要资源类企业合作,拓展煤炭供应渠道。最后,引导煤炭资源型产业向高新产业方向转型发展,注重煤炭绿色开采,以创新科技树立企业品牌,促进产业高端化。

目前,大多数煤炭资源型城市的空间布局还存在着很多不合理之处。煤炭资源型城市的空间布局,要综合资源禀赋、区位条件、交通运输等多个方面,统筹规划建设既具特色又贴合实际、既追求经济效益最大化又保护生态环境和社会居民的空间布局。结合现有煤炭产业,充分利用现有资源优势,加快煤炭产业和其他产业的转型升级,并且合理布局煤炭产

业和其他产业,使其充分融合。同时,要注重工业园区和居民区的合理规划,做到工业区远离居民区,污染区远离城市。

要培养煤炭资源型城市的新型产业,摆脱路径依赖,助推替代新型产业规模化。首先要加大城市现有新型产业的扶持力度,推动特色产业的品牌建设,培养新型尖端产业。在新型产业达到一定规模后,稳步推进建设产业基地、新型产业园区,以点带面,加快城市转型升级,推动产业园区的绿色化、智能化、高端化发展。同时,注重新型产业园区的空间布局,力图节约交通通勤成本,促进经济效益最大化。最后也要注意新产业和老产业的衔接,不但要以新产业替代老产业,也要以新产业拉动老产业,促进新老产业的融合发展,加快煤炭资源型城市的全面转型。

2. 注重科学技术,建设企业创新和城市创新体系

煤炭资源型城市整体创新能力的提升,核心在于企业。对于提高企业的创新能力,政府要在实物和政策上提供双支持。政府可与企业、高校合作,推动建设国家级、省级实验室,加快新型产品的研发和生产,同时为企业培养一大批高新技术人才。在财政上,加大对企业研发机构建设的投入,给予相应的经费资助。在政策上,加大企业创新的奖励力度,并在税收上给予一定的优惠。同时,严格保护企业的知识产权,健全产权保护的法律体系,保护企业的商标、专利等,对于侵占企业核心技术的行为予以严惩。

企业转型升级,城市创新水平的提升,成熟的创新服务平台是必不可少的条件。要加快公共信息服务平台建设,对企业推进企业采购、生产、销售等各个环节进行信息采集,打造企业信息服务共享平台,促进企业科技研发和技术应用,用以加快信息的共享和资源的流动。也要积极培育一批科技中介服务机构,使其能够串联政府、企业、高校、科研院所,推动这些机构的密切交流,优化资源的有效配置,加快科学技术的商业化进度。最后,政府要构建力求公平、公开、共享的市场,为中小型企业、私营企业创造良好的生存条件。

科技创新,关键在于人才。只有推动大众创新,才能引发科技创新浪潮,研发出琳琅满目的新产品,开拓更多的市场。培养公众的创新意识,仅靠宣传效果微乎其微。政府应当提供一定的硬件支持,降低创业者的风险。比如:建设一批双创示范基地、大学生创业孵化基地,为创业者提供办公场所,降低创新创业的门槛和成本。同时,引入创业服务机构,为创业者和创新企业提供问题咨询、疑难解决等专业化服务;利用互联网建设电子商务平台,为个体创业者服务。

3. 强调政府职能,强化引导作用并完善保障机制

尽可能拓宽融资渠道,鼓励金融机构开发有利于创新的产品和服务。引导融资担保机构开展科技创新担保业务,尝试科技型中小企业业务订单质押抵押贷款、知识产权质押融资,积极探索科技型中小微企业新型担保方式。支持企业多渠道直接融资,对拟上市企业的行政审批开辟专门的绿色通道,简化行政审批手续,提高企业上市审批效率,大力扶持企业到全国中小企业转让系统和省联合交易中心挂牌。同时对于成功挂牌上市企业,地方财政要积极向省财政申报融资费用补贴政策。鼓励金融机构设立有关扶持企业科技研发的贷款、融资和担保等相关科技信贷专营机构,地方探索建立相关补贴与补偿机制,扶持科技信贷专营的发展。地方财政要大力扶持本地优强企业,即对企业贷款给予一定的风险补助。

加强有利于企业转型升级的资金投入,支持煤炭产业转型提升,新兴产业培育发展,绿

色制造、制造业与互联网融合发展等重点工程和项目,推进重点产业集聚区建设和区域产业结构优化调整。探索"政府引导＋市场运作"的运行机制,创新专项资金的管理和支持方式,提高资金使用效益,推进制造业转型发展。同时,对于创新型企业用地予以适当的扶持,为中小型企业提供便利,解决其用地和用房困难。优化人力资源配置,要打造高层次科技人才队伍,为工业转型升级提供后备力量,培养高素质技术技能人才队伍,健全高素质技术技能人才培养体系,加快完善企业＋职校的培养体系,健全高技能人才评价、选拔和激励机制。

(二)财政政策

1.适当增加地方政府财政自主权

我国的国税部门和地税部门走向合并之后,大部分财税流入中央政府,地方缺乏主体税种,财力普遍由中央政府掌握,地方税收收入所占比例较低,难以支撑建设地方高水平的公共服务和提供高质量的公共产品。所以,地方的财政自主权应予以适度地扩大。在财政支付方面,可适当增加中央政府的财政担当,适度增加对地方的转移支付力度,并且由中央承担相应的事权,以此来减少地方的财政压力,并且减轻地方的财政负担。在财政收入方面,可以适当增加地方政府的税收收入的比例,降低中央对资源税的征收比例,并且在征税过程中,合理降低增值税税率,刺激生产和消费,进一步促进煤炭资源型城市经济增长。

2.提高教育、就业和社保支出

政府可加大教育支出,给予人才足够的物质激励,尤其是给予高端的管理人才、专业技术人才优厚待遇,解决其住房、薪金等问题,并且利用各种优惠政策、舒适的科研氛围以及城市潜力和魅力来吸引优秀人才的入驻。同时,也要加强本专科毕业生的培养,提升高校的教育水平,通过增加奖学金、助学金的奖赏力度和范围,提高本地青少年的学习积极性,通过聘请优秀人才交流,增强城市青少年的学习意识。通过校企结合的方式,维持本地人才不流失,不断建设家乡城市,增强人才对家乡的认同感。还可以创造优秀的企业文化,为人才提供良好的发展环境,令其在自我实现的同时为企业和城市创造价值。更重要的是,建立校企之间的长期人才交流和科技合作关系,组建产学研示范基地,在推动科研成果产业化的同时,为高校大学生提供更多的就业岗位,有效地留住大学生。要重视专业性技术人才的培养,对不同的人才因材施教,投资建设培训基地,强化企业职工专业技能。

良好的社会保障系统可以吸引大量的人才涌入。政府可以增加社会保障的支出,在逐步完善城市公共基础设施的同时,提高公共服务的质量水平。在煤炭资源型城市转型过程中,关注受到国企改革影响的下岗职工,解决其失业问题。首先财政收入更多地投向失业保险、城市低保方面,保障下岗职工和低收入群体的基本生活需要。其次由政府牵头,联合社会力量开展职工培训,利用采煤补偿专项资金对培训费用进行减免并发放培训期间的生活补贴,为失业者提供再就业机会,缓解本地就业压力。最后,鼓励下岗职工积极创业,为拥有前景的创业项目提供资金支持,以此来增加就业渠道,提升城市活力和竞争力。

3.提高生态治理支出

首先应从环境保护出发,发挥政府的主导功能,围绕居民、企业建设新型投资机制,在增加政府投资的同时吸引民间资本,将所获得的资金投入节能环保、污染治理等领域。同时聚焦煤炭开采环境损耗,政府要敦促煤炭企业边开采边复垦,政府自身也要从资源税、矿产补偿费中划取一部分资金,形成稳定的资金来源,专门用于土地复垦和环境整治。要关注采煤塌陷地的治理。治理采空区等带来的地表沉陷,防止塌陷区进一步威胁周边农田、房屋、道路桥梁。其次,加大对煤炭资源型城市内部和周边地区绿化的财政支持力度,通过招商引资和城市内部创新培养,成立一批专业化的塌陷区治理公司,组织治理废弃矿坑、矸石山等地质隐患。最后,要丰富生态治理的产业链。不能一味地将生态治理资金作为损耗,也要将生态治理资金转变成新产业的成本,引导新产业的发展。这要求政府转变治理观念,将煤炭开采过程中排放的工业废水和废物用先进的节能环保方法进行净化,发展以废弃物为原料的相关产业链。

（三）人才政策

1. 提升人才教育培训质量

通过调研,对政府机构、事业单位的教育资源进行优化整合,将教育投入合理地分配到各个单位。对于公共部门的人力资源来说,政府应主动与高等院校合作,增强公共部门人力资源学历和能力,培养更多的创新型和专业型人才。同时,各个部门自身要健全组织学习制度,建立一体化、开放性的人才制度。煤炭资源型城市也应积极建立健全教育培训体制,提升人力资源培训质量。在了解各系统人力资源的主要需求的基础上,确定培训方式和内容,进行现代化培训,有机结合各类信息化教学模式,开展电化教育、远程教育、网络培训等。要加强人才交流,派出优秀人才进行跨区域学习,到其他地区高等学府院校进行培训。最后,要结合煤炭资源型城市的特点,依据各地区主导产业的不同和人才需求的差异,科学地进行系统性、针对性培训,并且各煤炭资源型城市人才要加强交流,互相学习先进转型经验和人才培养经验,促进共同发展。

2. 提高人才的使用效率

首先,用人机制是决定企业和城市发展活力的重要因素。煤炭资源型城市的用人机制存在一定的落后性,尤其是国有企业大量存在着不公平竞争现象。人才使用机制的优良决定着人才对企业和城市的信心,公平的人才使用机制能够吸引大量人才涌入。所以要推行公平竞争上岗的工作机制。通过合理的能力评价,选拔优秀的人才。其次,要制定合理的工作计划和流程,从人才的招聘、引进到管理都进行考核,按照规划进行合理管理。在招聘人才时注重与当地煤炭产业和新型产业发展特色结合,选拔优秀的专业人才。在使用人才时,要注意时刻挖掘有发展潜力、业务能力强的人员,优中选优,不断提高并更新人才的质量。

3. 健全人才工作机制

首先,人才引进要结合煤炭资源型城市的煤炭产业、新兴产业以及高新技术产业人才的需求,推进人力资源管理部门简政放权,落实用人单位自主权,建立引进"绿色通道",实行"一站式"引进服务制度,合理解决编制,扩大人才来源渠道,拓展特色产业发展途径。其次,通过优化工作环境,提升职业发展空间来吸引人才的不断流入。因此,要建立健全人才激励机制。在城市方面,创造优良的城市治安、城市交通和城市环境,以此来提高居民的生活质量。在企业方面,要形成尊重人才、尊重知识的良好风尚,对人才进行良好的精神激励。在日常的工作中,要建立合理的绩效评估机制,对人才进行德、才、劳的全面评价,评价过程做到公平、公开、公正,在此基础之上,合理分配岗位职责,制定个人职业发展规划,促进个人全面发展。最后,要制定合理的奖励机制,加大奖励力度,充分激发人才的工作积极性,同时注重奖励的公平分配。

本书参考文献

陈妍,梅林,2018.东北地区资源型城市转型过程中社会—经济—环境协调演化特征[J].地理研究,37(2):307-318.

崔凯,2017.黑龙江省煤炭资源型城市转型问题研究[D].哈尔滨:黑龙江大学.

崔木花,米世猛,2022.煤炭资源型城市转型发展绩效评价及障碍因子诊断:以安徽省淮北市为例[J].湖北师范大学学报(哲学社会科学版),42(6):36-42.

耿殿明.矿区可持续发展的系统分析与评价[D].青岛:山东科技大学,2003.

何一民,2004.从政治中心优先发展到经济中心优先发展:农业时代到工业时代中国城市发展动力机制的转变[J].西南民族大学学报(哲学社会科学版),25(1):79-89.

何一民,2009.农业·工业·信息:中国城市历史的三个分期[J].学术月刊,41(10):139-141,145.

侯秀秀,2018.资源型城市绿色转型评价研究[D].曲阜:曲阜师范大学.

黄寰,秦思露,刘玉邦,等,2020.环境规制约束下资源型城市产业转型升级研究[J].华中师范大学学报(自然科学版),54(4):576-586.

乐婵婵,2012.资源型城市转型问题研究:以淮北市为例[D].合肥:安徽大学.

李立,2010.中国资源枯竭型地区经济转型政策研究[D].武汉:中国地质大学.

李效顺,曲福田,陈友偲,等,2012.经济发展与城市蔓延的 Logistic 曲线假说及其验证:基于华东地区典型城市的考察[J].自然资源学报,27(5):713-722.

李佐军,2017.形成绿色发展内在动力[J].中国金融家(11):154.

陆波,2017.当代中国绿色发展理念研究[D].苏州:苏州大学.

沈瑾,2011.资源型工业城市转型发展的规划策略研究基于唐山的理论与实践[D].天津:天津大学.

史学义,海国治,郭嗣宗,等,2008.资源型城市转型与可持续发展系统动力学模型[J].煤炭工程,40(2):90-94.

史英杰,2008.东北地区资源型城市产业转型问题研究[D].天津:天津大学.

宋彩平,于慧超,2006.伊春市经济可持续发展系统动态模拟研究[J].中国林业经济(6):15-18,26.

宋广军,2017.伊春林区森林可持续经营的综合评价[D].哈尔滨:东北林业大学.

孙毅,2012.资源型区域科技创新的挤出效应:基于山西的实证[J].统计与决策(21):142-145.

孙毓棠,1957.十九世纪后半叶中国近代工业的发生:"中国近代工业史资料第一辑(1840—1895 年)"序言[J].经济研究(1):105-141.

谭荣,曲福田,2006.现阶段农地非农化配置方式效率损失及农地过度性损失[J].中国土地科学,20(3):3-8.

唐倩,王金满,荆肇睿,2020.煤炭资源型城市生态脆弱性研究进展[J].生态与农村环境学报,36(7):825-832.

王开盛,杜跃平,2013.资源型城市发展接续产业的影响因素分析[J].企业研究(2):74-77.

王莉,李杰,2014.基于DEA的资源型城市转型效率评价研究:以山西省为例[J].资源与产业,16(6):7-12.

王树义,郭少青,2012.资源枯竭型城市可持续发展对策研究[J].中国软科学(1):1-13.

王秀平,焦华富,2013.煤炭资源型城市产业结构演进与土地利用结构变化关联分析:以淮南市为例[J].国土与自然资源研究(5):11-13.

王艳秋,胡乃联,苏以权,2012.资源型城市绿色转型影响因素的TPE模型构建及其作用机理[J].商业时代(31):102-103.

王兆君,黄凤,关宏图,2009.林业资源型城市可持续发展的制度创新[J].北京林业大学学报(社会科学版),8(3):100-104.

薛凌,2008.资源型城市向现代化城市转型问题研究[D].哈尔滨:哈尔滨工程大学.

薛世孝,2019.焦作古代煤炭开发利用述论[J].河南理工大学学报(社会科学版),20(2):100-105.

薛毅,2014.中国资源型城市特征论析:以煤矿城市为中心[J].湖南城市学院学报,35(3):63-70,2.

杨波,2013.资源型城市转型系统评价探析:以我国黄金生产大市招远为例[J].东岳论丛,34(12):174-178.

杨建国,赵海东,2013.资源型城市转型中农业产业化研究:以乌海市为例[J].科学管理研究,31(2):71-74.

余际从,郭巍,2009.层次分析法在西部矿产资源接替选区经济社会综合评价中的应用[J].中国矿业,18(1):50-54,58.

张晨,2010.我国资源型城市绿色转型复合系统研究[D].天津:南开大学.

郑德凤,臧正,孙才志,2015.绿色经济、绿色发展及绿色转型研究综述[J].生态经济,31(2):64-68.

郑婷婷,曹善文,2021.资源型城市数字化转型的机理和路径研究[J].中国商论(24):169-172.

周德群,冯本超,2002.基于特性分类的矿区可持续发展模式研究[J].中国地质大学学报(社会科学版),2(4):17-21.

周宏浩,陈晓红,2019.中国资源型城市精明发展与环境质量的耦合关系及响应机制[J].自然资源学报,34(8):1620-1632.

朱斌,胡志强,姚琴琴,2014.基于灰熵决策模型的绿色产业发展评价分析:以福建省为例[J].物流工程与管理,36(1):136-138,157.

朱远,2007.中国提高资源生产率的适宜模式与推进策略研究[D].上海:同济大学.

ASR E T, KAKAIE R, ATAEI M, et al., 2019. A review of studies on sustainable development in mining life cycle[J].Journal of cleaner production,229:213-231.

JAHANGER A, USMAN M, 2023. Investigating the role of information and communication technologies, economic growth, and foreign direct investment in the mitigation of ecological damages for achieving sustainable development goals［J］. Evaluation review,47(4):653-679.

LOMAKINA A I,2015.Production and export potential of the resource-based industries of Canada in intracontinental conditions［J］. Geography and natural resources,36（4）: 389-394.